公路工程造价人员资格考试用书

公路工程造价的计价与控制

Gonglu Gongcheng Zaojia de Jijia yu Kongzhi

交通运输部职业资格中心

人民交通出版社

内 容 提 要

本书为《公路工程造价人员考试用书》之一，主要内容包括公路工程造价构成，公路工程造价计价依据，公路建设项目决策阶段、设计阶段、施工阶段工程造价的计价与控制，公路工程招投标与合同管理，竣工决算的编制和竣工后保修费用的处理。

本书注重理论联系实际，针对性、实用性、操作性强，既可供公路工程造价人员考试复习备考使用，也可供相关专业技术人员以及高等院校师生学习参考。

图书在版编目（CIP）数据

公路工程造价的计价与控制 / 交通运输部职业资格中心组织编写．—北京：人民交通出版社，2011.10

公路工程造价人员资格考试用书

ISBN 978-7-114-09426-2

Ⅰ.①公… Ⅱ.①交… Ⅲ.①道路工程-工程造价-资格考试-自学参考资料 Ⅳ.①U415.13

中国版本图书馆 CIP 数据核字(2011)第 201970 号

公路工程造价人员资格考试用书

书　　名：公路工程造价的计价与控制

著 作 者：交通运输部职业资格中心

责任编辑：沈鸿雁　李　喆

出版发行：人民交通出版社

地　　址：(100011)北京市朝阳区安定门外外馆斜街 3 号

网　　址：http://www.ccpress.com.cn

销售电话：(010)59757973

总 经 销：人民交通出版社发行部

经　　销：各地新华书店

印　　刷：北京盈盛恒通印刷有限公司

开　　本：787 × 1092　1/16

印　　张：23.5

字　　数：577 千

版　　次：2011 年 10 月　第 1 版

印　　次：2013 年 12 月　第 5 次印刷

书　　号：ISBN 978-7-114-09426-2

定　　价：70.00 元

《公路工程造价人员资格考试用书》

审定委员会

本册编写人员

石勇民　支喜兰

前　　言

公路交通是经济社会发展的重要基础性和先导性产业，也是事关国计民生的重要服务性行业。近年来我国的公路交通基础设施建设取得了举世瞩目的成就，为国民经济和社会发展以及人民群众的安全便捷出行做出了贡献。公路工程造价管理是公路建设不可或缺的一项重要工作，对于科学、合理确定和使用公路建设资金，发挥其最大效能具有不可替代的重要作用。培育一支高素质的公路工程造价从业人员队伍，是加强公路建设资金管理的重要保证。

为适应当前公路建设和发展的需要，保障工程质量和安全，解决公路工程造价人员数量与工程建设实际需求不相适应的突出矛盾，交通运输部组织实施了公路工程造价人员过渡考试。考试共2天，设4个科目，即：公路工程造价基础理论及相关法规、公路工程造价的计价与控制、公路工程技术与计量和公路工程造价案例分析。

为方便考生备考，我们组织来自公路工程造价（定额）管理、设计、施工、造价咨询等单位和部分高校的专家编写了公路工程造价人员资格考试用书，包括《公路工程造价基础理论及相关法规》、《公路工程造价的计价与控制》、《公路工程技术与计量》和《公路工程造价案例分析》4册，分别与4个考试科目对应。考试用书根据《公路工程造价人员资格考试大纲》（交职发〔2011〕255号）编写，紧密围绕交通运输部最新颁布和修订的行业标准、规范，体现了公路建设新结构、新设备、新技术、新工艺和新材料的发展对公路工程造价人员管理的新要求，强调了“安全、耐久、节约、和谐”的建设理念。考试用书注重理论联系实际，针对性、实用性和操作性强，既可作为广大考生复习备考的参考用书，也可供相关从业人员和高校师生学习参考。

考试用书编写过程中参考了大量文献资料，交通公路工程定额站以及部分公路工程建设、造价（定额）管理、设计、施工和造价咨询等单位的专家提出了宝贵意见，在此谨致谢意！也借此机会向关心公路工程造价人员资格管理工作的各界人士表示衷心的感谢！

交通运输部职业资格中心

二〇一一年八月

目　　录

第一章　公路工程造价构成

公路工程造价是指公路工程建设项目从筹建到竣工验收交付使用所需的全部费用。

根据公路工程的基本建设程序，在项目建议书和可行性研究、初步设计及技术设计、施工图设计、招投标、工程施工、竣工验收等工作中，应编制投资估算、设计概算或修正概算、施工图预算、标底(或招标控制价)和报价、工程结算和竣工决算。公路建设工程投资估算是项目立项和决策的重要依据，是控制概算或预算的一个尺度；设计概算或修正概算是初步设计或技术设计的重要组成部分，是建设项目投资的最高限额；施工图预算是组织建设项目实施的指导性文件；标底和报价是评标依据；工程结算是施工合同管理的重要手段；竣工决算是确定新增固定资产价值、全面反映建设成果的文件，是竣工验收和移交固定资产的依据。

工程建设不论其投资来源和隶属关系如何，都必须按基本建设程序办事，进行工程建设各阶段的工程造价文件的编制。为满足公路基本建设过程中不同阶段投资控制的需要，各个阶段的造价编制之间，是一种由粗到细，前者控制后者，后者落实或修正前者的相互制约、相互影响、紧密相关的关系。

公路工程造价的编制，则是泛指估算、概算、预算、标底、报价、工程结算和竣工决算等造价文件的编审工作。

交通运输部颁布的《公路工程基本建设项目投资估算编制办法》、《公路工程基本建设项目概算预算编制办法》、《交通基本建设项目竣工决算报告编制办法》、《公路工程估算指标》、《公路工程概算定额》、《公路工程预算定额》、《公路工程机械台班费用定额》以及各省交通主管部门发布的有关补充规定等，是编制公路工程造价文件的计价依据。

公路工程造价计价与控制，是一项政策性、技术性、经济性和实践性都很强的技术经济工作。

第一节　公路工程造价费用组成

工程造价的主要构成部分是建设投资。根据国家发展和改革委员会、住房和城乡建设部联合发布的《建设项目经济评价方法与参数》(第三版)(发改投资[2006]1325 号)的规定，建设投资包括工程费用、工程建设其他费用和预备费三部分。工程费用是指直接构成固定资产实体的各种费用，可以分为建筑安装工程费和设备、工具、器具及家具购置费；工程建设其他费用是指根据国家有关规定应在投资中支付，并列入建设项目总造价或单项工程造价的费用；预备费是为了保证工程项目的顺利实施，避免在难以预料的情况下造成投资不足而预先安排的费用。

根据交通运输部发布的《公路工程基本建设项目概算预算编制办法》(JTG B06—2007)，公路工程造价费用的构成如图 1-1 所示。

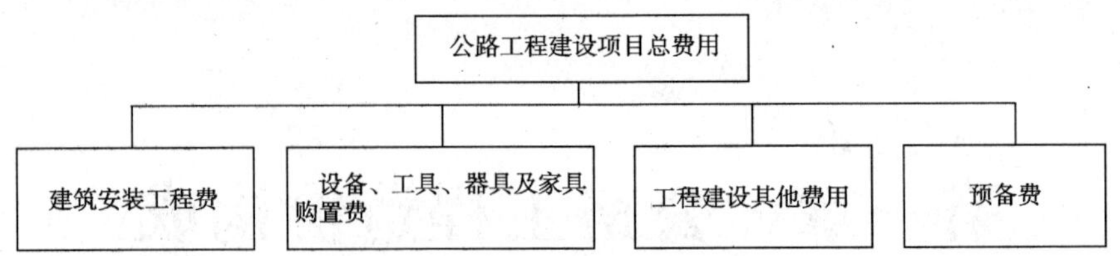

图 1-1 公路工程造价费用的构成

一、建筑安装工程费

建筑安装工程费的构成如图 1-2 所示。

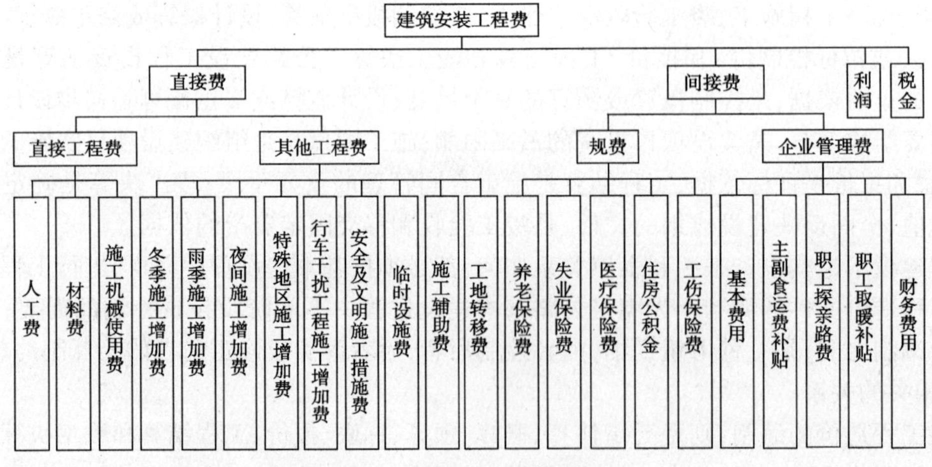

图 1-2 建筑安装工程费的构成

二、设备、工具、器具及家具购置费

设备、工具、器具及家具购置费的构成如图 1-3 所示。

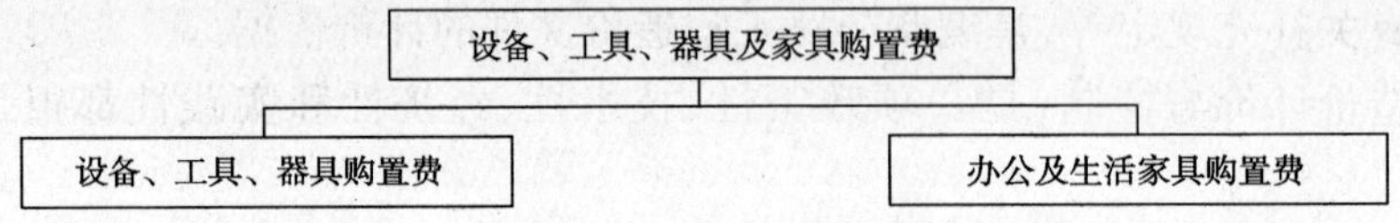

图 1-3 设备、工具、器具及家具购置费的构成

三、工程建设其他费用

工程建设其他费用的构成如图 1-4 所示。

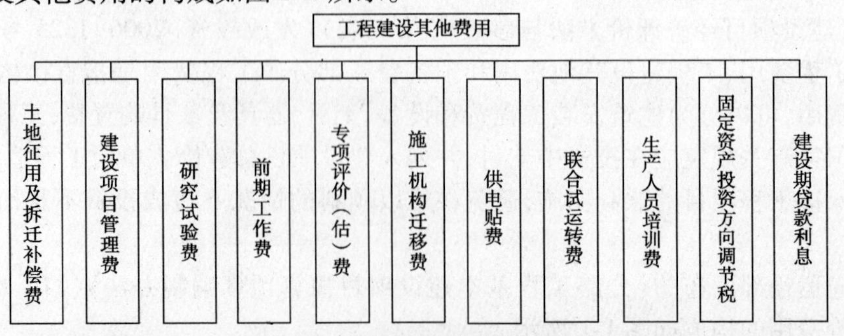

图 1-4 工程建设其他费用的构成

四、预备费

预备费的构成如图1-5所示。

图1-5　预备费的构成

第二节　建筑安装工程费

建筑安装工程费包括直接费、间接费、利润及税金。

一、直接费

直接费由直接工程费和其他工程费组成。

1. 直接工程费

直接工程费是指施工过程中耗费的构成工程实体和有助于工程形成的各项费用，包括人工费、材料费、施工机械使用费。

(1)人工费

人工费是指直接从事建筑安装工程施工的生产工人开支的各项费用。

人工费的基本计算公式为：

$$人工费=\sum(人工工日消耗量\times工程数量\times人工费预算单价) \tag{1-1}$$

其中，人工工日消耗量可通过《公路工程预算定额》、《公路工程概算定额》或《公路工程估算指标》查得，定额中列出的数值是定额单位工程量的消耗量；工程数量为实际工程量与定额单位工程量之比；人工费预算单价作为编制公路工程造价依据的公路工程生产工人每工日人工费，不分工种和技术等级，并不是施工企业实发的工人日工资。

(2)材料费

材料费是指施工过程中耗用的构成工程实体的原材料、辅助材料、构(配)件、零件、半成品、成品的用量和周转材料的摊销量，按工程所在地的材料预算价格计算的费用。

材料费的基本计算公式为：

$$材料费=\sum\{[\sum(材料消耗量\times材料预算价格)+其他材料费+设备摊销费]\times工程数量\} \tag{1-2}$$

其中，材料消耗量、其他材料费和设备摊销费可通过《公路工程预算定额》、《公路工程概算定额》或《公路工程估算指标》查得；材料预算价格由材料原价、运杂费、场外运输损耗、采购及仓库保管费组成。

(3)施工机械使用费

施工机械使用费是指列入概、预算定额的施工机械台班数量，按相应的机械台班费用定额计算的施工机械使用费和小型机具使用费。

施工机械使用费的基本计算公式为：

$$施工机械使用费 = \sum\{[\sum(机械台班消耗量 \times 机械台班预算价格) + 小型机具使用费] \times 工程数量\} \quad (1\text{-}3)$$

其中,机械台班消耗量和小型机具使用费可通过《公路工程预算定额》、《公路工程概算定额》或《公路工程估算指标》查得;机械台班预算价格按交通运输部公布的《公路工程机械台班费用定额》计算。

2. 其他工程费

其他工程费是指直接工程费以外施工过程中发生的直接用于工程的费用,包括冬季施工增加费、雨季施工增加费、夜间施工增加费、特殊地区施工增加费、行车干扰工程施工增加费、安全及文明施工措施费、临时设施费、施工辅助费、工地转移费 9 项。

公路工程造价其他工程费及间接费取费标准按工程类别划分为 13 类:人工土方、机械土方、汽车运输、人工石方、机械石方、高级路面、其他路面、构造物Ⅰ、构造物Ⅱ、构造物Ⅲ、技术复杂大桥、隧道、钢材及钢结构。

(1)冬季施工增加费

冬季施工增加费是指按照公路施工相关规范及《公路工程质量检验评定标准》(JTG F80—2004)所规定的冬季施工要求,为保证工程质量和安全生产所需采取的防寒保温设施、工效降低和机械作业率降低以及技术操作过程的改变等所增加的有关费用。

冬季施工增加费的内容包括:

①因冬季施工所需增加的一切人工、机械与材料的支出。

②施工机具所需修建的暖棚(包括拆、移),增加的油脂及其他保温设备费用。

③因施工组织设计确定,需增加的一切保温、加温及照明等有关支出。

④与冬季施工有关的其他各项费用,如清除工作地点的冰雪等费用。

为了简化计算手续,采用全年平均摊销的方法,即不论是否在冬季施工,均按规定的取费标准计取冬季施工增加费。

冬季施工增加费的基本计算公式为:

$$冬季施工增加费 = \sum(直接工程费 \times 冬季施工增加费费率) \quad (1\text{-}4)$$

即冬季施工增加费以各类工程的直接工程费之和为基数,按工程所在地的冬季气温区和工程类别选用费率计算。

(2)雨季施工增加费

雨季施工增加费是指雨季期间施工为保证工程质量和安全生产所需采取的防雨、排水、防潮和防护措施、工效降低和机械作业率降低以及技术作业过程的改变所需增加的有关费用。

雨季施工增加费的内容包括:

①因雨季施工所需增加的工、料、机费用的支出,包括工作效率的降低及易被雨水冲毁的工程所增加的工作内容等(如基坑坍塌和排水沟等堵塞的清理、路基边坡冲沟的填补等)。

②路基土方工程的开挖和运输,因雨季施工(非土壤中水影响)而引起的黏附工具、降低工效所增加的费用。

③因防止雨水侵入必须采取的防护措施的费用,如挖临时排水沟,防止基坑坍塌所需的支撑、挡板等费用。

④材料因受潮、受湿的耗损费用。

⑤增加防雨、防潮设备的费用。

⑥其他有关雨季施工所需增加的费用,如因河水高涨致使工作困难而增加的费用等。

采用全年平均摊销的方法,即不论是否在雨季施工,均按规定的取费标准计取雨季施工增加费。

雨季施工增加费的基本计算公式为:

$$雨季施工增加费 = \sum(直接工程费 \times 雨季施工增加费费率) \tag{1-5}$$

即雨季施工增加费以各类工程的直接工程费之和为基数,按工程所在地的雨量区、雨季期和工程类别选用费率计算。

(3)夜间施工增加费

夜间施工增加费是指根据设计、施工的技术要求和合理的施工进度要求,必须在夜间连续施工而发生的工效降低、夜班津贴以及有关照明设施(包括所需照明设施的安拆、摊销、维修及油燃料、电)等增加的费用。

夜间施工增加费按夜间施工工程项目(如桥梁工程项目包括上、下部构造全部工程)的直接工程费之和为基数,按构造物Ⅱ、构造物Ⅲ、技术复杂大桥、钢材及钢结构等工程类别选用费率计算。

(4)特殊地区施工增加费

特殊地区施工增加费包括高原地区施工增加费、风沙地区施工增加费和沿海地区工程施工增加费三项。

①高原地区施工增加费。高原地区施工增费是指在海拔高度在1 500m以上的地区施工,由于受气候、气压的影响,致使人工、机械效率降低而增加的费用。该费用以各类工程人工费和机械使用费之和为基数,按工程所在地的海拔高度和工程类别选用费率计算。

②风沙地区施工增加费。风沙地区施工增加费是指在沙漠地区施工时,由于受风沙影响,按照施工及验收规范的要求,为保证工程质量和安全生产而增加的有关费用,包括防风、防沙及气候影响的措施费,材料费,人工、机械效率降低增加的费用以及积沙、风蚀的清理修复等费用。

风沙地区施工增加费以各类工程的人工费和机械使用费之和为基数,根据工程所在地的风沙区划及类型和工程类别选用费率计算。

③沿海地区工程施工增加费。沿海地区工程施工增加费是指工程项目在沿海地区施工受海风、海浪和潮汐的影响,致使人工、机械效率降低等所需增加的费用。

沿海地区工程施工增加费以各类工程的直接工程费之和为基数,按构造物Ⅱ、构造物Ⅲ、技术复杂大桥、钢材及钢结构等工程类别选用费率计算。

(5)行车干扰工程施工增加费

行车干扰工程施工增加费是指由于边施工边维护通车,受行车干扰的影响,致使人工、机械效率降低而增加的费用。该费用以受行车影响部分的工程项目的人工费和机械使用费之和为基数,按施工期平均每昼夜双向行车次数(汽车、畜力车合计)和工程类别选用费率计算。

(6)安全及文明施工措施费

安全及文明施工措施费是指工程施工期间为满足安全生产、文明施工、职工健康生活所发生的费用,不包括施工期间为保证交通安全而设置的临时安全设施和标志、标牌的费用。需要时,应根据设计要求计算。安全及文明施工措施费以各类工程的直接工程费之和为基数,按工程类别选用费率计算。

(7)临时设施费

临时设施费是指施工企业为进行建筑安装工程施工所必需的生活和生产用的临时建筑物、构筑物和其他临时设施的费用等,但不包括概、预算定额中临时工程在内。

临时设施包括:临时生活及居住房屋(包括职工家属房屋及探亲房屋)、文化福利及公用房屋(如广播室、文体活动室等)和生产、办公房屋(如仓库、加工厂、加工棚、发电站、变电站、空压机站、停机棚等),工地范围内的各种临时的工作便道(包括汽车道、畜力车道、人力车道)、人行便道,工地临时用水、用电的水管支线和电线支线,临时构筑物(如水井、水塔等)以及其他小型临时设施。

临时设施费用内容包括:临时设施的搭设、维修、拆除费或摊销费。

计算方法:临时设施费以各类工程的直接工程费之和为基数,按工程类别选用费率计算。

(8)施工辅助费

施工辅助费包括生产工具用具使用费、检验试验费和工程定位复测、工程点交、场地清理等费用。

生产工具用具使用费是指施工所需的不属于固定资产的生产工具、检验用具、试验用具及仪器、仪表等的购置、摊销和维修费以及支付给生产工人自备工具的补贴费。

检验试验费是指施工企业对建筑材料、构件和建筑安装工程进行一般鉴定、检查所发生的费用,包括自设试验室进行试验所耗用的材料和化学药品的费用以及技术革新和研究试验费,但不包括新结构、新材料的试验费和建设单位要求对具有出厂合格证明的材料进行检验、对构件进行破坏性试验及其他特殊要求检验的费用。

计算方法:施工辅助费以各类工程的直接工程费之和为基数,按工程类别选用费率计算。

(9)工地转移费

工地转移费是指施工企业根据建设任务的需要,由已竣工的工地或后方基地迁至新工地的搬迁费用。

工地转移费内容包括:

①施工单位全体职工及随职工迁移的家属向新工地转移的车费、家具行李运费、途中住宿费、行程补助费、杂费及工资与工资附加费等。

②公物、工具、施工设备器材、施工机械的运杂费以及外租机械的往返费及本工程内部各工地之间施工机械、设备、公物、工具的转移费等。

③非固定工人进退场及一条路线中各工地转移的费用。

计算方法:工地转移费以各类工程的直接工程费之和为基数,按工地转移距离和工程类别选用费率计算。

二、间接费

间接费由规费、企业管理费两项组成。

1.规费

规费是指法律、法规、规章、规程规定施工企业必须缴纳的费用(简称规费),包括:

(1)养老保险费,即施工企业按规定标准为职工缴纳的基本养老保险费。

(2)失业保险费,即施工企业按国家规定标准为职工缴纳的失业保险费。

(3)医疗保险费,即施工企业按规定标准为职工缴纳的基本医疗保险费和生育保险费。

(4)住房公积金,即施工企业按规定标准为职工缴纳的住房公积金。

(5)工伤保险费,即施工企业按规定标准为职工缴纳的工伤保险费。

计算方法:各项规费以各类工程的人工费之和为基数,按国家或工程所在地相关部门规定的标准计算。

2. 企业管理费

企业管理费由基本费用、主副食运费补贴、职工探亲路费、职工取暖补贴和财务费用5项组成。

(1)基本费用

企业管理费基本费用是指施工企业为组织施工生产和经营管理所需的费用,包括:

①管理人员工资,即管理人员的基本工资、工资性补贴、职工福利费、劳动保护费以及缴纳的养老、失业、医疗、生育、工伤保险费和住房公积金等。

②办公费,即企业办公用的文具、纸张、账表、印刷、邮电、书报、会议、水、电、烧水和集体取暖(包括现场临时宿舍取暖)用煤(气)等费用。

③差旅交通费,即职工因公出差和工作调动(包括随行家属的旅费)的差旅费、住勤补助费,市内交通费和误餐补助费,职工探亲路费,劳动力招募费,职工离退休、退职一次性路费,工伤人员就医路费以及管理部门使用的交通工具的油料、燃料、养路费及牌照费。

④固定资产使用费,即管理和试验部门及附属生产单位使用的属于固定资产的房屋、设备、仪器等的折旧、大修、维修或租赁费等。

⑤工具、用具使用费,即管理使用的不属于固定资产的生产工具、器具、家具、交通工具和检验、试验、测绘、消防用具等的购置、维修和摊销费。

⑥劳动保险费,即企业支付离退休职工的易地安家补助费、职工退职金、六个月以上的病假人员工资、职工死亡丧葬补助费、抚恤费、按规定支付给离休干部的各项经费。

⑦工会经费,即企业按职工工资总额计提的工会经费。

⑧职工教育经费,即企业为职工学习先进技术和提高文化水平,按职工工资总额计提的费用。

⑨保险费,即企业财产保险、管理用车辆等保险费用。

⑩工程保修费,即工程竣工交付使用后,在规定保修期以内的修理费用。

⑪工程排污费,即施工现场按规定缴纳的排污费用。

⑫税金,即企业按规定缴纳的房产税、车船使用税、上地使用税、印花税等。

⑬其他,即上述项目以外的其他必要的费用支出,包括技术转让费、技术开发费、业务招待费、绿化费、广告费、投标费、公证费、定额测定费、法律顾问费、审计费、咨询费等。

计算方法:基本费用以各类工程的直接工程费之和为基数,按工程类别选取费率计算。

(2)主副食运费补贴

主副食运费补贴是指施工企业在远离城镇及乡村的野外施工购买生活必需品所需的费用。

计算方法:主副食运费补贴以各类工程的直接费之和为基数,按主副食运距综合里程和工程类别选取费率计算。

主副食运距综合里程按下式计算:

$$综合里程 = 粮食运距 \times 0.06 + 燃料运距 \times 0.09 + 蔬菜运距 \times 0.15 + 水运距 \times 0.70 \quad (1\text{-}6)$$

(3)职工探亲路费

职工探亲路费是指按照有关规定施工企业在探亲期间发生的往返车船费、市内交通费和途中住宿费等费用。

计算方法:职工探亲路费以各类工程的直接费之和为基数,按工程类别选取费率计算。

(4)职工取暖补贴

职工取暖补贴是指按规定发放给职工的冬季取暖或在施工现场设置的临时取暖设施的费用。

计算方法:职工取暖补贴以各类工程的直接费之和为基数,按工程所在地的气温区和工程类别选用费率计算。

(5)财务费用

财务费用是指施工企业为筹集资金而发生的各项费用,包括企业经营期间发生的短期贷款利息净支出、汇兑净损失、调剂外汇手续费、金融机构手续费,以及企业筹集资金发生的其他财务费用。

计算方法:财务费用以各类工程的直接费之和为基数,按工程类别选取费率计算。

三、利润

利润是指施工企业完成所承包工程应取得的盈利。利润按直接费与间接费之和扣除规费的7%计算。

四、税金

税金是指按国家税法规定应计入建筑安装工程造价内的营业税、城市维护建设税及教育费的附加。

计算公式:

$$\text{综合税金额} = (\text{直接费} + \text{间接费} + \text{利润}) \times \text{综合税率} \tag{1-7}$$

$$\text{综合税率} = \frac{1}{1 - \text{营业税税率} \times (1 + \text{城市维护建设税税率} + \text{教育费附加税率})} - 1 \tag{1-8}$$

(1)纳税地点在市区的企业,综合税率为:

$$\text{综合税率} = \left[\frac{1}{1 - 3\% \times (1 + 7\% + 3\%)} - 1\right] \times 100\% \approx 3.41\%$$

(2)纳税地点在县城、乡镇的企业,综合税率为:

$$\text{综合税率} = \left[\frac{1}{1 - 3\% \times (1 + 5\% + 3\%)} - 1\right] \times 100\% \approx 3.35\%$$

(3)纳税地点不在市区、县城、乡镇的企业,综合税率为:

$$\text{综合税率} = \left[\frac{1}{1 - 3\% \times (1 + 1\% + 3\%)} - 1\right] \times 100\% \approx 3.22\%$$

第三节　设备、工具、器具及家具购置费

一、设备购置费

设备购置费是指为满足公路的营运、管理、养护需要而购置的构成固定资产标准的设备和

虽低于固定资产标准但属于设计明确列入设备清单的设备的费用,包括渡口设备,隧道照明、消防、通风的动力设备,高等级公路的收费、监控、通信、供电设备,养护用的机械、设备和工具、器具等的购置费用。

设备购置费,应由设计单位列出计划购置的清单(包括设备的规格、型号、数量),以设备原价加综合业务费和运杂费,按以下公式计算:

$$设备购置费 = 设备原价 + 运杂费(运输费 + 装卸费 + 搬动费) + 运输保险费 + 采购及保管费 \tag{1-9}$$

需要安装的设备,应在第一部分建筑安装工程费的有关项目内,另计算设备的安装工程费。

1. 国产设备原价的构成及计算

国产设备的原价,一般是指设备制造厂的交货价,即出厂价或订货合同价。

$$设备原价 = 出厂价(或供货地点价) + 包装费 + 手续费 \tag{1-10}$$

2. 进口设备原价的构成及计算

进口设备的原价是指进口设备的抵岸价,即抵达买方边镜港口或边境车站且交完关税为止形成的价格,即:

$$\begin{aligned}进口设备原价 = &货价 + 国际运费 + 运输保险费 + 银行财务费 + 外贸手续费 + 关税\\ &+ 增值税 + 消费税 + 商检费 + 检疫费 + 车辆购置附加费\end{aligned} \tag{1-11}$$

(1)货价

货价一般指装运港船上交货价(FOB,习惯称离岸价)。进口设备货价按有关生产厂商询价、报价、订货合同价计算。

(2)国际运费

国际运费是指从装运港(站)到达我国抵达港(站)的运费,即:

$$国际运费 = 原币货价(\text{FOB}价) \times 运费费率 \tag{1-12}$$

运费费率参照有关部门或进出口公司的规定执行,海运费费率一般为6%。

(3)运输保险费

$$运输保险费 = \frac{原币货价(\text{FOB}价) + 国际运费}{1 - 保险费费率} \times 保险费费率 \tag{1-13}$$

保险费费率是按保险公司规定的进口货物保险费费率计算,一般为0.35%。

(4)银行财务费

$$银行财务费 = 人民币货价(\text{FOB}价) \times 银行财务费费率 \tag{1-14}$$

银行财务费费率,一般为0.4%~0.5%。

(5)外贸手续费

$$外贸手续费 = [人民币货价(\text{FOB}价) + 国际运费 + 运输保险费] \times 外贸手续费费率 \tag{1-15}$$

外贸手续费费率,一般为1%~1.5%。

(6)关税

$$关税 = [人民币货价(\text{FOB}价) + 国际运费 + 运输保险费] \times 进口关税税率 \tag{1-16}$$

进口关税税率,按我国海关总署发布的进口关税税率计算。

(7)增值税

增值税＝[人民币货价(FOB价)＋国际运费＋运输保险费＋关税＋消费税]×增值税税率 (1-17)

增值税税率，根据规定的税率计算。目前，进口设备适用的税率为17%。

(8)消费税

对部分进口设备(如轿车、摩托车等)征收消费税，一般计算公式为：

应纳消费税额＝[人民币货价(FOB价)＋国际运费＋运输保险费＋关税]÷(1－消费税税率)×消耗费税率 (1-18)

消耗税税率，根据规定的税率计算。

(9)商检费

商检费＝[人民币货价(FOB价)＋国际运费＋运输保险费]×商检费费率 (1-19)

商检费费率，一般为0.8%。

(10)检疫费

检疫费＝[人民币货价(FOB价)＋国际运费＋运输保险费]×检疫费费率 (1-20)

检疫费费率，一般为0.17%。

(11)车辆购置附加费

车辆购置附加费指进口车辆需缴纳的进口车辆购置附加费，计算公式为：

进口车辆购置附加费＝[人民币货价(FOB价)＋国际运费＋运输保险费＋关税＋消费税＋增值税]×进口车辆购置附加费费率 (1-21)

3.设备运杂费的构成及计算

国产设备运杂费，指由设备制造厂交货地点起至工地仓库(或施工组织设计指定的需要安装设备的堆放地点)止所发生的运费和装卸费；进口设备运杂费，指由我国到岸港口或边境车站起至工地仓库(或施工组织设计指定的需要安装设备的堆放地点)止所发生的运费和装卸费。其计算公式为：

运杂费＝设备原价×运杂费费率 (1-22)

设备运杂费费率根据运输里程选用。

4.设备运输保险费的构成及计算

设备运输保险费指国内运输保险费，其计算公式为：

运输保险费＝设备原价×保险费费率 (1-23)

设备运输保险费费率，一般为1%。

5.设备采购及保管费的构成及计算

设备采购及保管费指采购、验收、保管和收发设备所发生的各种费用，包括：设备采购人员、保管人员和管理人员的工资，工资附加费，办公费，差旅交通费；设备部门办公和仓库所占固定资产使用费、工具用具使用费、劳动保护费、检验试验费等。其计算公式为：

采购及保管费＝设备原价×采购及保管费费率 (1-24)

需要安装的设备的采购保管费费率为2.4%，不需要安装的设备的采购保管费费率为1.2%。

二、工具、器具及生产家具(简称工器具)购置费

工具、器具购置费是指建设项目交付使用后为满足初期正常营运必须购置的第一套不构

成固定资产的设备、仪器、仪表、工卡模具、器具、工作台(框、架、柜)等的费用。

工具、器具购置费的计算方法同设备购置费。

三、办公和生活用家具购置费

办公和生活用家具购置费是指为保证新建、改建项目初期正常生产、使用和管理所必须购置的办公和生活用家具、用具的费用。

办公和生活用家具购置费，根据工程所在地不同、路线公路等级不同，或设有看桥房的独立大桥的技术情况不同，按不同的标准计算。

第四节　工程建设其他费用

一、土地征用及拆迁补偿费

土地征用及拆迁补偿费是指按照《中华人民共和国土地管理法》及其《中华人民共和国土地管理法实施条例》、《中华人民共和国基本农田保护条例》等法律、法规的规定，为进行公路建设需征用土地所支付的土地征用及拆迁补偿费等费用。

费用内容包括：

(1)土地补偿费，指被征用土地地上、地下附着物及青苗补偿费，征用城市郊区的菜地等缴纳的菜地开发建设基金、租用土地费、耕地占用税、用地图编制费及勘界费、征地管理费等。

(2)征用耕地安置补助费，指征用耕地需要安置农业人口的补助费。

(3)拆迁补偿费，指被征用或占用土地上的房屋及附属构筑物、城市公用设施等拆除、迁建补偿费、拆迁管理费等。

(4)复耕费，指临时占用的耕地、鱼塘等，待工程竣工后将其恢复到原有标准所发生的费用。

(5)耕地开垦费，指公路建设项目占用耕地的应由建设项目法人(业主)负责补充耕地所发生的费用；没有条件开垦或者开垦的耕地不符合要求的，按规定缴纳的耕地开垦费。

(6)森林植被恢复费，指公路建设项目需要占用、征用或者临时占用林地的，经县级以上林业主管部门审核同意或批准，建设项目法人(业主)单位按照有关规定向县级以上林业主管部门预缴的森林植被恢复费。

计算方法：土地征用及拆迁补偿费，按国家有关规定及工程所在地的省(自治区、直辖市)人民政府颁发的有关规定和标准计算。

二、建设项目管理费

建设项目管理费包括：建设单位(业主)管理费、工程质量监督费、工程监理费、工程定额测定费、设计文件审查费和竣(交)工验收试验检测费。

1. 建设单位(业主)管理费

建设单位(业主)管理费是指建设单位(业主)为建设项目的立项、筹建、建设、竣(交)工验收、总结等工作所发生的管理费用。

费用内容包括：工作人员的工资、工资性补贴、施工现场津贴、社会保障费用(基本养老、基本医疗、失业、工伤保险)、住房公积金、职工福利费、工会经费、劳动保护费;办公费,会议费,差旅交通费,固定资产使用费(包括办公及生活房屋折旧、维修或租赁费,车辆折旧、维修、使用或租赁费,通信设备购置、使用费,测量、试验设备仪器折旧、维修或租赁费,其他设备折旧、维修或租赁费等),零星固定资产购置费,招募生产工人费;技术图书资料费、职工教育经费、工程招标费(不含招标文件及标底或造价控制值编制费);合同契约公证费、法律顾问费、咨询费;建设单位的临时设施费、完工清理费、竣(交)工验收费(含其他行业或部门要求的竣工验收费用)、各种税费(包括房产税、车船使用税、印花税等);建设项目审计费、境内外融资费用(不含建设期贷款利息)、业务招待费、安全生产管理费和其他管理性开支。

计算方法:建设单位(业主)管理费以建筑安装工程费总额为基数,按第一部分建筑安装工程费分段选用费率,以累进办法计算。

2. 工程质量监督费

工程质量监督费是指根据国家有关部门规定,各级公路工程质量监督机构对工程建设质量和安全生产实施监督应收取的管理费用。

根据国家《关于公布取消和停止征收100项行政事业性收费项目的通知》(财综[2008]78号)规定,目前已取消该收费项目。

3. 工程监理费

工程监理费是指建设单位(业主)委托具有公路工程监理资格证书的单位,按施工监理办法进行全面的监督与管理所发生的费用。

费用内容包括:工作人员的基本工资,工资性津贴,社会保障费用(基本养老、基本医疗、失业、工伤保险),住房公积金,职工福利费,工会经费,劳动保护费办公费,会议费,差旅交通费,固定资产使用费(包括办公及生活房屋折旧、维修或租赁费,车辆折旧、维修、使用或租赁费,通信设备购置、使用费,测量、试验、检测设备仪器折旧、维修或租赁费,其他设备折旧、维修或租赁费等),零星固定资产购置费,招募生产工人费;技术图书资料费、职工教育经费、投标费用;合同契约公证费、咨询费、业务招待费;财务费用、监理单位的临时设施费、各种税费和其他管理性开支。

计算方法:工程监理费以建筑安装工程费总额为基数,按路线公路等级不同、桥梁及隧道取不同费率计算。

4. 工程定额测定费

工程定额测定费是指各级公路(交通)工程定额(造价管理)站为测定劳动定额、搜集定额资料、编制工程定额及定额管理所需要的工作经费。

根据国家《关于公布取消和停止征收100项行政事业性收费项目的通知》(财综[2008]78号)规定,目前已取消该收费项目。

5. 设计文件审查费

设计文件审查费是指国家和省级交通主管部门在项目审批前,为保证勘察设计工作的质量,组织有关专家或委托有资质的单位,对设计单位提交的建设项目可行性研究报告和勘察设计文件以及对设计变更、调整概算进行审查所需要的相关费用。

计算方法:设计文件审查费以建筑安装工程费总额为基数,按0.1%计算。

6. 竣(交)工验收试验检测费

竣(交)工验收试验检测费是指在公路建设项目交工验收和竣工验收前,由建设单位(业主)或工程质量监督机构委托有资质的公路工程质量检测单位按照有关规定对建设项目的工程质量进行检测,并出具检测意见所需要的相关费用。

计算方法:竣(交)工验收试验检测费,根据路线公路等级不同、独立大桥技术情况,按不同标准计算。

三、研究试验费

研究试验费是指为本建设项目提供或验证设计数据、资料进行必要的研究试验和按照设计规定在施工过程中必须进行试验所需的费用以及支付科技成果、先进技术的一次性技术转让费。

该费用不包括:

(1)应由科技三项费用(新产品试制费、中间试验费和重要科学研究补助费)开支的项目。

(2)应由施工辅助费开支的施工企业对建筑材料、构件和建筑物进行一般鉴定、检查所发生的费用及技术革新研究试验费。

(3)应由勘察设计费或建筑安装工程费用中开支的项目。

计算方法:按照设计提出的研究试验内容和要求进行编制,不需验证设计基础资料的,不计本项费用。

四、建设项目前期工作费

建设项目前期工作费是指委托勘察设计、咨询单位对建设项目进行可行性研究、工程勘察设计以及设计、监理、施工招标文件及招标标底或造价控制值文件编制时,按规定应支付的费用。该费用包括:

(1)编制项目建议书(或预可行性研究报告)、可行性研究报告、投资估算,以及相应的勘察、设计、专题研究等所需的费用。

(2)初步设计和施工图设计的勘察费(包括测量、水文调查、地质勘探等)、设计费、概(预)算及调整概算编制费等。

(3)设计、监理、施工招标文件及招标标底(或造价控制值或清单预算)文件编制费等。

计算方法:依据委托合同计列,或按国家颁发的收费标准和有关规定进行编制。

五、专项评价(估)费

专项评价(估)费是指依据国家法律、法规规定须进行评价(评估)、咨询,按规定应支付的费用,包括:环境影响评价费、水土保持评估费、地震安全性评价费、地质灾害危险性评价费、压覆重要矿床评估费、文物勘察费、通航认证费、行洪认证(评估)费、使用林地可行性研究报告编制费、用地预审报告编制费等费用。

计算方法:按国家颁发的收费标准和有关规定进行编制。

六、施工机构迁移费

施工机构迁移费是指施工机构根据建设任务的需要,经有关部门决定成建制地(指工程处等)由原驻地迁移到另一地区所发生的一次性搬迁费用。费用内容包括:职工及随同家属的差旅费,调迁期间的工资,施工机械、设备、工具、用具和周转性材料的搬运费。

该费用不包括：

(1)应由施工企业自行负担的、在规定距离范围内调动施工力量以及内部平衡施工力量所发生的迁移费用。

(2)由于违反基建程序，盲目调迁队伍所发生的迁移费。

(3)因中标而引起施工机构迁移所发生的迁移费。

计算方法：施工机构迁移费应经建设项目的主管部门同意按实计算。但计算施工机构迁移费后，如迁移地点即新工地地点(如独立大桥)，则其他工程费内的工地转移费应不再计算；如施工机构迁移地点至新工地地点尚有部分距离，则工地转移费的距离应以施工机构新地点为计算起点。

七、供电贴费

供电贴费是指按照国家规定，建设项目应交付的供电工程贴费、施工临时用电贴费。供电贴费按国家有关规定计列，目前停止征收。

八、联合试运转费

联合试运转费指新建、改(扩)建工程项目，在竣工验收前，按照设计规定的工程质量标准，进行动(静)荷载试验所需的费用，或进行整套设备带负荷联合试运转期间所需的全部费用抵扣试车期间收入的差额。费用内容包括：联合试运转期间所需的材料、油燃料和动力的消耗，机械和检测设备使用费，工具用具和低值易耗品费，参加联合试运转人员工资及其他费用等。

该费用不包括应由设备安装工程项下开支的调试费。

计算方法：联合试运转费以建筑安装工程费总额为基数，独立特大型桥梁按 0.075% 计算，其他工程按 0.05% 计算。

九、生产人员培训费

生产人员培训费指新建、改(扩)建公路工程项目，为保证生产的正常运行，在工程竣工验收交付使用前对运营部门生产人员和管理人员进行培训所必需的费用。

费用内容包括：培训人员的工资、工资性补贴、职工福利费、差旅交通费、劳动保护费、培训及教学实习费等。

计算方法：生产人员培训费按设计定员和 2 000 元/人的标准计算。

十、固定资产投资方向调节税

固定资产投资方向调节税是指为了贯彻国家产业政策，控制投资规模，引导投资方向，调整投资结构，加强重点建设，促进国民经济持续稳定协调发展，依照《中华人民共和国固定资产投资方向调节税暂行条例》的规定，公路建设项目应缴纳的固定资产投资方向调节税。

目前暂停征收。

十一、建设期贷款利息

建设期贷款利息是指建设项目中分年度使用国内贷款或国外贷款部分，在建设期间内应归还的贷款利息。费用内容包括:各种金融机构贷款、企业集资、建设债券和外汇贷款等利息。

根据不同的资金来源按需付息的分年度投资计算。

计算公式如下:

建设期贷款利息 = ∑(上年末付息贷款本息累计 + 本年度付息贷款额 ÷2) ×年利率

即:

$$S = \sum_{n=1}^{N}(F_{n-1} + b_n \div 2) \cdot i \tag{1-25}$$

式中:S——建设期贷款利息;

N——项目建设期,年;

n——施工年度;

F_{n-1}——建设期第 $n-1$ 年末需付息贷款本息累计;

b_n——建设期第 n 年度付息贷款额;

i——建设期贷款年利率。

第五节 预备费和回收金额

预备费由价差预备费及基本预备费两部分组成。

一、价差预备费

价差预备费是指设计文件编制年至工程竣工年期间,第一部分费用的人工费、材料费、机械使用费、其他工程费、间接费等,以及第二、第三部分费用由于政策、价格变化可能发生上浮而预留的费用及外资贷款汇率变动部分的费用。

价差预备费,以概(预)算或修正概算第一部分建筑安装工程费总额为基数,按设计文件编制年始至建设项目工程竣工年终的年数和年工程造价增涨率计算。

计算公式如下:

$$价差预备费 = P \cdot [(1+i)^{n-1} - 1] \tag{1-26}$$

式中:P——建筑安装工程费总额;

i——年工程造价增涨率,%;

n——设计文件编制年至建设项目开工年 + 建设项目建设期限。

年工程造价增涨率,按有关部门公布的工程投资价格指数计算,或由设计单位会同建设单位根据该工程人工费、材料费、施工机械使用费、其他工程费、间接费以及第二、三部分费用可能发生的上浮因素,以第一部分建安费为基数进行综合分析预测。

二、基本预备费

基本预备费是指在初步设计和概算中难以预料的工程和费用,其用途如下:

(1)在进行技术设计、施工图设计和施工过程中,在批准的初步设计和概算范围内所增加的工程费用。

(2)在设备订货时,由于规格、型号改变的价差,材料货源变更、运输距离或方式的改变以及因规格不同而代换使用等原因发生的价差。

(3)由于一般自然灾害所造成的损失和预防自然灾害所采取的措施费用。

(4)在项目主管部门组织竣(交)工验收时,验收委员会(或小组)为鉴定工程质量必须开挖和修复隐蔽工程的费用。

(5)投保的工程根据工程特点和保险合同发生的工程保险费用。

计算方法:以第(1)、(2)、(3)部分费用之和(扣除固定资产投资方向调节税和建设期贷款利息两项费用)为基数按下列费率计算:

①项目建议书估算按11%计列。

②可行性研究报告估算按9%计列。

③设计概算按5%计列。

④修正概算按4%计列。

⑤施工图预算按3%计列。

采用施工图预算加系数包干承包的工程,包干系数为施工图预算中直接费与间接费之和的3%。施工图预算包干费用由施工单位包干使用。

该包干费用的内容为:

(1)在施工过程中,设计单位对分部、分项工程修改设计而增加的费用,但不包括因水文地质条件变化造成的基础变更、结构变更、标准提高、工程规模改变而增加的费用。

(2)预算审定后,施工单位负责采购的材料由于货源变更、运输距离或方式的改变,以及因规格不同而代换使用等原因发生的价差。

(3)由于一般自然灾害所造成的损失和预防自然灾害所采取的措施的费用(如一般防台风、防洪的费用)等。

三、回收金额

概、预算定额所列材料一般不计回收,只对按全部材料计价的一些临时工程项目和由于工程规模或工期限制达不到规定周转次数的拱盔、支架及施工金属设备的材料计算回收金额。

回收金额按以材料原价为计算基数乘以回收率计算。可回收材料的回收率见表1-1。

回收率表 表1-1

回收项目	使用年限或周转次数			
	一年或一次	两年或两次	三年或三次	四年或四次
临时电力、电信线路	50%	30%	10%	—
拱盔、支架	60%	45%	30%	15%
施工金属设备	65%	65%	50%	30%

注:施工金属设备指钢壳沉井、钢护筒等。

第六节 公路工程造价文件组成

公路工程造价文件由封面及目录、编制说明及全部计算表格组成。

一、封面及目录

公路工程造价文件的封面和扉页应按《公路工程基本建设项目设计文件编制办法》中的

规定制作，扉页的次页应有建设项目名称、编制单位、编制、复核人员姓名并加盖执业（从业）资格印章、编制日期及第几册共几册等内容。目录应按计算表格的表号顺序编排。

二、编制说明

造价文件编制完成后，应写出编制说明，文字力求简明扼要。应叙述的内容一般如下：

（1）建设项目设计资料的依据及有关文号，如建设项目建议书或可行性研究报告批准文号、初步设计和概算批准文号（编修正概算及预算时）以及根据何时的测设资料及比选方案进行编制的等。

（2）采用的实物定额或指标、费用标准，人工、材料、机械台班单价的依据或来源，补充定额及编制依据的详细说明。

（3）与造价有关的委托书、协议书、会议纪要的主要内容（或将抄件附后）。

（4）总造价金额，人工、钢材、水泥、木料、沥青的总需要量情况，各建设或设计方案的经济比较，以及编制中存在的问题。

（5）其他与造价有关但不能在表格中反映的事项。

三、计算表格

公路工程造价应按统一的表格计算。例如，项目建议书投资估算、可行性研究报告投资估算、概算、预算应分别按其规定的表格形式进行编制。

四、甲组文件与乙组文件

公路工程造价文件按不同的需要分为甲、乙两组：甲组文件为各项费用计算表；乙组文件为建筑安装工程费各项基础数据计算表（只供审批使用）。

1. 甲组文件

甲组文件包括的内容如下：

（1）编制说明。

（2）总造价汇总表(01-1 表)。

（3）总造价人工、主要材料、机械台班数量汇总表(02-1 表)。

（4）总造价表(01 表)。

（5）人工、主要材料、机械台班数量汇总表(02 表)。

（6）建筑安装工程费计算表(03 表)。

（7）其他工程费及间接费综合费率计算表(04 表)。

（8）设备、工具、器具购置费计算表(05 表)。

（9）工程建设其他费用及回收金额计算表(06 表)。

（10）人工、材料、机械台班单价汇总表(07 表)。

2. 乙组文件

乙组文件包括的内容如下：

（1）建筑安装工程费计算数据表(08-1 表)。

（2）分项工程概（预）算表(08-2 表)。

（3）材料预算单价计算表(09 表)。

(4)自采材料料场价格计算表(10 表)。

(5)机械台班单价计算表(11 表)。

(6)辅助生产工、料、机械台班单位数量表(12 表)。

第七节　国外工程造价构成

一、世界银行工程造价的构成

1978 年,世界银行、国际咨询工程师联合会对项目的总建设成本(相当于我国的工程造价)做了统一规定。工程项目总建设成本包括:直接建设成本、间接建设成本、应急费和建设成本上升费等。

1. 项目直接建设成本

项目直接建设成本包括以下内容。

(1)土地征购费。

(2)场外设施费用,如道路、码头、桥梁、机场、输电线路等设施费用。

(3)场地费用,指用于场地准备、厂区道路、铁路、围栏、场内设施等的建设费用。

(4)工艺设备费,指主要设备、辅助设备及零配件的购置费用,包括海运包装费用、交货港离岸价,但不包括税金。

(5)设备安装费,指设备供应商的监理费用,本国劳务及工资费用,辅助材料、施工设备,消耗品和工具等费用以及安装承包商的管理费和利润等。

(6)管道系统费用,指与系统的材料及劳务相关的全部费用。

(7)电气设备费,其内容与第(4)项相似。

(8)电气安装费,指设备供应商的监理费用,本国劳务与工资费用,辅助材料、电缆、管道和工具费用,以及营造承包人的管理费和利润。

(9)仪器仪表费,指所有自动仪表、控制板、配线和辅助材料的费用,以及供应商的监理费用、外国或本国劳务及工资费用、承包商的管理费和利润。

(10)机械的绝缘和油漆费,指与机械及管道的绝缘和油漆相关的全部费用。

(11)工艺建筑费,指原材料、劳务费以及与基础、建筑结构、屋顶、内外装修、公共设施有关的全部费用。

(12)服务性建筑费用,其内容与第(11)项相似。

(13)工厂普通公共设施费,包括材料和劳务费以及与供水、燃料供应、通风、蒸汽发生及分配、下水道、污物处理等公共设施有关的费用。

(14)车辆费,指工艺操作必需的机动设备零件费用,包括海运包装费用以及交货港的离岸价,但不包括税金。

(15)其他当地费用,指那些不能归类于以上任何一个项目,不能计入项目的间接成本,但在建设期间又是必不可少的当地费用,如临时设备、临时公共设施及场地的维持费,营地设施及其管理、建筑保险和债券、杂项开支等费用。

2. 项目间接建设成本

项目间接建设成本包括以下内容。

(1)项目管理费

①总部人员的薪金和福利费,以及用于初步和详细工程设计、采购、时间和成本控制、行政和其他一般管理的费用。

②施工管理现场人员的薪金、福利费和用于施工现场监督、质量保证、现场采购、时间及成本控制、行政及其他施工管理机构的费用。

③零星杂项费用,如返工、旅行、生活津贴、业务支出等。

④各种酬金。

(2)开工试车费

指工厂投料试车必需的劳务和材料费用。

(3)业主的行政性费用

指业主的项目管理人员费用及支出。

(4)生产前费用

指前期研究、勘测、建矿、采矿等费用。

(5)运费和保险费

指海运、国内运输、许可证及佣金、海洋保险、综合保险等费用。

(6)地方税

指地方关税、地方税及对特殊项目征收的税金。

3. 应急费

应急费包括以下内容:

(1)未明确项目的准备金。此项准备金用于在估算时不可能明确的潜在项目,包括那些在做成本估算时因为缺乏完整、准确和详细的资料,而不能完全预见和不能注明的项目,并且这些项目是必须完成的,或它们的费用是必定要发生的,它是估算不可缺少的一个组成部分。

(2)不可预见准备金。此项准备金(在未明确项目准备金之外)用于在估算达到了一定的完整性并符合技术标准的基础上,由于物质、社会和经济的变化,导致估算增加的情况。不可预见准备金只是一种储备,可能不动用。

4. 建设成本上升费用

通常,估算中使用的构成工资率、材料和设备价格基础的截止日期就是“估算日期”。必须对该日期或已知成本基础进行调整,以补偿直至工程结束时的未知价格增长。

工程的各个主要组成部分的细目划分决定以后,便可确定每一个主要组成部分的增长率。这个增长率是一项判断因素,它以已发表的国内和国际成本指数、公司记录等为依据,并与实际供应商进行核对,然后根据确定的增长率和从工程进度表中获得的每项活动的中点值,计算出每项主要组成部分的成本上升值。

二、国外建筑安装工程费用的构成

1. 费用的构成

国外的建筑安装工程费用,一般是在建筑市场上通过招标投标方式确定的。工程费用的高低受建筑产品供求关系影响较大。国外建筑安装工程费用的构成如图 1-6 所示。

1)直接工程费的构成

(1)工资。国外一般工程施工的工人按技术要求划分为高级技工、熟练工、半熟练工和壮工。当工程价格采用平均工资计算时,要按各类工人总数的比例进行加权计算。工资应该包括工资、加班费、津贴、招雇解雇费等。

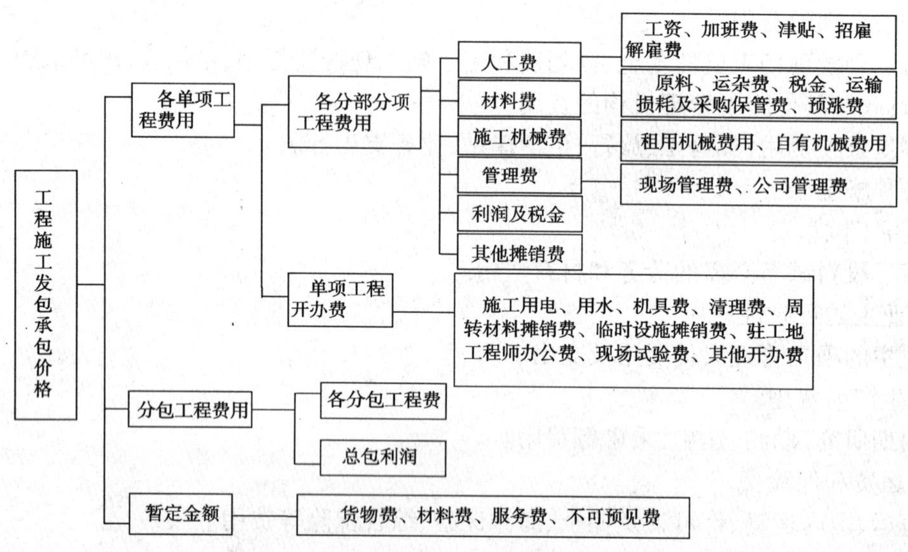

图 1-6　国外建筑安装工程费用的构成

(2)材料费。主要包括以下内容:

①材料原价。在当地材料市场中采购的材料则为采购价,包括材料出厂价和采购供销手续费等。进口材料一般是指到达当地海港的交货价。

②运杂费。在当地采购的材料是指从采购地点至工程施工现场的短途运输费、装卸费。进口材料则为从当地海港运至工程施工现场的运输费、装卸费。

③税金。对于在当地采购的材料,采购价格中已经包括税金;对于进口材料,税金则为工程所在国的进口关税和手续费等。

④运输损耗及采购保管费。

⑤预涨费。根据当地材料价格年平均上涨率和施工年数,按材料原价、运杂费、税金之和的一定比例计算。

(3)施工机械费。大型自有机械台时单价,一般由每台时应摊折旧费、应摊维修费、台时消耗的能源和动力费、台时应摊的驾驶工人工资,以及工程机械设备险投保费、第三者责任险投保费等组成。如使用租赁施工机械时,其费用则包括租赁费、租赁机械的进出场费等。

2)管理费

管理费包括工程现场管理费(约占整个管理费的25% ~30%)和公司管理费(约占整个管理费的70% ~75%)。管理费除了包括与我国施工管理费构成相似的工作人员工资、工作人员辅助工资、办公费、差旅交通费、固定资产使用费、生活设施使用费、工具用具使用费、劳动保护费、检验试验费以外,还含有业务经费。业务经费包括:

(1)广告宣传费。

(2)交际费,如日常接待饮料、宴请及礼品费等。

(3)业务资料费,如购买投标文件、文件及资料复印费等。

(4)业务所需手续费。施工企业参加投标时,必须由银行开具投标保函,在中标后必须由银行开具履约保函；在收到业主的工程预付款以前，必须由银行开具预付款保函；在工程竣工后，必须由银行开具质量或维修保函。在开具以上保函时，银行要收取一定的担保费。

(5)代理人费用和佣金，即施工企业为争取中标或为加强收取工程款，在工程所在地（所在国）寻找代理人或签订代理合同，因而付出的佣金和费用。

(6)保险费，包括建筑安装工程一切险投保费、第三者责任险投保费等。

(7)税金，包括印花税、转手税、公司所得税、个人所得税、营业税、社会安定税等。

(8)向银行贷款利息。

在许多国家，施工企业的业务经费往往是管理费中所占比例最大的一项，占整个管理费的30% ~38%。

3)利润

国际市场上，施工企业的利润一般为成本的10% ~15%，也有的管理费与利润合取，为直接费的30%左右。具体工程的利润率要根据具体情况，如工程难易、现场条件、工期长短、竞争对手的情况等随行就市确定。

4)开办费

在许多国家，开办费一般是在各分部分项工程造价的前面按单项工程分别单独列出的。单项工程建筑安装工程量越大，开办费在工程价格中的比例就越小；反之，开办费就越大。一般开办费占工程价格的10% ~20%。开办费包括的内容因国家和工程的不同而不同，大致包括以下内容：

(1)施工用水费、施工用电费。施工用水费，按实际打井、抽水、送水发生的费用估算，也可以按占直接费的比率估计。施工用电费，按实际需要的电费或自行发电费估算，也可按照占直接费的比率估算。

(2)工地清理费及完工后清理费，建筑物烘干费，临时围墙、安全信号、防护用品的费用，以及恶劣气候条件下的工程防护费、污染费、噪声费，其他法定的防护费用。

(3)周转材料费，如脚手架、模板的摊销费等。

(4)临时设施费，包括：生活用房、生产用房、临时通信、室外工程（如道路、停车场、围墙、给排水管道、输电线路等）的费用，可按实际需要计算。

(5)驻工地工程师的现场办公室及所需设备的费用，现场材料试验及所需设备的费用。一般在招标文件的技术规范中有明确的面积、质量标准及设备清单等要求。如要求配备一定的服务人员或试验助理人员，则其工资费用也需计入。

(6)其他，包括工人现场福利费及安全费、职工交通费、日常气候报表费、现场道路及进出场道路修筑及维护费、恶劣天气下的工程保护措施费、现场保卫设施费等。

5)暂定金额

暂定金额是指包括在合同中，供工程任何部分的施工或提供货物、材料、设备或服务、不可预料事件所使用的一项金额。这项金额只有工程师批准后才能动用。

6)分包工程费用

(1)分包工程费，包括：分包工程的直接工程费、管理费和利润。

(2)总包利润和管理费，指分包单位向总包单位交纳的总包管理费、其他服务费和利润。

2. 费用的组成形式和分摊比例

(1)组成形式

上述组成造价的各项费用体现在承包商投标报价中有三种形式:组成分部、分项工程单价、单独列项、分摊进单价。

①组成分部、分项工程单价。人工费、机械费和材料费直接消耗在分部、分项工程上,在费用和分部分项工程之间存在着直观的对应关系,所以人工费、材料费和机械费组成分部、分项工程单价,单价与工程量相乘得出分部分项工程价格。

②单独列项。开办费中的项目有临时设施、为业主提供的办公和生活设施、脚手架等费用,经常在工程量清单的开办费部分单独分项报价。这种方式适用于不直接消耗在某个分部分项工程上,无法与分部分项工程直接对应,但是对完成工程建设必不可少的费用。

③分摊进单价。承包商总部管理费、利润和税金,以及开办费中的项目经常以一定的比例分摊进单价。

需要注意的是,开办费项目在单独列项和分摊进单价这两种方式中采用哪一种,要根据招标文件和计算规则的要求而定。有的计算规则包括的开办费项目比较齐全,有的计算规则包括的开办费项目比较少。例如,英国的SMM7计算规则的开办费项目就比较齐全,而同样比较有影响的《建筑工程量计算原则(国际通用)》就没有专门的开办费用部分,要求把开办费都分摊进分部、分项工程单价。

(2)分摊比例

①固定比例。税金和政府收取的各项管理费的比例是工程所在地政府规定的费率,承包人不能随意变动。

②浮动比例。总部管理费和利润的比例由承包人自行确定。承包人根据自身经营状况、工程具体情况等投标策略确定。一般来讲,这个比例在一定范围内是浮动变化的,不同的工程项目、不同的时间和地点,承包人对总部管理费和利润的预期值都不会相同。

③测算比例。开办费的比例需要详细测算,首先计算出需要分摊的项目金额,然后计算分摊金额与分部分项工程价格的比例。

④公式法。可参考下列公式分摊:

$$A = a(1 + K_1)(1 + K_2)(1 + K_3) \tag{1-27}$$

式中:A——分摊后的分部、分项工程单价;

a——分摊前的分部、分项工程单价;

K_1——开办费项目的分摊比例;

K_2——总部管理费和利润的分摊比例;

K_3——税率。

第二章　公路工程造价计价依据

计价依据是指用以计算工程造价的基础资料的总称，除包括定额、指标、费率、基础单价外，还包括工程量数据以及政府主管部门颁发的各种有关经济法规、政策、计价办法等。

定额、指标有两部分：一部分是实物定额、指标；另一部分是费用定额。公路工程实物定额、指标是指《公路工程预算定额》、《公路工程概算定额》、《公路工程估算指标》。费用定额是指《公路工程机械台班费用定额》以及《公路工程基本建设项目投资估算编制办法》、《公路工程基本建设项目概算预算编制办法》中规定的各项费用定额（或费率）。

第一节　概　　述

一、定额的概念

定额是规定在生产中各种社会必要劳动的消耗量的标准额度。工程建设定额是在正常施工条件下，完成规定计量单位的符合国家技术标准、技术规范（包括设计、施工、验收等技术规范）和质量评定标准，并反映一定时间施工技术和工艺水平所必需的人工、材料、施工机械台班（时）消耗量的额定标准。

定额是标准，是算工、算料、算机械台班消耗量的依据，它是随着现代化大生产的出现和管理科学的产生而产生的。

19 世纪末 20 世纪初，在技术最发达、资本主义发展最快的美国，形成了系统的经济管理理论。定额的产生就是与管理科学的形成和发展紧密的联系在一起的。定额和企业管理成为科学是从泰勒制开始的，其创始人是美国工程师泰勒（Tayloy F W，1856～1915 年）。泰勒制的核心内容包括两方面：一方面是科学的工时定额；另一方面是工时定额与有差别的计件工资制度相结合。泰勒制的产生和推行，在提高劳动生产率方面取得了显著的效果，也给资本主义企业管理带来了根本性的改革和深远的影响。

定额伴随着管理科学的产生而产生，伴随着管理科学的发展而发展。定额是管理科学的基础，它在西方企业的现代化管理中一直占有重要的地位。

定额管理具有二重性，即自然属性和社会属性。自然属性是生产和劳动社会化的客观要求；社会属性主要取决于生产关系。

定额是管理科学的基础，也是现代管理科学中的重要内容和基本环节。定额在现代管理中的作用包括：

（1）定额是节约社会劳动、提高劳动生产率的重要手段。

（2）定额是组织和协调社会化大生产的工具。

（3）定额是宏观调控的依据。

(4)定额在实现分配、兼顾效率与社会公平方面有巨大的作用。

二、工程定额的种类

工程建设定额是一个综合的概念,是工程建设中各类定额的总称。它包括许多种类定额,由于具体的生产条件各异,根据使用对象和组织生产的目的不同,编制出不同的定额。

1. 按定额反映的物质消耗内容分类

可以把工程建设定额分为劳动消耗定额、机械消耗定额和材料消耗定额三种。

(1)劳动消耗定额,简称劳动定额。劳动消耗定额是完成一定的单位合格产品(工程实体或劳务)规定活劳动消耗的数量标准。为了便于综合和核算,劳动定额大多采用工作时间消耗量来计算劳动消耗的数量。所以,劳动定额的主要表现形式是时间定额,但同时也表现为产量定额。

(2)机械消耗定额,简称机械定额。由于我国机械消耗定额是以一台机械一个工作班为计量单位的,所以又称为机械台班定额。机械消耗定额是指为完成一定单位合格产品(工程实体或劳务)所规定的施工机械消耗的数量标准。机械消耗定额的主要表现形式是机械时间定额,但同时也表现为产量定额。

(3)材料消耗定额,简称材料定额,是指完成一定合格产品所需消耗材料的数量标准。材料是指工程建设中使用的原材料、成品、半成品、构配件、燃料以及水、电等动力资源的统称。材料作为劳动对象构成工程的实体,需要数量很大,种类繁多。

2. 按照定额的编制程序和用途来分类

可以把公路工程定额分为施工定额、预算定额、概算定额、投资估算指标四种。

(1)施工定额。这是施工企业(建筑安装企业)组织生产和加强管理在企业内部使用的一种定额,属于企业生产定额的性质。它由劳动定额、机械定额和材料定额三个相对独立的部分组成。为了适应组织生产和管理的需要,施工定额的项目划分得很细,是工程建设定额中分项最细、定额子目最多的一种定额,也是工程建设定额中的基础性定额,是编制预算定额的基础。

(2)预算定额。这是在编制施工图预算时,计算工程造价和计算工程中劳动、机械台班、材料需要量时使用的一种定额。预算定额是一种计价性的定额。在工程委托承包的情况下,它是确定工程造价的主要依据。在招标承包的情况下,它是编制标底(或招标控制价)的主要依据,也是承包人确定投标报价的参考依据之一。所以,预算定额在工程建设定额中占有很重要的地位。从编制程序看,预算定额是概算定额的编制基础。

(3)概算定额。这是编制设计概算时,计算和确定工程概算造价、计算劳动、机械台班、材料需要量所使用的定额。它的项目划分粗细程度,与初步设计的深度相适应。它一般是在预算定额的基础上经综合扩大而编制的。概算定额是控制项目投资的重要依据,在工程建设的投资管理中有重要作用。从编制程序看,概算定额是投资估算指标的编制基础。

(4)投资估算指标。它是在项目建议书和可行性研究报告阶段编制投资估算、计算投资需要量时使用的一种定额。它非常概略,往往以独立的单项工程或完整的工程项目为计算对象。它的概略程度与可行性研究阶段的工作深度相适应。它的主要作用是为项目决策和投资控制提供依据。投资估算指标虽然往往根据历史的预、决算资料和价格变动等资料编制,但其编制基础仍然离不开预算定额和概算定额。

各种定额的相互联系见表2-1。

各种定额的关系比较　　表 2-1

定额	施工定额	预算定额	概算定额	投资估算指标
对象	工序	分项工程	扩大到分项工程	独立的单项工程或完整的工程项目
用途	编制施工预算	编制施工图预算	编制设计概算	编制投资估算
项目划分	最细	细	粗	很粗
定额水平	平均先进	社会平均		
定额性质	企业定额	计价性定额		

3. 按主编单位和管理权限分类

工程建设定额可分为全国统一定额、行业统一定额、地区统一定额和企业定额四种。

(1)全国统一定额,是由国家建设行政主管部门,综合全国工程建设中技术和施工组织管理的情况编制并在全国范围内执行的定额,如全国统一安装工程定额。

(2)行业统一定额,是考虑到各行业部门专业工程技术特点以及施工生产和管理水平编制的,一般是只在本行业和相同专业性质的范围内使用的专业定额,如矿井建设工程定额、铁路建设工程定额、公路建设工程定额等。

(3)地区统一定额,包括省、自治区、直辖市定额。地区统一定额主要是考虑地区性特点和全国统一定额水平作适当调整补充编制的。由于各地区不同的气候条件、经济技术条件、物质资源条件和交通运输条件等构成对定额项目、内容和水平的影响,是地区统一定额存在的客观依据。

(4)企业定额,是指由施工企业考虑本企业具体情况,参照国家、部门或地区定额的水平制订的定额。企业定额只在企业内部使用,是企业素质的一个标志。企业定额水平,一般应高于国家现行定额,以满足生产技术发展、企业管理和市场竞争的需要。

三、工程定额的特点

1. 科学性

工程建设定额的科学性包括两层含义:一层是指工程建设定额和生产力发展水平相适应,反映出工程建设中生产消耗的客观规律;另一层是工程建设定额管理在理论、方法和手段上适应现代科学技术和信息社会发展的需要。

工程建设定额的科学性,首先表现在用科学的态度制订定额,尊重客观实际,力求定额水平合理;其次表现在制订定额的技术方法上,利用现代科学管理的成就,形成一套系统的、完整的、在实践中行之有效的方法;第三,表现在定额制订和贯彻的一体化上,制订是为了提供贯彻的依据,贯彻是为了实现管理的目标,也是对定额的信息反馈。

2. 系统性

工程建设定额是相对独立的系统。它是由多种定额结合而成的有机的整体。它的结构复杂,有鲜明的层次及明确的目标。

工程建设定额的系统性是由工程建设的特点决定的。按照系统论的观点,工程建设是庞大的实体系统。工程建设定额是为这个实体系统服务的,因而,工程建设本身的多种类、多层次就决定了以它为服务对象的工程建设定额的多种类、多层次。工程的建设都有严格的项目划分,如建设项目、单项工程、单位工程、分部分项工程;在计划和实施过程中有严密的逻辑阶段,如规划、可行性研究、设计、施工、竣工交付使用,以及投入使用后的维修。与此相适应必然形成工程建设定额的多种类、多层次。

3.统一性

工程建设定额的统一性，主要是由国家对经济发展的有计划的宏观调控职能决定的。为了使国民经济按照既定的目标发展，就需要借助于某种标准、定额、参数等对工程建设进行规划、组织、调节、控制。

工程建设定额的统一性按照其影响力和执行范围来看，有全国统一定额、行业统一定额和地区统一定额等，层次清楚，分工明确；按照定额的制订、颁布和贯彻使用来看，有统一的程序、统一的原则、统一的要求和统一的用途。

4.指导性

随着我国建设市场的不断成熟和规范，工程定额、尤其是统一定额原具备的指令性特点逐渐弱化，转而成为对整个建设市场和具体建设产品交易的指导作用。

工程定额的指导性的客观基础是定额的科学性。只有科学的定额，才能正确地指导客观的交易行为。工程定额的指导性体现在两个方面：一方面，工程定额作为国家各地区和行业颁布的指导性依据，可以规范建设市场的交易行为，在具体的建设产品定价过程中也可以起到相应的参考性作用，同时统一定额还可以作为政府投资项目定价及造价控制的重要依据；另一方面，在工程建设实行招标投标的管理模式下，体现交易双方自主定价的特点，投标人报价的主要依据是企业定额，但企业定额的编制和完善仍然离不开统一定额的指导。

5.稳定性和时效性

工程建设定额中的任何一种都是一定时期技术水平和管理水平的反映，因而在一段时期内都表现出稳定的状态。根据具体情况不同，稳定的时间有长有短，一般为5~10年。保持定额的稳定性是维护定额的指导性的前提，也是有效贯彻定额所必要的。

但是，工程建设定额的稳定性是相对的。任何一种工程建设定额都只能反映一定时期的生产力水平，当生产力向前发展时，定额就会与已经发展了的生产力不相适应。这样，它原有的作用就会逐步减弱以致消失，需要重新编制或修订。

所以，工程建设定额具有稳定性特点的同时，也具有显著的时效性。从一段时期看，定额是稳定的；从长时间看，定额是变动的。

随着新工艺、新材料和新技术的不断涌现，定额应该及时补充新内容。补充定额就是随着设计、施工技术的发展，在现行定额不能满足需要的情况下，为了补充缺项所编制的定额。例如，各省、自治区、直辖市交通厅可编制公路工程概算、预算补充定额、公路工程机械台班费用补充定额。补充定额只能在指定的范围内使用，并可以作为以后修订定额的基础。

第二节　公路工程施工定额

一、施工定额概述

施工定额，是建筑安装工人合理的劳动组织或工人小组在正常的施工条件下，为完成单位合格产品所需劳动、机械、材料消耗的数量标准。它根据专业施工的作业对象和工艺制订。施工定额，应反映企业的施工水平、装备水平和管理水平，作为考核建筑安装企业劳动生产率水平、管理水平的标尺和确定工程成本、投标报价的依据。

1. 施工定额的性质和作用

施工定额是建筑安装企业内部管理的定额，属于企业定额的性质。正确认识施工定额的这一性质，把施工定额和其他定额从性质上区别开来是非常必要的。

从施工定额的作用来看，它的影响范围涉及企业内部管理的方方面面，包括企业生产经营活动的计划、组织、协调、控制和指挥等各个环节。

把施工定额作为企业定额，不等于取消国家定额和地区定额。这些定额不再是强加给企业的约束和指令，而是对企业的施工定额管理进行引导，为企业提供参数和指导以实现对工程造价的宏观调控。

施工定额是建筑安装企业管理工作的基础，也是工程建设定额体系中的基础。

施工定额在企业管理工作中的基础作用主要表现在以下几个方面。

(1)施工定额是企业计划管理的依据

施工定额在企业计划管理方面的作用，表现在它既是企业编制施工组织设计的依据，也是企业编制施工作业计划的依据。

(2)施工定额是组织和指挥施工生产的有效工具

企业组织和指挥施工队、组进行施工，是按照作业计划通过下达施工任务书和限额领料单来实现的。

(3)施工定额是计算工人劳动报酬的依据

施工定额是衡量工人劳动数量和质量的标准，应是按劳分配计算工人计件工资的基础，也应是计算奖励工资的依据。

(4)施工定额是企业激励工人的条件

施工定额可以对生理需要、自尊需要和自我实现需要的满足起到直接激励作用。完成或超额完成定额，不仅能获取更多的工资报酬以满足生理需要，而且也能满足自尊以获取他人(社会)认同的需要，并且进一步满足尽可能发挥个人潜力以实现自我价值的需要。

(5)施工定额有利于推广先进技术

施工定额水平中包含着某些已成熟的先进的施工技术和经验。工人要达到和超过定额，第一，在自己的工作中注意改进工具和改进技术操作方法；第二，施工定额中往往明确要求采用某些较先进的施工工具和施工方法，所以贯彻施工定额也就意味着推广先进技术。

(6)施工定额是编制施工预算、加强企业成本管理和经济核算的基础

施工预算是施工单位用以确定单位工程上人工、机械、材料和资金需要量的计划文件。施工预算以施工定额为编制基础。

施工中人工、机械和材料的费用，是构成工程成本中直接费的主要内容，对间接费的开支也有着很大的影响。严格执行施工定额不仅可以起到控制成本、降低费用开支的作用，同时为企业贯彻经济核算制度、加强班组核算和增加盈利创造了良好的条件。

(7)施工定额是编制工程建设定额体系的基础

施工定额在工程建设定额体系中的基础作用，是由施工定额作为生产定额的基本性质决定的。施工定额和生产结合最紧密，它直接反映生产技术水平和管理水平，而其他各类定额则是在较高的层次上、较大的跨度上反映社会生产力水平。尽管这些定额有更大的综合性和覆盖面，但它们都不能脱离施工定额所直接反映的生产技术水平和管理水平。

以施工定额作为预算定额的计算基础，可以使预算定额与实际的生产和经营管理水平相

适应,并能保证施工中的人力、物力消耗得到合理的补偿。对于其他各种定额来说,施工定额则是它们的间接基础。

2. 施工定额的内容和形式

1)施工定额的内容

施工定额的内容,一般包括劳动定额、机械消耗定额、材料消耗定额三部分。汇编成册的施工定额内容一般包括:

(1)文字说明。

(2)分节定额,包括定额表的文字说明、定额表和附注。

(3)附录。

2)施工定额的表现形式

(1)劳动定额的表现形式。劳动定额在施工定额中往往形成一个独立的部分。这是由于劳动定额在企业管理中的特殊作用所决定的。

劳动定额是劳动消耗定额的简称,也称人工定额。劳动定额有两种表现形式,即时间定额和产量定额。

①时间定额,是工人在正常的施工条件下,为完成单位合格产品或工作任务所消耗的必要劳动时间。

时间定额以工日为单位。按现行制度,公路工程每个工日一般工作按 8 小时计,潜水作业每个工日按 6 小时计,隧道洞内作业每个工日按 7 小时计。

时间定额计算方法如下:

$$\text{单位产品的时间定额(工日)} = \frac{1}{\text{每工产量}} \tag{2-1}$$

或

$$\text{单位产品的时间定额(工日)} = \frac{\text{班组成员工日数总和}}{\text{班组完成产品数量总和}} \tag{2-2}$$

②产量定额,是指在正常施工条件下,在单位时间(工日)内所应完成合格产品的数量。其计算方法如下:

$$\text{产量定额} = \frac{1}{\text{单位产品时间定额(工日)}} \tag{2-3}$$

或

$$\text{产量定额} = \frac{\text{班组完成产品数量总和}}{\text{班组成员工日数总和}} \tag{2-4}$$

时间定额与产量定额互为倒数。

(2)机械定额的表现形式

机械定额是机械台班使用定额的简称。机械定额也有两种表现形式,即时间定额和产量定额。它是在正常施工条件下,使用施工机械生产单位合格产品所必需的机械工作时间(即时间定额),或在单位时间内,完成合格产品的数量(即产量定额)。

时间定额以台班为单位。公路工程一般施工机械每台班按 8 小时计,潜水设备每台班按 6 小时计,变压器和配电设备每昼夜按一个台班计算。

机械定额计算方法如下:

$$时间定额(台班)=\frac{1}{每台班产量} \tag{2-5}$$

$$产量定额=\frac{1}{单位产品时间定额(台班)} \tag{2-6}$$

3. 施工定额的编制原则

(1)平均先进性

定额水平,是指规定消耗在单位产品上的劳动、机械和材料数量的多寡。也可以说,它反映按照一定施工程序和工艺条件下规定的施工生产中活劳动和物化劳动的消耗水平。劳动生产率水平越高,施工定额水平也越高,劳动和物质资料消耗数量越少。

所谓平均先进水平,就是在正常的施工条件下,大多数施工队组和大多数生产者经过努力能够达到或超过的水平。一般说它应低于先进水平,而略高于平均水平。这种水平使先进工人感到一定的压力,使处于中间水平的工人感到定额水平可望亦可及,对于落后的工人不迁就,使他们认识到必须花大力气去改善施工条件,提高技术操作水平,珍惜劳动时间,节约材料消耗,尽快达到定额的水平。所以,平均先进水平是一种可以鼓励先进、勉励中间、鞭策落后的定额水平,是编制施工定额的理想水平。

(2)简明适用性

简明适用,就是定额的内容和形式要方便于定额的贯彻和执行。简明适用性原则,要求施工定额内容要能满足组织施工生产和计算工人劳动报酬等多种需要。同时,又要简单明了,容易掌握,便于查阅、计算及携带。

定额的简明性和适用性,是既有联系,又有区别的两个方面。编制施工定额时应全面加以贯彻。当二者发生矛盾时,定额的简明性应服从适应性的要求。

贯彻定额的简明适用性原则,关键是做到定额项目设置齐全,项目划分粗细适当。

定额项目划分的粗细同定额步距的大小关系甚大。所谓定额步距,是指同类一组定额,相互之间的间隔。为了使定额项目划分和步距合理,常用的、主要的、对工料消耗影响大的定额项目,步距要小一些;不常用的、次要的、对工料消耗影响小的定额项目,步距可以大一些。

(3)以专家为主

编制施工定额,要以专家为主,这是实践经验的总结。施工定额的编制工作量大,工作周期长,又具有很强的技术性和政策性,这就要求有一支经验丰富、技术与管理知识全面、有一定政策水平的稳定的专家队伍。

贯彻以专家为主编制施工定额的原则,必须注意走群众路线。因为广大建筑安装工人是施工生产的实践者,又是定额的执行者,他们最了解施工生产的实际和定额的执行情况及存在问题,要虚心向他们求教。

(4)独立自主

施工企业作为具有独立法人地位的经济实体,应根据企业的具体情况和需要,结合国家的技术经济政策和产业导向,以提高管理水平和经济效益为目标,自主地制订施工定额。

企业独立自主地制订定额,主要是自主地确定定额水平、划分定额项目,自主地根据需要增加新的定额项目。但是,施工定额毕竟是一定时期内企业生产力水平的反映。因此,企业定额应是对原有国家、部门和地区性施工定额的继承和发展。

二、建筑安装工程施工过程研究

1. 施工过程及其分类

1）施工过程的含义

施工过程就是在建设工地范围内所进行的生产过程。

建筑安装施工过程与其他物质生产过程一样，也包括生产力三要素，即劳动者、劳动对象、劳动工具。也就是说，施工过程是由不同工种、不同技术等级的建筑安装工人完成的，并且必须有一定的劳动对象（建筑材料、半成品、构件、配件等），使用一定的劳动工具（手动工具、小型机具和机械等）。

每个施工过程的结束，获得了一定的产品，这种产品或者是改变了劳动对象的外表形态、内部结构或性质（由于制作和加工的结果），或者是改变了劳动对象在空间的位置（由于运输和安装的结果）。

2）施工过程分类

对施工过程的细致分析，能够更深入地确定施工过程各个工序组成的必要性及其顺序的合理性，从而正确地制订各个工序所需要的工时消耗。

（1）根据施工过程组织上的复杂程度，可以分解为工序、工作过程和综合工作过程。

①工序是组织上不可分割的，在操作过程中技术上属于同类的施工过程。工序的特征是：工作者不变，劳动对象、劳动工具和工作地点也不变。在工作中如有一项改变，就说明已经由一项工序转入另一项工序了。例如，钢筋制作由平直钢筋、钢筋除锈、切断钢筋、弯曲钢筋等工序组成。

从施工的技术操作和组织观点看，工序是工艺方面最简单的施工过程。但是，如果从劳动过程的观点看，工序又可以分解为更小的组成部分——操作和动作。例如，弯曲钢筋的工序可分为下列操作：把钢筋放在工作台上，将旋钮旋紧，弯曲钢筋，放松旋钮，将弯好的钢筋搁在一边。操作本身又包括了最小的组成部分——动作。如把“钢筋放在工作台上”这个操作，可以分解为以下动作：走向钢筋堆放处，拿起钢筋，返回工作台，将钢筋移到支座前面。而动作又是由许多动素组成的，动素是人体动作的分解。每一个操作和动作都是完成施工工序的一部分。

在编制施工定额时，工序是基本的施工过程，是主要的研究对象。测定定额时只需分解和标定到工序为止。如果进行某项先进技术或新技术的工时研究，就要分解到操作甚至动作为止，从中研究可改进操作或节约工时。

工序可以由一个人来完成，也可以由小组或施工队内的几名工人协同完成；可以手动完成，也可以由机械操作完成。在机械化的施工工序中，还可以包括由工人自己完成的各项操作和由机器完成的工作两部分。

②工作过程是由同一工人或同一小组所完成的在技术操作上相互有机联系的工序的总和，其特点是人员编制不变，工作地点不变，而材料和工具则可以变换。例如，浆砌片石的砌筑、勾缝和养生。

③综合工作过程是同时进行的、在组织上有机地联系在一起的，并且最终能获得一种产品的施工过程的总和。例如，浆砌片石挡土墙这一综合工作过程，由工程内容挖基、搭拆脚手架、拌运砂浆、砌筑、勾缝等工作过程构成，它们在不同的空间同时进行，在组织上有直接联系，并最终形成其共同产品——一定工程量的挡土墙。

(2)按照工艺特点，施工过程可以分为循环施工过程和非循环施工过程两类。凡各个组成部分按一定顺序一次循环进行，并且每经一次重复都可以生产出同一种产品的施工过程，称为循环施工过程。反之，若施工过程的工序或其组成部分不是以同样的次序重复，或者生产出来的产品各不相同，这种施工过程则称为非循环的施工过程。

3)施工过程的影响因素

对施工过程的影响因素进行研究，其目的是为了正确确定单位施工产品所需要的作业时间消耗。施工过程的影响因素包括技术因素、组织因素和自然因素。

(1)技术因素，包括产品的种类和质量要求，所用材料、半成品、构配件的类别、规格和性能，所用工具和机械设备的类别、型号、性能及完好情况等。

(2)组织因素，包括施工组织与施工方法、劳动组织、工人技术水平、操作方法和劳动态度、工资分配方式、劳动竞赛等。

(3)自然因素，包括酷暑、大风、雨、雪、冰冻等。

2. 工作时间分类

研究施工中的工作时间最主要的目的是确定施工的时间定额和产量定额，其前提是对工作时间按其消耗性质进行分类，以便研究工时消耗的数量及其特点。

工作时间，指的是工作班延续时间。例如，8 小时工作制的工作时间就是 8 小时，午休时间不包括在内。对工作时间消耗的研究，可以分为两个系统进行，即工人工作时间消耗和工人所使用的机器工作时间消耗。

1)工人工作时间消耗的分类

工人在工作班内消耗的工作时间，按其消耗的性质，基本可以分为两大类：必需消耗的时间和损失时间。工人工作时间的分类，一般如图 2-1 所示。

(1)必需消耗的工作时间是工人在正常施工条件下，为完成一定合格产品(工作任务)所消耗掉的时间，是制订定额的主要依据，包括有效工作时间、休息时间和不可避免的中断时间。

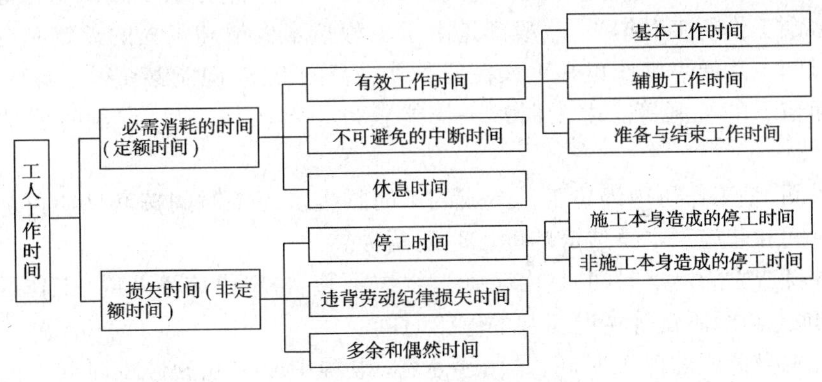

图 2-1　工人工作时间的分类

①有效工作时间，是从生产效果来看与产品生产直接有关的时间消耗，包括基本工作时间、辅助工作时间、准备与结束工作时间的消耗。

a. 基本工作时间，是工人完成能生产一定产品的施工工艺过程所消耗的时间。通过这些工艺过程可以使材料改变外形，如钢筋折弯等；可以改变材料的结构与性质，如混凝土制品的养生等；可以使预制构配件安装组合成型；也可以改变产品外部及表面的性质，如人工挖土质台阶、干砌片石护坡等。基本工作时间所包括的内容依工作性质各不相同。基本工作时间的长短和工作量大小成正比。

b. 辅助工作时间，是为保证基本工作能顺利完成所消耗的时间。在辅助工作时间里，不能使产品的形状大小、性质或位置发生变化，如组合钢模板工作中的木夹条制作，木作工程中打磨刀具等工作。辅助工作时间的结束，往往就是基本工作时间的开始。辅助工作一般是手工操作。但如果在机械、手工并动的情况下，辅助工作是在机械运转过程中进行的，为避免重复，则不应再计辅助工作时间的消耗。辅助工作时间的长短与工作量的大小有关。

c. 准备与结束工作时间，是执行任务前或任务完成后所消耗的工作时间，如工作地点、劳动工具和劳动对象的准备工作时间，工作结束后的整理工作时间等。准备和结束工作时间的长短与所担负的工作量的大小无关，但往往和工作内容有关。这项时间消耗可以分为班内的准备与结束工作时间以及任务的准备与结束工作时间。其中，任务的准备和结束时间是在一批任务的开始与结束时产生的，如熟悉图纸、准备相应的工具、事后清理场地等，通常不反映在每一个工作班里。

②休息时间，是工人在工作过程中为恢复体力所必需的短暂休息和生理需要的时间消耗。这种时间是为了保证工人精力充沛地进行工作，所以在定额时间中必须计算在内。休息时间的长短和劳动条件、劳动强度有关，劳动越繁重紧张、劳动条件越差（如高温），休息时间就越长。

③不可避免的中断时间，是由于施工工艺特点引起的工作中断所必需的时间。与施工过程工艺特点有关的工作中断时间应包括在定额时间内，但应尽量缩短此项时间消耗，如人工运土方的工人在装车时间内工作的中断等。

（2）损失时间，是与产品生产无关而与施工组织和技术上的缺点有关，与工人在施工过程中的个人过失或某些偶然因素有关的时间消耗。损失时间中包括有多余工作和偶然工作、停工、违背劳动纪律所引起的工时损失。

①多余工作，就是工人进行了任务以外而又不能增加产品数量的工作，如重砌质量不合格的护面墙。多余工作的工时损失，一般都是由于工程技术人员和工人的差错引起的，因此，不应计入定额时间中。偶然工作也是工人在任务外进行的工作，但能够获得一定产品，如填补由于质量检查而留下的坑洞等。由于偶然工作能获得一定产品，拟订定额时要适当考虑它的影响。

②停工时间，是工作班内停止工作造成的工时损失。停工时间按其性质可分为施工本身造成的停工时间和非施工本身造成的停工时间两种。

a. 施工本身造成的停工时间，是由于施工组织不善、材料供应不及时、工作面准备工作做得不好、工作地点组织不良等情况引起的停工时间。

b. 非施工本身造成的停工时间，是由于水源、电源中断引起的停工时间。前一种情况在拟订定额时不应该计算，后一种情况定额中则应给予合理的考虑。

③违背劳动纪律造成的工作时间损失，是指工人在工作班开始和午休后的迟到、午饭前和工作班结束前的早退、擅自离开工作岗位、工作时间内聊天或办私事等造成的工时损失。由于个别工人违背劳动纪律而影响其他工人无法工作的时间损失也包括在内。

2）机器工作时间消耗的分类

在机械化施工过程中，对工作时间消耗的分析和研究，除了要对工人工作时间的消耗进行分类研究之外,还需要分类研究机器工作时间的消耗。

机器工作时间的消耗,按其性质也分为必需消耗的时间和损失时间两大类,如图 2-2 所示。

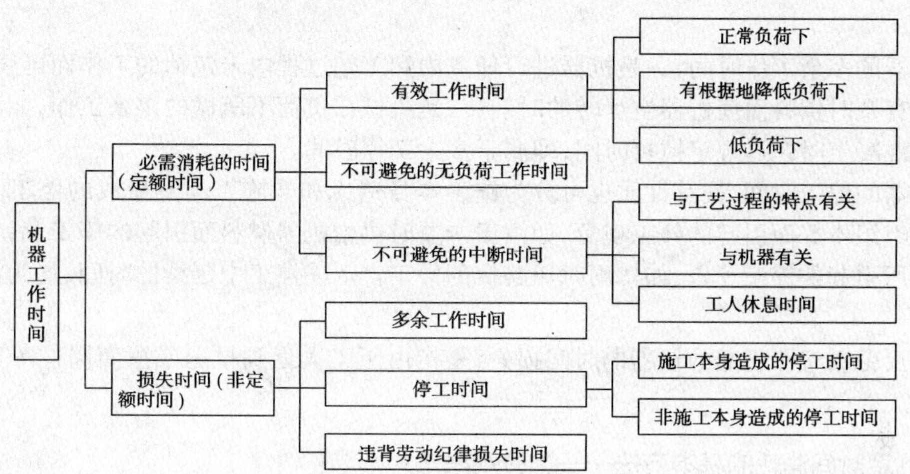

图 2-2 机器工作时间分类

(1)必需消耗的工作时间包括:有效工作、不可避免的无负荷工作和不可避免的中断三项时间消耗,而有效工作的时间消耗又包括正常负荷下、有根据地降低负荷下和低负荷下的工作时间消耗。

①正常负荷下的工作时间,是机器在与机器说明书规定的额定负荷相符的情况下进行工作的时间。

②有根据地降低负荷下的工作时间,是在个别情况下由于技术上的原因,机器在低于其计算负荷下工作的时间。例如,汽车运输质量轻而体积大的货物时,不能充分利用汽车的载重吨位,因而不得不降低其计算负荷。

③低负荷下的工作时间,是由于工人或技术人员的过错所造成的施工机械在降低负荷的情况下工作的时间。例如,工人装车的砂石数量不足引起汽车在降低负荷的情况下工作所延续的时间。此项工作时间不能作为计算时间定额的基础。

④不可避免的无负荷工作时间,是由施工过程的特点和机械结构的特点造成的机械无负荷工作时间。例如,筑路机在工作区末端掉头时间、汽车运土的空回时间等,就属于此项工作时间的消耗。

⑤不可避免的中断工作时间,是与工艺过程的特点、机器的使用和保养、工人休息有关的中断时间。

a. 与工艺过程的特点有关的不可避免的中断工作时间,有循环的和定期的两种。循环的不可避免中断,是在机器工作的每一个循环中重复一次,如汽车装货和卸货时的停车时间。定期的不可避免中断,是经过一定时期重复一次,如把灰浆泵由一个工作地点转移到另一工作地点时的工作中断。

b. 与机器有关的不可避免的中断工作时间,是由于工人进行准备与结束工作或辅助工作时,机器停止工作而引起的中断工作时间。它是与机器的使用与保养有关的不可避免的中断时间。

c.工人休息时间前面已经做了说明。这里要注意的是,应尽量利用与工艺过程有关的和与机器有关的不可避免的中断时间进行休息,以充分利用工作时间。

(2)损失的工作时间包括机械的多余工作、机器的停工和违背劳动纪律所消耗的机器工作时间。

①机器的多余工作时间,一是机器进行任务内和工艺过程内未包括的工作而延续的时间,如工人没有及时供料而使机器空运转的时间;二是机械在负荷下所做的多余工作,如混凝土搅拌机搅拌混凝土时超过规定搅拌时间,即属于多余工作时间。

②机器的停工时间,按其性质也可分为施工本身造成和非施工本身造成的停工。前者是由于施工组织不好而引起的停工现象,如由于未及时供给机器燃料而引起的停工;后者是由于气候条件所引起的停工现象,如暴雨时压路机的停工。上述停工中延续的时间,均为机器的停工时间。

③违反劳动纪律引起的机器的时间损失,是指由于工人迟到早退或擅离岗位等原因引起的机器停工时间。

三、测定时间消耗的基本方法——计时观察法

定额测定是制订定额的一个主要步骤。测定定额是用科学的方法观察、记录、整理、分析施工过程,为制订工程定额提供可靠的依据。测定定额通常使用计时观察法。

1.计时观察法概述

计时观察法,是研究工作时间消耗的一种技术测定方法。它以研究工时消耗为对象,以观察测时为手段,通过密集抽样和粗放抽样等技术进行直接的时间研究。计时观察法由于工程施工中以现场观察为主要技术手段,所以也称为现场观察法。

计时观察法的具体用途:

(1)取得编制施工定额的劳动定额和机械定额所需要的基础资料和技术依据。

(2)研究先进工作法和先进技术操作对提高劳动生产率的具体影响,并应用和推广先进工作法和先进技术操作。

(3)研究减少工时消耗的潜力。

(4)研究定额执行情况,包括研究大面积、大幅度超额和达不到定额的原因,积累资料、反馈信息。

计时观察法能够把现场工时消耗情况和施工组织技术条件联系起来加以考察。它不仅能为制订定额提供基础数据,而且也能为改善施工组织管理、改善工艺过程和操作方法、消除不合理的工时损失和进一步挖掘生产潜力提供技术根据。计时观察法的局限性是考虑人的因素不够。

2.计时观察前的准备工作

(1)确定需要进行计时观察的施工过程

计时观察之前的第一个准备工作,是研究并确定有哪些施工过程需要进行计时观察。对于需要进行计时观察的施工过程要编出详细的目录,拟订工作进度计划,制订组织技术措施,并组织编制定额的专业技术队伍,按计划认真开展工作。在选择观察对象时,必须注意所选择的施工过程要完全符合正常施工条件。所谓施工的正常条件,是指绝大多数企业和施工队、组,在合理组织施工的条件下所处的施工条件。与此同时,还需调查影响施工过程的技术因

素、组织因素和自然因素。

(2)对施工过程进行预研究

对于已确定的施工过程的性质,应进行充分的研究,目的是为了正确地安排计时观察和收集可靠的原始资料。研究的方法,是全面地对各个施工过程及其所处的技术组织条件进行实际调查和分析,以便设计正常的(标准的)施工条件和分析研究测时数据。

①熟悉与该施工过程有关的现行技术标准、规范等文件和资料。

②了解新采用的工作方法的先进程度,了解已经得到推广的先进施工技术和操作,还应了解施工过程存在的技术组织方面的缺点和由于某些原因造成的混乱现象。

③注意系统地收集完成定额的统计资料和经验资料,以便与计时观察所得的资料进行对比分析。

④把施工过程划分为若干个组成部分(一般划分到工序)。施工过程划分的目的是便于计时观察。如果计时观察法的目的是为了研究先进工作法,或是分析影响劳动生产率提高或降低的因素,则必须将施工过程划分到操作以及动作。

⑤确定定时点和施工过程产品的计量单位。所谓定时点,即是上下两个相衔接的组成部分之间的分界点。确定定时点,对于保证计时观察的精确性是不容忽略的因素。确定产品计算单位,要能具体地反映产品的数量,并具有最大限度的稳定性。

(3)选择观察对象

所谓观察对象,就是对其进行计时观察完成该施工过程的工人。所选择的建筑安装工人,应具有与技术等级相符的工作技能和熟练程度,所承担的工作与其技术等级相等,同时应该能够完成或超额完成现行的施工劳动定额。

(4)其他准备工作

此外,还必须准备好必要的用具和表格。如测时用的秒表或电子计时器,测量产品数量的工具、器具,记录和整理测时资料用的各种表格等。如果有条件且有必要,还可配备电影摄像和电子记录设备。

3. 计时观察方法的分类

对施工过程进行观察、测时,计算实物和劳务产量,记录施工过程所处的施工条件和确定影响工时消耗的因素,是计时观察法的三项主要内容和要求。计时观察法的种类很多,最主要的有三种,见图 2-3。

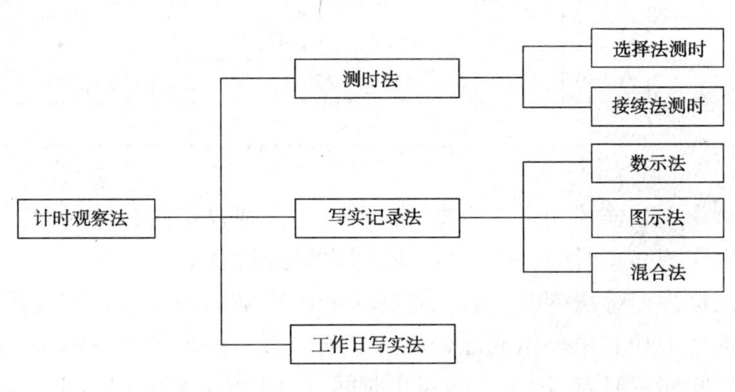

图 2-3　计时观察法的种类

1)测时法

测时法主要适用于测定那些定时重复的循环工作的工时消耗,是精确度比较高的一种计时观察法,一般可达到0.2~15s。测时法只用来测定施工过程中循环组成部分工作时间消耗,不研究工人休息、准备与结束,即其他非循环的工作时间。

(1)测时法的分类。根据具体测时手段不同,可将测时法分为选择法和接续法两种。

①选择法测时。它是间隔选择施工过程中非紧连接的组成部分(工序或操作)测定工时,精确度达0.5s。

选择法测时也称为间隔法测时。采用选择法测时,当被观察的某一循环工作的组成部分开始,观察者立即开动秒表,当该组成部分终止,则立即停止秒表。然后把秒表上指示的延续时间记录到选择法测时记录(循环整理)表上,并把秒针拨回到零点。下一组成部分开始,再开动秒表。如此依次观察,并依次记录下延续时间。

采用选择法测时,应特别注意掌握定时点。在记录时间时仍在进行的工作组成部分,应不予观察。当所测定的各工序或操作的延续时间较短时,连续测定比较困难,用选择法测时比较方便而简单。

选择法测时记录(循环整理)表(表2-2),既可记录观察资料,又可进行观察资料的整理。测时之前,应先把表头部分和各组成部分的名称填好,观察时再依次填入各组成部分的延续时间,观察结束再行整理,求出平均修正值。

选择法测时记录(循环整理)表 表2-2

观察对象	推土机推挖树根	施工单位	工地名称	日期	开始时间	终止时间	延续时间	观察号次	页次
	每次循环	××路桥工程公司	××公路××标段	2007年5月14日	10:00	10:40	40min	3	3/6
时间记载精度:1s		施工过程名称	75kW 推土机推挖1棵直径30cm以内树木的树根					工人人数:	

序号	各组成部分名称	时间消耗总和(s)	占全部时间的百分比(%)	每一次循环的工时消耗 单位:机械(s) 1	2	3	4	5	6	7	8	9	10	时间整理(s) 时间总和	循环次数	最大值	最小值	平均修正值	附注
1	挖土			63	67	64	61	62	99	71	60	58	65	571	9	71	58	63.4	第6棵树根挖土操作方法不当
2	起树根			48	52	50	54	58	52	52	55	53	54	528	10	58	48	52.8	
3	运出路基以外			34	37	34	35	41	35	32	37	36	38	359	10	41	32	35.9	
4	空回			23	19	22	21	25	21	22	26	24	20	223	10	26	19	22.3	
总计																		174.4	

制表: 复核:

②接续法测时。它是连续测定一个施工过程各工序或操作的延续时间。接续法测时每次要记录各工序或操作的终止时间,并计算出本工序的延续时间。

接续法测时也称为连续法测时。它比选择法测时准确、完善,但观察技术也更为复杂。它的特点是在工作进行中和非循环组成部分出现之前一直不停止秒表,秒针走动过程中,观察者根据各组成部分之间的定时点,记录它的终止时间,再用定时点终止时间之间的差表示各组成部分的延续时间。表2-3为接续法测时记录表。

接续法测时记录表　　表 2-3

观察对象	混凝土搅拌机鼓的工作	施工单位	工地名称	日期	开始时间	终止时间	延续时间	观察号次	页次
		××路桥工程公司	××公路××标段	2006 年 9 月 2 日	9:00	9:21	21min	3	3/5
观察精度:1s		过程名称	250L 混凝土搅拌机拌和混凝土(拌和时间 90s)						

序号	各组成部分名称	时间	观察次数																				工人人数	时间整理						附注
			1		2		3		4		5		6		7		8		9		10			时间总和(s)	循环次数	最大值(s)	最小值(s)	平均修正值(s)		
			分	秒	分	秒	分	秒	分	秒	分	秒	分	秒	分	秒	分	秒	分	秒	分	秒								
1	装料入鼓	终止	0	15	2	16	4	20	6	30	8	33	10	39	12	44	14	56	17	4	19	5								
		延续		15		13		13		17		14		15		16		19		12		14		148	10	19	12	14.8		
2	搅拌	终止	1	45	3	48	5	55	7	57	10	4	12	9	14	20	16	28	18	33	20	38								
		延续		90		92		95		87		91		90		96		92		89		93		915	10	96	87	91.5		
3	卸料	终止	2	3	4	7	6	13	8	19	10	24	12	28	14	37	16	52	18	51	20	54								
		延续		18		19		18		22		20		19		17		24		18		16		191	10	24	16	9.1		
总计																												125.4		

制表:　　　　　　　　　　　　　　复核:

(2)测时法的观察次数。由于测时法是属于抽样调查的方法,因此为了保证选取样本的数据可靠,需要对于同一施工过程进行重复测时。一般来说,观测的次数越多,资料的准确性越高,但要花费较多的时间和人力,这样既不经济,也不现实。确定观测次数较为科学的方法,是依据误差理论和经验数据相结合的方法来判断。表 2-4 给出了测时法下观察次数的确定方法。显然,需要的观察次数与要求的算术平均值精确度及数列的稳定系数有关。

测时法所必需的观察次数　　表 2-4

稳定系数 $K_\mu = \frac{t_{max}}{t_{min}}$	要求的算术平均值精确度 $E = \pm \frac{1}{\overline{X}} \sqrt{\frac{\sum \Delta^2}{n(n-1)}}$				
	5%以内	7%以内	10%以内	15%以内	25%以内
	观察次数				
1.5	9	6	5	5	5
2	16	11	7	5	5
2.5	23	15	10	6	5
3	30	18	12	8	6
4	39	25	15	10	7
5	47	31	19	11	8

注:t_{max}-最大观测值;t_{min}-最小观测值;$\overline{X}$-算术平均值;n-观察次数;Δ-每次观察值与算术平均值之差。

2)写实记录法

写实记录法是一种研究各种性质的工作时间消耗的方法,包括基本工作时间、辅助工作时间、不可避免中断时间、准备与结束时间以及各种损失时间。采用这种方法,可以获得分析工作时间消耗和制订定额所必需的全部资料。这种测定方法比较简便、易于掌握,并能保证必需的精确度。因此,写实记录法在实际中得到了广泛的应用。

写实记录法的观察对象,可以是一个工人,也可以是一个工人小组。当观察由一个人单独操作或产品数量可单独计算时,采用个人写实记录。如果观察工人小组的集体操作,而产品数量又无法单独计算时,可采用集体写实记录。

(1)写实记录法的种类。写实记录法按记录时间的方法不同分为数示法、图示法和混合法三种。记录时一般采用有秒针的普通记时表即可。

①数示法写实记录。数示法写实记录的特征是用数字记录工时消耗,是三种写实记录法中精确度较高的一种,精确度达5s,可以同时对两个工人进行观察,适用于组成部分较少且比较稳定的施工过程。数示法用来对整个工作班或半个工作班进行长时间观察,因此能反映工人或机器工作日全部情况(表2-5)。

数示法写实记录表

表2-5

过程名称	准备模板用的镶合板	施工单位	工地名称	日期	开始时间	终止时间	延续时间	观察号次	页次
观察精度:1s		××路桥工程公司	××公路××标段	2010年6月8日	8:00	12:00	4h	2	2/5

序号	各组成部分的名称	观察对象的时间消耗量	观察对象:四级木工							观察对象:三级木工						
			组成部分序号	起止时间		延续时间		产品数量	附注	组成部分序号	起止时间		延续时间		产品数量	附注
				时分	秒	分	秒				时分	秒	分	秒		
1	取工具	6′00″/—	X	8:00	00					X	8:00	00				
2	取备拼条	12′10″/23′40″	1	8:06	00	6	00			14	8:08	00	8	00		
3	工作地点中取木板	4′10″/4′10″	2	8:18	10	12	10			2	8:14	10	6	10		
4	把拼条放在工作台上	20″/20″	4	8:18	30	0	20		与三级木工共取4块木板	4	8:14	30	0	20		
5	把木板放在工作台上	2′10″/3′10″	3	8:22	40	4	10	8根拼条,2块木板锯去7端,5.3m锯去4端		16	8:18	30	4	00		
6	拼接木板并钉上	7′00″/5′30″	5	8:24	50	2	10			3	8:22	40	4	10	15根拼条 2块木板	为下次镶合板用
7	打墨线	2′50″/—	6	8:30	30	5	40			5	8:25	50	3	10		
8	粗锯镶合板	14′10″/—	9	8:32	00	1	30			6	8:31	20	5	30		
9	锯拼条两端	1′30″/—	15	8:39	50	7	50			15	8:39	50	8	30		
10	翻转镶合板	10″/10″	7	8:41	10	1	20			2	8:57	20	17	30		
11	敲弯钉子	—/—	6	8:42	30	1	20			14	9:03	50	6	30		
12	锯木板两端	1′20″/—	7	8:44	00	1	30			10	9:04	00	0	10		
13	将制成的镶合板放好	—/—	14	8:48	20	4	20						64	00		
14	辅助工作	4′20″/14′30″	8	9:02	30	14	10									
15	休息	7′50″/8′30″	12	9:03	50	1	20									
16	因施工本身造成的停工	—/4′00″	10	9:04	00	0	10									
		64′00″/64′00″				64	00									

观察者:　　　　复核者:

②图示法写实记录。图示法写实记录是在规定格式的图表上用时间进度线条表示工时消耗量的一种记录方式,精确度可达30s,可同时对3个以内的工人进行观察。这种方法的主要优点是记录简单,时间一目了然,原始记录整理方便(表2-6)。

图示法写实记录表　　　　表 2-6

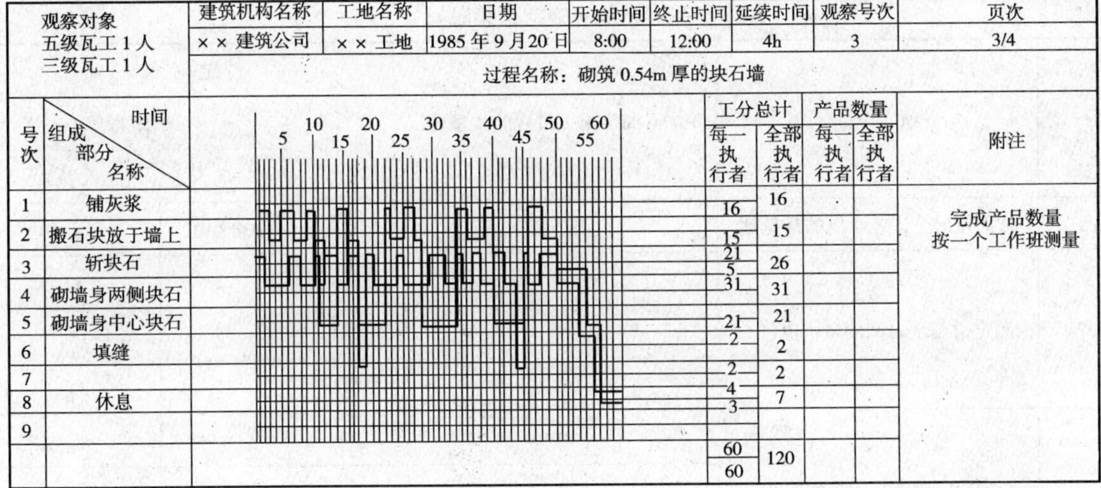

观察对象	建筑机构名称	工地名称	日期	开始时间	终止时间	延续时间	观察号次	页次
五级瓦工 1 人 三级瓦工 1 人	×× 建筑公司	×× 工地	1985 年 9 月 20 日	8:00	12:00	4h	3	3/4
	过程名称：砌筑 0.54m 厚的块石墙							

号次	组成部分名称	时间（5 10 15 20 25 30 35 40 45 50 55 60）	工分总计 每一执行者	工分总计 全部执行者	产品数量 每一执行者	产品数量 全部执行者	附注
1	铺灰浆		16	16			完成产品数量按一个工作班测量
2	搬石块放于墙上		15	15			
3	斩块石		21 5	26			
4	砌墙身两侧块石		31	31			
5	砌墙身中心块石		21	21			
6	填缝		2	2			
7			2	2			
8	休息		4 3	7			
9							
			60 60	120			

观察者：　　　　复核者：　　　　总计：

③混合法写实记录。混合法写实记录吸取数字法写实记录和图示法写实记录两种方法的优点，以图示法写实记录中的时间进度线条表示工序的延续时间，在进度线的上部加写数字表示各时间区段的工人数。混合法写实记录适用于 3 个以上工人工作时间的集体写实记录（表 2-7）。

混合法写实记录表示例　　　　表 2-7

工程名称	104 工地	开始时间	9:00	延续时间	1 h	调查号次	
施工单位		终止时间	10:00	记录日期	1984年8月24日	页 次	1
施工过程	浇筑混凝土 (机拌人捣)	观察对象	四级工：3人；三级工：3人				

号次	各组成部分名称	时间(min) 5 10 15 20 25 30 35 40 45 50 55 60	时间合计(min)	产品数量	附注
1	浇 筑	2　1 2　2 1　2　1　1　2 1 2	78	1.85m³	
2	捣 固	4　2 4　2 1 2 1　4　3 4　2 1　1　4 2 3	148	1.85m³	
3	转 移	5 1 3 2 5 6　3 5 6 4 6 3　3	103	3次	
4	等混凝土	6 3　3	21		
5	其他工作	1　1　1	10		
合 计			360		

（2）写实记录法的延续时间。与确定测时法的观察次数相同，为保证写实记录法的数据可靠性，需要确定写实记录法的延续时间。延续时间的确定，是指在采用写实记录法中任何一种方法进行测定时，对每个被测施工过程或同时测定两个以上施工过程所需的总延续时间的确定。

延续时间的确定，应立足于既不能消耗过多的观察时间，又能得到比较可靠和准确的结果。同时，还必须注意：所测施工过程的广泛性和经济价值；已经达到的功效水平的稳定程度；同时测定不同类型施工过程的数目；被测定的工人人数以及测定完成产品的可能次数等。写实记录法所需的延续时间如表 2-8 所示，必须同时满足表中三项要求，如其中任一项达不到最低要求,均应酌情增加延续时间。

写实记录法确定延续时间　　表2-8

序号	项　　目	同时测定施工过程的类型数	测定对象		
			单人的	集体的	
				2~3人	4人以上
1	被测定的个人或小组的最低数	任一数	3人	3个小组	2个小组
2	测定总延续时间的最小值(h)	1	16	12	8
		2	23	18	12
		3	28	21	24
3	测定完成产品的最低次数	1	4	4	4
		2	6	6	6
		3	7	7	7

3)工作日写实法

工作日写实法是一种研究整个工作班内的各种工时消耗的方法。

运用工作日写实法主要有两个目的:一是取得编制定额的基础资料;二是检查定额的执行情况,找出缺点,改进工作。当用于第一个目的时,工作日写实的结果要获得观察对象在工作班内工时消耗的全部情况以及产品数量和影响工时消耗的影响因素。其中,工时消耗应该按工时消耗的性质分类记录。在这种情况下,通常需要测定3~4次。当用于第二个目的时,通过工作日写实应该做到:查明工时损失量和引起工时损失的原因,制订消除工时损失、改善劳动组织和工作地点组织的措施,查明熟练工人是否能发挥自己的专长,确定合理的小组编制和合理的小组分工;确定机器在时间利用和生产率方面的情况,找出使用不当的原因,定出改善机器使用情况的技术组织措施,计算工人或机器完成定额的实际百分比和可能百分比。在这种情况下,通常需要测定1~3次。

工作日写实法和测时法、写实记录法比较,具有技术简便、费力不多、应用面广和资料全面的优点,是一种在我国采用较广的编制定额的方法。

工作日写实法,利用写实记录表记录观察资料。记录时间时不需要将有效工作时间分为各个组成部分,只需划分适合于技术水平和不适合于技术水平两类,但是工时消耗还需按性质分类记录。工作日写实结果见表2-9~表2-11。

上述介绍了计时观察的主要方法。在实际工作中,有时为了减少测时工作量,往往采取某些简化的方法。这在制订一些次要的、补充的和一次性定额时,是可取的。在查明大幅度超额和完不成定额的原因时,采用简化方法也比较经济。简化的最主要途径是合并组成部分的项目。例如,把施工过程的组成部分简化为:有效工作、休息、不可避免中断和损失时间四项。至于孰细孰粗,则根据实际需要来决定。

4.计时观察资料的整理

计时观察的结果会获得大量的数据和文字记载。无论是数据,还是文字记载,都是不可缺少的资料。两者相互补充,才能获得满意的效果。

工作日写实结果表(正面)　　　　表 2-9

工作日写实结果表	观察的对象和工地:造船厂工地甲种宿舍 工作队(小组):小组　　　工种:瓦工							
工作(过程)名称:垒砌 2 砖混水墙 观察日期:1984 年 7 月 20 日 工作班:自 8:00 到 17:00 完成共 8 个工时	$\frac{\text{小组}}{\text{工作队}}$的工人组成							
	1 级	2 级	3 级	4 级	5 级	6 级	7 级	共计
				2		2		4

序号	工时平衡表 工时消费种类	消耗量(工分)	百分(%)	劳动组织的主要缺点
1	1. 必需消耗的时间			1. 架子工搭设脚手板的工作没有保证质量,同时架子工的工作未按计划进度完成,以致影响了砌砖工人的工作; 2. 由于灰浆搅拌机时有故障发生,使灰浆不能及时供应; 3. 工长和工地技术人员,对于工人工作指导不及时,并缺乏经常的检查、督促,致使砌砖返工,架子工搭设脚手板后,也未校验,又由于没有及时指示而造成砌砖工停工; 4. 由于工人宿舍距施工地点远,工人经常迟到
2	适合于技术水平的有效工作	1 120	58.3	
3	不适合于技术水平的有效工作	67	3.5	
4	有效工作共计	1 187	61.8	
5	休息	176	9.2	
6	不可避免的中断			
7	必需消耗的时间共计(A)	1 363	71.0	
8	2. 损失时间			
9	由于砖层垒砌不正确而加以更正	49	2.6	
10	由于架子工把脚手板铺得太差而加以修正	54	2.8	
11	多余和偶然工作共计	103	5.4	
12	因为没有灰浆而停工	112	5.9	
13	因脚手板准备不及时而停工	64	3.3	
14	因工长耽误指示而停工	100	52.0	
15	由于施工本身而停工共计	276	14.4	
16	因雨停工	96	5.0	
17	因供电中断而停工	12	0.6	
18	非施工本身而停工共计	108	5.6	
19	工作班开始时迟到	34	1.7	
20	午后迟到	36	1.9	
21	违背劳动纪律共计	70	3.6	
22	损失时间共计	557	29.0	
23	总共消耗的时间(B)	1 920	10.0	
	现行定额总共消耗时间			
	完成工作数量 6.66(千块)		测定者:	

工作日写实结果表(反面)　　　　表 2-10

完成定额情况的计算							
序号	定额编号	定额项目	计量单位	完成工作数量	定额工时消耗		备注
					单位	总计	
1	瓦 10	2 砖混水墙	千块	6.66	4.3	28.64	
2							
3							
4		总计				28.64	
完成定额情况		实际:$\frac{60\times28.64}{1\ 920}\times100\%=89.5\%$					
		可能:$\frac{60\times28.64}{1\ 363}\times100\%\approx126.1\%$					
建议和结论							
建议	1. 建设工长和技术人员加强对砌砖工人工作的指导,并及时检查督促; 2. 工人开始工作前要先检验脚手板,工地领导和安全技术员必须负责贯彻技术安全规范; 3. 立即修好灰浆搅拌机; 4. 采取措施,消除上班迟到现象						
结论	全工作日中时间损失占 29%,其原因主要是施工技术人员指导不力。如果能够对工人小组的工作给予切实有效的指导,改善施工组织管理,劳动生产率就可以提高 35% 以上						

工作日写实结果汇总表

表 2-11

写实汇总	工作日写实结果汇总 日期：自 1981 年 7 月 20 日 ~8 月 1 日 工种：瓦工
工地：第×车间	

号次	观察日期及编号	A1 7 月 20 日	A2 7 月 21 日	A3 7 月 22 日	A4 7 月 23 日	A5 7 月 24 日	A6 7 月 25 日	A7 7 月 26 日	A8 7 月 28 日	A9 7 月 29 日	A10 7 月 30 日	A11 7 月 31 日	A12 8 月 1 日	加权平均值	备注
	小组（工作队）工时消耗分类														
	每班人数	4	2	2	3	4	3	2	2	4	2	4	3	35	
一	必需消耗的时间														工时消耗分类按占总消耗时间百分比计算
1	适合于技术水平的有效工作	58.3	67.3	67.7	50.3	56.9	50.6	77.1	62.8	75.9	53.1	51.9	69.1	61.1	
2	不适合于技术水平的有效工作	3.5	17.3	7.6	31.7	—	21.8	—	6.5	12.8	3.6	26.4	10.2	12.3	
3	有效工作共计	61.8	84.6	75.3	82.0	56.9	72.4	77.1	69.3	88.7	56.7	78.3	79.3	73.4	
4	休息	9.2	9.0	8.7	10.9	10.8	11.4	8.6	17.8	11.3	13.4	15.1	10.1	11.4	
5	不可避免的中断	—	—	—	—	—	—	—	—	—	—	—	—	—	
6	必需消耗的时间共计	71.0	93.6	84.0	92.9	67.7	83.8	85.7	87.1	100	70.1	93.4	89.4	84.8	
二	损失时间														
1	多余和偶然工作	5.4	5.2	6.7	—	—	3.3	6.9	—	—	—	—	3.2	2.2	
2	由于施工本身而停工	14.4	—	6.3	2.6	26.0	3.8	4.4	11.3	—	29.9	6.6	5.1	9.4	
3	非施工本身而停工	5.6	—	1.3	3.6	6.3	9.1	3.0	—	—	—	—	1.7	2.8	
4	违背劳动纪律	3.6	1.2	1.7	0.9	—	—	—	1.6	—	—	—	0.6	0.8	
5	损失时间共计	29.0	6.4	16.0	7.1	32.3	16.2	14.3	12.9	—	29.9	6.6	10.6	15.2	
6	总共消耗时间	100	100	100	100	100	100	100	100	100	100	100	100	100	
完成定额(%)	实际	89.5	115	107	113	95	98	102	110	116	97	114	101	104.5	
	可能	126	123	128	122	140	117	199	126	116	138	122	120		

制表：　　　　　　　　　　　　　　　　　　　　复核：

(1)确定影响工时消耗的具体因素

所谓影响工时消耗的具体因素，是指在对施工过程进行观察中，实际发生的对工时消耗发生作用的那些因素。这些具体的因素的确定是计时观察中不可缺少的工作。无论是采用测时法、写实记录法，还是采用工作日写实法，在测时的同时，就要观察影响工时消耗的各种因素，测时完毕立即在专用表格或测时记录表格上记录下来，并作出必要、详尽的说明，这样才可能对测到的时间消耗资料进行全面的分析研究。

在确定因素时，要注意两类情况的记录：一类是构成该施工过程的各个条件，另一类是在观察期间各因素的变化。应确定的因素包括以下内容：

①观察日期、工作班时间。

②施工过程名称以及所属公司、工区、工程项目。

③气温、雨量、风力。

④工人的详细情况（年龄、性别、文化程度、工种、等级、工龄、从事本专业的实际工作时间、工资制度、平均工资、参加劳动竞赛的情况、工作速度、上月劳动生产率等）。

⑤所使用的材料情况（材料类别、质量）。

⑥工具、设备及机械的详细说明。

⑦产品的规格和质量。

⑧工作地点与施工过程的组织与技术说明。

⑨产品数量的计数。

(2)整理施工过程观察资料的基本方法

对每次计时观察的资料进行整理之后,要对整个施工过程的观察资料进行系统的分析研究和整理。

整理观察资料的方法基本上是两种:一种是平均修正法,另一种是图示整理法。

①平均修正法是一种在对测时数列进行修正的基础上,求出平均值的方法。

所谓测时数列,是指由各次观察记录下来的施工过程中同一组成部分的不同延续时间所形成的数据序列。例如,对施工过程的同一组成部分观察 10 次,记录下来的必然是 10 个时间值。这 10 个时间值就形成一个测时数列。

整理测时数列主要是求算术平均值。因为在有限的观察次数下,算术平均值是最可靠值。但由于观察过程中不可避免地会受到偶然因素的干扰,因此引起时间值发生误差。为了消除偶然因素干扰,计算算术平均值之前,应将测时数列中误差极大和显然存在问题的数值抽出来,并在测时表的附注中找出引起误差的原因。如果误差是人为因素引起的,则该项数值应予剔除。例如,被观察者在工作中与别人聊天而延长了工时,或者由于观察者填写的疏忽造成个别数值偏差大,都应全部删去,以免定额受偶然因素的影响。如果该项误差的出现是由于受某种难以完全避免的客观因素的影响,如在木板刨光工作中,碰到了节疤太多的木板,延长了刨光时间,这类性质的数值虽然要抽出,但在确定定额时,应计算此项因素在刨光木板工作中的影响。

上述剔除个别数值的工作称为修正数列。

对测时数列进行修正后,即可计算算术平均值。在技术测定工作中通常称之为平均修正值。

$$\text{平均修正值} = \frac{\text{延续时间的总和}}{\text{循环次数}} \tag{2-7}$$

式中:延续时间的总和——经过剔除后的各次观察的延续时间总和;

循环次数——经过剔除后的观察次数。

修正测时数列,就是剔除或修正那些偏高或偏低的可疑数值,目的是保证不受那些偶然性因素的影响。

确定偏高和偏低的时间数值方法,是计算出最大极限数值和最小极限数值以确定可疑值。超过极限值的时间数值就是可疑值。

$$\text{最大极限值} = \overline{X} + K(M - S) \tag{2-8}$$

$$\text{最小极限值} = \overline{X} - K(M - S) \tag{2-9}$$

式中:$\overline{X}$——测时数列的平均值;

K——极限系数,可参考表 2-12 中所列数值;

M——测时数列的最大值;

S——测时数列的最小值。

极限系数表 表2-12

观察次数	极限系数 K	观察次数	极限系数 K
5	1.3	9~10	1.0
6	1.2	11~15	0.9
7~8	1.1	16~30	0.8

计算测时数列的平均修正值,可以采用算术平均值,也可以采用加权平均值。当测时数列不受或很少受产品数量影响时,采用算术平均值可以保证获得可靠的值。但是,如果测时数列受到产品数量的影响时,采用加权平均值则是比较适当的。因为采用加权平均值可以在计算单位产品工时消耗时,考虑到每次观察中产品数量变化的影响,从而获得可靠的值。

②图示整理法,只有在同一工作过程或其组成部分的产品具有数种规格时才使用,如挖不同深度的地槽,锯不同长度的木板等。随着地槽深度和截锯长度的变化,工时消耗也发生变化。

采用图示整理法,是将完成不同规格的工时消耗量用点画在坐标图上,然后研究点的位置,目的是确定工时消耗量的变化与因素数值(长度、深度、直径等)的关系。这一关系在图表上以一根或数根曲线表示。

图上的点如果代表多次观察的平均修正值,应在点上端注明观察次数。描绘曲线时,应尽量接近观察次数多的点。

图示整理法可以显示出观察的结果,确定出所求的定额工时消耗,并可避免发生较大的错误。此外,这种方法还可以确定出某些未进行观察的同一施工过程的其他类型的延续时间。

当某一过程或其组成部分的延续时间,不是根据一个因素数值,而是根据两个或三个因素数值转移时,那么,在图上所连成的将是两条、三条或更多条曲线。

整理后的计时观察资料可以作为评价工作的根据,也可以作为制订定额的根据。

四、施工定额的编制

1.劳动定额的编制方法

时间定额和产量定额是劳动定额的两种表现形式。因为时间定额与产量定额互成倒数,拟定出时间定额,也就可以计算出产量定额。

1)技术测定方法

通过计时观察资料,可以经过统计分析获得某工序的各种必需消耗时间和完成的工序计量单位的工程量,工序计量单位可能是m,也可能是m^2,或者是m^3等。时间定额就是完成定额计量单位的工程量所需要消耗的基本工作时间、辅助工作时间、不可避免中断时间、准备与结束工作时间及休息时间之和。根据工序性质不同,定额计量单位的工程量可能是1m、10m、100m,也可能是$1m^2$、$10m^2$、$100m^2$,或者是$1m^3$、$10m^3$、$100m^3$等,通常是工序计量单位的1倍、10倍、100倍。公路工程劳动定额的时间为工日。

(1)根据必需消耗时间测定结果

对施工过程进行计时观察后,对测时数据进行整理,对工作时间进行分类,分别统计基本工作时间、辅助工作时间、不可避免的中断时间、准备与结束工作时间及休息时间,据此确定时间定额。

【例1-1】 人工挖土方,土质为潮湿的黏性土,按土质分类属二类土(普通土)。计时观察资料表明,挖$1.8m^3$土方需消耗基本工作时间150min,辅助工作时间占工作班延续时间的2%,不可避免中断时间占1%,准备与结束工作时间占工作延续时间的2%,休息占20%。试拟定人工挖土方(普通土)每$1m^3$的劳动定额。

解:必需消耗时间=基本工作时间+辅助工作时间+不可避免的中断时间+准备与结束工作时间+休息时间

设必需消耗时间为X,则:

$$X = 150 + X\ (2\% + 1\% + 2\% + 20\%)$$

$$X = 150/[1-(2\% + 1\% + 2\% + 20\%)] = 200(\text{min})$$

时间定额为：$200 \div 60 \div 8 \div 1.8 \approx 0.231$(工日/$m^3$)

产量定额=1/时间定额=1/0.231≈4.329(m^3/工日)

(2)利用工时规范

基本工作时间在必需消耗的工作时间中占的比重最大。在确定基本工作时间时,必须细致、精确。因此,对一些施工过程重点就基本工作时间进行计时观察,并分析确定,而辅助工作和准备与结束工作、不可避免的中断、休息时间可采用已有的工时规范或经验数据计算确定。

木作工程各类辅助工作时间的比例见表2-13。

木作工程各类辅助工作时间的比例　　表2-13

工作项目	占工序作业时间的比例(%)	工作项目	占工序作业时间的比例(%)
磨刨刀	12.3	磨线刨	8.3
磨槽刨	5.9	锉锯	8.2
磨凿子	3.4		

建筑工程准备与结束工作、休息、不可避免中断时间的比例如表2-14。

准备与结束、休息、不可避免中断时间占工作班时间的比例　　表2-14

序号	时间分类 工种	准备与结束时间占工作时间的比例(%)	休息时间占工作时间的比例(%)	不可避免的中断时间占工作时间的比例(%)
1	材料运输及材料加工	2	13~16	2
2	人力土方工程	3	13~16	2
3	架子工程	4	12~15	2
4	砖石工程	5	10~13	4
5	抹灰工程	6	10~13	3
6	手工木作工程	4	7~10	3
7	机械木作工程	3	4~7	3
8	模板工程	5	7~10	3
9	钢筋工程	4	7~10	4
10	现浇混凝土工程	6	10~13	3
11	预制混凝土工程	4	10~13	2
12	防水工程	5	25	3
13	油漆玻璃工程	3	4~7	2
14	钢制品制作及安装工程	4	4~7	2
15	机械土方工程	2	4~7	2
16	石方工程	4	13~16	2
17	机械打桩工程	6	10~13	3
18	构件运输及吊装工程	6	10~13	3
19	水暖电气工程	5	7~10	3

根据以上工时规范的表现形式，利用工时规范计算劳动定额的时间定额的计算公式有：

$$工序作业时间=基本工作时间+辅助工作时间=\frac{基本工作时间}{1-辅助时间所占百分比} \tag{2-10}$$

$$规范时间=准备与结束工作时间+不可避免的中断时间+休息时间 \tag{2-11}$$

$$定额时间=\frac{工序作业时间}{1-规范时间所占百分比} \tag{2-12}$$

【例 1-2】 测定现浇混凝土木模板制作 $1m^2$ 的基本工作时间为 160min。试按工时规范确定其劳动定额。

解：现浇混凝土木模板制作属于木作工程，除了基本工作外，辅助工作就是磨刨刀，查表 2-13 得木作工程中磨刨刀时间占工序作业时间的 12.3%，则：

$$工序作业时间=基本工作时间/(1-辅助时间所占百分比)=160/(1-12.3\%)\approx 182(min)$$

查表 2-14 可知，手工木作工程准备与结束时间占工作班时间 4%，不可避免的中断时间占 3%，休息时间占 8%，则：

$$\begin{aligned}定额时间&=工序作业时间/(1-规范时间所占百分比)\\&=182/[1-(4\%+3\%+8\%)]\approx 214\ (min)\end{aligned}$$

所以，现浇混凝土木模板制作 $1m^2$ 的劳动定额为：

$$时间定额=214\div 60\div 8\approx 0.45(工日/m^2)$$

$$产量定额=1/0.45\approx 2.22(m^2/工日)$$

劳动定额的测定方法除计时观察法外，尚有经验估计法和统计分析法，可作为研究时间消耗的补充和比较方法。

2）经验估计法（也称经验估工法）

该方法简单、速度快，但易受参加制订人员主观因素和局限性影响，使制订的定额出现偏高或偏低现象。经验估计法的数据选定方法如下：

设 M 为所需的平均时间，则：

$$M=\frac{a+4c+b}{6} \tag{2-13}$$

式中：a——较短时间；

b——较长时间；

c——一般时间。

相应的方差为：

$$\sigma^2=\frac{1}{2}\left[\left(\frac{a+4c+b}{6}-\frac{a+2c}{3}\right)^2+\left(\frac{a+4c+b}{6}-\frac{2c+b}{3}\right)^2\right]=\left(\frac{b-a}{6}\right)^2 \tag{2-14}$$

标准偏差为：

$$\sigma=\frac{b-a}{6} \tag{2-15}$$

σ 值越大，说明数据越分散；σ 值越小，说明数据越集中。

工时定额为 T，则：

$$T=M+\sigma\lambda \tag{2-16}$$

或

$$\lambda=\frac{T-M}{\sigma} \tag{2-17}$$

λ 为标准离差系数，从正态分布表（表 2-15）中可以查到对应于 λ 值的概率 $P(\lambda)$。$P(\lambda)$

值表示该项目在给定额工时消耗 T 的情况下完成的可能性程度。

正态分布的标准离差系数 λ 值与概率 $P(\lambda)$　　表 2-15

λ	$P(\lambda)$	λ	$P(\lambda)$	λ	$P(\lambda)$	λ	$P(\lambda)$
0.0	0.50	-1.3	0.10	0.0	0.50	1.3	0.90
-0.1	0.46	-1.4	0.08	0.1	0.54	1.4	0.92
-0.2	0.42	-1.5	0.07	0.2	0.58	1.5	0.93
-0.3	0.38	-1.6	0.05	0.3	0.62	1.6	0.95
-0.4	0.34	-1.7	0.04	0.4	0.66	1.7	0.96
-0.5	0.31	-1.8	0.04	0.5	0.69	1.8	0.96
-0.6	0.27	-1.9	0.03	0.6	0.73	1.9	0.97
-0.7	0.24	-2.0	0.02	0.7	0.76	2.0	0.98
-0.8	0.21	-2.1	0.02	0.8	0.79	2.1	0.98
-0.9	0.18	-2.2	0.01	0.9	0.82	2.2	0.99
-1.0	0.16	-2.3	0.01	1.0	0.84	2.3	0.99
-1.1	0.14	-2.4	0.01	1.1	0.86	2.4	0.99
-1.2	0.12	-2.5	0.01	1.2	0.88	2.5	0.99

【例 1-3】　已知完成某项任务的较短时间为 6h，较长时间为 14h，一般时间为 7h。试问：要使完成任务的可能性为 31%，即有 31% 工人可达到这一水平，则下达工时定额应为多少小时？

解：

$$M=\frac{a+4c+b}{6}=\frac{6+4\times7+14}{6}=8(\mathrm{h})$$

$$\sigma=\frac{b-a}{6}=\frac{14-6}{6}\approx1.3$$

$P(\lambda)=0.31$，查表 2-15，$\lambda=-0.5$

$$T=M+\sigma\lambda=8+1.3\times(-0.5)=7.35(\mathrm{h})$$

如果实际收集的时间消耗数据是 n 个，可以首先把个别偏差很大的数据去掉，然后将留下的数据从小到大排队，划分三个区间，再分别求出各区间中的算术平均值，作为三个估计数 a、c、b。

3）统计分析法

该法以积累的大量统计资料为基本依据，这些资料提供数据的准确性和真实性直接影响到定额的精度。凡是施工条件比较正常、定额比较稳定、原始资料比较真实的单位，采用统计分析法比采用经验估计法科学和先进。

用统计分析法制订定额时，其平均实耗工时可按下式计算：

$$M=\frac{\sum_{i=1}^{n}t_i}{n}\tag{2-18}$$

式中：t_i——统计资料所提供的完成单位合格产品的实耗时间；

n——提供数据中的数值个数。

将小于平均实耗工时 M 的 n' 个数据挑出来，计算平均值，即先进平均的实耗工时。

$$M' = \frac{\sum_{i=1}^{n'} t_i}{n'} \tag{2-19}$$

那么，平均先进定额为：

$$平均先进定额 = \frac{平均实耗工时 + 先进平均的实耗工时}{2} \tag{2-20}$$

【例1-4】 某单位产品在12个月的实耗工时统计资料分别为：12，13，11，14，10，12，13，12，11，13，12，10。试求产品的平均实耗工时和平均先进定额。

$$平均实耗工时 = \frac{\sum_{i=1}^{n} t_i}{n} \approx 11.92(\text{h})$$

$$先进平均的实耗工时 = \frac{11 + 10 + 11 + 10}{4} = 10.5(\text{h})$$

$$平均先进定额 = \frac{11.92 + 10.5}{2} = 11.21(\text{h})$$

如果把统计分析法和经验估计法的概率估计方法结合起来，可以更加科学地掌握定额水平，使之先进合理。

首先，利用施工积累资料按统计分析法计算平均实耗工时 M，并计算出标准偏差 σ：

$$\sigma = \sqrt{\frac{\sum_{i=1}^{n} (M - t_i)^2}{n}} \tag{2-21}$$

再拟定完成定额的概率 $P(\lambda)$（小于0.5），查表得 λ，按经验估计法计算定额时间 T。

2. 机械定额的编制方法

编制机械消耗定额时，通常先确定产量定额，再计算时间定额。

(1)确定机械1h纯工作正常生产率

机械纯工作时间，就是指机械的必需消耗时间。机械1h纯工作正常生产率，就是在正常施工组织条件下，具有必需的知识和技能的技术工人操纵机械1h的生产率。

根据机械工作特点的不同，机械1h纯工作正常生产率的确定方法也有所不同。

①对于循环动作机械，确定机械1h纯工作正常生产率的计算公式如下：

$$机械一次循环的正常延续时间 = \sum \begin{pmatrix} 循环各组成部分 \\ 正常延续时间 \end{pmatrix} - 交叠时间 \tag{2-22}$$

$$机械1\text{h}纯工作循环次数 = \frac{60 \times 60}{一次循环的正常延续时间} \tag{2-23}$$

$$\begin{matrix} 机械1\text{h}纯工作 \\ 正常生产率 \end{matrix} = \begin{matrix} 机械1\text{h}纯工作 \\ 正常循环次数 \end{matrix} \times \begin{matrix} 一次循环生产 \\ 的产品数量 \end{matrix} \tag{2-24}$$

②对于连续动作机械，确定机械1h纯工作正常生产率要根据机械的类型和结构特征，以及工作过程的特点来进行。其计算公式如下：

$$\begin{matrix} 连续动作机械1\text{h} \\ 纯工作正常生产率 \end{matrix} = \frac{工作时间内生产的产品数量}{工作时间} \tag{2-25}$$

工作时间内的产品数量和工作时间的消耗，要通过多次现场观察和机械说明书来取得数据。

(2)确定施工机械的正常利用系数

在一个工作班内,除了机械纯工作时间,还有正常状况下的准备与结束工作,机械启动、机械维护等工作所必需消耗的时间以及机械有效工作的开始与结束时间。

施工机械的正常利用系数,是指机械在工作班内对工作时间的利用率。机械的利用系数和机械在工作班内的工作状况有着密切的关系。所以,要确定机械的正常利用系数,首先要拟定机械工作班的正常工作状况,保证合理利用工时。

机械正常利用系数的计算公式如下:

$$\text{机械正常利用系数}=\frac{\text{机械在一个工作班内纯工作时间}}{\text{一个工作班延续时间(8h)}} \tag{2-26}$$

(3)计算施工机械定额

计算施工机械定额是编制机械定额工作的最后一步。在确定了机械工作正常条件、机械1h纯工作正常生产率和机械正常利用系数之后,采用下列公式计算施工机械的产量定额:

$$\begin{matrix}\text{施工机械台班}\\\text{产量定额}\end{matrix}=\frac{\text{机械 1h 纯工作}}{\text{正常生产率}}\times\begin{matrix}\text{工作班}\\\text{纯工作时间}\end{matrix} \tag{2-27}$$

或

$$\begin{matrix}\text{施工机械台班}\\\text{产量定额}\end{matrix}=\begin{matrix}\text{机械 1h 纯工作}\\\text{正常生产率}\end{matrix}\times\frac{\text{工作班}}{\text{延续时间}}\times\begin{matrix}\text{机械正常}\\\text{利用系数}\end{matrix} \tag{2-28}$$

$$\text{施工机械时间定额}=\frac{1}{\text{机械台班产量定额}} \tag{2-29}$$

【例1-5】　某工程现场采用出料容量为250L的混凝土搅拌机,每一次循环中,装料、搅拌、卸料、中断需要的时间分别为1min、3min、1min、1min,机械正常利用系数为0.9。试求该机械定额。

解:该搅拌机一次循环的正常延续时间 $=1+3+1+1=6(\mathrm{min})$

该搅拌机1h纯工作循环次数 $=60\div6=10$(次)

该搅拌机1h纯工作正常生产率 $=10\times250=2\,500(\mathrm{L})=2.5(\mathrm{m^3})$

该搅拌机台班产量定额 $=2.5\times8\times0.9=18(\mathrm{m^3}/\text{台班})$

该搅拌机时间定额 $=1\div18\approx0.056(\text{台班}/\mathrm{m^3})$

3.材料定额的编制方法

1)材料的分类

合理确定材料消耗定额,必须研究和区分材料在施工过程中的类别。

(1)根据材料消耗的性质划分

施工中材料的消耗可分为必需消耗的材料和损失的材料两类性质。

必需消耗的材料,是指在合理用料的条件下,生产合格产品所需消耗的材料。它包括:直接用于建筑和安装工程的材料;不可避免的施工废料;不可避免的材料损耗。

必需消耗的材料属于施工正常消耗,是确定材料消耗定额的基本数据。其中,直接用于建筑和安装工程的材料,编制材料净用量定额;不可避免的施工废料和材料损耗,编制材料损耗定额。

(2)根据材料消耗与工程实体的关系划分

施工中的材料可分为实体材料和非实体材料两类。

①实体材料,是指直接构成工程实体的材料。它包括工程直接性材料和辅助材料。工程

直接性材料主要是指一次性消耗、直接用于工程上构成建筑物或结构本体的材料，如钢筋混凝土柱中的钢筋、水泥、砂、碎石等；辅助性材料主要是指虽也是施工过程中所必需的却并不构成建筑物或结构本体的材料，如土石方爆破工程中所需的炸药、引信、雷管等。主要材料用量大，辅助材料用量少。

②非实体材料，是指在施工中必须使用但又不能构成工程实体的施工措施性材料。非实体材料主要是指周转性材料，如模板、脚手架等。

2）确定材料消耗定额的基本方法

确定实体材料的净用量定额和材料损耗定额的计算数据，是通过现场技术测定、实验室试验、现场统计和理论计算等方法获得的。

（1）现场技术测定法，又称为观测法，是根据对材料消耗过程的测定与观察，通过完成产品数量和材料消耗量的计算而确定各种材料消耗定额的一种方法。现场技术测定法主要适用于确定材料损耗量，因为该部分数值用统计法或其他方法较难得到。通过现场观察，还可以区别出哪些是可以避免的损耗，哪些是难以避免的损耗，明确定额中不应列入可以避免的损耗。

（2）试验室试验法，主要用于编制材料净用量定额。通过试验，能够对材料的结构、化学成分和物理性能以及按强度等级控制的混凝土、砂浆、沥青、油漆等配比做出科学的结论，给编制材料消耗定额提供有技术根据的、比较精确的计算数据。其缺点在于无法估计到施工现场某些因素对材料消耗量的影响。

（3）现场统计法，是以施工现场积累的分部分项工程使用材料数量、完成产品数量、完成工作原材料的剩余数量等统计资料为基础，经过整理分析，获得材料消耗的数据。这种方法由于不能分清材料消耗的性质，因而不能作为确定材料净用量定额和材料损耗定额的依据，只能作为编制定额的辅助性方法使用。

上述三种方法的选择必须符合国家有关标准规范，即材料的产品标准，计量要使用标准容器和称量设备，质量符合施工验收规范要求，以保证获得可靠的定额编制依据。

（4）理论计算法，是指运用一定的数学公式计算材料消耗定额。

3）周转材料消耗定额的编制

周转材料，顾名思义，就是多次周而复始地重复进行使用的材料，如工程中的模板、脚手架等，它只在施工生产过程中参与工程的修建，而不构成工程的主要实体。但由于公路工程的结构形式不一、情况各异，所以能充分周转使用的次数也不尽相同，这是在实际工作中比较难以确定的一个参数。通常，以实际施工生产经验资料，结合工程的具体情况，在适当留有余地的基础上，分别对各种周转材料预计可能达到的周转次数，以此计算确定周转材料的消耗定额。公路工程中各种材料的周转及摊销次数，一般通过施工实践测定。

综上所述，各种材料的周转及摊销定额，可按下式进行计算：

$$Q=\frac{A(1+k)}{nV} \tag{2-30}$$

式中：Q——周转材料的单位定额用量，m^3 或 kg/m^3；

A——周转材料的图纸总用量，如一套模板等的总量，kg 或 m^3；

k——场内运输及操作损耗，%，可通过施工实践测定；

n——周转及摊销次数；

V——工程设计实体，m^3。

所以，编制周转材料的消耗定额，基本上是以设计图纸或施工图纸为依据的。首先计算出建筑工程的体积和各种周转材料的图纸一次使用量，然后按实测的周转及摊销次数进行计算。

周转材料只包括木料、铁件、铁钉、铁丝、钢丝绳以及钢结构等几种材料。

第三节　公路工程计价定额

一、公路工程预算定额

1. 预算定额的概念与作用

1）预算定额的概念

预算定额，是指在合理的施工组织设计、正常施工条件下，生产一个规定计量单位合格结构构件、分项工程所需的人工、材料和机械台班的社会平均消耗量标准。预算定额是工程建设中的一项重要的技术经济文件，是编制施工图预算的主要依据，也是确定和控制工程造价的基础。

2）预算定额的作用

（1）预算定额是编制施工图预算、确定建筑安装工程造价的基础。施工图设计一经确定，工程预算造价就取决于预算定额水平和人工、材料及机械台班的价格。预算定额起着控制劳动消耗、材料消耗和机械台班使用的作用，进而起着控制建筑产品价格的作用。

（2）预算定额是编制施工组织设计的依据。施工组织设计的重要任务之一，是确定施工中所需人力、物力的供求量，并作出最佳安排。施工单位在缺乏本企业的施工定额的情况下，根据预算定额，也能够比较精确地计算出施工中各项资源的需要量，为有计划地组织材料采购和预制件加工、劳动力和施工机械的调配提供了可靠的计算依据。

（3）预算定额是施工单位进行经济活动分析的依据。预算定额规定的物化劳动和劳动消耗指标，是施工单位在生产经营中允许消耗的最高标准。施工单位必须以预算定额作为评价企业工作的重要标准，作为努力实现的目标。施工单位可根据预算定额对施工中的劳动、材料、机械的消耗情况进行具体分析，以便找出并克服低功效、高消耗的薄弱环节，提高竞争能力。只有在施工中尽量降低劳动消耗，采用新技术，提高劳动者素质及劳动生产率，才能取得较好的经济效益。

（4）预算定额是编制概算定额的基础。概算定额是在预算定额的基础上综合扩大编制的。利用预算定额作为编制依据，不但可以节省编制工作的大量人力、物力和时间，收到事半功倍的效果，还可以使概算定额在水平上与预算定额保持一致，以免造成执行中的不一致。

（5）预算定额是合理编制招标控制价、投标报价的基础。在深化改革中，预算定额的指令性作用将日益削弱，而对施工单位按照工程个别成本报价的指导性作用仍然存在，因此预算定额作为编制招标控制价的依据和施工企业报价的基础性作用仍将存在，这也是由于预算定额本身的科学性和指导性决定的。

2. 预算定额的编制原则和依据

1）预算定额的编制原则

为保证预算定额的质量，充分发挥预算定额的作用，方便实际使用，在编制工作中应遵循以下原则。

(1)按社会平均水平确定预算定额水平的原则

预算定额是确定和控制建筑安装工程造价的主要依据,必须按照价值规律的客观要求,即按生产过程中所消耗的社会必要劳动时间确定定额水平。所以,预算定额的平均水平,是指在正常的施工条件,合理的施工组织和工艺条件、平均劳动熟练程度和劳动强度下,完成单位合格分项工程基本构造要素所需的劳动时间。

(2)简明适用的原则

简明适用,一是指编制预算定额时,对于那些主要的、常用的、价值量大的项目,分项工程划分宜细;对于那些次要的、不常用的、价值量相对较小的项目,则可以粗一些。二是指预算定额要项目齐全,要注意补充那些因采用新技术、新结构、新材料而出现的新的定额项目。如果项目不全,缺项多,就使计价工作缺少充足可靠的依据。三是要求合理确定预算定额的计量单位,简化工程量的计算,尽可能地避免同一种材料用不同的计量单位和一量多用,尽量减少定额附注和换算系数。

(3)坚持统一性和差别性相结合的原则

所谓统一性,就是从培育全国统一市场规范计价行为出发,计价定额的制订规划和组织实施由国务院建设行政主管部门归口管理,由其负责全国统一定额制订或修订,颁发有关工程造价管理的规章制度办法等。所谓差别性,就是在统一性基础上,各部门和省、自治区、直辖市主管部门可以在自己的管辖范围内,根据本部门和本地区的具体情况,制订部门和地区性定额、补充性制度和管理办法,以适应我国幅员辽阔、地区间部门发展不平衡和差异大的实际情况。

(4)专家编审的原则

定额的编制工作政策性、专业性强,任务重,贯彻专家编审的原则便于对定额水平把握一致;使定额项目全面反映已经技术成熟并采用新工艺、新结构和新材料的项目;有利于定额项目划分实现工程实体消耗与工程施工措施性消耗的分离,以满足企业经济核算和按工程个别成本报价的需要;保证定额编制工作按质、按时的完成,并有利于工作经验的积累和专业人员素质的提高。

(5)与公路建设相适应的原则

预算定额是为公路建设服务的,必须满足公路建设发展的需要。定额项目要能覆盖当前及今后一时期绝大部分工程项目。当前普遍采用或今后将普遍采用的新技术、新工艺、新材料、新设备都应在定额中得到反映,使预算定额与建设发展相适应。

工程定额是工程实践经验的科学总结,定额中所列工料机消耗量是通过对大量工程实践数据统计、分析、归纳、总结取定的,并体现社会平均水平。因此,工程定额的编制总是相对滞后于工程实践的,应尽量缩短这个时间,使定额项目尽量齐全,适应建设发展的需要,促进新技术的推广。

(6)贯彻国家政策、法规的原则

预算定额作为工程造价的计价依据,涉及国家、企业和劳动者的利益,具有"责任较大、通用性强、关系公共利益"的特点,必须认真贯彻国家的方针政策,包括技术、经济和安全方面的法规、条例。

2)预算定额的编制依据

(1)国家的有关规定

编制预算定额必须依据国家关于基本建设的方针、政策和各项管理制度,如基本建设程序、设计文件编制办法、预算管理工作制度等。

(2)技术标准和规范

如公路工程技术标准，设计规范、施工技术及验收规范等。交通运输部缺少的规范，则可采用其他部委的设计与施工规范、规程。

(3)设计施工图纸

以交通运输部批准的标准设计图纸为主，没有标准设计图纸的定额项目，则可选择有代表性的设计图纸或施工详图。至于某些辅助工程(如围堰、施工平台、脚手架等)，既无施工详图，又无技术资料可采用时，可根据施工技术规范的要求，绘制简图计算，并附在计算底稿内备查。

(4)公路工程施工定额

根据各有关单位提供的公路工程施工定额资料，通过汇总、平衡、分析提出一个合理的施工定额水平，并得到部主管部门同意后，作为编制预算定额的依据。

(5)其他相关资料

包括现行的预算定额、工料机预算价格及有关文件规定等，过去定额编制过程中积累的基础资料也是编制预算定额的依据和参考。

3. 预算定额的编制方法

预算定额的编制，大致可以分为准备工作、收集资料、编制定额、报批和修改定稿五个阶段。各阶段工作相互有交叉，有些工作还有多次反复。其中，预算定额编制阶段的主要工作如下。

1)预算定额的项目划分

预算定额要根据交通运输部颁发的《公路工程基本建设项目设计文件编制办法》中规定的施工图设计阶段提供的工程量深度和工程招标工程量清单的深度，以及工程结算的方便和准确来划分项目，并根据各项目的工程内容将施工定额的有关项目进行综合。

公路工程预算定额分为路基工程、路面工程、隧道工程、桥涵工程、防护工程、交通工程及沿线设施、临时工程等部分；此外，还列有材料采集及加工及材料运输两部分内容，这是公路定额特有的，主要为在边远地区施工单位自行开采、加工施工材料和自办材料运输编制的。

预算定额的项目划分，主要根据施工图的工程构件或部位、材料类别、施工措施以及对工程造价的影响等因素予以划分。例如，路基土石方工程按土石类别、施工方法划分项目；路面工程按工程部位、材料类别、施工方法等因素划分项目；隧道工程按开挖的土质类别、结构部位、衬砌材料类别、施工方法等因素划分项目；桥涵工程根据工程类别、结构部位、施工方法等因素划分项目。

2)确定预算定额的计量单位

预算定额与施工定额计量单位往往不同。施工定额的计量单位一般按照工序或施工过程确定，而预算定额的计量单位主要是根据分部分项工程和结构构件的形体特征及其变化确定。由于工作内容综合，预算定额的计量单位也具有综合的性质。工程量计算规则的规定应确切反映定额项目所包含的工作内容。预算定额的计量单位关系到预算工作的繁简程度和准确性。因此，要正确地确定各分部分项工程的计量单位。

3)按典型设计图纸和资料计算工程量

计算工程量的目的，是为了通过分别计算典型设计图纸所包括的施工过程的工程量，以便在编制预算定额时，有可能利用施工定额或劳动定额的劳动、机械和材料消耗指标确定预算定额所含工序的消耗量。将每一个预算定额工程项目按不同施工方法或不同情况分别分解为若干道工序，然后计算每道工序的工程量。

4）预算定额项目的子目确定

对每一定额的工程项目所包含的各道工序分别查施工定额，并按各道工序的工程数量比例对人工、材料、机械消耗量分别进行综合后，再根据工程的难易程度，即人工、材料、机械消耗量的多少，按综合极限误差来确定是否划分子目。定额子目综合的极限误差应根据公路工程的特点，本着简化与准确相接合的原则，凡是工程量大、影响工程造价较大的项目，误差率应小（±10%）；反之，工程量小、影响工程造价不大的项目，误差率可以适当加大（±15% ~ ±20%）。可按照综合误差率对定额单位的工程量与所综合成分中的主要成分的工程量进行综合平衡分析，超过最大误差率的就应划分子目，所以子目平衡分析是编制定额的重要环节。

5）计算预算定额工料机数量

（1）由施工定额综合为预算定额的幅度差

由施工定额综合为预算定额，考虑到一些琐碎的工作难以一一计算，而且在施工中可能出现一些事先无法估计的工作及影响效率的各种因素，因此人工工日和机械台班数，应以施工定额综合后的数量增加一定的数量。通常将增加的百分比称为幅度差，增加后的数量与增加前的数量之比称为幅度差系数，则：

$$\text{幅度差系数} = 1 + \text{幅度差} \tag{2-31}$$

①人工幅度差。主要考虑以下各种因素：工序搭接及转移工作面的间断时间；各工种交叉作业的相互影响；工作开始及结束时由于放样交底及任务不饱满而影响产量；配合机械施工及移动管线时发生的操作间歇；检查质量及验收隐蔽工程时影响工时利用；阴雨雪或其他原因需排除故障；其他零星工作，如临时交通指挥、安全警戒、现场挖沟排水修路、材料整理堆放、场地清扫等；由于图纸或施工方法的差异需增加的工序及工作项目。

②机械台班幅度差。包括以下各种因素：正常施工组织情况下不可避免的机械空转、技术中断及合理停置时间；必要的备用台数造成的闲置台班；由于气候关系或排除故障影响台时利用；工地范围内机械转移的台时及自行式机械转移时所需的运载牵引工具；配套机械相互影响所损失的时间及停车场至工作地点超定额运距所需的时间；施工初期限于条件所造成的效率差及结尾时工程量不饱满所损失的时间；因供电、供水故障及水电线路的移动检修而发生的运转中断；不同厂牌机械的效率差、机械不配套造成的效率低；工程质量检查的影响。

（2）人工工日消耗量的计算方法

根据预算定额工程项目所包含的工序及其工程量，通过查阅施工定额，可计算出每一个项目的人工工日消耗量，即：

$$\text{人工工日消耗量} = \left[\sum_{\text{工序}}(\text{施工定额人工工日数} \times \text{工程数量})\right] \times \text{人工幅度差系数} \tag{2-32}$$

（3）材料消耗量的计算方法

材料消耗量是指在正常施工条件下所用合格材料，完成单位合格产品所必需消耗的材料数，按用途划分为以下 4 种：

①主要材料，指直接构成工程实体的材料，其中也包括成品、半成品的材料。

②辅助材料，是构成工程实体除主要材料外的其他材料，如垫木钉子、铅丝等。

③周转性材料，指脚手架、模板等多次周转使用的不构成工程实体的摊销性材料。

④其他材料，指用量较少、难以计量的零星用料。

材料损耗量,指在正常施工条件下不可避免的材料损耗,如现场内材料运输损耗及施工操作过程中的损耗等。其关系式如下:

$$材料损耗率=\frac{损耗量}{净用量}\times 100\% \tag{2-33}$$

$$材料损耗量=材料净用量\times 损耗率 \tag{2-34}$$

公路工程材料消耗定额为:

$$材料消耗量=材料净用量+场内运输及操作损耗量 \tag{2-35}$$

或

$$材料消耗量=材料净用量\times(1+场内运输及操作损耗率) \tag{2-36}$$

公路工程预算定额中,对主要材料列出材料的规格、名称和消耗量。将在材料费中占比例很小的一些材料综合到其他材料费内;将设备钢材的原值、加工费、每年油漆、修理以及正常损耗等都综合到设备摊销费内。

(4)机械台班消耗量的确定方法

根据预算定额工程项目所包含的工序及其工程量,通过查阅施工定额,可计算出本项目的机械台班消耗量。一个工程项目可能需要几种施工机械,分别对每一种施工机械的台班消耗量进行计算。

$$机械台班消耗量=\left[\sum_{工序}(施工定额机械台班数\times 工程数量)\right]\times 机械台班幅度差系数 \tag{2-37}$$

公路工程预算定额中,对主要施工机械,列出机械的规格、名称和台班消耗量。将在机械使用费中占比例很小的一些机具,综合到小型机具使用费项内。

6)计算定额基价

公路工程预算定额基价就是根据定额项目人工、材料、机械台班消耗量,采用统一的人工、材料、机械台班规定单价计算出的直接工程费。统一的人工、材料、机械台班规定单价通常根据定额编制年北京地区的情况取定,其中人工、材料的规定单价列于《公路工程预算定额》附录中,机械台班规定单价则来源于《公路工程机械台班费用定额》的定额基价。

定额基价使全部项目的人工、材料、机械台班消耗量定额统一在一个水平上,便于分析、比较和测算。

4.预算定额的表现形式

预算定额的内容包括:总说明,章、节说明,工程定额表及附录。

1)预算定额的总说明及各章、节说明

(1)总说明的内容

①预算定额的适用范围、指导思想及作用。

②预算定额的编制原则、主要依据及上级下达的有关定额修编文件。

③对各章、节都适用的统一规定。

④定额所采用的标准及允许抽换定额的原则。

⑤定额中包括的内容。

⑥对定额中未包括的项目需编制补充定额的规定。

(2)章、节说明的内容

①本章、节包括的内容。

②本章、节工程项目的统一规定。

③本章、节工程项目综合的内容及允许抽换的规定。

④本章、节工程项目的工程量计算规则。

2)预算定额项目表

预算定额项目表的主要内容包括:

(1)工程项目名称及定额单位。

(2)工程项目包括的工程内容。

(3)人工、材料、机械的名称、单位、代号、数量。

(4)定额基价。

(5)表注。有些定额项目下还列有在章、节说明中没有包括的仅供本定额项目使用的注释。

3)定额附录

(1)作用

定额附录是配合定额使用不可缺少的一个重要组成部分。定额附录的作用包括:

①了解定额编制时采用的各种统一规定。

②供抽换定额中混凝土强度等级、砂浆强度等级时使用的混凝土、砂浆配合比表。

③编制补充预算定额所需的统一规定,如材料周转次数、规格、单位质量、代号、基价等。

④便于使用单位经过施工实践核定定额水平,并对定额水平提出意见,作为修订定额的重要资料。

(2)内容

定额附录包括以下内容:

①路面材料计算基础数据。

②基本定额。基本定额是介于施工定额和预算定额之间的一种扩大施工定额,其项目是按完成某一专项作业将施工定额的有关工序加以综合制订的,根据材料的周转和摊销次数、材料场内运输及操作损耗及人工、机械的幅度差,综合为若干包括人工、材料、机械的基本定额。其目的是避免在编制预算定额时重复计算这些工序,并可统一计算方法和口径,简化计算工作。基本定额以包括定额项目名称、工程内容、定额单位、工料机消耗量表和一些附注说明为表现形式。

基本定额包括:桥涵模板工作;砂浆及混凝土材料消耗;脚手架、踏步、井字架工料消耗;基本定额材料规格与质量。

③材料的周转及摊销。具体包括:混凝土和钢筋混凝土构件、块件模板材料周转及摊销次数;脚手架、踏步、井字架、金属门式吊架、吊盘等摊销次数;临时轨道铺设材料摊销;基础及打桩工程材料摊销次数;灌注桩设备材料摊销;吊装设备材料摊销次数;预制构件和块件的堆放、运输材料摊销次数。

④定额基价人工、材料单位质量、单价表。

二、公路工程概算定额

1.概算定额的概念和作用

(1)概算定额的概念

概算定额，是在预算定额基础上，确定完成合格的单位扩大分项工程或单位扩大结构构件所需消耗的人工、材料和机械台班的数量标准，所以概算定额又称为扩大结构定额。

概算定额是预算定额的综合与扩大，它将预算定额中有联系的若干个分项工程项目综合为一个概算定额项目。

概算定额与预算定额都属于计价定额，不同的是它们在项目划分和综合扩大程度上的差异，以适用于不同设计阶段计价需要。

(2) 概算定额的作用

①概算定额是初步设计阶段编制建设项目概算和技术设计阶段编制修正概算的依据。

基本建设程序规定，采用两阶段设计时，其初步设计必须编制设计概算；采用三阶段设计时，其技术设计必须编制修正概算，对拟建项目进行总估价。

②概算定额是设计方案比较的依据。所谓设计方案比较，目的是选择出技术先进可靠、经济合理的方案，在满足使用功能的条件下，达到降低造价和资源消耗的目的。概算定额采用扩大综合后可为设计方案的比较提供方便的条件。

③概算定额是编制主要材料需要量的计算基础。根据概算定额所列材料消耗指标计算工程用料数量，可在施工图设计之前提出供应计划，为材料的采购、供应做好施工准备，提供前提条件。

④概算定额是编制建设项目投资估算指标的基础。

⑤在不具备施工图预算的情况下，概算定额还可以作为制订工程标底的基础。

⑥在实行建设项目投资包干时，其项目包干费通常也以概算定额为计算依据。

2. 概算定额的编制原则和依据

1) 概算定额的编制原则

概算定额是编制初步设计概算和技术设计修正概算的依据，初步设计概算或技术设计修正概算经批准后是控制建设项目投资的依据。概算定额的编制原则与预算定额基本相同，包括以下内容。

(1) 贯彻社会平均水平的原则

在概预算定额水平之间，应保留必要的幅度差。因此，尽管概算定额和预算定额都是社会平均水平，但概算定额水平较低。

(2) 简明适用的原则

概算定额的内容和深度是以预算定额为基础的综合和扩大；在合并中不得遗漏或增加项目，以保证其严密和正确性；概算定额务必做到简化、准确和适用。

(3) 专家编审的原则

概算定额编制需要贯彻专家编审的原则，其必要性与预算定额编制相同。

(4) 与设计深度相适应的原则

公路初步设计和技术设计的深度是根据交通运输部颁发的《公路工程基本建设项目设计文件编制办法》确定的，包括：设计提供的工程量深度和设计要为建设项目计划提供人工、材料和机械台班数量的规定。

(5) 满足概算能控制工程造价的原则

要满足初步设计概算或技术设计修改概算能起到控制建设项目工程造价的作用，作为概算工程部分的计价依据的概算定额，就要在定额项目上能覆盖建设项目的全部工程。因此，概算定额的编制，要注意取定的图纸、资料有一定代表性，所综合的工程项目不漏项，工程数量准确、合理,平衡、分析、确定水平时留有余地。

(6)贯彻国家政策、法规的原则

对于工程造价控制方面,国家有关指导精神,如“打足投资,不留缺口”、“改进概算管理办法,解决超概算问题”、“工程造价实行动态管理”等,也应密切地贯彻到概算定额编制中去。

2)概算定额的编制依据

概算定额的编制依据也与预算定额基本相同,包括以下内容:

(1)国家的有关规定。

(2)技术标准和规范。

(3)设计、施工图纸。以交通运输部批准的标准图和设计图为主,没有标准设计图纸的定额项目,则可选择有代表性的设计图纸或施工详图。概算定额是在预算定额的基础上进行综合的,因此还要收集施工组织设计资料,以掌握常规的施工办法、合理的施工工期、一些附属设施的配备。

(4)公路工程预算定额。

(5)其他相关资料。

3. 概算定额的编制

概算定额的编制一般分三阶段进行,即准备阶段、编制初稿阶段和审查定稿阶段。

1)概算定额的项目划分

概算定额的项目主要是根据初步设计或技术设计所能提供的工程量的深度加以划分,由于初步设计或技术设计的深度与施工图设计的深度不同,所以概算定额的项目划分与预算定额的项目划分有很大不同。概算定额只编列了初步设计或技术设计所能提供的主要工程项目,在主要工程项目中综合了在初步设计或技术设计中难以提供的次要工程项目和施工现场设施,以避免漏项。

公路工程概算定额分为:路基工程、路面工程、隧道工程、涵洞工程、桥梁工程、交通工程及沿线设施和临时工程部分。

为了简化计算,概算定额项目划分与预算定额不同,综合程度更高。为了适应厂矿、林业道路编制概算的需要,编列了涵洞扩大定额。

2)概算定额的子目划分和综合范围

(1)子目划分综合误差

在一个建设项目中工程量较大、对工程造价影响较大的定额项目,如路基土石方、路面、隧道、桥梁、涵洞等工程,子目之间的基价综合误差应控制在10%以内;工程量不大,对工程造价影响较小的定额项目,子目之间的基价综合误差可控制在15%~20%的范围内。

(2)由预算定额综合为概算定额的幅度差

由预算定额综合为概算定额的幅度差,主要考虑以下因素。

①由于概算定额是以主要工程结构部位的工程量与次要结构部位的工程量按一定的比例关系综合编制的,在工程标准、工程量、施工方法等进行综合取定时,必然有一定误差,为留有余地,需要考虑一定的增加量。

②还有一些零星工程项目也难以一一计算,需要适当增加一定幅度的差额。

3)概算定额的编制方法

(1)收集与整理资料。将确定的各项编制依据、编制方法、子目划分等填写好,主要是设计、施工图纸,施工方案,施工现场布置及施工现场设施安排,施工进度计划等。

(2)计算工程量。根据取定的各项依据和图纸、资料,计算各项目主要工程项目的工程量及所综合的次要工程项目的工程量。

(3)确定概算定额计量单位。计量单位包括计量的名称(如混凝土实体)和数量单位(如$10m^3$)。

(4)划分子目。要按照综合误差率对各定额项目的基价进行综合平衡。超过最大误差率的就应划分子目。

(5)定额消耗量计算。将概算定额所综合的预算定额项目名称、项目名称的代号、工程量,交付电算,得到工、料、机数量和定额基价等。

4. 概算定额的表现形式

概算定额的内容包括:总说明,章、节说明,工程定额表。

1)概算定额的总说明及各章、节说明

(1)总说明的内容

①概算定额的适用范围及包括的内容。

②对各章、节都适用的统一规定。

③概算定额所采用的标准及抽换的统一规定。

④概算定额的材料名称在预算定额的基础上综合情况的说明以及对应于预算定额材料名称的统一规定。

⑤概算定额中未包括的内容。

⑥概算定额中未包括的项目,须编制补充定额的规定。

(2)章、节说明

包括各章、节的内容,工程项目的统一规定,工程量的计算规则。

2)概算定额项目表

概算定额项目表形式与预算定额相似。

(1)工程项目名称及定额单位。

(2)工程项目包括的工程内容。

(3)人工、单位、代号、数量。

(4)材料名称、单位、代号、数量。其中,主要材料以定额消耗量或周转使用量表示;主要材料中数量很小的材料及次要材料以其他材料费表示;吊装等金属设备的折旧费以设备摊销费表示。

(5)机械名称、单位、代号、数量。其中,主要机械以台班消耗数量表示;次要机械以小型机具使用费的形式表示。

(6)定额基价。

(7)表注。有些定额项目下还列有在章、节说明中未包括的使用本概算定额项目的注解。

三、公路工程估算指标

1. 估算指标的概念和作用

1)估算指标的概念

估算指标以独立的建设项目、单项工程或单位工程为对象,投资估算指标作为项目前期服务的一种扩大的技术经济指标,具有较强的综合性、概括性。

投资估算指标是编制建设项目建议书、可行性研究报告等前期工作阶段投资估算的依据,也可以作为编制固定资产长远规划投资额的参考。投资估算指标为完成项目建设的投资估算提供依据和手段,在固定资产的形成过程中起着投资预测、投资控制、投资效益分析的作用,是合理确定项目投资的基础。估算指标的正确制订对于提高投资估算的准确度,对建设项目的合理评估、正确决策具有重要意义。

公路工程估算指标根据基本建设前期工作的深度和要求,分为综合指标和分项指标两类。综合指标是编制建设项目项目建议书投资估算的依据,主要用于在经济上研究建设项目的选择、某条公路或某座桥梁建设的合理性、全国公路网布局的合理性以及建设规模和编制长远发展规划等。分项指标是编制建设项目可行性研究报告投资估算的依据,也可作为技术方案比较的参考,主要用于在经济上确定近期建设方案和建设项目的成本,以便研究经济效益是否可行。

2)估算指标的作用

(1)在编制项目建议书和可行性研究报告阶段,它是多方案比选、优化设计方案、正确编制投资估算、合理确定项目投资额的重要基础。

(2)在建设项目评价、决策过程中,它是评价建设项目投资可行性、分析投资效益的主要经济指标。

(3)在实施阶段,它是限额设计和工程造价与控制的依据。

2. 估算指标的编制原则和依据

(1)估算指标的编制原则

由于投资估算指标属于项目建设前期进行估算投资的技术经济指标,它不但要反映实施阶段的静态投资,还必须反映项目建设前期和交付使用期内发生的动态投资,也即以投资估算指标为依据编制的投资估算,包含项目建设的全部投资额。这就要求投资估算指标比其他各种计价定额具有更大的综合性和概括性。因此,投资估算指标的编制工作,除应遵循一般定额的编制原则外,还必须坚持以下原则:

①投资估算指标项目的确定,应考虑以后几年编制建设项目建议书和可行性研究报告投资估算的需要。

②投资估算指标的分类、项目划分、项目内容、表现形式等要结合各专业的特点,并且要与项目建议书、可行性研究报告的编制深度相适应。

③投资估算指标的编制内容,典型工程的选择,必须遵循国家的有关建设方针政策,符合国家技术发展方向,贯彻国家高科技政策和发展方向原则,使指标的编制既能反映现实的高科技成果及正常建设条件下的造价水平,也能适应今后若干年的科技发展水平。坚持技术上先进、可行和经济上的合理,力争以较少的投入取得最大的投资效益。

④投资估算指标的编制,要反映不同项目和不同工程的特点,投资估算指标要适应项目前期工作深度的需要,而且具有更大的综合性。投资估算指标要密切结合行业特点、项目建设的特定条件,在内容上既要贯彻指导性、准确性和可调性原则,又要有一定的深度和广度。

⑤投资估算指标的编制,要贯彻静态和动态相结合的原则。要充分考虑到在市场经济条件下建设条件、实施时间、建设期限等因素的不同,考虑到建设期的动态因素,即价格、建设期利息及涉外工程的汇率等因素的变动导致指标的量差、价差、利息差、费用差等“动态”因素对

投资估算的影响,对上述动态因素给予必要的调整办法和调整参数,尽可能减少这些动态因素对投资估算准确度的影响,使指标具有较强的实用性和可操作性。

(2)估算指标的编制依据

估算指标的编制工作,是一项涉及面广、情况复杂而又十分具体细致的技术经济基础工作,具有较强的政策性。其编制工作必须依据国家关于基本建设的方针、政策和各项管理制度进行。除编制概预算定额应依据的相关规定外,编制估算指标尚应依据:

①交通运输部颁发的《水运、公路建设项目可行性研究报告编制办法》。

②工程图纸或资料。一般一种结构类型应有两种以上资料,经过分析,提出一份具有代表性的图纸或资料,作为编制指标的依据。如经比较确因条件不同影响造价较大时,可以分别不同因素划分子目编制。

③施工方案。一般应选用经济合理、有代表性、多数施工企业能做到的施工方案作为编制指标的依据。如因施工条件不同影响造价较大时,可以分别不同因素划分子目编制。

3. 估算指标的编制

估算指标的编制工作,是一项涉及面广,情况复杂而又十分具体、细致的技术经济基础工作,具有较强的政策性,既要考虑到现阶段的技术状况,又要展望近期技术的发展趋势和设计动向,从而用以指导以后建设项目的实践。

1)估算指标的项目划分和综合范围

估算指标的项目是以不同的公路工程技术等级、不同的地形、不同的结构物类型和不同的施工方法来划分的。为了提高指标的准确性和使用上的方便性,各项目范围内还必须划分子目(有的称步距)。指标的项目和子目划分必须与设计深度相对应。

(1)综合指标的项目划分

综合指标是公路建设项目建议书阶段编制投资估算的依据,根据项目建议书阶段的工作深度,仅通过踏勘和调查研究,提出建设项目的规模、技术标准。考虑到该阶段对工程部分所附图表不作详细的工程量计算。因此,综合指标的项目一般按以下原则划分:按不同的公路工程技术等级分高速公路、一级公路、二级公路、三级公路、四级公路编制;按不同的地形分平原微丘区和山岭重丘区编制。

综合指标的子目一般按行政区域(省、自治区、直辖市)划分,综合指标中的调整指标一般按主要工程项目划分子目编制。

(2)分项指标的项目划分

分项指标是公路建设可行性研究报告阶段编制投资估算的依据,可行性研究报告阶段是通过必要的测量(高等级公路必须做)、地质勘探(大桥、隧道和不良地质地段),在认真调查研究、占有必要资料的基础上,对不同建设方案从经济上、技术上进行综合论证,提出推荐建设方案,所附图表中对主要工程项目都有工程量估算表。根据以上可行性研究报告阶段的工作深度并确保投资估算能控制投资,分项指标的项目一般按以下原则划分:

①按不同的单项工程(路线、隧道、桥梁等工程)、单位工程(路基、路面等工程)和分部工程(路基土方、路基石方、路面垫层、路面面层等工程)编制。

②按不同的结构形式(空心板、T 形梁、连续梁、斜拉桥等)、不同的构成材料(普通钢筋混凝土圬工、预应力混凝土圬工、砌石圬工等)编制。

③按不同的地形分平原微丘区和山岭重丘区编制。

由于路基、路面、隧道、桥涵、交叉工程、安全设施、服务、管理设施等分项指标的综合范围不一,因此子目划分的主要因素各有其本身的特点,但子目划分的原则是一致的,都必须同可行性研究报告阶段的工作深度及工程量提供的可能性结合起来考虑,然后在造价允许误差幅度之内,经分析后划分子目。一般划分子目的主要因素有:公路工程技术等级、地形、地区、施工方法、地质情况、圬工类型、结构形式。

(3)子目划分的允许误差

根据工程项目和工程量的计算数据,以《公路工程概算定额》基价为准,分析求得不同因素的指标基价,其各子目的算术平均综合基价与子目基价比较,一般以误差 ±15% 为划分子目的界限,误差在 ±15% 以内的合并为一个子目,误差在 ±15% 以外的则划分子目编制。但对工程量较大的工程项目(如土、石方等),其允许误差幅度应降低一些(如 ±10% 左右)。

(4)指标综合范围

如前所述,估算指标是一种比概算定额、预算定额更综合、更扩大,适用于基本建设项目前期工作阶段估算工程投资的计价依据。而对于一个建设项目而言,所涉及的工程项目甚多,但并不是所有的工程项目对工程投资都产生重大的影响,因此就需要确定出对工程造价变化影响较大的主要工程项目和对工程造价变化影响不大的次要工程项目。

对次要工程项目一般按两种方法进行处理。当次要工程项目与主要工程项目的规模没有直接关系时,不进行综合,而是单独编制指标;当次要工程项目与主要工程项目的规模直接相关时,则将次要工程项目的工程量按其与主要工程项目的工程量的比例综合在指标中。

2)估算指标的编制方法

投资估算指标的编制一般分为三个阶段进行。

(1)收集整理资料阶段

收集整理已建成或正在建设的、符合现行技术政策和技术发展方向、有可能重复采用的、有代表性的工程设计施工图、标准设计以及相应的竣工决算或施工图预算资料等。这些资料是编制工作的基础,资料收集越广泛,反映出的问题越多,编制工作考虑越全面,就越有利于提高投资估算指标的实用性和覆盖面。同时,对调查收集到的资料要选择占投资比重大、相互关联多的项目进行认真地分析整理。由于已建成或正在建设的工程的设计意图、建设时间和地点、资料的基础等不同,相互之间的差异很大,需要去粗取精、去伪存真地加以整理,才能重复利用。将整理后的数据资料按项目划分栏目加以归类,按照编制年度的现行定额、费用标准和价格,调整成编制年度的造价水平及相互比例。

(2)平衡调整阶段

由于调查收集的资料来源不同,虽然经过一定的分析整理,但难免会由于设计方案、建设条件和建设时间上的差异而带来的某些影响,使数据失准或漏项等,因此,必须对有关资料进行综合平衡调整。

估算指标的编制,就是利用已完工程或在建工程的概、预、决算资料,在概算定额项目划分的基础上,进行适当的综合和扩大,其关键环节就是指标中综合的工程项目的工程量含量的确定。因此,指标的编制方法也就是基础资料工程量含量分析取定的方法。一般有如下三种。

①算术平均取值法。对收集到的每个建设项目的资料进行必要的分析,对不合理的内容予以剔除,最后将属于同一指标子目的各建设项目的工程细目的工程量进行算术平均,求得指标子目的工程量组合。

②加权平均取值法。将属于同一子目的各建设项目的工程细目的工程量进行加权平均,最后求得指标子目的工程量组合。

③典型工程取值法。在计算出指标子目的算术平均值或加权平均值的基础上,选用某一与算术平均值或加权平均值指标子目基价接近的建设项目的工程含量,或某几个建设项目工程含量的平均值作为取定指标子目的工程量组合的依据。

上述三种取值方法各有其特点,在指标编制时,要根据不同指标项目的特点选用合适的编制方法。

(3)测算审查阶段

测算是将新编的指标和选定工程的概、预算在同一价格条件下进行比较,检验其"量差"的偏离程度是否在允许偏差的范围之内。如偏差过大,则要查找原因,进行修正,以保证指标的确切、实用。测算也是对指标编制质量进行的一次系统检查,应由专人进行,保持测算口径的统一。在此基础上,组织有关专业人员全面审查定稿。

由于投资估算指标的编制计算工作量非常大,在现阶段计算机已经广泛普及的条件下,应尽可能地应用电子计算机进行投资估算指标的编制工作。

4. 估算指标的表现形式

(1)估算指标的内容

根据指标的适用阶段及设计深度的不同,综合指标包括建设项目的路基、路面、桥涵、交叉、安全设施、服务、管理设施等主要工程。

分项指标则分别按路基、路面、隧道、涵洞、小桥、大(中)桥、交叉工程及沿线设施等主要工程项目编制。

(2)估算指标的表现形式

估算指标与概算定额、预算定额一样,是以活劳动、物化劳动的消耗量为基础表现的,即以人工工日消耗量、主要材料消耗量、其他材料费、设备摊销费、主要机械台班消耗量、小型机具使用费、基价等实物指标为表现形式。实物指标作为计算具体建设项目造价和提供人工、主要材料数量用。

四、公路工程机械台班费用定额

1. 概述

(1)概念和作用

公路工程机械台班费用定额是公路工程预算定额和公路工程概算定额的配套定额,是编制公路基本建设工程概算、预算的依据。公路工程造价中,最基本的费用是直接工程费,即人工费、材料费和施工机械使用费。公路工程预算定额和公路工程概算定额是确定人工、材料和施工机械台班消耗量的依据;公路工程机械台班费用定额则是确定施工机械台班预算价格的依据。

公路工程施工机械每台(艘)班一般按8h计算;潜水设备每台班按6h计算;变压器和配电设备每昼夜按一个台班计算。

定额的费用项目划分为不变费用和可变费用两类。不变费用包括折旧费、大修理费、经常修理费、安装拆卸及辅助设施费。可变费用包括人工费、动力燃料费、车船使用税。

(2)内容

按作业对象将公路工程施工机械划分为11类。

①土、石方工程机械。

②路面工程机械。

③混凝土及灰浆机械。

④水平运输机械。

⑤起重及垂直运输机械。

⑥打桩、钻孔机械。

⑦泵类机械。

⑧金属、木、石加工机械。

⑨动力机械。

⑩工程船舶。

⑪其他机械。

每一类机械又分为不同的机型和规格。

公路工程机械台班费用定额包括11类(共746种)机械。

机械自管理部门至工地或自某一工地至另一工地的运杂费,不包括在机械台班费用定额中。

加油及油料过滤的损耗和由变电设备至机械之间的输电线路电力损失,在编制机械台班费用定额的动力消耗量时应予以考虑。

(3)公路工程机械台班费用定额的表现形式

①机械的代号、机械名称、主机型号。

②不变费用包括:折旧费、大修理费、经常修理费、安装拆卸及辅助设施费、小计。

③可变费用包括:机上人工工日消耗量、动力燃料消耗量等。

④定额基价。

定额基价是不变费用和可变费用的合计数。其中,可变费用计算采用的人工费、动力燃料费价格与现行《公路工程预算定额》和《公路工程概算定额》计算定额基价的规定单价相同。

定额基价仅供参考比较之用,不作为编制公路工程基本建设项目概算、预算的依据。

机械台班费用定额一般采用公路工程中常用的施工机械的规格进行编制,规格与之相同或相似的,均应直接采用。在实际应用中,对于交通运输部颁布的机械台班费用定额中未包括的机械项目,各省、自治区、直辖市交通运输厅(局、委)可按规定编制相应的补充定额。

2. 计算方法及基本数据的取定

(1)折旧费

折旧费的计算公式为:

$$台班折旧费=\frac{机械预算价格\times(1-残值率)}{耐用总台班} \tag{2-38}$$

①机械预算价格:由机械出厂(或到岸完税)价格和从生产厂(销售单位交货地点或口岸)运至使用单位机械管理部门验收入库的全部费用组成,即:

$$国产机械预算价格=出厂(或销售)价格+供销部门手续费+一次性运杂费 \tag{2-39}$$

$$\begin{matrix}国产运输机\\械预算价格\end{matrix}=出厂(或销售)价格\times(1+购置附加费率)+\begin{matrix}供销部门\\手续费\end{matrix}+\begin{matrix}一次性\\运杂费\end{matrix} \tag{2-40}$$

$$\begin{matrix}进口机械\\预算价格\end{matrix}=到岸价格+关税+增值税+\begin{matrix}外贸部门\\手续费\end{matrix}+\begin{matrix}银行\\财务费\end{matrix}+\begin{matrix}国内一次\\性运杂费\end{matrix} \tag{2-41}$$

$$\text{进口运输机械预算价格} = \left(\text{到岸价格} + \text{关税} + \text{增值税}\right) \times \left(1 + \text{购置附加费率}\right) + \text{外贸部门手续费} + \text{银行财务费} + \text{国内一次性运杂费} \tag{2-42}$$

国产机械的出厂(或销售)价格主要是按照机械生产厂家询价、市场价格以及各地公路施工企业的实购价格经分析后合理取定的。

国产机械的供销部门手续费和一次性运杂费按机械出厂(或销售)价格的7%计算。

进口机械的到岸价格主要是依据机械到岸价格的外币值乘以定额编制期国家公布的外汇汇率计算。

进口机械的国内一次性运杂费,按机械到岸完税价格的3%计算。

机械预算价格中有关关税、增值税、车辆购置附加费、外贸部门手续费、银行财务费,按现行国家规定计算。

②残值率:施工机械报废时,其回收残余价值占机械原值的比率,一般为2%～5%。其中,运输机械残值率为2%,特大型机械残值率为3%,中小型机械残值率为4%,掘进机械残值率为5%。

③各类施工机械的折旧年限按财政部、中国人民建设银行(1993)财预字第6号通知颁布的《施工、房地产开发企业财务制度》中企业固定资产分类折旧年限表的规定取值。

④年工作台班:机械在规定的使用期内,每年应作业的平均台班数。其数值根据国家的有关规定和公路施工企业的调查资料取定。年工作台班数据的取定,考虑了北方地区因气候寒冷施工期短而进行两班作业的因素。

⑤耐用总台班:机械设备从开始投入使用至报废前所使用的总台班数。

$$\text{耐用总台班} = \text{年工作台班} \times \text{折旧年限} \tag{2-43}$$

⑥大修理间隔台班:机械从开始投入使用至第一次大修理或自上次大修理起至下次大修理止的使用台班数。

$$\text{大修理间隔台班} = \text{耐用总台班} \div \text{使用周期} \tag{2-44}$$

⑦使用周期:即大修理周期,是指机械在正常施工作业的条件下,在其寿命期(耐用总台班)内,按规定的大修理次数划分的工作周期数。

$$\text{使用周期} = \text{大修理次数} + 1 \tag{2-45}$$

大修理间隔台班、大修理次数根据《技术经济定额》的规定,结合公路工程的施工作业特点取定。

(2)大修理费

大修理费的计算公式为:

$$\text{台班大修理费} = \frac{\text{大修理一次费用} \times (\text{使用周期} - 1)}{\text{耐用总台班}} \tag{2-46}$$

大修理一次费用是指机械设备按规定的大修理范围,修理工作内容所需更换零、配件、消耗材料及机械和工时、送修运杂费等。

大修理一次费用可依据《技术经济定额》中的有关数据,按定额编制期的配件、辅料及工时等市场价格计算。对于少量的目前尚无大修理一次费用资料的机械项目,按同类或相近机械的大修理一次费用占机械预算价格的比例予以取定。

(3)经常修理费

经常修理费的计算公式为：

$$\text{台班经常修理费}=\frac{\sum\left(\text{大修理期内各级保养一次费用}\times\text{保养次数}\right)+\text{临时故障排除费用}}{\text{大修理间隔台班}}+\frac{\left[\text{替换设备及工具附具费用}\times(1-\text{残值率})\right]+\text{替换设备及工具附具维护费用}}{\text{替换设备及工具附具耐用台班}}+\sum\text{例保辅料费} \tag{2-47}$$

替换设备及工具附具包括轮胎、电缆、蓄电池、运转皮带、钢丝绳、胶皮管、履带、刀片、斗齿、锯片等消耗性设备和随机配备的全套工具附具。

台班经常修理费的计算方法是：典型机械采用按照确定经常修理范围、内容等测算的办法计算；其余机械则采用典型机械测算的台班经常修理费与台班大修理费的比值(K值)的办法推算。

计算公式为：

$$K=\frac{\text{典型机械台班经常修理费测算值}}{\text{典型机械台班大修理费测算值}} \tag{2-48}$$

即：

$$\text{台班经常修理费}=\text{台班大修理费}\times K \tag{2-49}$$

(4)安装拆卸及辅助设施费

安装拆卸及辅助设施费的计算公式为：

$$\text{台班安装拆卸及辅助设施费}=\frac{\text{机械一次安装拆卸费}\times\text{年平均安装拆卸次数}}{\text{年工作台班}}+\text{台班辅助设施摊销费} \tag{2-50}$$

(5)人工消耗

指随机操作人员的数量，根据机械规格型号及有关资料确定。

(6)动力燃料消耗

指机械在运转施工作业中所耗用的电力、固体燃料(煤、木柴)、液体燃料(汽油、柴油、重油)和水等。

定额动力燃料消耗量按以下方法确定：

①施工现场实测数据和施工企业的统计资料。

②机械规格与《技术经济定额》中相同的机械项目按相应的燃料动力消耗量，结合公路的施工特点和机械燃料动力消耗的调查资料分析平衡后取定。

③对于无法取得上述资料的机械项目，其电力台班消耗量和燃油台班消耗量可按经验公式计算。

(7)车船使用税

按各省、自治区、直辖市及国务院有关部门的规定标准计算公式如下：

$$\text{台班车船使用税}=\frac{\text{车船使用税}\times\text{计算吨位}}{\text{年工作台班}} \tag{2-51}$$

$$\text{计算吨位}=\text{征费计量标准}\times\text{应征系数}$$

征费计量标准执行交通部、国家物价局(91)交工字789号通知公布的《公路汽车征费标准计量手册》的有关规定。

应征系数执行各省、自治区、直辖市的有关规定。

五、公路工程估算、概算、预算编制办法

1. 作用

编制办法是新建和改建的公路工程基本建设项目估算、概算、预算的编制和管理的规范，而其中规定的费用指标和一系列费用的取费费率都属于费用定额的范围。因此，编制办法是编制公路工程造价中除人工、材料、机械消耗以外的其他费用需要量计算的标准，即工程造价计价依据除工程定额以外各项费用计算的主要内容，是编制新建或改建公路基本建设工程投资估算、设计概算及施工图预算配套使用的一种定额，也是正确计算建筑安装工程费、确定工程总造价不可缺少的标准。

公路工程基本建设项目估算、概算、预算编制办法的具体作用如下：

(1)编制公路基本建设项目投资估算、初步设计概算（或技术设计修正概算）和施工图预算的重要依据。

(2)施工招投标的工程编制工程标底（或招标控制价）的重要依据。

(3)施工企业经营管理和投标报价的重要参考。

2. 主要内容

1)总则

主要阐述编制办法的适用范围、造价文件在公路基本建设项目中的重要性和编制造价文件的基本要求。

2)造价文件的编制方法

(1)造价文件的编制依据

分别对估算、概算（或修正概算）和预算的编制依据做了规定。

(2)造价文件的组成

对造价文件的封面及目录、编制说明、计算表格和分组提出具体要求，可参见第一章第六节。

(3)造价文件的项目

造价文件的项目由部分、项、目、节、细目5个层次组成。

造价文件的项目主要包括以下内容：

第一部分　建筑安装工程费

　　第一项　临时工程

　　第二项　路基工程

　　第三项　路面工程

　　第四项　桥梁涵洞工程

　　第五项　交叉工程

　　第六项　隧道工程

　　第七项　公路设施及预埋管线工程

　　第八项　绿化及环境保护工程

　　第九项　管理、养护及服务房屋

第二部分　设备及工具、器具购置费

第三部分　工程建设其他费用

(4)造价文件的费用组成

如第一章第一节所述。

3)造价文件的费用标准和计算方法

(1)建筑安装工程费。

①其他工程费及间接费取费标准的工程类别具体划分情况。

②各项费用的含义、内容、计算方法及费率。

③冬季气温区的划分标准。

④雨量区和雨季期的划分标准。

⑤风沙地区划分标准。

(2)设备、工具、器具及家具购置费。

(3)工程建设其他费用。

(4)预备费。

(5)回收金额。

(6)公路工程建设各项费用的计算程序及计算方式(表2-16)。

公路工程建设各项费用的计算程序及计算方式 表2-16

<table>
<tr><th>代号</th><th colspan="2">项 目</th><th>说明及计算式</th></tr>
<tr><td>(一)</td><td colspan="2">直接工程费(即工、料、机费)</td><td>按编制年工程所在地的预算价格计算</td></tr>
<tr><td>(二)</td><td colspan="2">其他工程费</td><td>(一)×其他工程费综合费率或各类工程人工费和机械费之和×其他工程费综合费率</td></tr>
<tr><td>(三)</td><td colspan="2">直接费</td><td>(一)+(二)</td></tr>
<tr><td>(四)</td><td colspan="2">间接费</td><td>各类工程人工费×规费综合费率+(三)×企业管理费综合费率</td></tr>
<tr><td>(五)</td><td colspan="2">利润</td><td>[(三)+(四)-规费]×利润率</td></tr>
<tr><td>(六)</td><td colspan="2">税金</td><td>[(三)+(四)+(五)]×综合税率</td></tr>
<tr><td>(七)</td><td colspan="2">建筑安装工程费</td><td>(三)+(四)+(五)+(六)</td></tr>
<tr><td rowspan="2">(八)</td><td colspan="2">设备、工具、器具购置费(包括备品备件)</td><td>Σ(设备、工具、器具购置数量×单价+运杂费)×(1+采购保管费率)</td></tr>
<tr><td colspan="2">办公和生活用家具购置费</td><td>按有关定额计算</td></tr>
<tr><td rowspan="10">(九)</td><td colspan="2">工程建设其他费用</td><td>包括以下11项</td></tr>
<tr><td colspan="2">1. 土地征用及拆迁补偿费</td><td>按有关规定计算</td></tr>
<tr><td rowspan="6">2. 建设项目管理费</td><td>建设单位(业主)管理费</td><td>(七)×费率</td></tr>
<tr><td>工程质量监督费</td><td>(七)×费率</td></tr>
<tr><td>工程监理费</td><td>(七)×费率</td></tr>
<tr><td>工程定额测定费</td><td>(七)×费率</td></tr>
<tr><td>设计文件审查费</td><td>(七)×费率</td></tr>
<tr><td>竣(交)工验收试验检测费</td><td>按有关规定计算</td></tr>
<tr><td colspan="2">3. 研究试验费</td><td>按批准的计划编制</td></tr>
<tr><td colspan="2">4. 前期工作费</td><td>按有关规定计算</td></tr>
</table>

续上表

代号	项　目	说明及计算式
(九)	5. 专项评价(估)费	按有关规定计算
	6. 施工机构迁移费	按实计算
	7. 供电贴费	按有关规定计算
	8. 联合试运转费	(七)×费率
	9. 生产人员培训费	按有关规定计算
	10. 固定资产投资方向调节税	按有关规定计算
	11. 建设期贷款利息	按实际贷款数及利率计算
(十)	预备费	包括价差预备费和基本预备费两项
	价差预备费	按规定的公式计算
	基本预备费	[(七)+(八)+(九)-固定资产投资方向调节税-建设期贷款利息]×费率
	预备费中施工图预算包干系数	[(三)+(四)]×费率
(十一)	建设项目总费用	(七)+(八)+(九)+(十)

4)附录

(1)公路交工前养护费指标。

(2)绿化补助费指标。

(3)冬雨季及夜间施工增工百分率、临时设施用工指标。

(4)造价文件的项目表(详细内容)。

(5)封面、目录及估(概、预)算表格样式。

(6)设备与材料的划分标准。

(7)全国冬季施工气温区划分表。

(8)全国雨季施工雨量区及雨季期划分表。

(9)全国风沙地区公路施工区划表。

(10)设备购置费及其他建设费用取定表。

公路交工前养护费指标及绿化补助费指标仅在编制概算或预算时使用,编制投资估算时,其费用已综合在相应的估算指标中,不再计取。设备购置费及其他建设费用取定表中的数据,仅在编制项目建议书投资估算时采用。

第四节　公路工程人工、材料、施工机械台班预算单价的确定方法

一、人工预算单价的组成及确定方法

1. 人工费预算单价

人工费预算单价由基本工资、工资性补贴、生产工人辅助工资和职工福利费组成。

(1)基本工资是指发放生产工人的基本工资、流动施工津贴和生产工人劳动保护费以及职工缴纳的养老、失业、医疗保险费和住房公积金等。

生产工人劳动保护费是指按国家有关部门规定标准发放的劳动保护用品的购置费及修理费、徒工服装补贴、防暑降温费、在有碍身体健康环境中施工的保健费用等。

(2)工资性补贴是指按规定标准发放的物价补贴,煤、燃气补贴,交通补贴以及地区津贴等。

(3)生产工人辅助工资是指生产工人年有效施工天数以外非作业天数的工资,包括开会和执行必要的社会义务时间的工资,职工学习、培训期的工资,调动工作、探亲、休假期间的工资,因气候影响停工期间的工资,女工哺乳期间的工资以及病假在六个月以内的工资及产、婚、丧假期的工资。

(4)职工福利费是指按国家规定标准计提的职工福利费。

2. 人工费预算单价确定方法

公路工程生产工人每工日人工费标准由各省、自治区、直辖市交通主管部门依据有关规定确定并公布。

人工费单价仅作为编制公路工程造价的依据,不作为施工企业实发工资的依据。

二、材料预算价格的组成及确定方法

材料预算价格由材料原价、运杂费、场外运输损耗、采购及仓库保管费组成。

材料预算价格 =(材料原价 + 运杂费)×(1 + 场外运输损耗率)×(1 + 采购及保管费率) − 包装品回收价值 (2-52)

1. 材料原价

外购材料:国家或地方的工业产品,按工业产品出厂价格或供销部门的供应价格计算,并根据情况加计供销部门手续费和包装费。如供应情况、交货条件不明确时,可采用当地规定的价格计算。

地方性材料:地方性材料包括外购的砂、石材料等,按实际调查价格或当地主管部门规定的预算价格计算。

自采材料:自采的砂、石、黏土等自采材料,按定额中开采单价加辅助生产间接费和矿产资源税(如有)计算。

辅助生产间接费是指由施工单位自行开采加工的砂、石等自采材料及施工单位自办的人工装卸和运输的间接费。

辅助生产间接费按人工费的5%计。该项费用并入材料预算单价内构成材料费,不直接出现在估(概、预)算中。

高原地区施工单位的辅助生产,可按其他工程费中高原地区施工增加费费率,以直接工程费为基数计算高原地区施工增加费。其中,人工采集、加工材料、人工装卸、运输材料按人工土方费率计算;机械采集、加工材料按机械石方费率计算;机械装、运输材料按汽车运输费率计算。辅助生产高原地区施工增加费不作为辅助生产间接费的计算基数。

材料原价应按实计取。可参考各省、自治区、直辖市公路(交通)工程造价(定额)管理站的材料价格信息。

2. 运杂费

运杂费是指材料自供应地点至工地仓库(施工地点存放材料的地方)的运杂费用,包括装卸费、运费。如果发生,还应计囤存费及其他杂费(如过磅、标签、支撑加固、路桥通行等费用)。

通过铁路、水路和公路运输部门运输的材料，按铁路、航运和当地交通运输部门规定的运价计算运费。

施工单位自办的运输，单程运距在15km以上的长途汽车运输，按当地交通运输部门规定的统一运价计算运费；单程运距在5～15km的汽车运输，按当地交通运输部门规定的统一运价计算运费，当工程所在地交通不便、社会运输力量缺乏时，如在边远地区和某些山岭区，允许按当地交通运输部门规定的统一运价加50%计算运费；单程运距在5km以内的汽车运输以及人力场外运输，按预算定额计算运费，其中人力装卸和运输另按人工费加计辅助生产间接费。

一种材料如有两个以上的供应点时，都应根据不同的运距、运量、运价采用加权平均的方法计算运费。

由于预算定额中汽车运输台班已考虑工地便道特点，并且定额中已计入了"工地小搬运"项目，因此平均运距中汽车运输便道里程不得乘以调整系数，也不得在工地仓库或堆料场之外再加场内运距或二次倒运的运距。

有容器或包装的材料及长大轻浮材料，应按表2-17规定的毛重计算。桶装沥青、汽油、柴油，按每吨摊销一个旧汽油桶计算包装费（不计回收）。

3. 场外运输损耗

场外运输损耗是指有些材料在正常的运输过程中发生的损耗，这部分损耗应摊入材料单价内。材料场外运输操作损耗率见表2-18。

材料毛重系数及单位毛量表　　表2-17

材料名称	单位	毛重系数	单位毛重
爆破材料	t	1.35	—
水泥、块状沥青	t	1.01	—
铁钉、铁件、焊条	t	1.10	—
液体沥青、液体燃料、水	t	桶装1.17，油罐车装1.00	—
木料	m^3	—	1.000t
草袋	个	—	0.004t

材料场外运输操作损耗率表（单位：%）　　表2-18

材料名称		场外运输（包括一次装卸）	每增加一次装卸
块状沥青		0.5	0.2
石屑、碎砾石、砂砾、煤渣、工业废渣、煤		1.0	0.4
砖、瓦、桶装沥青、石灰、黏土		3.0	1.0
草皮		7.0	3.0
水泥（袋装、散装）		1.0	0.4
砂	一般地区	2.5	1.0
	多风地区	5.0	2.0

注：汽车运水泥，如运距超过500km时，增加损耗率：袋装0.5%。

4. 采购及保管费

材料采购及保管费是指材料供应部门（包括工地仓库以及各级材料管理部门）在组织采购、供应和保管材料过程中，所需的各项费用及工地仓库的材料储存损耗。

材料采购及保管费按以材料的原价加运杂费及场外运输损耗的合计数为基数,乘以采购保管费率计算。材料的采购及保管费费率为2.5%。

外购的构件、成品及半成品的预算价格,其计算方法与材料相同,但构件(如外购的钢桁梁、钢筋混凝土构件及加工钢材等半成品)的采购保管费率为1%。

商品混凝土预算价格的计算方法与材料相同,但其采购保管费率为0。

三、施工机械台班预算单价格的确定方法

施工机械台班预算价格应按交通运输部公布的《公路工程机械台班费用定额》计算,台班单价由不变费用和可变费用组成。不变费用包括折旧费、大修理费、经常修理费、安装拆卸及辅助设施费等;可变费用包括机上人员人工费、动力燃料费、车船使用税。

(1)折旧费

指机械设备在规定的使用期限内陆续收回其原值的费用。

(2)大修理费

指机械设备按规定的大修理间隔台班必须进行大修理,以恢复其正常功能所需的费用。

(3)经常修理费

指机械设备除大修理以外的各级保养(包括一、二、三级保养)及为排除临时故障所需的费用;为保障机械正常运转所需替换设备、随机使用工具、附具摊销和维护的费用;机械运转与日常保养所需的润滑油脂、擦拭材料(布及棉纱等)费用和机械在规定年工作台班以外的维护、保养费用等。

(4)安装拆卸及辅助设施费

指机械在施工现场进行安装、拆卸所需的人工费、材料费、机械费、试运转费以及安装所需的辅助设施费。辅助设施费包括安置机械的基础、底座及固定锚桩等费用。

打桩、钻孔机械在施工过程中的过墩、移位等所发生的安装及拆卸费包括在工程项目费之内;稳定土厂拌设备、沥青乳化设备、黑色粒料拌和机、沥青混合料拌和设备、混凝土搅拌站(楼)、塔式起重机、施工电梯的安装、拆卸以及拌和设备、混凝土搅拌站(楼)、大型发电机的混凝土基础、沉淀池、散热池等辅助设施和机械操作所需的轨道、工作台的设置费用,不在此项费用内,在工程项目中另行计算。

(5)人工费

指随机操作人员的工作日工资(包括基本工资、各类津贴、补贴、辅助工资、劳动保护费以及各类保险和住房公积金等)。

(6)动力燃料费

指机械在运转施工作业中所耗用的电力、固体燃料(煤、木柴)、液体燃料(汽油、柴油、重油)和水等。

(7)车船使用税

指按国家规定应缴纳的施工机械车船使用税等。

《公路工程机械台班费用定额》中对不变费用列出了机械台班折旧费、大修理费、经常修理费、安装拆卸及辅助设施费以及四项费用的合计值即不变费用小计。对可变费用仅列出了机械台班机上人工工日数量和动力燃料消耗量,分别乘以人工费预算单价和动力燃料的预算价格后,才能计算出人工费和动力燃料费。台班人工费工日预算单价同生产工人人工费预算

单价。动力燃料费用则按材料预算价格的计算规定计算。

当工程用电为自行发电时,电动机械每千瓦时(度)电的单价可由以下公式近似计算:

$$A = 0.24K/N \tag{2-53}$$

式中:A——每千瓦时电单价,元;

K——发电机组的台班单价,元;

N——发电机组的总功率,kW。

编制机械台班单价时,除青海、新疆、西藏等边远地区外,不变费用应直接采用《公路工程机械台班费用定额》中的不变费用小计。至于边远地区,因维修工资、配件材料等价差较大而需调整不变费用时,可按各省、自治区交通厅制订系数执行。

计算可变费用时,随机操作人员数量及动力物资消耗量应以《公路工程机械台班费用定额》中的数值为准。工资标准按生产工人的标准执行,工程船舶和潜水设备的工日单价按当地有关部门规定计算。动力燃料费按当地的动力物资的工地预算价格计算。车船使用税,如需缴纳时,应按各省、自治区、直辖市及国务院有关部门规定的标准,按机械的年工作台班计入台班费中。

第五节 公路工程造价信息管理

一、工程造价信息的概念和主要内容

1. 工程造价信息的概念、特点和分类

"信息"是现代社会使用最多、最广、最频繁的一个词,信息不仅在人类社会生活的各个方面和各个领域被广泛使用,而且在自然界的生命现象与非生命现象研究中也被广泛采用。按狭义理解,信息是一种消息、信号、数据或资料;按广义理解,信息是物质的一种属性,是物质存在方式和运动规律与特点的表现形式。进入现代社会以后,信息逐渐被人们认识,其内涵越来越丰富,外延越来越广阔。在工程造价管理领域,信息也有它自己的定义。

1)工程造价信息

工程造价信息是一切有关工程造价的特征、状态及其变动的消息的组合。在工程承发包市场和工程建设过程中,工程造价总是在不停地运动着、变化着,并呈现出种种不同特征。人们是通过工程造价信息来认识和掌握工程承发包市场和工程建设过程中工程造价运动的变化的。

在工程承发包市场和工程建设中,工程造价是最灵敏的调节器和指示器,无论是政府工程造价主管部门,还是工程承发包双方,都要通过接收工程造价信息来了解工程建设市场动态,预测工程造价变化趋势,决定政府的工程造价政策和工程承发包价格。因此,工程造价主管部门和工程承发包双方都要接收、加工、传递和利用工程造价信息。工程造价信息作为一种社会资源在工程建设中的地位日趋明显,特别是随着我国工程建设招标投标制度的不断深化,工程价格从政府计划的指令性价格向市场定价转化,而在市场定价的过程中,信息起着举足轻重的作用,因此工程造价信息资源开发的意义更为重要。

2)工程造价信息的特点

(1)区域性。建筑材料大多质量大、体积大、产地远离消费地点,因而运输量大,费用也较

高。不少建筑材料本身的价值或生产价格并不高,但所需要的运输费用却很高,这都在客观上要求尽可能就近使用建筑材料。因此,这类建筑信息的交换和流通往往限制在一定的区域内。

(2)多样性。我国社会主义市场经济体制正处在探索发展阶段,各种市场均未达到规范化要求,要使工程造价管理的信息资料满足这一发展阶段的需求,在信息的内容和形式上应具有多样化的特点。

(3)专业性。工程造价信息的专业性集中反映在建设工程的专业化上,如公路、水利、电力、铁道,邮电、建安工程等,所需的信息各有它的专业特殊性。

(4)系统性。工程造价信息是由若干具有特定内容和同类性质的、在一定时间和空间内形成的一连串信息组成的。一切工程造价的管理活动和变化总是在一定条件下受各种因素的制约和影响。工程造价管理工作也同样是多种因素相互作用的结果,并且从多方面反映出来,因而从工程造价信息源发出来的信息都不是孤立、紊乱的,而是大量的、有系统的。

(5)动态性。工程造价信息也和其他信息一样要保持新鲜度。为此,需要经常不断地收集和补充新的工程造价信息,进行信息更新,真实反映工程造价的动态变化。

(6)季节性。由于建筑生产受自然条件影响大,施工内容的安排必须充分考虑季节因素,使得工程造价的信息也不能完全避免季节性的影响。

3)工程造价信息的分类

为便于对信息的管理,有必要将各种信息按一定的原则和方法进行区分和归集,并建立起一定的分类系统和排列顺序。因此,在工程造价管理领域,也应该按照不同的标准对信息进行分类。

(1)工程造价信息分类的原则

对工程造价信息进行分类必须遵循以下基本原则:

①稳定性。信息分类应选择分类对象最稳定的本质属性或特征作为信息分类的基础和标准。信息分类体系应建立在对基本概念和划分对象的透彻理解的基础上。

②兼容性。信息分类体系必须考虑到项目各参与方所应用的编码体系的情况,项目信息的分类体系应能满足不同项目参与方高效信息交换的需要。同时,与有关国际、国内标准的一致性也是兼容性应考虑的内容。

③可扩展性。信息分类体系应具备较强的灵活性,可以在使用过程中进行方便的扩展,以保证增加新的信息类型时,不至于打乱已建立的分类体系。同时,一个通用的信息分类体系还应为具体环境中信息分类体系的拓展和细化创造条件。

④综合实用性。信息分类应从系统工程的角度出发,放在具体的应用环境中进行整体考虑。这体现在信息分类的标准与方法的选择上,应综合考虑项目的实施环境和信息技术工具。

(2)工程造价信息的具体分类

①按管理组织的角度来分,可以分为系统化工程造价信息和非系统化工程造价信息。

②按形式来分,可以分为文件式工程造价信息和非文件式工程造价信息。

③按传递方向来划分,可以分为横向传递的工程造价信息和纵向传递的工程造价信息。

④按反映面来分,可分为宏观工程造价信息和微观工程造价信息。

⑤按时态来分,可分为过去的工程造价信息、现在的工程造价信息和未来工程造价信息。

⑥按稳定程度来分,可以分为固定工程造价信息和流动工程造价信息。

2. 工程造价信息包括的主要内容

从广义上说,所有对工程造价的确定和控制过程起作用的资料都可以称为工程造价信息,如各种定额资料、标准规范、政策文件等。但最能体现信息动态性变化特征,并且在工程价格的市场机制中起重要作用的工程造价信息主要包括以下三类。

1)价格信息

价格信息包括各种建筑材料、人工工资、施工机械等的最新市场价格。这些信息是比较初级的,一般没有经过系统的加工处理,也可以称其为数据。

(1)人工价格信息

我国自2007年起开展建筑工程实物工程量与建筑工种工成本信息(即人工价格信息)的测算和发布工作。其目的是引导建筑劳务合同双方合理确定建筑工人工资水平的基础,为建筑业企业合理支付工人劳动报酬,调解、处理建筑工人劳动工资纠纷提供依据,也为工程招标投标中评定成本提供依据。

(2)材料价格信息

在材料价格信息的发布中,应披露材料类别、规格、单价、供货地区、供货单位以及发布日期等信息。

(3)机械价格信息

机械价格信息包括设备市场价格信息和设备租赁市场价格信息两部分。相对而言,后者对于工程计价更为重要,发布的机械价格信息应包括机械种类、规格型号、供货厂商名称、租赁单价、发布日期等内容。

2)指数

指数主要指根据原始价格信息加工整理得到的各种工程造价指数。该内容将在下面的部分重点讲述。

3)已完工程信息

已完工程信息是指已完或在建工程的各种造价信息,可以为拟建工程或在建工程造价提供依据。这种信息也可称为工程造价资料。

二、工程造价资料积累、分析和运用

1. 工程造价资料及其分类

工程造价资料是指已竣工和在建工程的投资估算、设计概算、施工图预算、招标投标价格、工程结算、竣工决算、单位工程施工成本以及新材料、新结构、新设备、新施工工艺等建筑安装工程分部分项的单价分析等资料。

工程造价资料可以分为以下几种类别:

(1)按照不同公路等级进行划分,并分别列出其包含的单项工程和单位工程。

(2)按照不同阶段进行划分,一般分为项目可行性研究投资估算、初步设计概算、施工图预算、工程量清单和报价、工程结算、竣工决算等。

(3)按照组成特点划分,一般分为建设项目、单项工程和单位工程造价资料,同时也包括有关新材料、新工艺、新设备、新技术的分部分项工程造价资料。

2. 工程造价资料积累的内容

工程造价资料积累的内容应包括"量"(如主要工程量、材料量、设备量等)和"价",还要包括对造价确定有重要影响的技术经济条件,如工程的概况、建设条件等。

(1)建设项目和单项工程造价资料

①对造价有主要影响的技术经济条件,如项目建设标准、建设工期、建设地点等。

②主要的工程量、主要的材料量和主要设备的名称、型号、规格、数量等。

③投资估算、概算、预算、竣工决算及造价指数等。

(2)单位工程造价资料

单位工程造价资料包括工程的内容、结构特征、主要工程量、主要材料的用量和单价、人工工日和人工费以及相应的造价。

(3)其他

主要包括有关新材料、新工艺、新设备、新技术分部分项工程的人工工日,主要材料用量,机械台班用量。

3. 工程造价资料的管理

(1)建立造价资料积累制度

1991 年 11 月建设部(现更名为住房和城乡建设部)印发了关于《建立工程造价资料积累制度的几点意见》的文件,标志着我国工程造价资料积累制度正式建立起来,工程造价资料积累工作正式开展。建立工程造价资料积累制度是工程造价计价依据极其重要的基础性工作。发达国家和地区不同阶段的投资估算以及编制标底、投标报价的主要依据是单位和个人所积累的工程造价资料。全面系统地积累和利用工程造价资料,建立稳定的造价资料积累制度,对于我国加强工程造价管理、合理确定和有效控制工程造价具有十分重要的意义。

工程造价资料积累的工作量非常大,牵涉面也非常广,应依靠各级政府有关部门和行业组织进行组织管理。

(2)资料数据库的建立和网络化管理

积极推广使用计算机建立工程造价资料的资料数据库,开发通用的工程造价资料管理程序,可以提高工程造价资料的适用性和可靠性。要建立造价资料数据库,首要的问题是工程的分类与编码。由于不同的工程在技术参数和工程造价组成方面有较大的差异,必须把同类型的工程合并在一个数据库文件中,而把另一类型工程合并到另一数据库文件中去。为了便于进行数据的统一管理和信息交流,必须设计出一套科学、系统的编码体系。

有了统一的工程分类与相应的编码之后,就可进行数据的搜集、整理和输入工作,从而得到不同层次的造价资料数据库。工程造价资料数据库的建立必须严格遵守统一的标准和规范。

4. 工程造价资料的运用

(1)作为编制固定资产投资计划的参考,用作建设成本分析。

(2)进行投资效益分析。

(3)用作编制投资估算的重要依据。

(4)用作编制初步设计概算和审查施工图预算的重要依据。

(5)用作确定招标控制价和投标报价的参考资料。

(6)用作技术经济分析的基础资料。

(7)用作编制各类定额的基础资料。

(8)用以测定调价系数、编制造价指数。

(9)用以研究同类工程造价的变化规律。

三、工程造价指数的编制

1. 指数的概念和种类

1)指数的概念

指数是用来统计研究社会经济现象数量变化幅度和趋势的一种特有的分析方法和手段。指数有广义和狭义之分。广义的指数指反映社会经济现象变动与差异程度的相对数,如产值指数、产量指数、出口额指数等。而狭义的指数是用来综合反映社会经济现象复杂总体数量变动状况的相对数。所谓复杂总体,是指数量上不能直接加总的总体。例如,不同的产品和商品,有不同的使用价值和计量单位,不同商品的价格也以不同的使用价值和计量单位为基础,都是不同度量的事物,是不能直接相加的。但通过狭义的指数就可以反映出不同度量的事物所构成的特殊总体变动或差异程度,如物价总指数、成本总指数等。

2)指数的分类

(1)指数按其所反映的现象范围的不同,分为个体指数、总指数。个体指数是反映个别现象变动情况的指数,如个别产品的产量指数、个别商品的价格指数等。总指数是综合反映不能同度量的现象动态变化的指数,如工业总产量指数、社会商品零售价格总指数等。

(2)指数按其所反映的现象的性质不同,分为数量指标指数和质量指标指数。数量指标指数是综合反映现象总的规模和水平变动情况的指数,如商品销售量指数、工业产品产量指数、职工人数指数等。质量指标指数是综合反映现象相对水平或平均水平变动情况的指数,如产品成本指数、价格指数、平均工资水平指数等。

(3)指数按照采用的基期不同,可分为定基指数和环比指数。当对一个时间数列进行分析时,计算动态分析指标通常用不同时间的指标值作对比。在动态对比时作为对比基础时期的水平,称为基期水平;所要分析的时期(与基期相比较的时期)的水平,称为报告期水平或计算期水平。定基指数是指各个时期指数都是采用同一固定时期为基期计算的,表明社会经济现象对某一固定基期的综合变动程度的指数。环比指数是以前一时期为基期计算的指数,表明社会经济现象对上一期或前一期的综合变动的指数。定基指数或环比指数可以连续将许多时间的指数按时间顺序加以排列,形成指数数列。

(4)指数按其所编制的方法不同,分为综合指数和平均数指数。综合指数是通过确定同度量因素,把不能同度量的现象过渡为可以同度量的现象,采用科学方法计算出两个时期的总量指标并进行对比而形成的指数。平均数指数是从个体指数出发,通过对个体指数加权平均计算而形成的指数。

①综合指数是总指数的基本形式。计算总指数的目的,在于综合测定由不同度量单位的许多商品或产品所组成的复杂现象总体数量方面的总动态。综合指数的编制方法是先综合后对比。因此,综合指数主要解决不同度量单位的问题,使不能直接加总的不同使用价值的各种商品或产品的总体,改变成为能够进行对比的两个时期的现象的总体。综合指数可以把各种不能直接相加的现象还原为价值形态,先综合(相加),然后再进行对比(相除),从而反映观测对象的变化趋势。

②平均数指数是综合指数的变形。综合指数虽然能最完整地反映所研究现象的经济内容,但其编制时需要全面资料,即对应的两个时期的数量指标和质量指标的资料。但在实践

中，要取得这样全面的资料往往是困难的。因此，实践中可用平均数指数的形式来编制总指数。所谓平均数指数，是以个体指数为基础，通过对个体指数计算加权平均数编制的总指数。

2. 工程造价指数及其特性分析

(1)工程造价指数的概念及其编制的意义

随着我国经济体制改革，特别是价格体制改革的不断深化，设备、材料价格和人工费的变化对工程造价的影响日益增大。在建筑市场供求和价格水平发生经常性波动的情况下，建设工程造价及其各组成部分也处于不断变化之中，这不仅使不同时期的工程在“量”与“价”两方面都失去可比性，也给合理确定和有效控制造价造成了困难。根据工程建设的特点，编制工程造价指数是解决这些问题的最佳途径。以合理方法编制的工程造价指数，不仅能够较好地反映工程造价的变动趋势和变化幅度，而且可剔除价格水平变化对造价的影响，正确反映建筑市场的供求关系和生产力发展水平。

工程造价指数是反映一定时期由于价格变化对工程造价影响程度的一种指标，它是调整工程造价价差的依据。工程造价指数反映了报告期与基期相比的价格变动趋势，利用它来研究实际工作中的下列问题很有意义：

①可以利用工程造价指数分析价格变动趋势及其原因。

②可以利用工程造价指数估计工程造价变化对宏观经济的影响。

③工程造价指数是工程承发包双方进行工程估价和结算的重要依据。

(2)工程造价指数包括的内容及其特性分析

根据第一章所描述的工程造价的构成，工程造价指数的内容应该包括以下几种：

①各种单项价格指数。这其中包括了反映各类工程的人工费、材料费、施工机械使用费报告期价格对基期价格的变化程度的指标。可利用它研究主要单项价格变化的情况及其发展变化的趋势。其计算过程可以简单地表示为报告期价格与基期价格之比。依此类推，可以把各种费率指数也归入其中，如措施费指数、间接费指数，甚至工程建设其他费用指数等。这些费率指数的编制可以直接用报告期费率与基期费率之比求得。很明显，这些单项价格指数都属于个体指数，其编制过程相对比较简单。

②设备、工具、器具价格指数。设备、工具、器具的种类、品种和规格很多。设备、工具、器具费用的变动通常是由两个因素引起的，即设备、工具、器具单件采购价格的变化和采购数量的变化。同时工程所采购的设备、工具、器具是由不同规格、不同品种组成的，因此设备、工具、器具价格指数属于总指数。由于采购价格与采购数量的数据无论是基期还是报告期都比较容易获得，因此设备、工具、器具价格指数可以用综合指数的形式来表示。

③建筑安装工程造价指数。建筑安装工程造价指数也是一种综合指数，其中包括了人工费指数、材料费指数、施工机械使用费指数以及措施费、间接费等各项个体指数的综合影响。由于建筑安装工程造价指数相对比较复杂，涉及的方面较广，利用综合指数来进行计算分析难度较大。因此，可以通过对各项个体指数的加权平均，用平均数指数的形式来表示。

④建设项目或单项工程造价指数。该指数是由设备、工具、器具指数、建筑安装工程造价指数、工程建设其他费用指数综合得到的。它也属于总指数，并且与建筑安装工程造价指数类似，一般也用平均数指数的形式来表示。

当然，根据造价资料的期限长短来分类，也可以把工程造价指数分为时点造价指数、月指数、季指数和年指数等。

3. 工程造价指数的编制

(1)各种单项价格指数的编制

①人工费、材料费、施工机械使用费等价格指数的编制。这种价格指数的编制可以直接用报告期价格与基期价格相比后得到。其计算公式如下：

$$人工费(材料费、施工机械使用费)价格指数 = p_n/p_0 \tag{2-54}$$

式中：p_0——基期人工日工资单价(材料价格、机械台班单价)；

p_n——报告期人工日工资单价(材料价格、机械台班单价)。

②措施费、间接费及工程建设其他费等费率指数的编制。其计算公式如下：

$$措施费(间接费、工程建设其他费)费率指数 = p_n/p_0 \tag{2-55}$$

式中：p_0——基期措施费(间接费、工程建设其他费)费率；

p_n——报告期措施费(间接费、工程建设其他费)费率。

(2)设备、工具、器具价格指数的编制

如前所述，设备、工具、器具价格指数是用综合指数形式表示的总指数。运用综合指数计算总指数时，一般要涉及两个因素：一个是指数所要研究的对象，称为指数化因素；另一个是将不能同度量现象过渡为可以同度量现象的因素，称为同度量因素。当指数化因素是数量指标时，这时计算的指数称为数量指标指数；当指数化因素是质量指标时，这时的指数称为质量指标指数。很明显，在设备、工具、器具价格指数中，指数化因素是设备、工具、器具的采购价格，同度量因素是设备、工具、器具的采购数量。因此，设备、工具、器具价格指数是一种质量指标指数。

①同度量因素的选择。既然已经明确了设备、工具、器具价格指数是一种质量指标指数，那么同度量因素应该是数量指标，即设备、工具、器具的采购数量，这样就会面临一个新的问题，即是应该选择基期计划采购数量为同度量因素，还是选择报告期实际采购数量为同度量因素。因同度量因素选择的不同，可分为拉斯贝尔体系和派许体系。拉斯贝尔体系主张采用基期指标作为同度量因素；而派许体系主张采用报告期指标作为同度量因素。根据统计学的一般原理，确定同度量因素的一般原则是：质量指标指数应当以报告期的数量指标作为同度量因素，即使用派氏公式，计算公式为：

$$K_{\mathrm{p}} = \frac{\sum q_1 p_1}{\sum q_1 p_0} \tag{2-56}$$

而数量指标指数则应以基期的质量指标作为同度量因素，即使用拉氏公式，计算公式为：

$$K_{\mathrm{q}} = \frac{\sum q_1 p_0}{\sum q_0 p_0} \tag{2-57}$$

②设备、工具、器具价格指数的编制。考虑到设备、工具、器具的采购品种很多，为简化起见，计算价格指数时可选择其中用量大、价格高、变动多的主要设备、工具、器具的购置数量和单价进行计算，按照派氏公式进行计算如下：

$$设备、工具、器具价格指数 = \frac{\sum(报告期设备、工具、器具单价 \times 报告期购置数量)}{\sum(基期设备、工具、器具单价 \times 报告期购置数量)} \tag{2-58}$$

(3)建筑安装工程价格指数

与设备、工具、器具价格指数类似，建筑安装工程价格指数也属于质量指标指数，所以也应用派氏公式计算。但考虑到建筑安装工程价格指数的特点，所以用综合指数的变形即平均数指数的形式表示。

①平均数指数。从理论上说,综合指数是计算总指数的比较理想的形式,因为它不仅可以反映事物变动的方向与程度,而且可以用分子与分母的差额直接反映事物变动的实际经济效果。然而,在利用派氏公式计算质量指标指数时,需要掌握$\sum p_0q_1$(基期价格乘报告期数量之积的和)是比较困难的。而相比而言,基期和报告期的费用总值($\sum p_0q_0$,$\sum p_1q_1$)却是比较容易获得的资料。因此,我们就可以在不违反综合指数的一般原则的前提下,改变公式的形式而不改变公式的实质,利用容易掌握的资料来推算不容易掌握的资料,进而再计算指数,在这种背景下所计算的指数即为平均数指数。利用派氏综合指数进行变形后计算得出的平均数指数称为加权调和平均数指数。其计算过程如下:

设$K_p = p_1/p_0$表示个体价格指数,则派氏综合指数可以表示为:

$$\text{派氏价格指数} = \frac{\sum q_1p_1}{\sum q_1p_0} = \frac{\sum q_1p_1}{\sum \frac{1}{K_p}q_1p_1} \tag{2-59}$$

其中,$\frac{\sum q_1p_1}{\sum \frac{1}{K_p}q_1p_1}$即为派氏综合指数变形后的加权调和平均数指数。

②建筑安装工程造价指数的编制。根据加权调和平均数指数的推导公式,可得建筑安装工程造价指数的公式如下(由于利润率和税率通常不会变化,可以认为其单项价格指数为1):

建筑安装工程造价指数 =

$$\frac{\text{报告期建筑安装工程费}}{\frac{\text{报告期人工费}}{\text{人工费指数}} + \frac{\text{报告期材料费}}{\text{材料费指数}} + \frac{\text{报告期施工机械使用费}}{\text{施工机械使用费指数}} + \frac{\text{报告期措施费}}{\text{措施费指数}} + \frac{\text{报告期间接费}}{\text{间接费指数}} + \text{利润} + \text{税金}} \tag{2-60}$$

(4)建设项目或单项工程造价指数的编制

建设项目或单项工程造价指数是由建筑安装工程造价指数,设备、工具、器具价格指数和工程建设其他费用指数综合而成的。与建筑安装工程造价指数相类似,其计算也应采用加权调和平均数指数的推导公式。其计算公式如下:

$$\begin{matrix}\text{建设项目或}\\\text{单项工程指数}\end{matrix} = \frac{\text{报告期建设项目或单项工程造价}}{\frac{\text{报告期建筑安装工程费}}{\text{建筑安装工程造价指数}} + \frac{\text{报告设备、工具、器具费}}{\text{设备、工具、器具价格指数}} + \frac{\text{报告期工程建设其他费用}}{\text{工程建设其他费用指数}}} \tag{2-61}$$

编制完成的工程造价指数有很多用途,如可以作为政府对建设市场宏观调控的依据,也可以作为工程估算以及概预算的基本依据。当然,其最重要的作用是在建设市场的交易过程中,为承包商提出合理的投标报价提供依据,此时的工程造价指数也可称为是投标价格指数。

四、工程造价信息的管理

1. 我国目前工程造价信息管理的现状

(1)工程造价信息管理的基本原则

工程造价的信息管理是指对信息的收集、加工整理、储存、传递与应用等一系列工作的总称。其目的就是通过有组织的信息流通,使决策者能及时、准确地获得相应的信息。为了达此目的,在工程造价信息管理中应遵循以下基本原则:

①标准化原则。要求在项目的实施过程中对有关信息的分类进行统一,对信息流程进行规范,力求做到格式化和标准化,从组织上保证信息生产过程的效率。

②有效性原则。工程造价信息应针对不同层次管理者的要求进行适当加工,针对不同管理层提供不同要求和浓缩程度的信息。这一原则是为了保证信息产品对于决策支持的有效性。

③定量化原则。工程造价信息不应是项目实施过程中所产生数据的简单记录,而应经过信息处理人员的比较与分析。采用定量工具对有关数据进行分析和比较是十分必要的。

④时效性原则。考虑到工程造价计价与控制过程的时效性,工程造价信息也应具有相应的时效性,以保证信息产品能够及时服务于决策。

⑤高效处理原则。通过采用高性能的信息处理工具(如工程造价信息管理系统),尽量缩短信息在处理过程中的延迟。

(2)我国工程造价信息管理的现状

在市场经济中,由于市场机制的作用和多方面的影响,工程造价的运动变化更快、更复杂。在这种情况下,工程承发包者单独、分散地进行工程造价信息的收集、加工,不但工作困难,而且成本很高。工程造价信息是一种具有共享性的社会资源。因此,政府工程造价主管部门利用自己信息系统的优势,对工程造价提供信息服务,其社会和经济效益是显而易见的。我国目前的工程造价信息管理主要以国家和地方政府主管部门为主,通过各种渠道进行工程造价信息的搜集、处理和发布。随着我国的建设市场越来越成熟,企业规模不断扩大,一些工程咨询公司和工程造价软件公司也加入了工程造价信息管理的行列。

①全国工程造价信息系统的逐步建立和完善。实行工程造价体制改革后,国家对工程造价的管理逐渐由直接管理转变为间接管理。国家制定统一的工程量计算规则,编制全国统一工程项目编码和定期公布人工、材料、机械等价格的信息。随着计算机网络技术及 Internet 的广泛应用,国家也开始建立工程造价信息网,定期发布价格信息及其产业政策,为各地方主管部门、各咨询机构、其他造价编制和审定等单位提供基础数据。同时,通过工程造价信息网,采集各地、各企业的工程实际数据和价格信息。主管部门及时依据实际情况,制定新的政策法规,颁布新的价格指数等。各企业、地方主管部门可以通过该造价信息网,及时获得相关的信息。

②地区工程造价信息系统的建立和完善。由于各个地区的生产力发展水平不一致,经济发展不平衡,各地价格差异较大。因此,各地区造价管理部门通过建立地区性造价信息系统,定期发布反映市场价格水平的价格信息和调整指数;依据本地区的经济、行业发展情况制订相应的政策措施。通过造价信息系统,地区主管部门可以及时发布价格信息、政策规定等。同时,通过选择本地区多个具有代表性的固定信息采集点或通过吸收各企业作为基本信息网员,收集本地区的价格信息、实际工程信息,作为本地区造价政策制订价格信息的数据和依据,使地区主管部门发布的信息更具有实用性、市场性、指导性。目前,全国有很多地区建立了造价价格信息网。

③随着工程量清单计价方式的应用,施工企业迫切需要建立自己的造价资料数据库,但由于大多数施工企业在规模和能力上都达不到这一要求,因此这些工作在很大程度上委托给工

程造价咨询公司或工程造价软件公司去完成。这是我国《建设工程工程量清单计价规范》(GB 50500—2008)颁布实施后工程造价信息管理出现的新的趋势。

(3)工程造价信息管理目前存在的问题

①对信息的采集、加工和传播缺乏统一规划、统一编码、系统分类,信息系统开发与资源拥有之间处于相互封闭、各自为战的状态。其结果是无法实现信息资源共享,很多管理者满足于目前的表面信息,忽略信息的深加工。

②信息网建设有待完善。现有工程造价网多为定额站或咨询公司所建,网站内容主要为定额颁布、价格信息、相关文件转发、招投标信息发布、企业或公司介绍等;网站只是将已有的造价信息在网站上显示出来,缺乏对这些信息的整理与分析。

③信息资料的积累和整理还没有完全实现与工程量清单计价模式的接轨。由于信息的采集、加工处理上具有很大的随意性,没有统一的范式和标准,造成了在投标报价时较难直接使用,还需要根据要求进行不断调整,显然不能满足新形势下市场定价的要求。

2. 工程造价信息化的发展趋势

(1)适应建设市场的新形势,着眼于为建设市场服务,为工程造价管理服务。工程建设在国民经济中占有较大的份额,但存在着科技水平不高、现代化管理滞后、竞争能力较弱的问题。信息技术的运用,可以促进管理部门依法行政,提高管理工作的公开、公平、公正和透明度;可以促进企业提高产品质量、服务水平和企业效率,达到提高企业自身竞争能力的目的。针对我国目前正在大力推广的工程量清单计价制度,工程造价信息化应该围绕为工程建设市场服务,为工程造价管理改革服务这条主线组织技术攻关,加快信息化建设。

(2)我国有关工程造价方面的软件和网络发展很快。为加大信息化建设的力度,全国工程造价信息网正在与各省信息网联网,这样全国造价信息网联成一体,用户可以很容易地查阅到全国、各省、各市的数据,从而大大提高各地造价信息网的使用效率。同时,把工程造价信息化有关的企业组织起来,加强交流、协作,避免低层次、低水平的重复开发,鼓励技术创新,淘汰落后,不断提高信息化技术在工程造价中的应用水平。

(3)发展工程造价信息化,要建立有关的规章制度,促进工程技术健康有序地向前发展。为了加强建设信息标准化、规范化,建设系统信息标准体系正在建立。制订信息通用标准和专用标准,制订建设信息安全保障技术规范和网络设计技术规范已提上日程。加强全国建设工程造价信息系统的信息标准化工作,包括组织编制建设工程人工、材料、机械、设备的分类及标准代码,工程项目分类标准代码,各类信息采集及传输标准格式等工作,将为全国工程造价信息化的发展提供基础。

第三章　公路建设项目决策阶段工程造价的计价与控制

第一节　概　　述

一、建设项目决策与工程造价的关系

决策是指在充分考虑各种可能的前提下，人们基于对客观规律的认识，对未来实践的方向、目标、原则和方法作出决定的过程。所谓投资决策是指在实施投资活动之前，对投资的各种可行性方案进行分析和对比，从而确定效益好、质量高、回收期短、成本低的最优方案的过程。

项目投资决策是选择和决定投资行动方案的过程，是对拟建项目的必要性和可行性进行技术经济论证、对不同建设方案进行技术经济比较选择及作出判断和决定的过程。项目投资决策是投资行动的准则，正确的项目投资行动来源于正确的项目投资决策。由此可见，项目决策正确与否，直接关系到项目建设的成败以及工程造价的高低及投资效果的好坏。正确决策是合理确定与控制工程造价的前提。

1. 项目决策的正确性是工程造价合理性的前提

项目决策正确，意味着对项目建设作出科学的决断，以及在建设的前提下，优选出最佳的投资行动方案，达到资源的合理配置，从而合理地估计和计算工程造价，并且在实施最优投资方案过程中，有效地控制工程造价。项目决策失误主要体现在对不该建设的项目进行投资建设，或者项目建设地点的选择错误，或者投资方案的确定不合理等。诸如此类的决策失误，会直接带来不必要的资金投入和人力、物力及财力的浪费，甚至造成不可弥补的损失。在这种情况下，合理地进行工程造价的确定与控制已经毫无意义了。因此，要达到工程造价的合理性，事先就要保证项目决策的正确性，避免决策失误。

2. 项目决策的内容是决定项目造价的基础

工程造价的确定与控制贯穿于项目建设全过程，但决策阶段各项技术经济决策，对该项目的工程造价有重大影响，特别是建设标准的确定、建设地点的选择、工艺的评选、设备的选用等直接关系到工程造价的高低。据有关资料统计，在项目建设各阶段中，投资决策阶段影响工程造价的程度最高，达70%～80%。因此，决策阶段项目决策的内容是决定工程造价的基础，直接影响投资决策阶段之后的各个建设阶段工程造价的确定与控制是否科学、合理的问题。

3. 工程造价是影响项目决策的因素之一

决策阶段的投资估算是进行投资方案选择的重要依据之一，投资估算的多少影响项目资金筹措、影响项目经济评价结论，是决定项目是否可行及主管部门进行项目审批的参考依据。

4. 项目决策的深度影响工程造价的控制效果

投资决策过程，是一个由浅入深、不断深化的过程，依次分为若干工作阶段。不同阶段决策的深度不同，工程造价的精确度也不同。在项目建设的决策阶段、初步设计阶段、技术设计阶段、施工图设计阶段、工程招投标及承发包阶段、施工阶段以及竣工验收等不同阶段，相应形成投资估算、设计概算、修正概算、施工图预算、承包合同价、结算价及竣工决算。这些造价形式之间存在着前者控制后者、后者补充前者的相互作用关系。按照前者控制后者的制约关系，投资估算对其后面的各种形式造价起着制约作用，作为限额目标。由此可见，只有加强项目决策的深度，采用科学的估算方法和可靠的数据资料，合理地计算投资估算，才能保证其他阶段的造价被控制在合理范围，使投资控制目标能够实现，避免“三超”现象的发生。

二、项目决策阶段影响工程造价的主要因素

项目工程造价的多少主要取决于项目的建设标准。建设标准是工程项目前期工作中，对项目决策中有关建设的原则、等级、规模、建设用地和主要技术经济指标等方面进行的规定。制订建设标准的目的在于建立工程项目的建设活动秩序，适应社会主义市场经济体制要求，加强固定资产投资与建设宏观调控，指导建设项目科学决策和管理，合理确定项目建设水平，充分利用资源，推动技术进步，不断提高投资效益。

建设标准的内容包括影响工程项目投资效益的主要方面，其具体内容应根据各类工程项目的不同情况确定。工业项目一般包括：建设条件、建设规模、项目构成、工艺与装备、配套工程、建筑标准、建设用地、环境保护、劳动定员、建设工期、投资估算指标和主要技术经济指标等。民用项目一般包括：建设规模、建设等级、建筑标准、建设设备、建设用地、建设工期、投资估算指标和主要技术经济指标等。能否起到控制工程造价、指导建设投资的作用，关键在于标准水平制订得是否合理。如果标准水平制订得过高，会脱离我国的实际情况和财力、物力的承受能力，增加造价；如果标准水平制订得过低，会妨碍技术进步，影响国民经济的发展和人民生活的改善。大多数工业交通项目应采用中等适用的标准，对少数引进国外先进技术和设备的项目或少数有特殊要求的项目，标准可适当高些。在建筑方面，应坚持经济、适用、安全、朴实的原则。建设项目标准中的各项规定，能定量的应尽量给出指标，不能定量的要有定性的原则要求。

1. 公路建设规模和技术标准

公路项目建设是一项一次性巨额投资而回收期较长的经济活动，尤其是高等级公路的建设，投资相当巨大。在水网发达和人口密集的地区，受工程地质条件、公路用地和筑路材料等建设条件的制约，建设投资更为巨大。因此，科学合理地确定公路建设规模以及技术标准，在公路建设项目决策阶段尤为重要。

技术标准的确定，需依据公路相关技术标准和规范，并充分考虑项目所处的自然、地理和地质条件的特点、沿线区域的特殊性和差异性，在满足安全性、功能性条件下，通过对工程方案和技术经济进行比选，科学地确定技术标准。

(1)公路等级选用原则

公路的等级应根据公路网的规划和远景交通量，从全局出发，结合公路的使用任务和性质综合确定。公路等级选用的基本原则如下：

①公路等级的选用应根据公路功能、路网规划和交通量,并充分考虑项目所在地区的综合运输体系、远期发展等,经论证后确定。

②一条公路可分段选用不同的公路等级或同一公路等级不同的设计速度、路基宽度,不同公路等级、设计速度和路基宽度间的衔接应协调,过渡应顺适。

③预测的设计交通量介于一级公路与高速公路之间时,拟建公路为干线公路时,宜选用高速公路,拟建公路为集散公路时,宜选用一级公路。

④干线公路宜选用二级及二级以上公路。

(2)各级公路适应交通量

根据交通部颁布的《公路工程技术标准》(JTG B01—2003)将公路按功能相适应交通量分为高速公路、一级公路、二级公路、三级公路、四级公路五个等级。其适应交通量如下:

①高速公路为专供汽车分向、分车道行驶,并应全部控制出入的多车道公路。四车道高速公路应能适应将各种汽车折合成小客车的年平均日交通量25 000~55 000辆;六车道高速公路应能适应将各种汽车折合成小客车的年平均日交通量45 000~80 000辆;八车道高速公路应能适应将各种汽车折合成小客车的年平均日交通量60 000~10 000辆。

②一级公路为供汽车分向、分车道行驶,并可根据需要控制出入的多车道公路。四车道一级公路应能适应将各种汽车折合成小客车的年平均日交通量15 000~30 000辆;六车道一级公路应能适应将各种汽车折合成小客车的年平均日交通量25 000~55 000辆。

③二级公路为供汽车行驶的双车道公路。双车道二级公路应能适应将各种汽车折合成小客车的年平均日交通量5 000~15 000辆。

④三级公路为主要供汽车行驶的双车道公路。双车道三级公路应能适应将各种车辆折合成小客车的年平均日交通量2 000~6 000辆。

⑤四级公路为主要供汽车行驶的双车道或单车道公路。双车道四级公路应能适应将各种车辆折合成小客车的年平均日交通量2 000辆以下;单车道四级公路应能适应将各种车辆折合成小客车的年平均日交通量400辆以下。

(3)设计车速确定

设计车速是决定公路几何形状的基本依据。曲线半径、超高和视距等技术指标都直接与设计车速有关。设计车速是技术标准中最重要的指标,对工程费用和运输效率的影响最大。

设计速度主要是由三个因素根据技术等级确定:

①路线在公路网中的任务、性质、功能。

②远景交通量及交通组成。

③地形和其他自然条件。

(4)通行能力分析

进行通行能力分析的主要目的是求得在不同运行质量情况下单位时间所能通行的最大通量,即求得在指定的交通运行质量条件下所能承担交通的能力。通过通行能力分析可以确定公路的车道数。因此,通行能力分析过程中同时要进行运行质量的分析,将公路规划、设计及交通管理等与运行质量联系起来,这样可以合理地使用资金和提高公路建设项目和汽车运输的综合经济效益。

(5)服务水平分析

公路服务水平是交通流中车辆运行的以及驾驶员和乘客所感受到的质量量度,即公路在某种交通条件下所提供运行服务的质量水平。通常服务水平与行车速度、行驶时间、驾驶自由度、交通阻塞程度以及舒适和方便程度等因素有关。

《公路工程技术标准》(JTG B01—2003)中,将各级公路服务水平分为四级:

一级服务水平,交通量小,驾驶员能自由或较自由地选择行车速度并以设计速度行驶,车辆不受或基本不受交通流中其他车辆的影响,交通流处于自由流状态,超车需求远小于超车能力,被动延误少,为驾驶员和乘客提供的舒适便利程度高。

二级服务水平,随着交通量的增大,速度逐渐减小,行驶车辆受别的车辆或行人的干扰较大,驾驶员选择行车速度的自由度受到一定限制,交通流状态处于稳定流的中间范围,有拥挤感。到二级下限时,车辆间的相互干扰较大,开始出现车队,被动延误增加,为驾驶员提供的舒适便利程度下降,超车需求与超车能力相当。

三级服务水平,当交通需求超过二级服务水平对应的服务交通量后,驾驶员选择车辆运行速度的自由度受到很大限制,行驶车辆受别的车辆或行人的干扰很大,交通流处于稳定流的下半部分,并已接近不稳定流范围,流量稍有增长就会出现交通拥挤,服务水平显著下降。到三级下限时,行车延误的车辆为80%左右,所受的限制已达到驾驶员所允许的最低限度,超车需求超过了超车能力,但可通行的交通量尚未达到最大值。

四级服务水平,交通需求继续增大,行驶车辆受别的车辆或行人的干扰更加严重,交通流处于不稳定流状态。靠近下限时,每小时可通行的交通量达到最大值,驾驶员已无自由选择速度的余地,交通流变成强制状态,所有车辆都以通行能力对应的且相对均匀的速度行驶。一旦上游交通需求和来车强度稍有增加,或交通流出现小的扰动,车流就会出现走走停停的状态。此时能通过的交通量很不稳定,其变化范围从基本通行能力到零,时常发生交通阻塞。

从保证必要的车辆运行质量,同时兼顾公路建设的投资成本考虑,采用的服务水平一般不必过高。原则上,高速公路和一级公路采用二级服务水平进行设计,而二级公路、三级公路按三级服务水平设计,四级公路主要服务于地方经济,因此对其服务水平没有要求。

(6)技术标准的确定

公路主要技术指标见表3-1。

公路主要技术指标　　表3-1

序号	指标	单位	序号	指标	单位
1	公路等级	—	8	不设超高最小半径	m
2	设计速度	km/h	9	一般最小半径	m
3	行车道宽度	m	10	极限最小半径	m
4	硬路肩宽度	m	11	最大纵坡	%
5	土路肩宽度	m	12	停车视距	m
6	中间带宽度	m	13	桥涵设计荷载	—
7	路基宽度	m			

不同的建设规模和技术标准,对应不同的工程造价。公路建设项目在确定建设规模和技术标准时,应综合考虑成本效益,根据公路的功能、交通量服务水平以及安全环保、可持续发展等社会效益进行全过程、全方位的综合论证,使公路的综合效益最佳。

2. 建设地点及工程方案

公路建设项目的建设地点,即路线所穿越的地点。因此,公路建设地点的选择也就是路线方案的选择。选择路线方案是一项复杂的、技术经济综合性很强的系统工程，它不仅涉及项目建设条件、生产要素、生态环境等重要问题，受社会、政治、经济、国防等多因素的制约，而且还直接影响到项目建设投资、建设速度和施工条件以及未来运营、养护管理，沿线的城乡建设规划与发展。因此，必须从国民经济和社会发展的全局出发，运用系统观点和方法分析决策。

(1)路线方案选择的基本原则

路线方案是公路设计中最根本的问题。方案是否合理，直接影响工程造价的高低、建设工期的长短、建设质量的好坏，还影响到项目建成后的运输效率的高低。选择路线方案时，要遵循以下几个基本原则：

①控制点周围的路线位置与城市规划、城镇体系规划、路网规划一致。

②路线选择要与水利工程及国土规划相协调。

③线路要与路网节点发展相协调。

④要和其他高速公路、一级公路、二级公路相协调。

⑤互通式立交可设在交通联络方便的地点，以便调整路线位置。

⑥尽量以短距离、短时间连接路线。

⑦考虑选线的控制点，如铁路、公路、水路、输电线、池塘、村庄、学校、重要历史文物、机场、军用设施、大型厂矿企业等。

(2)路线方案的制约因素

路线方案的选择要充分考虑各种因素的制约，具体考虑以下因素：

①路线在政治、经济、国防上的意义，国家或地方建设对路线使用任务、性质的要求以及综合利用等重要方针的体现。

②路线在铁路、公路、航道、空运等交通网系中的作用，与沿线工矿、城镇等规划的关系以及与沿线农田水利等建设的配合及用地情况。

③沿线地形、地质、水文、气象、地震等自然条件的影响。

④要求的路线等级与实际可能达到的技术标准及其对路线使用任务、性质的影响。

⑤路线长度、筑路材料来源、施工条件以及工程量，钢筋、木材、水泥、沥青材料的用量，造价、工期、劳动力等情况及其对运营、施工、养护等方面的影响。

由此可见，影响路线方案选择的因素是多方面的，各种因素又多是相互联系、相互影响的。因此，路线应在满足使用任务和性质的前提下，综合考虑自然条件、技术标准和技术指标、工程投资、工期和施工设备等因素，通过多方案的比较，精心选择。

(3)主要控制点的选择

①起讫点的选择。起讫点是方案的最主要控制点，因此起讫点位置的选取至关重要。起讫点位置的确定受许多因素的影响，要兼顾众多因素，如目前距市中心的距离是否合适，与城市规划和道路规划是否相符，与其他道路的衔接是否恰当，是否给将来的规划留有足够的余地。起讫点的位置最终决定项目路线的走向，选择时要考虑多种因素，如与项目功能等级相协调，与城市未来发展的关系以及与其他公路的衔接性等。

②交通走廊带的选择。公路客货运输的空间配置受国家区域的自然条件、资源分布、生产力布局、城市化水平、人口分布和农业现代化水平等众多因素的影响。走廊布局不仅要满足交通需求，还要引导区域发展，并最大限度地吸引交通流，提高运输通道的使用效率，使区域走廊与区域的整体规划相匹配。

③重要节点的选择。一条路线的重要节点主要是起终点及中间必须经过的重要点，把这些点连接成线，就是路线的总方向（或称大走向）。两点之间有许多不同的走法，每一种可能的走法就是一个大的路线方案。作为选线工作的第一步就是要在各种可能的方案中，在深入调查的基础上，综合考虑路线方案选择的主要控制点，通过方案的比选，提出合理的路线方案。

(4)路线方案选择

在选择路线方案时，要处理好以下关系：

①正确处理道路与农业关系。尽量做到少占或不占高产田，从路线对国民经济的作用、对支农运输的效果、地形条件、工程数量、交通运输费用等方面全面分析比较；同时，路线应与农田水利建设相配合，有利农田灌溉，尽可能少与灌溉渠道相交。

②合理考虑路线与城镇的关系。国防公路和高等级公路尽量避免穿越城镇、工矿区及较密集的居民点，但考虑到便利支农运输、便利群众、便利与工矿的联系，路线不宜离开太远，做到"靠村不进村，利民不扰民"，既服务方便，又保证安全。对于沟通县、乡、村直接为农业运输服务的公路，经地方同意，也可穿越城镇，但应有足够的路基宽度和行车视距，以保证行人和行车的安全。路线应尽量避开重要的电力、电信设施；当必须靠近或穿越时，应保持足够的距离和净空，尽量不拆或少拆各种电力、电信设施。

③处理好路线与桥位的关系。大、中桥造价很高，由于河床情况的差异，在不同位置建桥，造价差别可能会很大。在路线方案选择时，是以桥位作为控制点，以节约建桥费用，还是以路线走向确定桥位，以缩短路线里程，并取得较好的线形，需要进行技术经济分析后确定。

④正确处理新旧路的关系。新建的公路尽可能利用老路作为路基，这样可以少占农田，但一定要从公路发展的长远考虑，严格按照技术标准的要求对老路进行改造。

(5)路线方案的技术经济比选

路线方案不仅关系到公路建设项目技术的可行性，而且对工程造价和建设期限以及项目建成后的运营状况也有很大影响。因此，在确定路线方案时，应进行技术经济比较，选择最佳方案。

技术比选主要从以下几方面进行：

①区域路网功能、城市利用功能和经济发展功能。

②与沿线城镇、开发区等的协调关系。

③与周边自然环境的协调。

④建设条件及工程规模。

⑤路网配置及交通流向。

另外，要考虑区域经济发展情况、人口密集程度、高填土带来的拆迁安置问题，尤其是土地资源匮乏，路基占地和取土占地就成了重点问题，节约土源应是方案设计的制约条件。因此，要综合考虑各项因素后确定方案。

在方案比选中，对一些工程量较大的路段，应单独拿出来作方案比选，主要包括以下几点：

①高路堤与高架桥方案的比选。

②深挖与隧道方案的比选。

③分离式路基与整体式路基的比选。

④大桥、特大桥桥型方案比选。

路线方案的经济比选，除比较上述建设方案的工程造价外，还应具有全寿命周期的理念，从以下两方面进行分析：

①项目投资费用，包括建筑安装工程费、土地征购费、拆迁补偿费等。

②项目建成后运营、养护费用，包括车辆运行成本、公路养护维修费用等。

不同的建设地点及工程方案，对应不同的工程造价。

3. 设备方案

为了满足公路的营运、管理、养护，公路建设项目需要购置的设备包括：渡口设备，隧道照明、通风的动力设备，高等级公路的监控设备，养护用的机械等。随着高等级公路的修建，设备购置费用在公路建设项目总造价中不断提高。设备方案是影响公路造价的主要因素之一。

设备的选择与技术密切相关，二者必须匹配。没有先进的技术，再好的设备也没用；没有先进的设备，技术的先进性无法体现。

(1)设备方案选择应符合的要求

①主要设备方案应与确定的建设规模和技术方案相适应，并满足项目投产后使用的要求。

②主要设备之间、主要设备与辅助设备之间能力要相互匹配。

③设备质量可靠、性能成熟，保证运行稳定。

④在保证设备性能前提下，力求经济合理。

⑤选择的设备应符合政府部门或专门机构发布的技术标准要求。

(2)设备选用应注意处理的问题

在设备选用中，应注意处理好以下问题：

①要尽量选用国产设备。凡国内能够制造，并能保证质量、数量和按期供货的设备，或者进口一些技术资料就能仿制的设备，原则上必须由国内生产，不必从国外进口；凡只引进关键设备就能由国内配套使用的，就不必成套引进。

②要注意进口设备之间以及国内外设备之间的衔接配套问题。有些个项目从国外引进设备时，为了考虑各供应厂家的设备特长和价格等问题，可能分别向几家制造厂购买，这时就必须注意各厂所供设备之间技术、效率等方面的衔接配套问题。为了避免各厂所供设备不能配套衔接，引进时最好采用总承包的方式。还有一些项目，一部分为进口国外设备，另一部分则引进技术由国内制造。这时，也必须注意国内外设备之间的衔接配套问题。

③要注意进口设备与原有国产设备之间的配套问题。主要应注意本厂原有国产设备的质量、性能与引进设备是否配套，以免因国内外设备能力不平衡而影响使用。

④要注意进口设备与原材料、备品备件及维修能力之间的配套问题，尽量避免引进的设备所用主要原料需要进口。如果必须从国外引进时，应安排国内有关厂家尽快研制这种原料。在备品备件供应方面，随机引进的备品备件数量往往有限，有些备件在厂家输出技术或设备之后不久就被淘汰，因此采用进口设备，还必须同时组织国内研制所需备品备件问题，以保证设备长期发挥作用。另外，对于进口的设备，还必须掌握如何操作和维修，否则将不能发挥设备的先进性。在外商技术人员调试安装时，可培训国内技术人员及时学会操作，必要时也可派人出国参加培训。

4. 环境保护措施

公路建设项目一方面对社会经济的发展做了贡献，另一方面又使自然环境和资源遭到了破坏，从而引起一系列的环境问题，如水土流失、生态平衡失调、环境污染等。因此，需要在确定路线方案和技术方案中，调查研究环境条件，识别和分析拟建项目影响环境的因素，研究提出治理和保护环境的措施,比选和优化环境保护方案。

(1)环境保护的基本要求

工程建设项目应注意保护场址及其周围地区的水土资源、海洋资源、矿产资源、森林植被、文物古迹、风景名胜等自然环境和社会环境。其环境保护措施应坚持以下原则:

①符合国家环境保护法律、法规和环境功能规划的要求。

②坚持污染物排放总量控制和达标排放的要求。

③坚持"三同时原则",即环境治理措施应与项目的主体工程同时设计、同时施工、同时投产使用。

④力求环境效益与经济效益相统一,在研究环境保护治理措施时,应从环境效益、经济效益相统一的角度进行分析论证,力求环境保护治理方案技术可行、经济合理。

⑤注重资源综合利用,对环境治理过程中项目产生的废气、废水、固体废弃物,应提出回水处理和再利用方案。

(2)环境治理措施方案

应根据项目的污染源和排放污染物的性质,采用不同的治理措施。公路建设项目环境治理措施包括施工期和运营期两个阶段。

①废水污染治理,可采用物理法(如重力分离、离心分离、过滤、蒸发结晶、高磁分离等)、化学法(如中和、化学凝聚、氧化还原等)、物理化学法(如离子交换、电渗析、反渗透、气泡悬上分离、汽提吹脱、吸附萃取等)、生物法(如自然氧池、生物过滤、活性污泥、厌氧发酵)等方法。

②固体废弃物污染治理。有毒废弃物可采用防渗漏池堆存;放射性废弃物可采用封闭固化;无毒废弃物可采用露天堆存;生活垃圾可采用卫生填埋、堆肥、生物降解或者焚烧方式处理;利用无毒害固体废弃物加工制作建筑材料或者作为建材添加物,进行综合利用。

③粉尘污染治理,可采用过滤除尘、湿式除尘、电除尘等方法。

④噪声污染治理,可采用吸声、隔声、减振、隔振等措施。

⑤水土保持措施,主要是施工期。具体措施包括:不乱砍乱伐征地范围内的林木;临时工程的修建不切割或阻拦地表径流;及时清运隧道弃渣、路基挖方、桥梁钻孔泥浆及基坑挖方等,减少在现场的临时堆放数量和时间;临时堆放时做好临时防护措施,做好地表截排水措施,防止工程施工中开挖的土石材料对河流、水道、灌渠等排水系统产生淤积或堵塞;弃土作业必须先挡后弃,避免弃渣外溢;路基主体工程施工完毕后,及时施做坡面防护工程(护坡和植草)。

(3)公路环境治理投资

公路环境治理投资包括治理环境污染的投资和保护环境的投资,具体如下:

①防治交通运输噪声的设施投资,主要指声屏障、封闭外廊、加高院落围墙、装双层玻璃门窗等。

②防振动的设施投资,主要包括减振用的减振沟、基础的加固措施等。

③生活服务区、管理区、收费站等生活服务设施所属的污水治理设施、垃圾处理和锅炉除烟设施以及施工中生产废水和生活污水的治理设施等。

④排水沟系统中的泥沙、隔油池等。

⑤为了减低交通噪声和汽车尾气污染而营造的林带以及公路占地界外的居民点的拆迁、安置费等。

⑥为了减少施工期运输筑路材料及材料拌和产生的粉尘所采取的治理措施及设备。

⑦为了减少因公路施工造成地表植被破坏,引起公路线开挖或回填处水土流失增加而采取的护坡工程措施。

⑧公路取弃土场所及沥青、混凝土搅拌站、料堆场、施工营地等采取的土地复垦及生态恢复工程措施。

⑨为保护公路沿线农田与农作物所采取的措施,如耕层土壤保护措施(包括减少污染和表层土壤保护等措施),路线以外为保持原有水利及农田灌溉格局而设置的工程。

⑩公路经过湿地、草原、草场、戈壁沙漠的改造所采取的保护工程。

⑪公路经过水源保护地、自然保护区、濒危动植物保护区、渔业养殖水域等所采取的保护工程。

⑫为保护文物古迹等专设的高架桥工程。

⑬危险品运输中突发性事故的防治措施费。

(4)环境治理方案比选

对环境治理的各局部方案和总体方案进行技术经济比较,并作出综合评价。比较、评价的主要内容有:

①技术水平对比,分析对比不同环境保护治理方案所采用的技术和设备的先进性、适用性、可靠性和可得性。

②治理效果对比,分析对比不同环境保护治理方案在治理前及治理后环境指标的变化情况以及能满足环境保护法律法规的要求。

③管理及监测方式对比,分析对比各治理方案所采用的管理和监测方式的优、缺点。

④环境效益对比,将环境治理保护所需投资和环保措施运行费用与所获得的收益相比较。效益费用比值较大的方案为优。

5. 施工组织规划设计

施工组织规划设计是在可行性研究阶段,根据设计方案,结合建设项目的特定条件和实际情况,提出的建设安排和实施方案。其目的是为了建设项目的顺利实施和科学合理地部署施工现场,从而有序地组织施工,不断提高投资经济效益,节约建设费用。

按照编制公路工程可行性研究报告的规定与要求,施工组织规划设计需要论述和研究的主要内容包括以下几个方面:

(1)勘测设计计划,如应实行几阶段设计,各设计阶段完成勘察设计任务的具体时间,应由哪一级的勘察设计单位承担。

(2)分期建设的设想。为提高建设项目的投资效益和社会效益,说明分期建设和分段通车的可能性和必要性。

(3)施工进度计划,如合理的建设工期,计划开竣工的时间,分年度完成的投资计划和贷款使用计划等。

(4)现场施工平面规划设计,如适当的标段划分,合理可行的施工方法,取土场、弃土场、大型混凝土构件预制场、路面混合料拌和场、材料堆放场、施工等单位驻地的选定,使之具有一个良好的施工环境。

(5)实施方法,如采用哪种招标方式,组织管理模式,实行工程监理的意见等。

施工组织规划设计是编制可行性研究报告投资估算的一些主要基础资料,如以取土场、弃土场为依据而计算的土石方运量,以构件预制等场地为依据而计算的材料平均运距,计算工程监理费和勘察设计费的依据,建设期贷款利息和价差预备费的计算年限,临时生产、生活用地数量的取定等,无一不是以上述施工组织规划设计的内容为依据的。所以,施工方案不仅对建设项目的实施起着决定性的指导作用,而且也是编制可行性研究报告投资估算的重要依据。施工方案规划的优劣会对工程造价的编制产生重要的影响。

第二节　建设项目投资估算

投资估算是项目决策的重要依据之一。在整个投资决策过程中,要对建设工程造价进行估算,在此基础上研究项目是否需要建设。投资估算要保证必要的准确性,如果误差太大,必将导致决策的失误。因此,准确、全面地估算建设项目的工程造价,是项目可行性研究乃至整个建设项目投资决策阶段造价管理的重要任务。

一、投资估算的阶段划分与精度要求

1. 国外项目投资估算的阶段划分与精度要求

英国、美国等国家把建设项目的投资估算分为以下五个阶段:

第一阶段:项目的投资设想时期。对投资估算精度的要求允许误差大于 ±30%。

第二阶段:项目的投资机会研究时期。其对投资估算精度的要求为误差控制在 ±30% 以内。

第三阶段:项目的初步可行性研究时期。其对投资估算精度的要求为误差控制在 ±20% 以内。

第四阶段:项目的详细可行性研究时期。其对投资估算精度的要求为误差控制在 ±10% 以内。

第五阶段:项目的工程设计阶段。其对投资估算精度的要求为误差控制在 ±5% 以内。

2. 我国项目投资估算的阶段划分与精度要求

我国建设项目的投资估算分为以下几个阶段。

(1)项目规划阶段的投资估算

建设项目规划阶段是指有关部门根据国民经济发展规划、地区发展规划和行业发展规划的要求,编制一个建设项目的建设规划。其对投资估算精度的要求为允许误差大于 ±30%。

(2)项目建议书阶段的投资估算

在项目建议书阶段,是按项目建议书中的产品方案、项目建设规模、产品主要生产工艺、企业车间组成、初选建厂地点等,估算建设项目所需要的投资额。其对投资估算精度的要求为误差控制在 ±30% 以内。

(3)初步可行性研究阶段的投资估算

初步可行性研究阶段,是在掌握了更详细、更深入的资料条件下,估算建设项目所需的投资额。其对投资估算精度的要求为误差控制在 ±20% 以内。

(4)详细可行性研究阶段的投资估算

详细可行性研究阶段的投资估算至关重要,因为这个阶段的投资估算经审查批准之后,便是工程设计任务书中规定的项目投资限额,并可据此列入项目年度基本建设计划。其对投资

估算精度的要求为误差控制在±10%以内。

公路建设项目可行性研究分为预可行性研究和工程可行性研究两个阶段，相应的投资估算也划分为项目建议书投资估算和可行性研究报告投资估算。

二、投资估算的作用与要求

1. 投资估算的作用

投资估算在项目开发建设过程中的作用有以下几点：

(1)项目建议书阶段的投资估算，是项目主管部门审批项目建议书的依据之一，并对项目的规划、规模起参考作用。

(2)项目可行性研究阶段的投资估算，是项目投资决策的重要依据，也是研究、分析、计算项目投资经济效果的重要条件。

(3)项目投资估算对工程设计起控制作用，是编制初步设计概算或施工图预算(采用一阶段设计时)的限制条件。设计概算或预算不得随意突破批准的投资估算，并应严格控制在投资估算的允许范围以内。

(4)项目投资估算可作为项目资金筹措及制订建设贷款计划的依据，建设单位可根据批准的项目投资估算额，进行资金筹措和向银行申请贷款。

(5)项目投资估算是核算建设项目固定资产投资需要额和编制固定资产投资计划的重要依据。

2. 编制要求

(1)工程内容和费用构成齐全，计算合理，不重复计算，不提高或者降低估算标准，不漏项、不少算。

(2)选用指标与具体工程之间存在标准或者条件差异时，应进行必要的换算或调整。

(3)投资估算精度应能满足控制初步设计概算的要求。

(4)打足投资，不留缺口。

三、投资估算的编制依据与内容

1. 投资估算的编制依据

(1)专门机构发布的建设工程造价费用构成、估算指标、计算方法以及其他有关计算工程造价的文件。

(2)专门机构发布的工程建设其他费用计算办法和费用标准以及政府部门发布的物价指数。

(3)拟建项目各单项工程的建设内容及工程量。

2. 编制内容

根据国家规定，从满足建设项目投资设计和投资规模的角度，建设项目投资的估算包括固定资产投资估算和流动资金估算两部分。

固定资产投资估算的内容按照费用的性质划分，包括建筑安装工程费、设备及工具、器具购置费、工程建设其他费用、基本预备费、价差预备费、建设期贷款利息、固定资产投资方向调节税等。其中，建筑安装工程费、设备及工具、器具购置费形成固定资产；工程建设其他费用可分别形成固定资产、无形资产及其他资产。基本预备费、价差预备费、建设期利息，在可行性研究阶段为简化计算，一并计入固定资产。

固定资产投资可分为静态部分和动态部分。价差预备费、建设期利息和固定资产投资方向调节税为动态投资部分；其余部分为静态投资部分。

流动资金是指生产经营性项目投产后，用于购买原材料、燃料、支付工资及其他经营费用等所需的周转资金。它是伴随着固定资产投资而发生的长期占用的流动资产投资，实际上就是财务中的营运资金。

四、投资估算的一般方法

1. 静态投资部分的估算方法

1）单位生产能力估算法

依据调查的统计资料，利用相近规模的单位生产能力投资乘以建设规模，即得拟建项目静态投资。其计算公式为：

$$C_2 = \frac{C_1}{Q_1} \cdot Q_2 \cdot f \tag{3-1}$$

式中：C_1——已建类似项目的静态投资额；

C_2——拟建项目的静态投资额；

Q_1——已建类似项目的生产能力；

Q_2——拟建项目的生产能力；

f——不同时期、不同地点的定额、单价、费用变更等的综合调整系数。

这种方法把项目的建设投资与其生产能力的关系视为简单的线性关系，估算结果精确度较差。应用该估算法时，应注意以下几点。

(1)地方性

建设地点不同，地方性差异主要表现为：两地经济情况不同；土壤、地质、水文情况不同；气候、自然条件的差异；材料、设备的来源、运输状况不同等。

(2)配套性

一个工程项目或装置，均有许多配套装置和设施，也可能产生差异，如公用工程、辅助工程、厂外工程和生活福利工程等。这些工程随地方差异和工程规模的变化均各不相同，它们并不与主体工程的变化呈线性关系。

(3)时间性

工程建设项目的兴建，不一定是在同一时间建设，时间差异或多或少存在，在这段时间内可能在技术、标准、价格等方面发生变化。

2）生产能力指数法

生产能力指数法，又称指数估算法，它是根据已建成的类似项目生产能力和投资额来粗略估算拟建项目静态投资额的方法，是对单位生产能力估算法的改进。其计算公式为：

$$C_2 = C_1 \cdot \left(\frac{Q_2}{Q_1}\right)^n \cdot f \tag{3-2}$$

式中：n——生产能力指数。

其他符号含义同前。

式(3-2)表明，造价与规模（或容量）呈非线性关系，且单位造价随工程规模（或容量）的增大而减小。在正常情况下，$0 \leqslant n \leqslant 1$。不同生产率水平的国家和不同性质的项目中，$n$ 的取值是不相同的。比如，对于化工项目，美国取 $n=0.6$，英国取 $n=0.66$，日本取 $n=0.7$。

若已建类似项目的生产规模与拟建项目生产规模相差不大，Q_1 与 Q_2 的比值在0.5～2，则指数 n 的取值近似为1。

若已建类似项目的生产规模与拟建项目生产规模相差不大于50倍，且拟建项目生产规模的扩大仅靠增大设备规模来达到时，则 n 的取值在0.6～0.7；若是靠增加相同规格设备的数量达到时，n 的取值在0.8～0.9。

生产能力指数法主要应用于拟建装置或项目与用来参考的已知装置或项目的规模不同的场合。

生产能力指数法与单位生产能力估算法相比精确度略高，其误差可控制在±20%以内。尽管估价误差仍较大，但有它独特的好处，即这种估价方法不需要详细的工程设计资料，只要知道工艺流程及规模即可。在总承包工程报价时，承包商大都采用这种方法估价。

3）系数估算法

系数估算法也称为因子估算法，它是以拟建项目的主体工程费或主要设备购置费为基数，以其他工程费占主体工程费的百分比为系数估算项目静态投资的方法。这种方法简单易行，但是精度较低，一般用于项目建议书阶段。系数估算法的种类很多，下面介绍几种主要类型。

（1）设备系数法

以拟建项目的设备购置费为基数，根据已建成的同类项目的建筑安装费和其他工程费等占设备价值的百分比，求出拟建项目建筑安装工程费和其他工程费，进而求出建设项目的静态投资。其计算公式如下：

$$C = E(1 + f_1 p_1 + f_2 p_2 + f_3 p_3 + \cdots) + I \tag{3-3}$$

式中：　C——拟建项目的静态投资；

E——拟建项目根据当时当地价格计算的设备购置费；

p_1、p_2、p_3…——已建项目中建筑安装费及其他工程费等占设备购置费的比重；

f_1、f_2、f_3…——由于时间因素引起的定额、价格、费用标准等变化的综合调整系数；

I——拟建项目的其他费用。

（2）主体专业系数法

以拟建项目中投资比重较大并与生产能力直接相关的工艺设备投资为基数，根据已建同类项目的有关统计资料，计算出拟建项目各专业工程（总图、土建、采暖、给排水、管道、电气、自控等）占工艺设备投资的百分比，据此求出拟建项目各专业投资，然后加总即为项目的静态投资。其计算公式为：

$$C = E(1 + f_1 p'_1 + f_2 p'_2 + f_3 p'_3 + \cdots) + I \tag{3-4}$$

式中：p'_1、p'_2、p'_3…——已建项目中各专业工程费用占工艺设备费的比重；

其他符号含义同前。

（3）朗格系数法

这种方法是以设备购置费为基数，乘以适当系数来推算项目的静态投资。这种方法在国内不常见，是世行项目投资估算常采用的方法。该方法的基本原理是将项目建设中的总成本费用中的直接成本和间接成本分别计算，再合为项目的静态投资。其计算公式为：

$$C = E(1 + \sum K_i) \cdot K_C \tag{3-5}$$

式中：C——拟建建设的静态投资；

E——拟建项目根据当时当地价格计算的设备购置费；

K_i——管线、仪表、建筑物等项费用的估算系数；

K_C——管理费、合同费、应急费等项费用的总估算系数。

总建设费用与设备费用之比为朗格系数 K_L，即：

$$K_L = (1 + \sum K_i) \cdot K_C \tag{3-6}$$

运用朗格系数法估算投资的步骤如下：

①计算设备到达现场的费用，包括设备出厂价、陆路运费、海上运输费、装卸费、关税、保险、采购等。

②根据计算出的设备费乘以 1.43，即得到包括设备基础、绝热工程、油漆工程和设备安装工程的总费用(a)。

③以上述计算的结果(a)再分别乘以 1.1、1.25、1.6(视不同流程)，即可得到包括配管工程在内的费用(b)。

④以上述计算的结果(b)再乘以 1.5，即得到此装置(或项目)的直接费(c)。此时，装置的建筑工程、电气及仪表工程等均含在直接费用中。

⑤最后以上述计算结果(c)再分别乘以 1.31、1.35、1.38(视不同流程)，即得到项目的总费用 C。

如果某项目的设备费用为 E，则根据上述计算程序可分别写成：

$$C = E \times 1.43 \times 1.1 \times 1.5 \times 1.31 \approx E \times 3.1$$

应用朗格系数法进行工程项目或装置估价的精度仍不是很高，其原因如下：

①装置规模大小发生变化的影响。

②不同地区自然地理条件的影响。

③不同地区经济地理条件的影响。

④不同地区气候条件的影响。

⑤主要设备材质发生变化时，设备费用变化较大而安装费变化不大所产生的影响。

尽管如此，由于朗格系数法是以设备购置费为计算基础，而设备购置费用在一项工程中所占的比重对于石油、石化、化工工程而言占 45% ~55%，同时一项工程中每台设备所含有的管道、电气、自控仪表、绝热、油漆、建筑等都有一定的规律，所以，只要对各种不同类型工程的朗格系数掌握得准确，估算精度仍可较高。朗格系数法估算误差在 ±10% ~ ±15%。

4)比例估算法

根据统计资料，先求出已有同类企业主要设备投资占项目静态投资的比例，然后再估算出拟建项目的主要设备投资，即可按比例求出拟建项目的静态投资。其表达式为：

$$I = \frac{1}{K} \cdot \sum Q_i p_i \qquad (i = 1 \sim n) \tag{3-7}$$

式中：I——拟建项目的静态投资；

K——主要设备投资占拟建项目投资的比例；

n——设备种类数；

Q_i——第 i 种设备的数量；

p_i——第 i 种设备的单价(到厂价格)。

5)指标估算法

这种方法是把建设项目划分为建筑工程、设备安装工程、设备购置费及工程建设其他费用等费用项目或单位工程,再根据各种具体的投资估算指标,进行各项费用项目或单位工程投资的估算,在此基础上,可汇总成每一单项工程的投资。另外,再估算工程建设其他费用及基本预备费,即求得建设项目静态投资。

(1)建筑工程费用估算。建筑工程费用是指为建造永久性建筑物和构筑物所需要的费用,一般采用单位建筑工程投资估算法、单位实物工程量投资估算法、概算指标投资估算法等进行估算。

(2)设备及工具、器具购置费估算。设备购置费根据项目主要设备表及价格、费用资料编制,工具、器具购置费按设备费的一定比例计取。对于价值高的设备应按单台(套)估算购置费,价值较小的设备可按类估算。国内设备和进口设备应分别估算。具体估算方法见本书第一章。

(3)安装工程费估算。安装工程费通常按行业或专门机构发布的安装工程定额、取费标准和指标估算投资。具体可按安装费率、每吨设备安装费或单位安装实物工程量的费用估算,即:

$$安装工程费 = 设备原价 \times 安装费率(\%) \tag{3-8}$$

$$安装工程费 = 设备吨重 \times 每吨安装费 \tag{3-9}$$

$$安装工程费 = 安装工程实物量 \times 安装费用指标 \tag{3-10}$$

(4)工程建设其他费用估算。工程建设其他费用的计算应结合拟建项目的具体情况,有合同或协议明确的费用按合同或协议列入。合同或协议中没有明确的费用,根据国家和各行业部门、工程所在地地方政府的有关工程建设其他费用定额和计算办法估算。

(5)基本预备费估算。基本预备费的估算一般是以建设项目的工程费用和工程建设其他费用之和为基础,乘以基本预备费率进行计算。基本预备费率的大小,应根据建设项目的设计阶段和具体的设计深度以及在估算中所采用的各项估算指标与设计内容的贴近度、项目所属行业主管部门的具体规定确定。

2. 建设投资动态部分估算方法

建设投资动态部分主要包括价格变动可能增加的投资额、建设期利息两部分内容。如果是涉外项目,还应该计算汇率的影响。动态部分的估算应以基准年静态投资的资金使用计划为基础来计算,而不是以编制年的静态投资为基础计算。

(1)价差预备费的估算

价差预备费的估算可按国家或部门(行业)的具体规定执行,一般按下式计算:

$$PF = \sum I_t[(1+f)^t - 1] \qquad (t = 1 \sim n) \tag{3-11}$$

式中:PF——价差预备费估算额;

I_t——第 t 年投资计划额;

f——年均投资价格上涨率;

n——建设期年份数。

上式中的年度投资计划额 I_t 可由建设项目资金使用计划表中得出,年价格变动率可根据工程造价指数信息的累积分析得出。

(2)汇率变化对涉外建设项目动态投资的影响及计算方法

①外币对人民币升值:项目从国外市场购买设备材料所支付的外币金额不变,但换算成人

民币的金额增加;从国外借款,本息所支付的外币金额不变,但换算成人民币的金额增加。

②外币对人民币贬值:项目从国外市场购买设备材料所支付的外币金额不变,但换算成人民币的金额减少;从国外借款,本息所支付的外币金额不变,但换算成人民币的金额减少。

估计汇率变化对建设项目投资的影响,是通过预测汇率在项目建设期内的变动程度,以估算年份的投资额为基数,计算求得。

(3)建设期利息的估算

建设期利息是指项目借款在建设期内发生并计入固定资产投资的利息,包括银行借款和其他债务资金的利息以及其他融资费用。其他融资费用是指某些债务融资中发生的手续费、承诺费、管理费、信贷保险费等融资费用,一般情况下应将其单独计算并计入建设期利息。在项目前期研究的初期阶段,也可做粗略估算并计入建设投资。对于不涉及国外贷款的项目,在可行性研究阶段,也可做粗略估算并计入建设投资。

为了简化起见,通常假定借款均在每年的年中支用,借款当年按半年计息,以上年度借款按全年计息,计算公式如下:

$$各年应计利息=(年初借款本息累计+本年借款额/2)\times有效年利率 \tag{3-12}$$

编制建设期利息估算表时,原则上应分别估算外汇和人民币债务,如有多种借款或债券,必要时可分别列出,见表3-2。

建设期利息估算表(单位:万元) 表3-2

序号	项目	合计	建设期					
			1	2	3	4	…	*n*
1	借款							
1.1	建设期利息							
1.1.1	期初借款余额							
1.1.2	当期借款							
1.1.3	当期应计利息							
1.1.4	期末借款余额							
1.2	其他融资费用							
1.3	小计(1.1+1.2)							
2	债券							
2.1	建设期利息							
2.1.1	期初债务余额							
2.1.2	当期债务							
2.1.3	当期应计利息							
2.1.4	期末债务余额							
2.2	其他融资费用							
2.3	小计(2.1+2.2)							
3	合计(1.3+2.3)							
3.1	建设期利息合计(1.2+2.1)							
3.2	其他融资费用(1.2+2.2)							

3. 流动资金估算方法

流动资金估算一般采用分项详细估算法。个别情况或者小型项目可采用扩大指标法。

(1)分项详细估算法

流动资金的显著特点是在生产过程中不断周转,其周转额的大小与生产规模及周转速度直接相关。分项详细估算法是根据周转额与周转速度之间的关系,对构成流动资金的各项流动资产和流动负债分别进行估算。分项详细估算法是对流动资产和流动负债的主要构成要素(即存货、现金、应收账款、预付账款以及应付账款和预收账款等几项内容)分项进行估算,计算公式为:

$$\text{流动资金}=\text{流动资产}-\text{流动负债} \tag{3-13}$$

$$\text{流动资产}=\text{应收账款}+\text{预付账款}+\text{存货}+\text{现金} \tag{3-14}$$

$$\text{流动负债}=\text{应付账款}+\text{预收账款} \tag{3-15}$$

$$\text{流动资金本年增加额}=\text{本年流动资金}-\text{上年流动资金} \tag{3-16}$$

估算的具体步骤,首先计算各类流动资产和流动负债的年周转次数,然后再分项估算占用资金额。

①周转次数计算。周转次数是指流动资金的各个构成项目在一年内完成多少个生产过程。

$$\text{周转次数}=\frac{360(\text{天})}{\text{最低周转天数}} \tag{3-17}$$

各类流动资产和流动负债的最低周转天数参照同类企业的平均周转天数并结合项目特点确定,或按部门(行业)规定,在确定最低周转天数时应考虑储存天数、在途天数,并考虑适当的保险系数。又因为:

$$\text{周转次数}=\frac{\text{周转额}}{\text{各项流动资金平均占用额}} \tag{3-18}$$

如果周转次数已知,则:

$$\text{各项流动资金平均占用额}=\frac{\text{周转额}}{\text{周转次数}} \tag{3-19}$$

②应收账款估算。应收账款是指企业对外赊销商品、劳务而尚未收回的资金。应收账款的周转额应为全年赊销销售收入。在可行性研究时,用销售收入代替赊销收入。其计算公式为:

$$\text{应收账款}=\frac{\text{年销售收入}}{\text{应收账款周转次数}} \tag{3-20}$$

③预付账款估算。预付账款是指企业为购买各类材料、半成品或服务所预先支付的款项,计算公式为:

$$\text{预付账款}=\frac{\text{外购商品或服务年费用金额}}{\text{预付账款周转次数}} \tag{3-21}$$

④存货估算。存货是指企业在日常生产经营过程中持有以备出售,或者仍然处在生产过程,或者在生产或提供劳务过程中将消耗的材料或物料等,包括各类材料、商品、在产品、半成品和产成品等。为简化计算,项目评价中仅考虑外购原材料、燃料、其他材料、在产品和产成品,并分项进行计算。计算公式为:

$$\text{存货}=\text{外购原材料、燃料}+\text{在产品}+\text{产成品} \tag{3-22}$$

$$外购原材料、燃料 = \frac{年外购原材料、燃料费用}{分项周转次数} \tag{3-23}$$

$$其他材料 = \frac{年其他材料费用}{其他材料周转次数} \tag{3-24}$$

$$在产品 = \frac{年外购材料、燃料 + 年工资及福利费 + 年修理费 + 年其他制造费}{在成品周转次数} \tag{3-25}$$

$$产成品 = \frac{年经营成本 - 年营业费用}{产成品周转次数} \tag{3-26}$$

⑤现金需要量估算。项目流动资金中的现金是指货币资金，即企业生产运营活动中停留于货币形态的那部分资金，包括企业库存现金和银行存款。计算公式为：

$$现金需要量 = \frac{年工资及福利费 + 年其他费用}{现金周转次数} \tag{3-27}$$

$$\begin{aligned}年其他费用 = {} & 制造费用 + 管理费用 + 销售费用 - 以上三项费用中所含的\\ & 工资及福利费、折旧费、维简费、摊销费、修理费\end{aligned} \tag{3-28}$$

⑥流动负债估算。流动负债是指将在一年（含一年）或者超过一年的一个营业周期内偿还的债务，包括短期借款、应付票据、应付账款、预收账款、应付工资、应付福利费、应付股利、应交税金、其他暂收应付款项、预提费用和一年内到期的长期借款等。在项目评价中，流动负债的估算可以只考虑应付账款和预收账款两项。计算公式为：

$$应付账款 = \frac{年外购原材料、燃料 + 其他材料年费用}{应付账款周转次数} \tag{3-29}$$

$$预收账款 = 预收的营业收入年金额/预收账款周转次数 \tag{3-30}$$

根据流动资金各项估算结果，编制流动资金估算表。

(2)扩大指标估算法

扩大指标估算法是根据现有同类企业的实际资料，求得各种流动资金率指标，也可依据行业或部门给定的参考值或经验确定比率。计算公式为：

$$年流动资金额 = 年费用基数 \times 各类流动资金率 \tag{3-31}$$

$$年流动资金额 = 年产量 \times 单位产品产量占用流动资金额 \tag{3-32}$$

(3)估算流动资金应注意的问题

①在项目评价中，最低周转天数取值对流动资金估算的准确程度有较大的影响。在确定最低周转天数时，应根据项目的特点、投入和产出性质、供应来源以及各分项的属性，并考虑保险系数分项确定。

②当投入物和产出物采用不含税价格时，估算中应注意将销项税额和进项税额分别包括在相应的年费用金额中。

③流动资金一般应在项目投产前开始筹措。为了简化计算，流动资金可在投产第一年开始安排，并随生产运营计划的不同而有所不同，因此流动资金的估算应根据不同的生产运营计划分年进行。

④用详细估算法计算流动资金，需以经营成本及其中的某些科目为基数，因此实际上流动资金估算应在经营成本估算之后进行。

五、公路建设项目投资估算

公路建设项目投资估算是对拟建项目的全部投资费用进行的预测估计，包括项目建议书投资估算和工程可行性研究报告投资估算，它是公路建设项目建议书和可行性研究报告的重要组成部分，具有控制建设项目投资限额的重要作用，同时也是公路建设项目经济评价的主要依据之一。

1. 编制依据

编制投资估算必须严格执行国家有关的公路基本建设工程的方针、政策和公路工程造价管理制度，符合公路工程技术标准、设计施工技术规范。编制依据主要有以下几个方面：

(1)经相关部门批准的项目建议书及投资估算文件(工程可行性研究报告阶段)。

(2)通过踏勘调查和必要的测量、地质钻探确定的路线方案而提出的拟建项目各单项工程的建设内容及主要工程数量。

(3)建设项目总体实施规划与要求或施工组织规划设计。

(4)交通运输部颁布的《公路工程估算指标》、《公路工程基本建设项目投资估算编制办法》、《公路工程概算定额》、《公路工程预算定额》、《公路工程机械台班费用定额》等计价依据。

(5)当地交通主管部门及公路(交通)工程造价(定额)管理机构发布的人工费单价、材料供应价格信息及有关规定。

(6)当地人民政府颁布的征地、拆迁赔偿标准和有关规定。

(7)国家颁布的《工程勘察设计收费标准》及有关各项计算的规定。

(8)编制项目建议书或可行性研究报告的委托书、合同或协议书的有关规定和要求。

(9)建设项目的主管部门或建设单位，对拟建项目投资估算有关的通知和要求。

2. 费用组成

公路建设项目投资估算总金额包括建筑安装工程费，设备、工具、器具及家具购置费，工程建设其他费用和预备费四项。各部分费用组成详见本书第一章内容。

3. 费用关系

各项费用的计算关系见表3-3。

投资估算费用计算关系　　表3-3

代号	项目	说明及计算式
一	直接工程费(即工、料、机费)	按编制年工程所在地的预算价格计算
二	其他工程费	(一)×其他工程费综合费率或各类工程人工费和机械费之和×其他工程费综合费率
三	直接费	(一)+(二)
四	间接费	各类工程人工费×规费综合费率+(三)×企业管理费综合费率
五	利润	[(三)+(四)-规费]×利润率
六	税金	[(三)+(四)+(五)]×综合税率
七	建筑安装工程费	(三)+(四)+(五)+(六)
八	设备、工具、器具购置费(包括备品备件)	Σ(设备、工具、器具购置数量×单价+运杂费)×(1+采购保管费率)
	办公和生活用家具购置费	按有关规定计算

续上表

代　号	项　　目	说明及计算式
九	工程建设其他费用	
	土地征用及拆迁补偿费	按有关规定计算
	建设单位(业主)管理费	(七)×费率
	工程质量监督费	(七)×费率
	工程定额测定费	(七)×费率
	设计文件审查费	(七)×费率
	竣(交)工验收试验检测费	按有关规定计算
	工程监理费	(七)×费率
	研究试验费	按批准的计划编制
	前期工作费	按有关规定计算
	专项评价(估)费	按有关规定计算
	施工机构迁移费	按实计算
	供电贴费	按有关规定计算
	联合试运转费	(七)×费率
	生产人员培训费	按有关规定计算
	固定资产投资方向调节税	按有关规定计算
	建设期贷款利息	按实际贷款数及利率计算
十	预备费	包括价差预备费和基本预备费两项
	价差预备费	按规定的公式计算
	基本预备费	[(七)+(八)+(九)-固定资产投资方向调节税-建设期贷款利息]×费率
十一	建设项目总费用	(七)+(八)+(九)+(十)

第三节　公路建设项目经济费用效益分析

公路建设项目经济评价是公路建设项目前期研究工作的有机组成部分和重要内容,其目的是根据国民经济与社会发展战略和交通行业、地区发展规划的要求,结合交通量预测和工程技术研究情况,计算项目的费用和效益,对拟建项目的经济合理性作出评价,为项目建设方案的比选、决策提供科学依据。

一、经济评价的概念与特点

建设项目经济评价从评价角度和内容看,可分为经济费用效益分析和财务分析。

经济费用效益分析,是在合理配置社会资源的前提下,从国民经济整体利益的角度出发,计算项目对国民经济的贡献,分析项目的经济效率、效果和对社会的影响,评价项目在宏观经济上的合理性。公路建设项目经济费用效益分析,是通过项目所支出的经济费用与全社会使用公路者所获得的效益两个要素的比较来衡量。

建设项目所支出的经济费用是指国家为建设项目所投入的人力和物力资源,不包括国民经济内部转移支付的费用,如税金、贷款利息等。因为这些费用的支出,从国民经济的角度来看，并不反映国民收入的变化，只是其使用权利由项目转移给社会或其他实体，是国民经济内部各部门之间的转移支付，这种并不伴随资源消耗的纯粹货币性质的转移，称为项目的内部转移支付，不能计为项目的费用。同时，为了反映国家为建设项目所投入的人力和物力资源的真实价值，应采用影子价格计算。为了区别经济费用效益分析中的费用与财务费用的不同，这种调整后的项目费用称为经济费用。

作为交通运输设施的公路项目与一般的工业项目相比，具有独特的生产方式，它产出的不是具体的物质产品，而是货物或旅客在空间的位移，是生产过程在流通领域内的继续。因而，公路建设项目的经济效益不是以产品收入来衡量的，而主要是通过项目实施后对整个社会或地区经济发展所做的贡献和给国民经济带来的节约来衡量的。这使得公路建设项目存在很多难以量化的、间接的、无形的经济效益，如促进资源开发利用，促进地区产业结构变化和经济发展，提高了地区国防、文化、教育、就业和人民生活水平等。目前，公路建设项目经济费用分析主要计算那些可量化的经济效益，对不可量化的经济效益一般进行定性描述。

财务分析是在国家现行财税制度和价格体系的条件下，从财务角度，分析测算项目的财务盈利能力、清偿能力和财务生存能力，对项目的财务可行性进行评价。公路建设项目财务分析是通过项目所支出的财务费用与所收取的过路、过桥费以及其他相关的收入两个要素的比较来衡量的。因此，公路建设项目只对收费公路进行财务分析。

经济费用效益分析与财务分析的主要区别见表3-4。

经济费用分析与财务分析的区别　　表3-4

评价方法 / 对比项目	财务分析	经济费用效益分析
评价角度	站在企业（投资者）角度	站在国家角度
费用计算	财务费用	经济费用
效益计算	财务收入（收费收入）	经济效益
评价指标	财务净现值（FNPV） 财务内部收益率（FIRR） 财务效益费用比（FBCR）	经济净现值（ENPV） 经济内部收益率（EIRR） 经济效益费用比（EBCR）
价格计算	市场价格	影子价格或机会成本
贴现率	因行业而异的财务基准收益率	国家统一测定的社会贴现率
汇率	官方汇率	影子汇率

经济费用效益分析与财务分析结论均可行的项目，从经济角度看应予通过，反之予以否定。经济费用效益分析结论不可行的项目，一般应予否定。对某些具有重大政治、经济国防、交通意义的公路项目，若经济费用效益分析结论可行，但财务分析不可行，可重新考虑方案，或提出相应优惠措施的建议，使项目在财务上具有生存能力，必要时进一步说明建设的必要性，不再考虑财务分析的结果。

二、经济评价的原则与要求

1. 经济评价的原则

(1)公路建设项目经济评价应遵循费用与效益计算范围对应一致的原则。经济费用效益分析只计算项目直接效益和直接费用,同时对项目外部效果进行定性分析和描述。财务分析除计算项目直接收益和直接费用外,还应计算与项目有关联的服务、开发等经营性设施所发生的间接收益和间接费用。

(2)公路建设项目经济费用效益分析采用“有无对比”原则,即“有项目”与“无项目”对比的方法。“有无对比”是国际上项目评价中通用的效益与费用识别的基本原则。所谓“有项目”是指实施拟建项目后,相关路网将要发生的情况。“无项目”是指不实施拟建项目,相关路网将要发生的情况。

在识别项目的效益和费用时,需要注意只有“有无对比”的差额部分才是由于项目的建设增加的效益和费用。采用有无对比的方法,是为了识别那些真正应该算作项目效益的部分,即增量效益,排除那些由于其他原因产生的效益;同时,也要找出与增量效益相对应的增量费用,只有这样才能真正体现项目投资的净效益。

(3)定量分析与定性分析相结合,以定量分析为主的原则。经济评价的本质就是要针对拟建项目在整个计算期的经济活动,通过效益(收益)与费用的计算,对项目作出经济上是否合理的评价。一般来说,项目经济评价要求尽量采用定量指标,但对一些不能量化的经济因素,不能直接进行数量分析,对此要求进行定性分机,并与定量分析结合起来进行评价。

(4)动态分析与静态分析相结合,以动态分析为主的原则。动态分析是指利用资金时间价值的原理对现金流量进行折现分析。静态分析是指不对现金流量进行折现分析。项目经济评价的核心是折现,所以分析评价要以折现(动态)指标为主。非折现(静态)指标计算简单,比较直观,但是只能作为辅助指标。

2. 经济评价的要求

(1)内容深度要求

项目前期研究各个阶段是对项目的内部、外部条件由浅入深、由粗到细的逐步细化的过程,一般分为规划、机会研究、项目建议书和可行性研究四个阶段。由于不同研究阶段的研究目的、内容深度和要求等不相同,经济评价的内容深度和侧重点也随着项目决策不同阶段的要求而有所不同。

①规划和机会研究是将项目意向变成简要的项目建议的过程,研究人员对项目赖以存在的客观(内外部)条件的认识还不深刻,或者说不确定性比较大。在此阶段,可以用一些综合性的信息资料、计算简便的指标进行分析。

②项目建议书阶段的经济评价,重点是围绕项目立项建设的必要性和可能性,分析论证项目的经济条件及经济状况。这个阶段采用的基础数据可适当粗略,采用的评价指标可根据资料和认识的深度适度简化。

③可行性研究阶段的经济评价,应按照国家主管部门的有关规定和行业的特点,对建设项目的财务可接受性和经济合理性进行详细、全面的分析论证。

(2)项目计算期

项目计算期是指经济评价中为进行动态分析所设定的期限,包括建设期和运营期。建设期是指项目资金正式投入开始到项目建成投产为止所需要的时间,可按合理工期或预计的建设进度确定。运营期分为投产期和达产期两个阶段。投产期是指项目投入生产,但生产能力尚未完全达到设计能力时的过渡阶段。达产期是指生产运营达到设计预期水平后的时间。运营期一般应以项目主要设备的经济寿命确定。

项目计算期的长短主要取决于行业特点和项目本身的特性。公路建设项目的计算期包括建设期和运营期。在经济费用效益分析中运营期按20年计算，残值可取公路建设经济费用的50%，以负值计入费用。财务分析的运营期应根据《收费公路管理条例》确定。

由于折现评价指标受计算时间的影响，对需要比较的项目或方案应取相同的计算期。

(3)价格体系

项目投入物和产出物的价格，是影响方案比选和经济评价结果最重要、最敏感的因素之一。项目评价都是对未来活动的估计，投入和产出都在未来一段时间发生，所以要采用预测价格对费用、效益(收益)进行估算。

在经济费用效益分析中，采用以影子价格体系为基础的预测价格，计算期内各年均采用基年(开工前一年)价格，不考虑通货膨胀因素的影响。

财务分析应采用以市场价格体系为基础的预测价格。影响市场价格变动的因素很多，也很复杂，但归纳起来，不外乎两类：一类是由于供需量的变化、价格政策的变化、劳动生产率变化等可能引起商品间比价的改变，产生相对价格变化；另一类是由于通货膨胀或通货紧缩而引起商品价格总水平的变化，产生绝对价格变动。

在市场经济条件下，货物的价格因地而异、因时而变，要准确预测货物在项目计算期中的价格是很困难的。在不影响评价结论的前提下，可采取以下简化办法：

①对建设期的投入物，由于需要预测的年限较短，可既考虑相对价格变化，又考虑价格总水平变动。由于建设期投入物品种繁多，分别预测难度大，还可能增加不确定性，因此，在实践中一般以价差预备费的形式综合计算。

②对运营期的投入物和产出物价格，由于运营期比较长，在前期研究阶段对将来的物价上涨水平较难预测，预测结果的可靠性也难以保证，因此一般只预测到经营期初价格，运营期各年采用同一不变价格。

三、经济费用效益分析的参数与指标

1.经济费用效益分析参数

建设项目经济费用效益分析参数是指用于计算、衡量建设项目费用与效益的主要基础数据以及判断项目可行性和经济合理性的一系列评价指标的基准值和参考值。

经济评价参数包括计算、衡量项目的经济费用效益的各类计算参数和判定项目经济合理性的判据参数。

(1)判据参数

社会折现率是建设项目在经济费用效益分析中的判据参数，是衡量经济内部收益率的基准值，是计算项目经济净现值的折现率，也是项目经济可行性和方案比选的主要判据。

社会折现率表示了社会对资金时间价值的估量。实际上，社会折现率就是资金的影子价格(即影子利率)，它是按机会成本的原则来确定的，其大小等于因为项目占用资金，从而放弃其他资金使用机会给国民经济所带来的损失。

结合当前的实际情况，国家发展改革委和建设部在《建设项目经济评价方法与参数》(第三版)(以下简称《方法与参数》)中，测定当前的社会折现率为8%；对于受益期长的建设项目，如果远期效益较大，效益实现的风险较小，社会折现率可适当降低，但不应低于6%。

社会折现率体现了国家的经济发展目标和宏观调控意图，综合反映国家当前的投资收益水平、资金供需情况及资金的机会成本。适当的社会折现率有助于合理分配建设资金,引导资金投向对国民经济贡献大的项目,调节资金供需关系。

(2)计算参数

在经济评价中用到的计算参数主要有:影子汇率换算系数、影子工资换算系数和土地的影子价格。

影子汇率就是外汇的影子价格,它反映外汇对于国家的真实价值,是项目经济费用效益分析的重要参数。影子汇率由国家统一测定发布,并且定期调整。影子汇率的发布有两种形式:一种是直接发布影子汇率,另一种则是将影子汇率与国家外汇牌价挂钩发布影子汇率换算系数。在《方法与参数》中采用的是后一种形式,即影子汇率换算系数。通过影子汇率可以将外汇统一转化为国内货币单位。

影子工资是指建设项目使用劳动力,国家和社会为此付出的代价。影子工资主要包括劳动力的机会成本和新增资源消耗。机会成本是该劳动力不被拟建公路项目使用时,他在原来岗位上为社会创造的净效益;新增资源消耗是国家为劳动力就业而付出的代价,这部分代价是国家付出的,没有体现在职工的工资中。影子工资采用影子工资换算系数计算。

土地的影子价格是建设项目使用土地而使社会付出的代价。

应当注意的是,由国家行政主管部门统一测定并发布的社会折现率和影子汇率换算系数,在各类建设项目的经济费用效益分析中必须采用。影子工资换算系数和土地影子价格在各类建设项目的经济费用效益分析中可以参考采用。

2. 经济费用效益分析指标

公路项目经济费用效益分析主要采用经济内部收益率(EIRR)、经济净现值(ENPV)等指标来衡量。对于改扩建项目,应采用增量经济内部收益率、增量经济净现值来分析。

(1)经济内部收益率(EIRR)

经济内部收益率是计算期内经济净现值等于零时的折现率。它是反映项目占用的投资对国民经济的净贡献能力的相对指标(比率指标)。计算公式为:

$$\sum_{t=0}^{n}(B_t - C_t)(1 + \text{EIRR})^{-t} = 0 \tag{3-33}$$

一般,当经济内部收益率大于或等于社会折现率时,说明项目所占用的投资对国民经济净贡献能力可达到要求,即从国民经济的角度来看是可以接受的;反之,应予拒绝。

(2)经济净现值(ENPV)

经济净现值是反映项目对国民经济所做贡献的绝对指标(价值指标)。它是用社会折现率将项目计算期内各年的净效益折算到建设起点(开工前一年)的现值之和,其经济含义是在整个计算期内项目投资对国民经济的净贡献。计算公式为:

$$\text{ENPV} = \sum_{t=0}^{n}(B_t - C_t)(1 + i_s)^{-t} \tag{3-34}$$

式中:ENPV——项目经济净现值,万元;

B_t——第 t 年的项目经济效益额,万元;

C_t——第 t 年的项目经济费用值,万元;

i_s——社会折现率;

n——项目评价年限。

当 ENPV = 0 时,表明项目投资的净贡献刚好满足社会折现率的要求;当 ENPV > 0 时,表明项目评价期内总效益大于总费用,可以得到以现值计算的社会盈余,项目可行;当 ENPV <0 时,说明项目投资的净贡献达不到社会折现率的要求,项目是不能接受的。ENPV 的数值越大,方案的经济可行性就越好。

(3)经济效益费用比 (EBCR)

项目投资的经济效益费用比是指评价期限内各年的经济效益现值总额与各年的经济费用现值总额的对比,其经济含义为单位投资经济费用能获取多少经济效益。计算公式为:

$$\mathrm{EBCR}=\frac{\sum_{t=0}^{n}B_t(1+i_s)^{-t}}{\sum_{t=0}^{n}C_t(1+i_s)^{-t}} \tag{3-35}$$

当 EBCR =1 时,说明项目的经济效益现值与经济费用现值相等;当 EBCR >1 时,说明项目的经济效益现值大于经济费用现值,具有社会盈余,项目可行;当 EBCR <1 时,说明项目具有的社会盈余不足以抵偿项目的投入,项目不可接受。

(4)投资回收期 (N)

投资回收期是以项目的净效益抵偿项目建设总投资所需要的时间,也就是项目的经济效益与费用相抵需要的年份数。投资回收期有静态和动态两种。静态投资回收期采用费用效益的原值,不考虑货币的时间价值;动态的投资回收期要考虑时间价值因素,即对建设投资费用和效益采用同一折现率折现为现值,然后再计算费用和效益相抵的年限。

采用投资回收期作为评价指标,主要根据收回投资年限的长短来作为衡量和筛选项目的标准和依据。一般,投资回收期短说明项目对社会的投入回收快,风险较小,项目值得投资或项目方案可行。

(5)最佳建设时机(FYRR)

最佳建设时机指采用建设项目第一年收益率计算拟建项目最佳建设时机。计算公式为:

$$\mathrm{FYRR}=\frac{B_{m+1}}{\sum_{t=1}^{m}C_t(1+I_s)^{m-t}} \tag{3-36}$$

式中:B_{m+1}——拟建项目通车后第一年的国民经济效益,万元;

t——建设期年序数($t=0$ 为基年),$t=1,2\cdots,m$;

C_t——第 t 年的建设费用,万元;

I_s——社会折现率。

若 FYRR 大于社会折现率,表明项目建设时机已成熟。

四、公路建设项目的经济费用

1.经济费用与财务费用的区别

公路建设项目的经济费用是指国民经济为兴建和经营该项目所花费的全部费用,它不仅包括兴建项目和营运的有关费用,而且包括项目完成预计效益带来的一切费用。它是以货币的形式来计量和表示的。

经济费用与财务费用既有联系又有区别。它们之间的区别主要表现在以下三个方面:

(1)衡量观点不同。经济费用是站在国家立场上(至少是地区立场)看问题,衡量由于执行某一项目而带来多少国民收入减少及各类资源的分配流向,以便作出合理的宏观决策。财务费用则是站在项目执行者的立场(如企业立场)上看问题,它可以从具体企业的角度来衡量、估算在执行项目过程中所有的货币代价,进而与企业的期望利润比较,以便作出投资决策。

(2)鉴别成本的原则不同。鉴别财务费用是以货币的支付和现金流量的减少为原则,只要项目实际支付了费用,就一概列入财务费用,如税金、利息。而经济费用是以国民收入的减少为唯一鉴别原则,只有项目使国民经济消耗了资源,使国民经济增加了成本,才可计入经济费用,如税金、补贴、利息等是项目与相关部门之间的转移支付,并不减少国民收入,故不能计入经济费用。

(3)对稀缺资源的计值方法不同。财务费用是以现行市场价格为尺度对项目投入资源计值,而经济费用是以资源的影子价格(机会成本)为尺度来计量的。

2. 经济费用构成

公路项目的经济费用由项目建设投资、运营费用和外差成本三部分组成。

公路项目建设投资由建筑安装工程费用、设备工具器具购置费用、工程建设其他费用以及预备费用四部分组成。

运营费用是项目建成后的经营管理费用,主要包括公路的日常养护费用、大中修费用以及管理费用等。

公路项目的兴建和营运除了为国民经济带来贡献外,同时给社会带来负面影响,如环境污染等。外差成本是指国民经济为消除或减少消极外差因素而付出的代价。衡量外差成本时,应根据项目有无的原则来鉴别、衡量外差成本的有无、多少。只有当有了公路项目时,才发生了消极外差因素,以致减少了国民收入,这样的费用才可列入外差成本。如果无项目之前已经发生了消极外差因素,有项目只是扩大了其消极因素,那么列入经济费用的也只能是国民经济为消除有项目时增加的消极外差因素而付出的那部分代价。由于准确衡量外差成本比较困难,在经济费用效益分析中一般只作定性分析。

3. 经济费用计算

(1)项目建设费用计算

公路建设项目的经济费用,是在项目投资估算的基础上,对建筑安装工程费中的人工、木材、钢材、沥青、水泥等主要材料作影子价格调整,并对其他基本建设费中的土地占用费作影子价格调整,剔除估算费用中的税金、贷款利息等国民经济内部转移支付费用后得出的。

经济费用调整的步骤如下:

①对项目总投资按建设成本编制财务费用一览表。

②按经济费用的鉴别原则对表中每一细目进行识别,剔除转移性费用,增加国民经济的增支成本,构成经济费用一览表。

③对经济费用构成项目按性质、用途分类,并按影子价格重新计算。

公路项目建设费用调整内容见表3-5。

(2)公路运营费用计算

公路的运营费用一般通过对拟建项目所在地区相同或类似的、正在使用中的项目调查得到。运营费用一般按照上述建设投资中建筑安装工程费的经济费用调整系数来确定。

(3)车辆运营成本计算

车辆运营成本是公路建设项目效益计算的重要参数,公路建设项目的效益主要以车辆运营成本的降低来反映。为了正确估价项目所产生的效益,必须确定车辆运营成本。

建设费用调整表 表3-5

费用名称	单位	数量	预算单价（元）	投资估算（万元）	影子价格或换算系数	经济费用
人工	工日					
原木	m^3					
锯材	m^3					
木材	m^3					
钢材	t					
水泥	t					
沥青	t					
其他费用	公路公里					
税金	公路公里					
第一部分合计	公路公里					
第二部分合计	公路公里					
征地费	亩					
国内贷款利息	公路公里					
国外贷款利息	公路公里					
其他	公路公里					
第三部分合计	公路公里					
预备费	公路公里					
预留费用	公路公里					
其他费用	公路公里					
工程投资合计（不含息）	公路公里					
工程投资合计（含息）	公路公里					

注：钢材、沥青的价格为加权平均值。

车辆运营成本包括燃料消耗、机油消耗、轮胎磨耗、维修费用、车辆折旧、驾乘人员工资及福利、保险费、管理费及其他相关税费。车辆运营成本主要受距离、时间两个参数的影响而发生变化。在上述车辆的运营成本组成中，不同组成与两者的关系不同。其中，燃料消耗、机油消耗、轮胎磨耗、维修费用及部分车辆折旧和利息与车辆行驶距离直接相关；车辆折旧、驾乘人员费用、保险费、各种税费、管理费等与车辆保有时间直接相关。此外，车辆运营成本也受道路技术状况和交通条件的直接影响。

车辆运营成本的计算可以依据相关研究成果中的车速-交通、运营成本-车速等系列模型进行计算，并按影子价格进行调整。

另外，旅客时间价值、交通事故费用等参数需要技术人员结合拟建项目实际进行测算，测算方法可参考相关的研究成果。

4. 影子价格的确定

由于我国还是发展中国家，整个经济体系还没有完成工业化过程，国际市场和国内市场的完全融合仍然需要一定的时间，目前的市场价格还不能完全反映产品的真实经济价值，需要测算其影子价格。影子价格的测算在建设项目的经济费用效益分析中占有重要地位。

1）影子价格的确定原则

（1）对项目耗用货物按是否可外贸进行分类

《方法与参数》中将投入物和产出物区分为外贸货物和非外贸货物，并采用不同的思路确定其影子价格。凡是可外贸的货物一律采用国际市场价格作为其影子价格的基础。原因是世界贸易市场是一个由众多国家参与的竞争市场，一般来说，它的价格比较真实地反映货物的经济费用。非外贸的货物根据国内市场条件分析确定。

（2）特殊投入物以对国民经济的影响来确定

建设项目的特殊投入物主要指土地、外汇和人工。确定其影子价格时，主要考虑由于项目占用而使国家放弃的代价。

（3）对项目投入物有选择地确定其影子价格

一般选择那些项目使用量大或价值量大的投入物以及市场价格扭曲严重的投入物。

2）外贸货物影子价格

对于可外贸货物，其投入物或产出物价格应基于口岸价格进行计算，以反映其价格取值具有国际竞争力。计算公式为：

出口产出的影子价格（出厂价）= 离岸价（FOB）× 影子汇率 − 出口费用　(3-37)

进口投入的影子价格（到厂价）= 到岸价（CIF）× 影子汇率 + 进口费用　(3-38)

其中，离岸价（FOB）是指出口货物运抵我国出口口岸交货的价格；到岸价（CIF）是指进口货物运抵我国进口口岸交货的价格，包括货物进口的货价、运抵我国口岸之前所发生的境外的运费和保险费。

进口或出口费用是指货物进出口环节在国内所发生的所有相关费用，包括运输费用、储运、装卸、运输保险等各种费用支出及物流环节的各种损失、损耗等。

3）非外贸货物影子价格

对于非外贸货物，若该货物或服务处于竞争性市场环境中，市场价格能够反映支付意愿或机会成本，应采用市场价格作为计算项目投入物或产出物影子价格的依据。

如果项目的投入物或产出物的规模很大，项目的实施将足以影响其市场价格，导致“有项目”和“无项目”两种情况下市场价格不一致，在项目评价实践中，取二者的平均值作为测算影子价格的依据。

对于公路建设项目，通常将钢材、木材、沥青作为可外贸货物，以口岸价格为基础进行计算。水泥一般作为非外贸货物，以出厂价格为基础按下式计算。

水泥影子价格 = 出厂价 + 运输费用　(3-39)

4）特殊投入物影子价格

（1）劳动力

劳动力作为特殊投入物，在公路项目经济费用效益分析中，以财务工资为基础，用影子工资换算系数来计算，调整为影子工资。影子工资可按下式计算：

劳动力的影子工资 = 财务工资 × 影子工资换算系数　(3-40)

公路建设项目通常大量使用项目所在地的非技术劳动力，因此公路项目影子工资换算系数也分为两类，即技术劳动力和非技术劳动力。对于技术劳动力，影子工资换算系数为1，即影子工资等于财务工资。对于非技术劳动力,需要结合项目所在地的经济发展水平、劳动力供求关系等确定。公路项目通常采用影子工资换算系数0.5,即非技术劳动力影子工资是财务工资的0.5倍。对于具体项目,也可以在考虑上述因素实际的基础上测算,该系数一般为0.25~0.8。

(2)土地

土地是重要的经济资源,项目占有的土地无论是否需要实际支付财务成本,均应根据土地用途的机会成本原则或消费者支付意愿的原则计算其影子价格,以反映建设项目使用土地资源而使社会付出的代价。土地影子价格等于土地的机会成本加上土地转变用途所导致的新增资源消耗,即:

$$土地影子价格 = 土地机会成本 + 新增资源消耗 \tag{3-41}$$

公路建设项目通常占用农村土地,包括农业、林业、果园、牧业、渔业等,土地机会成本一般按拟建项目占用土地而使国民经济为此放弃的该土地"最佳替代用途"的净效益来计算。新增资源消耗包括拆迁补偿费、农民安置补助费,其中拆迁补偿费通常用1.1的影子价格换算系数进行调整。

土地"最佳替代用途"的净效益计算公式如下:

$$\mathrm{LOC} = \mathrm{NB}_0(1+g)^{\tau+1}\left[\frac{1-(1+g)^n(1+i)^{-n}}{i-g}\right] \tag{3-42}$$

式中:NB_0——基年土地的"最佳替代用途"的单位面积年净效益,元/亩;

g——土地"最佳替代用途"的年平均净效益增长率;

τ——基年距项目开工年年数;

n——项目占用土地的年限,一般为项目计算期;

i——社会折现率。

按经济费用与效益划分原则,项目实际征地费用可以划分为三部分:

①属于机会成本性质的费用,如土地补偿费、青苗补偿费等。

②新增资源消耗费用,如拆迁补偿费、农民安置补助费等。

③转移支付费用,如菜地开发基金、耕地占用税等。

前两部分费用应按影子价格进行调整,而第三部分则不计为费用。

(3)外汇

汇率是两种不同的国家货币之间的比价。我国政府公布的人民币外汇牌价,是外汇在国内的市场价格。影子汇率就是外汇的影子价格,是假定政府不干预外贸(既不对进口物品征税,也不对出口物品补贴),由国内国际市场决定的本国货币与国际货币的兑换率,是正确反映国家外汇经济价值的汇率。在《方法与参数》中,对建设项目经济费用效益分析项目的进口投入物和出口产出物,是采用影子汇率换算系数来调整计算进出口外汇收支的价值的。

影子汇率换算系数是指影子汇率与外汇牌价之间的比值。影子汇率应按下式计算:

$$影子汇率 = 外汇牌价 \times 影子汇率换算系数 \tag{3-43}$$

根据我国外汇收支、外汇供求、进出口结构、进出口关税、进出口增值税及出口退税补贴等情况,《参数与方法》(第三版)确定影子汇率换算系数为1.08。

五、公路建设项目经济效益

1. 公路建设项目经济效益的类型

经济效益是指公路项目的兴建给国民经济带来的实际成果和利益,它是站在全社会的角度来衡量的，即社会各部门使用拟建公路项目所产生的效益。

公路项目的经济效益，从不同角度看有直接效益和间接效益，有宏观效益和微观效益，有可用货币计量的效益和很难以用货币计量的效益。一般可分为以下四类：

外部效益，即公路项目所在部门以外的部门所带来的实际成果和利益，其大小按给国民经济中商品与劳务生产所带来的增加额来确定。

内部效益，即因新建或改建某公路项目，使运输部门的运输效率提高而带来社会开支的节约，其大小按运输费用的降低额来计算。这种效益通常表现在汽油、维修、轮胎磨耗的减少，运输时间的节约以及交通事故的减少等方面。

有形效益，即公路项目给社会带来的能用货币计量的效益。

无形效益，即公路项目给社会带来的很难用货币计量的效益，如旅途的舒适方便、提高抗灾能力、加强国防等。

目前，在公路建设项目经济费用效益分析中，主要是计算可以量化的内部有形效益，而对外部的无形效益采用定性评价。

2. 经济效益的特点

交通运输业是国民经济的一个重要基础产业，它的发展规模、速度和水平取决于国民经济其他各行业的发展，但反过来又会影响其他行业的发展，同时它的生产和经营活动也不同于一般的工业企业，因此它的经济效益具有以下特点：

(1)社会效益的宏观性。由于交通运输是连接着生产和生产、生产和交换、生产和消耗、交换和消费等环节使整个社会产品得以流通的一个物质生产部门，其经济效益必然与工业、农业、商业、国防、科技、文教、卫生等部门密切相关，故表现出社会效益的宏观性。

(2)部门效益性。现代化的交通运输是由铁路、公路、水运、航空和管道等多种运输方式组成的综合有机体系，每一种运输方式又是多层次结构，各种运输方式必须相互配合，合理分工，各展其长，从而充分显示最佳效果。就全局来看，各种运输方式的经济费用与效益是相互关联的，这就决定了相互关联的运输项目的经济效益难以分清，表现出部门经济效益性。

(3)产品不具有实体性。运输产品不同于工业产品和农业产品，它是在一定时间条件下使被运输的实物产品或人员发生空间的变化，产生位置的移动，提高了使用价值。也就是说在运输生产过程中并不改变劳动对象，也不创造新的产品，只是旅客和货物产生了位移。运输产品表现为吨公里、人公里，故公路项目本身的某些直接效益往往不具有实体性。

(4)产品的非储存性。运输产品不能储存，运力一般不能调剂和转移，它的生产过程同时也是发生效用的过程，是运输的消耗过程。要协调运输供求间的关系，只能采取储存运力，保持运输需求和运输能力的相对平衡。因此，运输项目的经济效益应着眼于以最少的社会劳动消耗来最大限度地满足整个社会对运输的需求。

(5)经济效益的长期性。公路项目一般投资大、周期长、配套多，其经济效益一般要在若干年后才能显示出来，如从给国民经济和人民生活带来的影响看，则更是 5 年、10 年、甚至更长的时间。

(6)经济效益衡量的困难性。公路项目给社会和国民经济带来的经济效益是显著的，但很多又是难以衡量的，特别是难以定量计算。

3. 公路项目经济效益的计算

公路建设项目的效益是指项目为国民经济所做的贡献，分为直接效益和间接效益，一般只计算直接效益,并通过"有无对比法"来确定。直接效益包括公路使用者费用节约和原有相关公路维护费用节约,其中公路使用者费用节约主要有拟建项目和原有相关公路的降低营运成本效益、旅客在途时间节约效益和拟建项目减少交通事故效益。

公路建设项目经济效益的计算可以采用相关路线法、路段费用法和 OD 矩阵法。

相关路线法,是在确定与拟建项目相关的原有公路路线基础上,通过有无比较,计算项目产生的经济效益。

路段费用法,是通过公路使用者在"无项目"情况下和"有项目"情况下使用影响区域路网费用的比较,计算项目产生的经济效益,其具体计算是针对路网逐个路段计算并汇总。

OD 矩阵法,是以"无项目"情况下和"有项目"情况下路网的汽车运营费用、运行时间矩阵和交通量矩阵为基础,计算项目产生的经济效益。其中,汽车运营成本费用和运行时间采用全部交通量分配到路网上之后的数据。OD 矩阵法可以计算汽车运营成本节约效益和旅客节约时间效益,但是减少交通事故效益还需相关路线法或路段费用法来计算。

使用相关路线法计算项目经济效益的具体方法如下。

(1)降低营运成本的效益(B_1)

$$B_1 = B_{11} + B_{12} \tag{3-44}$$

式中:B_{11}——拟建项目降低营运成本的效益,元;

B_{12}——原有相关公路降低营运成本的效益,元。

B_{11}的计算公式如下:

$$B_{11} = 0.5(T_{1P} + T_{2P}) \cdot (VOC'_{1b} \cdot L' - VOC_{2P} \cdot L) \times 365 \tag{3-45}$$

式中:T_{1P}——"有项目"情况下,拟建项目的趋势交通量,辆/d;

T_{2P}——"有项目"情况下,拟建项目的总交通量,辆/d;

VOC'_{1b}——"无项目"情况下,原有相关公路在趋势交通量条件下各种车型车辆加权平均单位营运成本,元/车公里;

VOC_{2P}——"有项目"情况下,拟建项目在总交通量条件下各种车型车辆加权平均单位营运成本,元/车公里;

L'——原有相关公路的路段里程,km;

L——拟建项目的路段里程,km。

B_{12}的计算公式如下:

$$B_{12} = 0.5L' \cdot (T'_{1P} + T'_{2P}) \cdot (VOC'_{1b} - VOC'_{2P}) \times 365 \tag{3-46}$$

式中:T'_{1P}——"有项目"情况下,原有相关公路趋势交通量,辆/d;

T'_{2P}——"有项目"情况下,原有相关公路总交通量,辆/d;

VOC'_{2P}——"有项目"情况下,原有相关公路在总交通量情况下各种车型车辆加权平均单位营运成本,元/车公里;

其他符号含义同前。

(2)旅客时间节约效益(B_2)

$$B_2 = B_{21} + B_{22} \tag{3-47}$$

式中:B_{21}——拟建项目旅客时间节约效益,元;

B_{22}——原有相关公路旅客时间节约效益,元。

B_{21}的计算公式如下:

$$B_{21}=0.5W\cdot E\cdot(T_{1PP}+T_{2PP})\cdot(L'/s'_{1b}-L/s_{2P})\times365 \quad (3\text{-}48)$$

式中：W——旅客单位时间价值，元/(人·小时)；

E——客车平均载运系数，人/辆；

s'_{1b}——“无项目”情况下，原有相关公路在趋势交通量条件下各种车型客车加权平均行驶速度，km/h；

s_{2P}——“有项目”情况下，拟建项目在总交通量条件下各种车型客车加权平均行驶速度，km/h；

T_{1PP}——“有项目”情况下，拟建项目客车趋势交通量，辆/d；

T_{2PP}——“有项目”情况下，拟建项目客车总交通量，辆/d；

其他符号含义同前。

B_{22}的计算公式如下：

$$B_{22}=0.5W\cdot E\cdot L'\cdot(T'_{1PP}+T'_{2PP})\cdot(1/s'_{1b}-1/s'_{2P})\times365 \quad (3\text{-}49)$$

式中：s'_{2P}——“有项目”情况下，原有相关公路在总交通量条件下各种车型客车加权平均行驶速度，km/h；

T'_{1PP}——“有项目”情况下，原有相关公路客车趋势交通量，辆/d；

T'_{2PP}——“有项目”情况下，原有相关公路客车总交通量，辆/d；

其他符号含义同前。

旅客单位时间价值的测算应同时考虑工作时间价值和闲暇时间价值，客车平均载运系数应以各种车型客车交通量为权数，计算其加权平均数。

(3)减少交通事故效益(B_3)

$$B_3=B_{31}+B_{32} \quad (3\text{-}50)$$

式中：B_{31}——拟建项目减少交通事故效益，元；

B_{32}——原有相关公路减少交通事故效益，元。

B_{31}的计算公式如下：

$$B_{31}=0.5(T_{1P}+T_{2P})\cdot(r'_{1b}\cdot L'\cdot C'_{b}-r_{2p}\cdot L\cdot C_{P})\times365\times10^{8} \quad (3\text{-}51)$$

式中：C'_{b}——“无项目”情况下，原有相关公路单位事故平均经济损失费用，元/次；

C_{P}——“有项目”情况下，拟建项目单位事故平均经济损失费用，元/次；

r'_{1b}——“无项目”情况下，原有相关公路在趋势交通量条件下的事故率，次/亿车公里；

r_{2P}——“有项目”情况下，拟建项目在总交通量条件下的事故率，次/亿车公里；

其他符号意义同前。

B_{32}的计算公式如下：

$$B_{32}=0.5L'\cdot(T'_{1P}+T'_{2P})\cdot(r'_{1b}\cdot C'_{b}-r'_{2p}\cdot C'_{P})\times365\times10^{8} \quad (3\text{-}52)$$

式中：C'_{P}——“有项目”情况下，原有相关公路单位事故平均经济损失费用，元/次；

r'_{2P}——“有项目”情况下，原有相关公路在总交通量条件下的事故率，次/亿车公里；

其他符号意义同前。

事故经济损失费应由直接费和间接费两部分组成。

公路建设项目经济费用效益流量见表3-6。

项目投资经济费用效益流量表　　表 3-6

序号	项　目	建设期			运营期							
1	费用流出	1	2	…	1	2	3	4	5	6	…	20
1.1	建设费用											
1.2	运营费用											
1.3	日常养护费											
1.4	大中修费											
1.5	残值											
1.6	其他费用											
2	效益流入											
2.1	降低运输成本											
2.2	旅客节约时间											
2.3	减少交通事故											
3	净效益流量											
经济内部收益率 经济净现值(万元)　　$(i_s =\quad\%)$ 经济效益费用比 投资回收期(年)												

六、敏感性分析

公路建设项目经济评价所采用的数据，大部分来自预测和估算，为分析不确定性因素对公路项目评价指标的影响，需进行敏感性分析，以估计项目可能承担的经济风险。

敏感性分析的一般步骤如下：

(1)确定敏感性分析的经济评价指标，如内部收益率、净现值、投资回收期等指标。

(2)选取不确定变量因素。一般选取建设投资、交通量等可能发生变化的因素。

(3)设定变量因素的变化幅度和范围。一般假定不确定因素变化的百分率为 0、±10%、±15%、±20%。

(4)计算不确定因素的变动对分析指标的影响程度，重点测算对内部收益率的影响。

(5)找出敏感因素。

(6)根据以上计算结果进行分析，按不确定性因素的敏感程度进行排序，找出最敏感的因素。当不确定因素的敏感度很高时，应进一步通过风险分析，判断其发生的可能性及对项目的影响程度，并提出应对措施。

敏感性分析结果可通过编制敏感性分析表(表 3-7)进行。

经济费用效益分析敏感性分析表　　表 3-7

效益减少 \ 项目 \ 费用增加		0	10%	20%
20%	N			
	ENPV			
	EBCR			
	EIRR			

续上表

效益减少 \ 项目 \ 费用增加		0	10%	20%
10%	N			
	ENPV			
	EBCR			
	EIRR			
0	N			
	ENPV			
	EBCR			
	EIRR			

敏感性分析结果能抵御费用和效益双向20%的不利变化，表明项目经济抗风险能力很强；抵御双向10%的不利变化时，表明项目经济抗风险能力较强；抵御单向10%的不利变化时，表明项目经济抗风险能力一般；不能抵御单向10%不利变化时，表明项目经济抗风险能力较弱。

第四节　公路建设项目财务分析

一、财务基础数据测算

在建设项目进行财务分析之前，必须先进行财务基础数据的测算。它是在确定了项目的建设标准、规模、技术方案和投资估算以及预测交通量的基础上，从项目财务评价的要求出发，按照现行财务制度规定，对项目有关成本和收益等财务基础数据进行收集、测算，并编制财务基础数据测算表的工作。财务基础数据是项目财务分析的基础，测算数据的准确性对项目评价结论有直接影响。

1. 营业收入及税金的估算

(1)营业收入

公路项目营业收入一般是指对公路使用者收取的车辆通行费，即收费收入。当拟建项目有相关联的配套服务、开发等商业性设施时，其产品销售收入应计入营业收入，相应的建设投资和税金等各项支出则应计入费用中。

收费收入以项目交通量、收费标准和收费里程为基础计算得到。计算公式如下：

$$R = \sum_{v=1}^{n}(T_v \cdot \mathrm{TR}_v \cdot L) \times 365 \tag{3-53}$$

式中：R——收费年收入，元；

T_v——车型 v 的年平均日交通量，辆/d；

TR_v——车型 v 的收费标准，元/km；

L——拟建项目里程，km。

确定车辆通行费收费标准时，应考虑的主要因素有公路使用者所获得的效益、其他相关运输方式的收费标准和其他公路的收费标准、公路使用者对公路收费的负担能力和接受能力、还款额度或投资者期望的投资收益率以及对公路的损坏程度等。

在项目经济评价的计算期内,项目通行费收费标准一般会作适当调整,调整的时间间隔、幅度等可以参照拟建项目所在地区类似项目确定。

(2)税金

项目财务分析涉及的税费主要包括关税、增值税、营业税、消费税、所得税、资源税、城市维护建设税和教育费附加等。税种和税率的选择,一般根据相关税法和项目的具体情况确定。如有减免税优惠,则需要说明依据及减免方式,并按相关规定估算。

①关税。关税是以进出口的应税货物为纳税对象的税种。项目财务分析中涉及引进设备、技术和进口原材料时,可能需要估算进口关税。项目财务分析中需要按有关税法和国家的税收优惠政策,正确估算进口关税。公路建设项目进口材料、设备的关税包含在投资估算中,一般不需要单独估算。

②增值税。增值税是以商品(含应税劳务)在流转过程中产生的增值额作为计税依据而征收的一种流转税。如果项目财务分析中涉及增值税,需要注意当采用含(增值)税价格计算销售收入和原材料、燃料动力成本时,利润和利润分配表以及现金流量表中应单列增值税科目;采用不含(增值)税价格计算时,利润表和利润分配表以及现金流量表中不包括增值税科目。财务分析表中应明确说明采用何种计价方式,同时注意涉及出口退税(增值税)时的计算及与相关报表的联系。由于公路建设项目提供产品的特殊性,项目财务分析中一般不涉及增值税。

③营业税。交通运输、建筑、邮电通信、服务等行业应按税法规定计算营业税。营业税是价内税,所谓价内税是指商品价值或价格内包含商品的税金。

④消费税。我国对部分货物征收消费税。项目财务分析中对适用消费税的产品,应按税法规定计算消费税。

⑤城市维护建设税。城市维护建设税,是一种地方附加税,目前以流转税额(包括增值税、营业税和消费税)为计税依据,税率根据项目所在地分市区,县、镇和县、镇以外三个不同等级。教育费附加是地方收取的专项费用,计税依据也是流转税额,税率由地方确定,财务分析中应注意当地的规定。

⑥资源税。资源税是国家对开采特定矿产品或者生产盐的单位和个人征收的税种,通常按矿产的产量计征。

营业税、消费税、资源税和城市维护建设税、教育费附加均可包含在营业税金及附加中。

公路建设项目营业收入、营业税金及附加估算表见表3-8。

营业收入、营业税金及附加估算表　　表3-8

序号	项　目	合计	计　算　期					
			1	2	3	4	…	n
1	营业收入							
1.1	收费收入							
1.2	其他收入							
2	营业税及附加							
2.1	营业税							
2.2	城市维护建设税							
2.3	教育费附加							

2.成本与费用的估算

费用是指企业在日常经营活动中所发生的经济利益的流出。费用是与收入相对应的概念，是企业为了取得收入付出的代价。其特征是资产的一种转化形式。企业在生产经营过程中发生各项耗费时，必将带来资产的流出或者引起负债的增加，或者两者兼而有之。但并非所有的资产减少都是费用，如向投资者分配利润、向银行归还借款、预付供应单位的货款等都要付出货币资金，这只是股东权益的偿付、负债的减少和另一种资产的增加，并不形成费用。费用可以分为生产成本和期间费用。其中，生产成本是企业为生产产品、提供劳务等所发生的费用。期间费用包括管理费用、营业费用和财务费用。在项目财务分析中，为了对运营期间的总费用一目了然，将管理费用、营业费用和财务费用这三项与生产成本合并为总成本费用。这是财务分析相对会计规定所做的不同处理，但并不会因此影响利润的计算。

工业建设项目的成本与费用估算方法如下。

1)总成本费用估算

总成本费用是指在项目运营期内为生产产品或提供服务所发生的全部费用，即在一定时期内(财务、经济评价中按年计算)为生产和销售所有产品而花费的全部费用。总成本费用通常采用以下两种方法估算。

(1)生产成本加期间费用估算法

$$总成本费用 = 生产成本 + 期间费用 \tag{3-54}$$

$$生产成本 = 直接材料费 + 直接燃料和动力费 + 直接工资 + 其他直接支出 + 制造费用 \tag{3-55}$$

$$期间费用 = 管理费用 + 营业费用 + 财务费用 \tag{3-56}$$

生产成本是企业为生产产品或提供劳务而发生的各项生产费用，包括各项直接支出和制造费用。直接支出包括直接材料(原材料、辅助材料、备品备件、燃料及动力等)、直接工资(生产人员的工资、补贴)、其他直接支出(如福利费)。

制造费用是指企业内的分厂、车间为组织和管理生产所发生的各项费用，包括分厂、车间管理人员工资、折旧费、维修费、修理费及其他制造费用(办公费、差旅费、劳保费等)。在项目评价中，为了简化计算，通常将制造费用归类为管理人员工资及福利费、折旧费、修理费和其他制造费用几部分。

管理费用是指企业为管理和组织生产经营活动所发生的各项费用，包括公司经费、工会经费、职工教育经费、劳动保险费、待业保险费、董事会费、咨询费、聘请中介机构费、诉讼费、业务招待费、排污费、房产税、车船使用税、土地使用税、印花税、矿产资源补偿费、技术转让费、研究与开发费、无形资产与其他资产摊销、职工教育经费、计提的坏账准备和存货跌价准备等。为了简化计算，项目评价中可将管理费用归类为管理人员工资及福利费、折旧费、无形资产和其他资产摊销、修理费和其他管理费用几部分。

营业费用是指企业在销售商品过程中发生的各项费用以及专设销售机构的各项经费，包括应由企业负担的运输费、装卸费、包装费、保险费、广告费、展览费以及专设销售机构人员工资及福利费、类似工资性质的费用、业务费等经营费用。为了简化计算，项目评价中将营业费用归为销售人员工资及福利费、折旧费、修理费和其他营业费用几部分。其他营业费用是指由营业费用中扣除工资及福利费、折旧费、修理费后的其余部分。

按照生产成本加期间费用法编制的总成本费用估算表见表3-9。

总成本费用估算表(生产成本加期间费用法)　　表3-9

序号	项　目	合计	计算期					
			1	2	3	4	…	n
1	生产成本							
1.1	直接材料费							
1.2	直接燃料及动力费							
1.3	直接工资及福利费							
1.4	制造费用							
1.4.1	折旧费							
1.4.2	修理费							
1.4.3	其他制造费							
2	管理费							
2.1	无形资产摊销							
2.2	其他资产摊销							
2.3	其他管理费用							
3	财务费用							
3.1	利息支出							
3.1.1	长期借款利息							
3.1.2	流动资金借款利息							
3.1.3	短期借款利息							
4	营业费用							
5	总成本合计(1+2+3+4)							
5.1	其中:可变成本							
5.2	固定成本							
6	经营成本(5-1.4.1-2.1-2.2-3.1)							

注:1. 本表适用于新设法人项目与既有法人项目的“有项目”、“无项目”和增量总成本费用的估算。

2. 生产成本中的折旧费、修理费指生产性设施的固定资产折旧费和修理费。

3. 生产成本中的工资和福利费指生产性人员工资和福利费。车间或分厂管理人员工资和福利费可在制造费用中单独列项或含在其他制造费中。

4. 本表其他管理费用中含管理设施的折旧费、修理费以及管理人员的工资和福利费。

(2)生产要素估算法

$$\text{总成本费用}=\text{外购原材料、燃料和动力费}+\text{工资及福利费}+\text{折旧费}+\text{摊销费}+\text{修理费}+\text{财务费用(利息支出)}+\text{其他费用} \tag{3-57}$$

$$\text{其他费用}=\text{其他制造费}+\text{其他管理费}+\text{其他营业费} \tag{3-58}$$

其他制造费用是指由制造费用中扣除生产单位管理人员工资及福利费、折旧费、修理费后的其余部分。项目评价中常见的估算方法有:按固定资产原值(扣除所含的建设期利息)的百分数估算、按人员定额估算。

其他管理费用是指由管理费用中扣除工资及福利费、折旧费、摊销费、修理费后的其余部分。项目评价中常见的估算方法是按人员定额或取工资及福利费总额的倍数估算。

其他营业费用是指由营业费用中扣除工资及福利费、折旧费、修理费后的其余部分。项目评价中常见的估算方法是按营业收入的百分数估算。

按照生产要素法编制的总成本费用估算表见表3-10。

总成本费用估算表(生产要素法)　　表3-10

序号	项　目	合计	计　算　期					
			1	2	3	4	…	n
1	外购原材料费							
2	外购燃料及动力费							
3	工资及福利费							
4	修理费							
5	其他费用							
6	经营成本(1+2+3+4+5)							
7	折旧费							
8	摊销费							
9	利息支出							
10	总成本费用合计(6+7+8+9)							
	可变成本							
	固定成本							

注:本表适用于新设法人项目与既有法人项目的“有项目”、“无项目”和增量成本费用的估算。

2)经营成本

经营成本是项目经济评价中所使用的特定概念,是从投资方案本身考察,在一定期间(通常为一年)内由于生产和销售产品及提供服务而实际发生的现金支出,是为了避免现金流的重复计算和针对特定的分析而提出的。因此,经营成本与融资方案无关,主要用于项目财务分析的现金流量分析。

其构成和估算公式如下:

$$经营成本=总成本费用-折旧费-摊销费-利息支出 \tag{3-59}$$

或

$$经营成本=外购原材料、燃料和动力费+工资及福利费+修理费+其他费用 \tag{3-60}$$

其中,其他费用是指从制造费用、管理费用和营业费用中扣除了折旧费、摊销费、修理费、工资及福利费以后的其余部分。

3)固定成本和可变成本

为了进行盈亏平衡分析和不确定分析,需将总成本费用分解为固定成本和可变成本。

固定成本是指不随产品产量变化的各项成本费用。可变成本是指随产品产量增减而成正比例变化的各项费用。有些成本费用属于半可变(或半固定)成本。工资、营业费用和流动资金利息等也都可能既有可变因素,又有固定因素。必要时,需将半可变(或半固定)成本进一步分解为可变成本和固定成本,使产品成本费用最终划分为可变成本和固定成本。长期借款利息应视为固定成本。流动资金借款和短期借款利息可能部分与产品产量相关,其利息可视为半可变半固定成本,为简化计算,一般也将其作为固定成本。

公路建设项目运营期间的成本与费用主要是公路的日常养护费用、大中修费用以及管理费用等。一般通过对拟建项目所在地区相同或类似的、正在使用中的项目调查资料进行估算。公路项目的总成本费用估算表见表3-11。

总成本费用估算表 表3-11

序号	项目	合计	计算期					
			1	2	3	4	…	n
1	日常养护费							
2	大、中修费							
3	管理费							
4	其他费用							
5	经营成本(1+2+3+4)							
6	折旧费							
7	摊销费							
8	利息支出							
9	总成本费用合计(5+6+7+8)							

4)借款还本付息估算

企业为筹集所需资金而发生的费用称为借款费用,又称财务费用,包括利息支出(减利息收入)、汇兑损失(减汇兑收益)以及相关的手续费等。在大多数项目的财务分析中,通常只考虑利息支出。利息支出的估算包括长期借款利息、流动资金借款利息和短期借款利息三部分。其中,长期借款利息通常是由于建设投资借款引起的。

借款还本付息估算的主要目的是测算还款期偿还的利息和偿还贷款的时间,以衡量项目的偿还能力,为财务评价和项目决策提供依据。

建设项目偿还贷款的本息和偿还贷款的时间一般取决于可用于还本的资金来源以及还本付息的方式。

(1)还本付息资金来源

根据国家现行财税制度的规定,贷款还本的资金来源主要包括:可用于归还借款的利润、固定资产折旧、无形资产和其他资产摊销以及其他还款资金来源。

①利润。利润是企业一定期间内获得的经营成果。为简化计算,项目评价中利润按下式计算:

$$利润总额=营业收入-营业税金及附加-总成本费用 \tag{3-61}$$

$$净利润=利润总额-所得税 \tag{3-62}$$

净利润可以用于提取盈余公积金和公益金以及向投资者分配,剩余的部分称为未分配利润。用于归还贷款的利润,一般应是经过利润分配程序后的未分配利润。如果是股份制企业需要向股东支付股利,则应从未分配利润中扣除分配给投资者的利润,然后归还贷款。项目投资初期,如果还贷资金缺口较大时,也可暂时不提取公积金。

②固定资产折旧。固定资产折旧是为了对资产贬值所作的补偿,为今后提供更新固定资产的准备。鉴于项目投产初期尚未面临固定资产更新问题,作为固定资产重置准备金性质的折旧,在被提取以后暂时处于闲置状态。因此,为了有效地利用一切可能的资金来源以缩短还贷期限,加强项目的偿还能力,可以使用部分新增折旧基金作为偿还贷款的来源之一。

从企业经营的角度来看,随着经营期利润的增加,所有被用于归还贷款的折旧应由未分配利润归还贷款后的余额垫回,以保证折旧从总统上不被挪作他用,在还清贷款后恢复其原有的经济属性。

③摊销费。摊销费是按现行的财务制度计入项目的总成本费用,但是项目在提取摊销费后,这笔资金没有具体的用途规定,具有“沉淀”性质,因此可以用来归还贷款。

④其他还款资金。除了以上资金的其他还款资金,是指按有关规定可以用减免的营业税作为偿还贷款的资金来源。分析时,如果没有明确的依据,可以暂不考虑。

(2)还本付息方式

①长期借款还本付息方式。建设期间借款余额(含未支付的建设期利息)应在生产期支付的利息,项目评价中可以选择等额还本付息方式或者等额还本利息照付方式来计算长期借款利息。

a.等额还本付息方式:

$$A = I_c \cdot \frac{i(1+i)^n}{(1+i)^n - 1} \tag{3-63}$$

式中: A——每年还本付息额(等额年金);

I_c——还款起始年年初的借款余额(含未支付的建设期利息);

i——年利率;

n——预定的还款期;

$\frac{i(1+i)^n}{(1+i)^n - 1}$——资金回收系数,可以自行计算或查复利系数表。

其中:每年支付利息=年初借款余额×年利率

每年偿还本金$=A-$每年支付利息

年初借款余额$=I_c-$本年以前各年偿还的借款累计

b.等额还本利息照付方式:

设A_t为第t年的还本付息额,则有:

$$A_t = \frac{I_c}{n} + I_c \cdot \left(1 - \frac{t-1}{n}\right) \cdot i \tag{3-64}$$

其中:每年支付利息=年初借款余额×年利率

即 第t年支付的利息$=I_c \cdot \left(1 - \frac{t-1}{n}\right) \cdot i$

每年偿还本金$=\frac{I_c}{n}$

②流动资金借款还本付息。项目评价中估算的流动资金借款从本质上说应归类为长期借款,但目前企业往往有可能与银行达成共识,按期末偿还、期初再借的方式处理,并按一年期利率计息。因此,在项目评价中,流动资金借款利息可以按下式计算:

年流动资金借款利息=年初流动资金借款余额×流动资金借款年利率 (3-65)

财务分析中对流动资金的借款可以在计算期最后一年偿还,也可在还完长期借款后安排。

③短期借款还本付息。项目评价中的短期借款是指运营期间由于资金的临时需要而发生的短期借款,短期借款的数额应在财务计划现金流量表中得到反映,其利息应计入总成本费用表的利息支出中。短期借款利息的计算同流动资金借款利息。短期借款的偿还按照随借随还

的原则处理，即当年借款尽可能于下年偿还。

在运营期间，建设项目投资和流动资金的借款利息，按现行的财务制度，均应计入项目总成本费用中的财务费用。

项目计算期内的借款还本付息可以依据借款的不同种类编制，见表3-12。借款还本付息计划表反映项目计算期内各年借款本金偿还和利息支付情况，用于计算偿债备付率和利息备付率指标。

借款还本付息计划表（单位：万元）　　表3-12

序号	项　目	合计	计　算　期							
			1	2	3	4	5	6	…	n
1	借款1									
1.1	期初借款余额									
1.2	当期还本付息									
	其中：还本									
	付息									
1.3	期末借款余额									
2	借款2									
2.1	期初借款余额									
2.2	当期还本付息									
	其中：还本									
	付息									
2.3	期末借款余额									
3	债券									
3.1	期初债务余额									
3.2	当期还本付息									
	其中：还本									
	付息									
3.3	期末债务余额									
4	借款和债券合计									
4.1	期初余额									
4.2	当期还本付息									
	其中：还本									
	付息									
4.3	期末余额									
计算指标	利息备付率（%）									
	偿债备付率（%）									

二、财务分析的阶段与内容

建设项目财务分析可分为融资前分析和融资后分析两个阶段。一般先进行融资前分析，在融资前分析结论满足要求的情况下，初步设定融资方案，再进行融资后分析。在项目建议书阶段，可只进行融资前分析。

1. 融资前财务分析

融资前分析是在不考虑融资方案影响的条件下,从项目投资总获利能力的角度,考察项目方案设计的合理性。因此,融资前分析只需进行盈利能力分析,通过项目投资折现现金流量,计算项目内部收益率和净现值指标以及投资回收期指标(静态)。融资前分析计算的相关指标是初步投资决策与融资方案研究的依据和基础。

公路项目融资前动态分析是以营业收入、建设投资、经营成本的估算为基础,考察整个计算期内现金流入和现金流出,编制项目投资现金流量表,计算项目内部收益率和净现值等指标。

2. 融资后财务分析

在融资前分析结果可以接受的前提下,考虑融资方案,进行融资后分析。融资后分析是以融资前分析和初步的融资方案为基础,考察项目在拟定融资条件下的盈利能力、偿债能力和财务生存能力,判断项目方案在融资条件下的可行性。融资后分析用于比选融资方案,帮助投资者作出融资决策和最终的投资决策。

(1)盈利能力分析

融资后的盈利能力分析包括动态分析和静态分析两种。动态分析又包括两个层次的分析,即项目资本金现金流量分析和投资各方现金流量分析。

项目资本金现金流量分析,是在拟定的融资方案下,从项目资本金出资者整体的角度,确定其现金流入和现金流出,编制项目资本金现金流量表,计算项目资本金财务内部收益率指标,考察项目资本金可获得的收益水平。

投资各方现金流量分析,是从投资各方实际收入和支出的角度,确定其现金流入和现金流出,分别编制投资各方现金流量表,计算投资各方的财务内部收益率指标,考察投资各方可能获得的收益水平。

(2)偿债能力分析

偿债能力分析是考察项目能否按期偿还借款的能力。通过计算利息备付率和偿债备付率指标,判断项目的偿债能力。

(3)财务生存能力

财务生存能力分析又称资金平衡分析,是根据财务计划现金流量表,综合考察项目计算期内各年的投资活动、融资活动和经营活动所产生的各项现金流入和流出,计算净现金流量和累计盈余资金,分析项目是否有足够的净现金流量维持正常运营。在项目(企业)运营期间,确保从各项经济活动中得到足够的净现金流量是项目能够持续生存的条件。

三、公路建设项目财务分析报表

为了进行投资项目的经济效益分析,需要编制一套财务报表。项目财务分析报表,是在企业日常经营活动分析报表的基础上设计、制订的,但两者又有所不同,主要表现在以下方面:

(1)分析目的不同。项目财务分析的目的是确定项目所需资金的来源,评价项目建成运营后的盈利能力,测算借款的偿还能力,为投资决策提供依据。而企业日常财务分析则主要限于分析年度、季度或月经营活动的盈利状况,挖掘潜力,找出提高经济效益的方向与措施,为提高企业经营水平而服务。

(2)依据资料不同。项目财务分析是根据预测数据进行事前分析,包括风险分析与不确定性分析。而企业日常财务分析则是根据历史数据进行的事后分析。

(3)分析时间的长短不同。项目财务分析是对项目整个计算期(包括建设期和生产经营期)进行的长期分析,一个大型建设项目往往要分析十年、二十年或更长的时间。而日常财务分析是只对当年(或季、月),最多只对以往几年情况进行的短期分析。

(4)应用的分析方法不同。由于项目财务分析是长期分析,一般要考虑资金的时间价值,进行动态分析。而日常财务分析一般不考虑资金的时间价值,只作静态分析。

项目经济评价需要编制的财务报表主要有:各类现金流量表、利润与利润分配表、财务计划现金流量表、资产负债表和借款还本付息计划表。

1. 项目投资现金流量表的编制

项目投资现金流量表(表3-13),是融资前,即不考虑资金来源,以全部投资作为项目的计算基础,用以计算全部投资所得税前及所得税后项目的内部收益率、财务净现值和投资回收期等指标,考察项目全部投资的盈利能力,为各个投资方案(不论其资金来源及利息多少)进行比较建立共同基础。

表3-13适用于新设法人项目与既有法人项目的增量和"有项目"的现金流量分析。表中的调整所得税是以息税前利润为基数计算的所得税,区别于利润与利润分配表、项目资本金现金流量表和财务计划现金流量表中的所得税。

项目投资现金流量表(单位:万元)　　表3-13

序号	项　目	合计	计　算　期							
			1	2	3	4	5	6	…	n
1	现金流入									
1.1	营业收入									
1.2	补贴收入									
1.3	回收固定资产余值									
1.4	回收流动资金									
2	现金流出									
2.1	建设投资									
2.2	流动资金									
2.3	经营成本									
2.4	营业税金及附加									
2.5	维持营运投资									
3	所得税前净现金流量(1-2)									
4	累计所得税前净现金流量									
5	调整所得税									
6	所得税后净现金流量(3-5)									
7	累计所得税后净现金流量									

计算指标:

项目投资财务内部收益率(%)(所得税前)

项目投资财务内部收益率(%)(所得税后)

财务净现值(所得税前)(i_c = 　　%)

财务净现值(所得税后)(i_c = 　　%)

投资回收期(所得税前)

投资回收期(所得税后)

(1)现金流入。公路建设项目财务分析的现金流入主要包括车辆通行费收入。如果政府给予项目有政策性补贴,应将其转化为以货币计量的收入。固定资产余值是指填列在计算期末的固定资产的折旧余值,对于折旧年限与生产经营期相同的项目,其固定资产余值即为固定资产净残值。对于一般的工业建设项目,维持生产需要流动资金,它是流动资产与流动负债的差额,在项目计算期末进行回收。公路建设项目需要的运营资金主要是日常养护及大修费,通常来自收费收入,一般不需要流动资金,因而在项目计算期末也不计回收。

(2)现金流出。现金流出包括建设期和运营期两个阶段。对于项目投资现金流量分析,公路项目建设期现金流出主要是固定资产投资,包括建筑安装工程费、设备、工具、器具及家具购置费、工程建设其他费用(不包括建设期贷款利息)以及预备费。运营期现金流出主要是经营成本和各种税金。公路项目的经营成本包括运营管理费、养护费和大修费。

2. 项目资本金现金流量表的编制

项目资本金现金流量表(表3-14),是从投资者角度出发,以投资者投入的资本金作为计算基础,把借款本金偿还和利息支出作为现金流出,用以计算资本金财务内部收益率等评价指标,考察项目资本金的盈利能力。

表3-14适用于新设法人项目与既有法人项目"有项目"的现金流量分析。表中项目资本金包括用于建设投资的资金、建设期利息和流动资金。

(1)现金流入。项目资本金现金流量表中的现金流入计算同项目投资现金流量表。

(2)现金流出。同样包括建设期和运营期两个阶段。但是对于项目资本金现金流量分析,建设期的固定资产投资只考虑投资者投入的资本金部分,运营期的现金流出包括借款本金和利息的偿还、经营成本及各种税金。

项目资本金现金流量表(单位:万元)　　表3-14

序号	项　目	合计	计　算　期							
			1	2	3	4	5	6	…	n
1	现金流入									
1.1	营业收入									
1.2	补贴收入									
1.3	回收固定资产余值									
1.4	回收流动资金									
2	现金流出									
2.1	项目资本金									
2.2	借款本金偿还									
2.3	借款利息支出									
2.4	经营成本									
2.5	营业税金及附加									
2.6	所得税									
2.7	维持营运投资									
3	净现金流量(1-2)									
计算指标: 资本金财务内部收益率(%)										

3. 投资各方现金流量表的编制

当项目有两个以上投资者时，需要编制投资各方现金流量表（表3-15），从投资者各方的角度考察项目给不同投资方分别带来的盈利水平。

（1）现金流入。投资各方现金流入是出资方因项目的实施将实际获得的各种收入。其中，实分利润是指投资者由项目获得的利润；资产处置收益分配是指对有明确的合营期限的项目，在期满时对资产余值按股权比或约定比例的分配；租赁费收入是出资方将自己的资产租赁给项目使用所获得的收入；技术转让或使用收入是指出资方将专利或专有技术转让或允许该项目使用所获得的收入。

（2）现金流出。现金流出是出资方因项目的实施将实际投入的各种支出，包括投资各方实缴资本、租赁给项目使用的资产价值以及其他支出。

实际分析时，表中科目可以根据具体情况调整。

投资各方现金流量表（单位：万元）　　表3-15

序号	项　目	合计	计 算 期							
			1	2	3	4	5	6	…	n
1	现金流入									
1.1	实分利润									
1.2	资产处置收益分配									
1.3	租赁费收入									
1.4	技术转让或使用收入									
1.5	其他现金流入									
2	现金流出									
2.1	实缴资本									
2.2	租赁资产支出									
2.3	其他现金流出									
3	净现金流量（1－2）									
计算指标： 投资各方财务内部收益率（%）										

4. 财务计划现金流量表的编制

财务计划现金流量表（表3-16），反映项目计算期各年的投资、融资以及经营活动的现金流入和流出，用以计算累计盈余资金，分析项目的财务生存能力。

（1）经营活动现金流量

经营活动现金流量是指项目建成运营阶段出售产品和提供服务所产生的现金流入和流出。对于收费公路项目，在运营期的现金流入一般只包括收费收入和补贴收入（如果有）；现金流出一般包括经营成本、营业税及附加和所得税。

（2）投资活动现金流量

投资活动现金流量对于新设法人项目，是指投资该项目在建设期和运营期所产生的现金流入和流出。由于项目运营阶段所产生的现金流入已在经营活动现金流量中考虑，因此新设法人项目的投资活动现金流入为零，现金流出按照项目总投资使用计划与资金筹措表中的建设投资逐年列出。对于既有法人项目，由于建设资金可以来源于既有法人内部融资、新增资本金和新增债务资金，同时项目的财务生存能力是以既有法人整体的未来净现金流量进行衡量的，因此投资活动现金流量不仅包括该建设项目，还应包括既有法人未来的其他投资活动现金流量。表3-16的科目可以根据实际适当增加，必要时，现金流出中可增加应付优先股股利科目。

财务计划现金流量表(单位:万元)　　表3-16

序号	项　目	合计	计　算　期							
			1	2	3	4	5	6	…	n
1	经营活动净现金流量(1.1－1.2)									
1.1	现金流入									
1.1.1	营业收入									
1.1.2	增值税销项税额									
1.1.3	补贴收入									
1.1.4	其他流入									
1.2	现金流出									
1.2.1	经营成本									
1.2.2	增值税进项税额									
1.2.3	营业税金及附加									
1.2.4	增值税									
1.2.5	所得税									
1.2.6	其他流出									
2	投资活动净现金流量(2.1－2.2)									
2.1	现金流入									
2.2	现金流出									
2.2.1	建设投资									
2.2.2	维持营运投资									
2.2.3	流动资金									
2.2.4	其他流出									
3	筹资活动净现金流量(3.1－3.2)									
3.1	现金流入									
3.1.1	项目资本金投入									
3.1.2	建设项目借款									
3.1.3	流动资金借款									
3.1.4	债券									
3.1.5	短期借款									
3.1.6	其他流入									
3.2	现金流出									
3.2.1	各种利息支出									
3.2.2	偿还债务本金									
3.2.3	应付利润(股利分配)									
3.2.4	其他流出									
4	净现金流量(1＋2＋3)									
5	累计盈余资金									

(3)筹资活动现金流量

筹资活动现金流量是指项目法人在建设期和运营期为项目筹措资金所发生的现金流入和流出。现金流入包括项目资本金、各种借款、债券及其他资金流入;现金流出包括各种利息支出、偿还债务本金、应付利润(股利分配)以及其他流出。

5. 利润与利润分配表的编制

利润与利润分配表(表3-17)反映项目计算期内各年营业收入、总成本费用、利润总额等情况以及所得税后利润的分配,用以计算总投资收益率、项目资本金净利润率等指标。

利润与利润分配表(单位:万元)　　表3-17

序号	项　目	合计	计　算　期							
			1	2	3	4	5	6	…	n
1	营业收入									
2	营业税金及附加									
3	总成本费用									
4	补贴收入									
5	利润总额(1－2－3＋4)									
6	弥补以前年度亏损									
7	应纳所得税额(5－6)									
8	所得税									
9	净利润(5－8)									
10	期初未分配利润									
11	可供分配利润(9＋10)									
12	提取法定盈余公积金									
13	可供投资者分配的利润(11－12)									
14	应付优先股股利									
15	提取任意盈余公积金									
16	应付普通股股利(13－14－15)									
17	各投资方利润分配									
	其中:××方									
	××方									
18	未分配利润(13－14－15－17)									
19	息税前利润(利润总额＋利息支出)									
20	息税折旧摊销前利润(息税前利润＋折旧＋摊销)									

(1)总成本费用。总成本费用是在项目运营期内为生产产品或提供服务所发生的全部费用,为经营成本与折旧费、摊销费和利息之和。经营成本是项目经济评价中所使用的特定概念,是从项目本身考察,在一定时期内为生产产品或提供服务而实际发生的现金支出,是为了避免现金流的重复计算和针对特定的分析而提出的。

(2)弥补以前年度亏损。按照现行企业财务制度规定,企业年度亏损,可从下一年度的税前利润等弥补;下一年度利润不足弥补的,可以在5年内延续弥补;5年内不足弥补的,用税后利润等弥补。

(3)所得税可用下式计算：

$$所得税 = 应纳所得税额 \times 所得税税率 \tag{3-66}$$

(4)提取法定盈余公积金。法定盈余公积金可按照净利润的10%提取，当法定盈余公积金达到注册资金50%时可不再提取。

(5)应付优先股股利。对于股份制企业，利润以股利的形式分配，先支付优先股股利。

(6)提取任意盈余公积金和支付普通股利。在支付了优先股股利后，按照公司章程或者股东会议决议提取任意盈余公积金，再支付普通股利。

表3-17中的第14～16项可以根据企业性质和具体情况选择填列。

6. 资产负债表的编制

资产负债表(表3-18)用于综合反映项目计算期内各年年末资产、负债和所有者权益的增减变化及对应关系，计算资产负债率。

资产负债表(单位:万元) 表3-18

序号	项目	合计	计算期							
			1	2	3	4	5	6	…	n
1	资产									
1.1	流动资产总额									
1.1.1	货币资金									
1.1.2	应收账款									
1.1.3	预付账款									
1.1.4	存货									
1.1.5	其他									
1.2	在建工程									
1.3	固定资产净值									
1.4	无形及其他资产净值									
2	负债及所有者权益(2.4+2.5)									
2.1	流动负债总额									
2.1.1	短期借款									
2.1.2	应付账款									
2.1.3	预收账款									
2.1.4	其他									
2.2	建设投资借款									
2.3	流动资金借款									
2.4	负债小计(2.1+2.2+2.3)									
2.5	所有者权益									
2.5.1	资本金									
2.5.2	资本公积金									
2.5.3	累计盈余公积金									
2.5.4	累计未分配利润									
计算指标： 资产负债率(%)										

表3-18中货币资金包括现金和累计盈余资金。对于既有法人项目，一般只针对法人编

制，可按需要增加科目，此时表中资本金是指企业全部实收资本，包括原有和新增的实收资本。必要时，也可以针对“有项目”范围编制，此时表中资本金仅指“有项目”范围的对应数值。

(1)资产。资产反映项目计算期内拥有的各种资源和项目的偿债能力。它按资产的流动性排列，流动性大，可变现能力强的资产排列在前面，反之则排列在后面。其顺序依次为流动资产总额、在建工程、固定资产净值、无形及其他资产净值。其中，流动资产中的累计盈余资金来自财务计划现金流量表。在建工程反映项目建设期内各年所占用的资金，其数值按项目总投资使用计划与资金筹措表中的总投资逐年累计填列，直至项目建成。项目建成投入运营时，它将形成固定资产、无形资产和其他资产原值。固定资产净值根据固定资产原值按年折旧费逐年递减计算；无形资产和其他资产根据无形资产和其他资产原值按年摊销费逐年递减计算。

(2)负债及所有者权益。负债是债权人的权益即借入资金，它按偿债时间早晚排列，短期债务排列在前，长期债务排列在后。其顺序依次为流动负债总额、建设投资借款、流动资金借款。其中，短期借款来自财务计划现金流量表，建设投资借款在建设期按照项目总投资使用计划与资金筹措表中的建设投资借款逐年累计列出，经营期按累计借款减去当年偿还本金后的剩余资金填列。所有者权益是投资者对项目净资产的所有权，即全部资产减去全部负债的净额。所有者权益包括：资本金、资本公积金、累计盈余公积金、累计未分配利润。资本金对新设法人项目是指在工商管理部门登记的注册资金，按逐年投入项目比例填列；资本公积金是指项目接受的赠款、资本溢价等；累计盈余公积金根据利润与利润分配表中的盈余公积金逐年累计填列；累计未分配利润按利润与利润分配表的数值填列。

四、财务分析方法

1. 财务分析参数

财务分析参数包括计算、衡量项目的财务费用效益的各类计算参数和判定项目财务合理性的判据参数。

1)判据参数

财务分析中的判据参数主要用于判断项目财务效益高低，比较和筛选项目，判断项目的财务可行性，包括判断项目盈利能力的参数和判断项目偿债能力的参数。

(1)判断项目盈利能力的参数

主要包括财务内部收益率、总投资收益率、项目资本金净利润率等指标的基准值或参考值。

财务基准收益率是指建设项目财务分析中对可货币化的项目费用与效益采用折现方法计算财务净现值的基准折现率，是衡量项目财务内部收益率的基准值，也是项目财务可行性和方案比选的主要判据。财务基准收益率反映投资者对相应项目占用资金的时间价值的判断，是投资者在相应项目上最低可接受的财务收益率。

由于不同的行业在发展战略、发展规划、产业政策、资源供给、市场需求、资金时间价值、项目投资经济效益等方面不同，因此，财务基准收益率是在分析上述因素的基础上，结合行业特点、行业资本构成情况等分别确定的。

国家发展和改革委员会、住房和城乡建设部在《方法与参数》中正式发布了 11 个主要行业中 51 个子行业的财务基准收益率，其中不包括公路行业。公路行业财务基准收益率在发布之前，以国家规定的公路行业最低资本金比例确定的资金结构及国内银行长期贷款利率计算的加权平均资金成本率代替。

(2)判断项目偿债能力的参数

主要包括利息备付率、偿债备付率、资产负债率、流动比率、速动比率等指标的基准值或参考值。

国家行政主管部门统一测定、发布的行业财务基准收益率具有双重作用。对于政府投资项目来说,它是规定性的,是必须采用的;对于社会其他各类投资项目来说,它是参考性的。除了政府投资项目中作为规定性参数使用的行业基准收益率以外,在财务分析中使用的其他判据参数均是参考性质的,项目评价人员可根据具体情况选用,也可自主测算确定。

2)计算参数

财务分析中的计算参数主要用于计算项目财务费用和效益,包括项目计算期、单位建设投资、流动资金估算的有关参数、资产折旧的有关参数、总成本费用估算的有关参数、税率、利率、人民币对主要外汇汇率、国内市场各类价格指数等。

财务分析计算参数多数具有行业特点,不同行业的计算方法和计算内容不同。公路建设项目财务分析计算参数应参照交通运输部颁发的《公路建设项目可行性研究报告编制办法》、《公路基本建设工程投资估算编制办法》、《公路工程估算指标》等相关规范性文件确定。

2. 财务分析方法

财务分析是通过编制财务分析报表,计算财务指标,分析项目的盈利能力、偿债能力和财务生存能力,判断项目的财务可接受性,明确项目对财务主体及投资者的价值贡献,为项目决策提供依据。

1)财务盈利能力评价

盈利能力分析的主要指标包括项目投资财务内部收益率和财务净现值、项目资本金财务内部收益率、投资回收期、总投资收益率、项目资本金净利润率等。评价时可根据项目的特点及财务分析的目的、要求等选用。

(1)财务净现值(FNPV)

财务净现值指按设定的折现率(一般采用基准收益率)计算的项目计算期内净现金流量的现值之和,计算公式如下:

$$\mathrm{FNPV}=\sum_{t=0}^{n}(\mathrm{CI}-\mathrm{CO})_t(1+I_c)^{-t} \tag{3-67}$$

式中:FNPV——财务净现值;

CI——现金流入量;

CO——现金流出量;

$(\mathrm{CI}-\mathrm{CO})_t$——第 t 年的净现金流量;

n——项目计算期;

I_c——设定的折现率(同基准收益率)。

一般情况下,财务盈利能力分析只计算项目投资财务净现值,可根据需要选择计算所得税前净现值或所得税后净现值。按照设定的折现率计算的财务净现值大于或等于零时,项目方案在财务上可考虑接受。

(2)财务内部收益率(FIRR)

财务内部收益率指使项目计算期内净现金流量现值累计等于零时的折现率,即满足下式的 FIRR：

$$\sum_{t=0}^{n}(\mathrm{CI}-\mathrm{CO})_t(1+\mathrm{FIRR})^{-t}=0 \tag{3-68}$$

式中：FIRR——财务内部收益率；

其他符号含义同前。

项目投资财务内部收益率、项目资本金财务内部收益率和投资各方财务内部收益率都依据式(3-68)计算，但所用的现金流入和现金流出不同。

当财务内部收益率大于或等于所设定的判别基准，(通常称为基准收益率)时，项目方案在财务上可考虑接受。项目投资财务内部收益率、项目资本金财务内部收益率和投资各方财务内部收益率可有不同的判别基准。

(3)财务投资回收期(P_t)

投资回收期是指以项目的净收益抵偿全部建设费用所需要的时间，是反映项目投资回收能力的重要指标，一般以年为单位，并从项目建设期算起。如果从投入运营年算起，应特别注明。计算公式如下：

$$投资回收期(P_t)=(累计净现金流量开始出现正值年份数-1)+\frac{上年累计净现金流量的绝对值}{出现正值年份的净现金流量}\ (年) \tag{3-69}$$

投资回收期短，表明项目投资回收快，抗风险能力强。

2)偿债能力评价

公路项目清偿能力分子主要是考察计算期内各年的财务状况及偿债能力，主要采用借款偿还期指标进行评价，也可以用利息备付率(ICR)或偿债备付率(DSCR)指标来考察。

(1)借款偿还期

借款偿还期是指在国家财政规定及项目具体财务条件下，用项目建成投入运营后可用于还款的资金，按照最大偿还能力计算偿还借款本金和利息所需要的时间。计算公式如下：

$$借款偿还期=借款偿还后开始出现盈余年份-开始借款年份+\frac{当年应偿还借款额}{当年可用于还款的资金额}\ (年) \tag{3-70}$$

当借款偿还期小于财务分析计算期或满足贷款机构期限要求时，即可认为项目具有偿还能力。

(2)利息备付率(ICR)

利息备付率是指在借款偿还期内的息税前利润(EBIT)与应付利息(PI)的比值，它从付息资金来源的充裕性角度反映项目偿付债务利息的保障程度，按下式计算：

$$\mathrm{ICR}=\frac{\mathrm{EBIT}}{\mathrm{PI}}\times 100\% \tag{3-71}$$

式中：EBIT——息税前利润；

PI——计入总成本费用的应付利息。

利息备付率应分年计算。利息备付率高，表明利息偿付的保障程度高。利息备付率应当大于1，并结合债权人的要求确定。

(3)偿债备付率(DSCR)

偿债备付率是指在借款偿还期内，用于计算还本付息的资金($\mathrm{EBITDA}-T_{\mathrm{AX}}$)与应还本付

息金额(PD)的比值,它表示可用于还本付息的资金偿还借款本息的保障程度,计算公式如下:

$$DSCR = \frac{EBITDA - T_{AX}}{PD} \times 100\% \quad (3\text{-}72)$$

式中:EBITDA——息税前利润加折旧和摊销;

T_{AX}——企业所得税;

PD——应还本付息金额,包括还本金额和计入总成本费用的全部利息,融资租赁费用可视同借款偿还,运营期内的短期借款本息也应纳入计算。

如果项目在运行期内有维持运营的投资,可用于还本付息的资金应扣除维持运营的投资。

偿债备付率应分年计算,偿债备付率高,表明可用于还本付息的资金保障程度高。偿债备付率应大于1,并结合债权人的要求确定。

3)财务生存能力分析

财务生存能力分析,是在财务分析辅助表和利润与利润分配表的基础上编制财务计划现金流量表,通过考察项目计算期内的投资、融资和经营活动所产生的各项现金流入和流出,计算净现金流量和累计盈余资金,分析项目是否有足够的净现金流量维持正常运营,以实现财务可持续性。

财务可持续性应首先体现在有足够大的经营活动净现金流量,其次各年累计盈余资金不应出现负值。若出现负值,应进行短期借款,同时分析该短期借款的年份长短和数额大小,进一步判断项目的财务生存能力。短期借款应体现在财务计划现金流量表中,其利息应计入财务费用。为维持项目正常运营,还应分析短期借款的可靠性。

判断项目是否具有财务生存能力有两个条件:一是项目是否拥有足够的经营净现金流量;二是各年累计盈余资金是否出现负值。

拥有足够的经营净现金流量是财务可持续的基本条件,特别是在运营初期。一个项目具有较大的经营净现金流量,说明项目方案比较合理,实现自身资金平衡的可能性大,不会过分依赖短期融资来维持运营;反之,一个项目不能产生足够的经营净现金流量,或经营净现金流量为负值,说明维持项目正常运行会遇到财务上的困难,项目方案缺乏合理性,实现自身资金平衡的可能性小,有可能要靠短期融资来维持运营,或者是非经营项目本身无能力实现自身资金平衡,提示要靠政府补贴。

各年累计盈余资金不出现负值是财务生存的必要条件。在整个运营期间,允许个别年份的净现金流量出现负值,但不能容许任一年份的累计盈余资金出现负值。一旦出现负值时,应适时进行短期融资。该短期融资应体现在财务计划现金流量表中,同时短期融资的利息也应纳入成本费用和其后的计算。较大的或较频繁的短期融资,有可能导致以后的累计盈余资金无法实现正值,致使项目难以持续运营。

4)敏感性分析

公路建设项目财务分析敏感性分析的一般步骤如下:

(1)确定敏感性分析的评价指标,如内部收益率、净现值、投资回收期等指标。

(2)选取不确定变量因素,一般选取建设投资、交通量、收费标准、物价总水平上涨率等因素。

(3)设定变量因素的变化幅度和范围,一般假定不确定因素变化的百分率为0、±10%、±15%、±20%。

(4)计算不确定因素的变动对分析指标的影响程度。重点测算对内部收益率的影响,必要时还要分析其对借款偿还期的影响。

(5)找出敏感因素。

(6)根据以上计算结果进行分析,按不确定性因素的敏感程度进行排序,找出最敏感的因素。当不确定因素的敏感度很高时,应进一步通过风险分析,判断其发生的可能性及对项目的影响程度,并提出应对措施。

财务分析敏感性分析见表3-19。敏感性分析结果能抵御支出和收入双向20%的不利变化,表明项目抗风险能力很强;抵御双向10%的不利变化时,表明项目抗风险能力较强;抵御单向10%不利变化时,表明项目抗风险能力一般;不能抵御单向10%不利变化时,表明项目抗风险能力较弱。

财务分析敏感性分析表　　表3-19

收费收入减少 \ 项目 \ 建设投资增加		0	10%	20%
20%	P_t			
	FNPV			
	FIRR			
10%	P_t			
	FNPV			
	FIRR			
0	P_t			
	FNPV			
	FIRR			

第四章　公路建设项目设计阶段工程造价的计价与控制

第一节　概　　述

一、公路建设项目设计阶段的划分及主要工作内容

公路工程基本建设项目一般采用两阶段设计，即初步设计和施工图设计。对于技术简单、方案明确的小型建设项目，可采用一阶段设计，即一阶段施工图设计；技术复杂、基础资料缺乏和不足的建设项目或建设项目中的特大桥、长隧道、大型地质灾害治理等，必要时采用三阶段设计，即初步设计、技术设计和施工图设计。高速公路、一级公路必须采用两阶段设计。

初步设计应根据批复的可行性研究报告、测设合同和初测、初勘资料编制。一阶段施工图设计应根据批复的可行性研究报告、测设合同和定测、详勘资料编制。

两阶段设计时，施工图设计应根据批复的初步设计、测设合同和定测、详勘（含补充定测、详勘）资料编制。

三阶段设计时，技术设计应根据批复的初步设计、测设合同和定测、详勘资料编制；施工图设计应根据批复的技术设计、测设合同和补充定测、补充详勘资料编制。

采用一阶段设计的建设项目，编制施工图预算。

采用两阶段设计的建设项目，初步设计编制设计概算；施工图设计编制施工图预算。

采用三阶段设计的建设项目，初步设计编制设计概算；技术设计编制修正概算；施工图设计编制施工图预算。

1.初步设计

初步设计阶段的目的是基本确定设计方案。因此必须根据批复的可行性研究报告、测设合同的要求，拟订修建原则，选定设计方案、拟订施工方案，计算工程数量及主要材料数量，编制设计概算，提供文字说明及图表资料。经审查批复后的初步设计文件，则为订购主要材料、机具、设备，安排重大科研试验项目，联系征用土地、拆迁，进行施工准备，编制施工图设计文件和控制建设项目投资等的依据。

采用三阶段设计时，经审查批复的初步设计为编制技术设计文件的依据。

初步设计在选定方案时，应对路线的走向、控制点和方案进行现场核查，征求沿线地方政府、建设单位及规划、土地、环保等相关部门的意见，基本落实路线布设方案。对建设条件复杂地段的路线、路基、路面、特大桥及大桥、特长及长隧道、互通式立体交叉、服务设施，一般应选择两个或两个以上的方案进行同深度、同精度的测设工作和方案比选，提出推荐方案。

初步设计内容包括：

（1）选定路线设计方案，基本确定路线位置。

(2)基本查明沿线地质、水文、气候、地震、矿产、文物等情况。

(3)基本查明沿线筑路材料的质量、储量、供应量及运输条件,并进行原材料、混合料的试验。

(4)基本确定路基标准横断面和高填深挖路基、特殊路基的设计方案及沿线路基取土、弃土方案。

(5)基本确定排水系统与支挡、防护工程的方案、位置、长度、结构形式和尺寸。

(6)基本确定路面设计方案、路面结构类型及主要尺寸。

(7)基本确定特大、大、中桥桥位,设计方案、结构类型及主要尺寸。

(8)基本确定小桥、涵洞等的位置、结构类型及主要尺寸。

(9)基本确定隧道位置、设计方案、结构类型及主要尺寸。

(10)基本确定路线交叉的位置、形式、结构类型及主要尺寸。

(11)基本确定交通工程及沿线设施各项工程的位置、形式、类型及主要尺寸。

(12)基本确定改(扩)建工程施工期间的交通组织方案。

(13)基本确定环境保护措施与景观设计方案。

(14)基本确定改路改渠等其他工程的位置、结构形式及主要尺寸。

(15)基本确定占用土地、拆迁建筑物及管线等设施的数量。

(16)提出需要试验、研究的项目。

(17)初步拟订施工方案及工期安排。

(18)论证确定分期修建的工程实施方案。

(19)计算各项工程数量。

(20)计算人工及主要材料、机具、设备的数量。

(21)编制设计概算。

2. 技术设计

技术设计阶段应根据初步设计批复意见、测设合同的要求,对重大、复杂的技术问题通过科学试验、专题研究,加深勘探调查及分析比较,解决初步设计中未解决的问题,落实技术方案,计算工程数量,提出修正的施工方案,修正设计概算,批准后则为编制施工图设计的依据。

技术设计应根据初步设计批复意见、测设合同和需要解决的技术问题,满足下列有关要求:

(1)对初步设计所定方案详加研究,进一步补充和修改。

(2)补充必要的地质、水文、气候地震和地质钻探资料,以及土工、材料、结构或模型试验成果。

(3)提出科学试验成果、专题报告。

(4)提出修正的施工方案。

(5)编制修正概算。

3. 施工图设计

两阶段(或三阶段)施工图设计阶段应根据初步设计(或技术设计)批复意见、测设合同,进一步对所审定的修建原则、设计方案、技术决定加以具体和深化,最终确定各项工程数量,提出文字说明和适应施工需要的图表资料以及施工组织计划,并编制施工图预算。

一阶段施工图设计应根据可行性研究报告批复意见、测设合同的要求,拟定修建原则,确定设计方案和工程数量，提出文字说明和图表资料以及施工组织计划，编制施工图预算，满足审批的要求，适应施工的需要。

施工图设计内容包括：

(1)确定路线具体位置。

(2)确定路基标准横断面和高填深挖路基、特殊路基横断面，绘制路基超高、加宽设计图；计算土石方数量并进行调配；确定路基取土、弃土的位置，绘制取土坑、弃土场设计图。

(3)确定路基路面排水系统和支挡、防护工程的结构类型及尺寸，绘制相应布置图和结构设计图。

(4)确定高填深挖、陡坡路堤及特殊路基设计的结构形式及尺寸，并绘制设计图。

(5)确定各路段的路面结构类型、路面混合料类型，并绘制路面结构图。

(6)确定特大、大、中桥的位置、孔数及孔径、结构类型及各部尺寸，绘制结构设计图。

(7)确定小桥、涵洞、漫水桥及过水路面等的位置、孔数及孔径、结构类型及各部尺寸，绘制布置图。特殊设计的，应绘制特殊设计详图。

(8)确定隧道及其附属设施的形式及尺寸，绘制布置图和设计详图。

(9)确定路线交叉形式、结构类型及各部尺寸，绘制布置图和设计详图。

(10)确定交通工程及沿线设施的各项工程的位置、类型及各部尺寸，绘制布置图和设计详图。

(11)确定改(扩)建工程施工期间的交通组织设计详图。

(12)确定环境保护与景观工程的位置、类型及数量，绘制布置图和设计详图。

(13)确定改路、改渠(河)等其他工程的位置、结构形式及尺寸，绘制相应的布置图和设计详图。

(14)落实沿线筑路材料的质量、储藏量、供应量及运距，绘制筑路材料运输示意图。

(15)确定征用土地、拆迁建筑物及电力、电信等的数量。

(16)计算各项工程数量。

(17)提出施工组织计划。

(18)提出人工数量及主要材料、机具、设备的规格及数量。

(19)编制施工图预算。

二、设计阶段影响工程造价的主要因素

公路工程设计中影响工程造价的主要因素包括总体设计、路线设计、路基路面及排水、桥涵、隧道、路线交叉、交通工程设施以及施工组织设计等。

1. 总体设计

总体设计是通过对项目建设条件的综合分析和设计指导思想，提出路线总体设计方案，论证路线起终点及与其他公路的衔接方式，确定技术标准及主要技术指标的采用情况，不同技术标准之间的衔接过渡情况。提出沿线大型桥梁、隧道、交叉、服务设施的设置位置、间距，设计方案之间的相互关系及协调情况等。总体设计是勘察设计中的重要组成部分，总体设计选择的技术标准、技术指标、路线总体设计方案及构造物的设置都将直接影响工程建设规模、工程数量，它的经济合理性对整个设计方案的合理性有极大的影响。

因此，在进行总体设计的时候要仔细分析各个比较方案的利弊，推荐方案的造价高低是主

要考虑因素之一。

2. 路线设计

路线设计的主要工作内容包括:路线布设、路线控制点及主要技术指标的采用等。路线设计方案对工程造价的影响因素有:

(1)路线方案沿线的建设条件。建设条件决定工程建设的难易程度,如工程地质、水文条件不良地段,特别是构造断裂和滑坡地带都会影响防护措施和工程数量的多少;沿线筑路材料的供应、运输距离等直接影响材料的价格。

(2)各方案的选择和布置情况。如控制点间距、路线、桥梁、隧道、互通式立体交叉、服务设施位置的协调及其位置的确定,不同方案的路线里程、路基填挖高度、立交占地面积、桥梁长度、特别是特大桥的数量等都会影响工程造价。

(3)各方案平、纵指标及连续、均衡情况。设计中如果能够平面顺适、纵坡均衡、平纵组合合理,可以避免路线弯曲、里程增加、高填深挖,从而减少工程量,降低工程造价。

(4)行车安全、通行能力、服务水平。主要对公路运营阶段的经济效益产生影响。

(5)公路用地、征用基本农田及拆迁工程量的多少。

(6)与铁路、原有公路、农田水利、电力、通信、重要管线(道)等的干扰(包括施工)及迁移工作量。

(7)各方案路线对沿线环境影响及采取的措施。

3. 路基路面和排水设计

路基设计的主要工作内容包括:路基横断面布设及加宽超高方式、路基填土高度、挖方深度、路基防护工程等。路基设计方案对工程造价的主要影响因素有:

(1)路基填、挖方高度。路基填、挖方高度直接影响路基土石方数量,特别是高填、深挖、陡坡路堤,土石方调运方案以及采取的工程措施都对造价有影响。一般在设计中,当填方高度超过25m,路堑挖深超过30m时,应与半山桥、纵向桥、隧道方案进行比较,若综合造价高出部分不超过30%时,则优先考虑桥隧方案。

(2)路基防护工程方案。路基防护工程有植物防护和圬工防护两种类型。圬工防护主要利用圬工砌体或混凝土形成一定的结构对路堑边坡进行处治,由于其取材方便,设计施工技术较成熟,处理深层失稳堑坡安全性高,是公路设计常用的防护方法,但该方法造价较高,易破坏公路沿线自然景观及生态平衡。植物防护主要通过人工创造适合草(树)籽生长的环境后,再植播草(树)籽,利用草木对堑坡进行防护。植物防护在处理堑坡浅层失稳方面,因其造价低廉、美化环境、防止水土流失、降低噪声和粉尘污染的生态效应,在国内、外已开始获得广泛应用。

(3)特殊地质路基方案。特殊地质路基包括:软土地基、高边坡路基(岩质边坡高度大于30m,土质边坡高度大于20m),设计时需要因地制宜,根据不同的特殊地质段采取不同的路基设计方案。软土地基的处治方案有:表层处理法、置换法和加载法等。其中置换法又包括:振冲碎石桩、挤密砂桩、石灰砂桩、粉体喷射搅拌桩和高压旋喷桩等。不同的处治方案造价不同,与一般路基方案相比,软土地基处治的造价要高得多。

(4)取土、弃土方案。一般会影响占地面积、水土保持方案,从而影响工程造价。

(5)路面结构方案。包括垫层、基层、面层类型的选择,材料要求、新技术、新材料、新工艺的采用等。一般而言,高速公路、一级公路的造价沥青路面造价高于水泥路面,二级路以下,则反之,路面厚度、结构、改性等对造价影响大。

(6)路基、路面排水设计方案。排水构造物的选择、设置数量对造价有直接影响。一般要求路基、路面的排水设计要结合路线、桥涵的设计,边沟、排水沟及截水沟等的设置位置和数量,并与当地水文、灌溉系统相适应。

4. 桥梁、涵洞和隧道设计

(1)桥位选择。特大桥、大桥桥位在服从路线走向的前提下,作为路线的控制点,进行路桥综合考虑。中小桥梁和涵洞位置和数量要服从路线布设的要求。桥孔布设满足设计流量,不压缩河道,在满足技术要求的同时,选择造价较低的方案。

(2)桥梁跨径。跨越深沟的桥梁,一般选用大跨径结构,以减少桥墩数量。上部结构优先考虑预应力混凝土连续梁或连续刚构结构,桥墩采用空心薄壁墩,下部结构优先考虑桩式基础,以便降低建设造价和养护成本。

(3)小桥涵布设。应以原有沟渠为基础,不打乱现有排灌系统的前提下,进行合理的合并。小桥的上部结构选用钢筋混凝土板式结构。涵洞依据路基填土高度、泄洪流量、地质条件及材料供应条件等情况选用拱涵和盖板涵等形式。考虑养护清淤的方便,涵洞孔径一般不小于1.5m。

(4)隧道设计。从技术经济的角度考虑,设计中要遵循早进洞、晚出洞和减少深挖、保护自然坡体和植被环境的原则。隧址的选择应综合洞口位置、分离或整体式连拱断面、施工场地、洞渣处理、通风照明、养护管理等因素进行多方案比较。如长隧道与明线方案,垭口深挖与短隧道的技术经济比较。

5. 路线交叉设计

(1)路线交叉的类型。路线交叉的类型有互通式立体交叉、分离式立体交叉、平面交叉、通道、天桥等。不同的类型造价不同。设计时一般是根据道路沿线地形、社会环境、交通状况、路网特征,以及未来交通通行需求等情况综合考虑后选择。

(2)在路线交叉设计中,互通式立体交叉是影响造价的主要因素。互通式立交一般应选择在县、镇附近与国道、省道等干线公路相交叉的位置,间距大于4km,小于30km,同时尽量减少占地面积。

(3)对于路网中属于重要结点而初期交通量较小的互通式立交可考虑分期修建。布设在山岭区的互通式立交受地形限制,其匝道布设在满足使用功能需求的前提下,应灵活掌握线形指标,尽可能利用有利地形展线,避免对山体进行大面积开挖,以便降低工程造价。

6. 交通工程及沿线设施设计

交通工程及沿线设施包括:交通管理设施、安全设施、收费、通信、监控系统等。设备的选型是影响工程造价的主要因素。从降低工程造价的角度考虑,管理设施、安全设施、供电、照明、房建、绿化及收费系统本着初期从简,逐步完善的原则与道路主体工程同步设计。设备选择应考虑适用、可靠、维修方便,并尽可能采用国产设备。

7. 施工组织设计

施工组织设计对工程造价的影响是多方面的,但主要是对直接费用的影响,现就影响较大的主要因素进行分析和举例。

(1)施工现场平面布置对造价的影响

施工现场平面布置是施工组织设计在空间上的综合描述,是施工组织设计的重要组成部分。它是在基础资料调查的基础上，结合建设工程的实际情况，按照一定的布置原则和方法，对建设工程在施工过程中的材料供应和运输路线、供电、供水、临时工程、工地仓库、生活设施、管理、机械设施、预制场、拌和场以及大型机械设备工作面的布置和安排。平面布置的确定，也就决定了预算中的直接费，如场内运输的价格、临时工程的费用以及租用土地费、平整场地费用等。在施工组织设计中应精心进行平面布置，从经济分析的角度反复比较技术上和经济上的合理性。平面布置一般应遵循以下原则：

①凡是永久性占用土地或需临时性租用土地的，应结合地形、地貌、在满足施工的前提下，选择交通便利、运输条件好、材料供应方便，尽可能利用荒山、荒地、少占农田和场地平整工程量小的地点布置。

②确定外购材料工地仓库和自采材料堆放点，预制场、拌和站的位置，应避免材料的二次倒运和缩短材料的场内运距。因为，以上平面位置的合理确定对材料的预算单价影响甚大，在设计中应该慎重考虑，多方比较。

③施工平面布置应与施工进度、施工方法等相适应，要重视保护生态环境。

④材料费在公路工程建设中占的比重很大，应给予足够的重视。据有关资料统计，其费用占建筑安装费的40% ~50%，有的高达60%，因此，合理选择材料、确定经济运距和运输方案是控制预算造价的重要手段，也是施工组织设计中的重点。公路施工建设中，虽然材料的品种多，规格不一，但根据工程消耗量分析，主要是外购材料，如水泥、木材、钢材、沥青和自采材料，如块片石、碎(砾)石、砂等。材料费的高低决定于材料的原价、运距及可行的运输方法。材料费是考虑经济成本的主要因素，要经过较多的计算方能得出合理经济的值。

对于路面基层的材料费与材料的原价、运距及选择的运输方式，与拟采用的结构形式有关。如果在施工组织设计中通过这种分析比较，并据以确定路面的结构形式，就控制了材料费的高低，对整个造价的高低也会产生影响，当然，必须是满足在结构上的合理条件下选取最经济的材料品种。

(2)施工工期对造价的影响

任何一个建筑产品，它都有一定的合理生产周期。根据建设工程的实际情况，合理确定施工工期，对工程质量和预算造价都产生极大的影响，公路工程也不例外。如路基土石方施工在填方路段的自然沉陷一般需要一至两年；混凝土施工达到标准强度的时间一般为28d左右等，所以在施工组织设计中应按合理的工期进行劳动力安排、材料的供应和机械设备的配置。根据长期的建设实践经验，工程质量、工程费用、工程进度三者之间存在如图4-1所示的辩证关系。

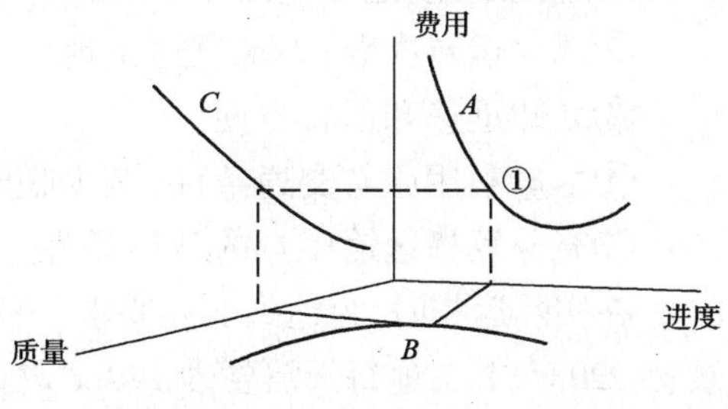

图4-1　工程质量、工程费用、工程进度三者的关系

*A*线表示工程进度与工程费用的关系曲线，*B*线表示工程进度与工程质量的关系曲线，*C*线表示工程质量与工程费用的关系曲线。从*A*、*B*、*C*曲线可以看出，当工程进度加快，工程量完成的多，其工程费用低，工程质量差一些，见*A*线①点。但当工程进度安排进行突击性作业时，工程费用消耗反而增大，其质量就低劣。为了求得高质量，其工程进度就慢，工程费用就高，总之，它们三个的关系是相互制约的，必须在保证工程质量的前提下，合理选择工程费用和安排工程进度，制订合理的施工工期，才能保证工程的顺利进行。

(3)施工方案的选择对造价的影响

所谓施工方案,就是指按照科学和经济合理的原则,正确地确定工程项目的施工顺序和施工方法,并选择适用的施工机械,结合建设条件,对施工期限作出合乎实际的安排。根据建设实践经验,它是指导建设项目实施必不可少的技术经济文件,也是编制设计概算的主要依据之一。所以,交通运输部颁发的《公路工程基本建设项目设计文件编制办法》特设立了专篇,规定编制施工方案时,应列出工程项目单位、数量,并按年和季度标示出各项工程的起止、浮动和衔接的时间。这些都是编制设计概算不可缺少的基础资料,它直接影响着工程进度、工程质量、施工安全和建设工程的成本,应在编制设计概算之前提出,以利编制工作的顺利进行。

《公路工程概算定额》是按照合理的施工组织和一般正常的施工条件编制的,定额中所采用的施工方法和工程质量标准是根据国家现行的公路工程施工技术规范及验收规范、质量评定标准及安全操作规程为依据的。因此,施工方案主要是根据现场施工条件和遵循施工技术等的要求而进行的合理安排,这种安排直接影响概算的编制及其总造价。

施工方案所确定的合理工期,是安排劳力、机具、设备及材料购入计划的依据,也是工程各项目进行全面施工安排的依据,更是项目中的重点工程安排合理与否的主要根据。如项目中的大桥,则是整个工期的控制要素,首先考虑在枯水季节抢先修建水中基础,争取在洪水到来之前抢出水面,否则会增加围堰、筑岛、护筒等数量和相应措施,甚至延误工期,造成不应有的浪费和损失;在北方严寒的冬季混凝土施工困难多,则安排不受气温影响的工程施工,以节省保温措施费用;上部的预制与安装工作则按流水作业的要求,在符合总工期要求的前提下,进行安排,否则势必增加临时工程。因此,结合现场客观情况,实事求是的正确编制施工方案,不仅可以保证工期、质量,而且还能合理地确定工程造价。

(4)运输组织计划对造价的影响

运输组织计划是施工组织设计中的一项重要内容,它不仅直接影响施工进度,而且在很大程度上也影响了工程造价。为了确保施工进度计划的执行,力求最大限度地降低工程造价,就要求编制出合理的运输组织计划。运输组织计划一般应达到下列要求:

①运距最短,运输量最小。

②减少运转次数,力求直达工地。

③装卸迅速和运转方便。

④尽量利用原有交通条件,减少临时运输设施的投资。

⑤充分发挥运输工具的载运条件。

在实际运作时,为达到上述要求,一般经过必要的分析计算,如 X、Y 两个工地,X 工地每天需要砂 $220m^3$,Y 工地每天需要砂 $140m^3$,有 A、B、C 三个料场供应,每日产量各为 $120m^3$,各料场运至工地的运费见表4-1。应如何科学地确定合理的运输方案?求其最小运输费就可获得解决。

料场运至工地的运费 表4-1

料　场	工　地	
	X	Y
A	21元/m^3	24元/m^3
B	23元/m^3	19元/m^3
C	20元/m^3	20元/m^3

设:A_X——由料场A运至工地X的砂量;

A_Y——由料场A运至工地Y的砂量;

B_X——由料场B运至工地X的砂量;

B_Y——由料场B运至工地Y的砂量;

C_X——由料场C运至工地X的砂量;

C_Y——由料场C运至工地Y的砂量。

其最小运输费:

$$Z_{min}=21A_X+24A_Y+23B_X+19B_Y+20C_X+20C_Y$$

由条件知:①$A_X+A_Y\leqslant 120$,②$A_X+B_X+C_X=220$

$B_X+B_Y\leqslant 120, A_Y+B_Y+C_Y=140$

$C_X+C_Y\leqslant 120$,③$A_X\times A_Y\times B_X\times B_Y\times C_X\times C_Y\geqslant 0$

以上线性规划可用单纯形法和计算机求解,其值即为合理的运输方案。

$$A_X=120, A_Y=0, B_X=0, B_Y=120, C_X=100, C_Y=20$$

所以 $Z_{min}=120\times 21+120\times 19+100\times 20+20\times 20=7\ 200$ 元

这样,砂的最低平均运价为:$7\ 200\div(220+140)=20$ 元/m^3,就达到了费用最省的目的。

交通运输部2011年2月在《关于开展高速公路施工标准化活动的通知》中要求:为加强高速公路建设管理,进一步提升工程质量、安全水平和行业文明施工形象,从2011年起,在高速公路建设中开展施工标准化活动。施工标准化活动的主要内容包括工地标准化、施工标准化和管理标准化,专业涵盖路基、路面、桥涵、隧道、绿化及防护工程,以及交通安全与机电工程。其中,工地标准化主要包括驻地和施工现场的标准化。具体要求有:

①按照标准化要求建设施工、监理驻地和试验室及施工便道,改善生产生活环境,提高施工管理效率。

②按照标准化要求建设各类拌和站、预制加工场地和材料存放场地,实现混合料(混凝土)集中拌制,钢筋、碎石集中加工,构件集中预制,充分发挥集约化施工的优势,规范施工现场管理,保证工程质量。

③按照标准化要求规范施工现场安全防护设施、安全标识及其他各类临时设施设置,消除隐患,文明施工。

因此,从保证工程质量,提高管理效率,降低工程造价的目标出发,施工组织设计应符合公路施工标准化的要求。

以上影响因素主要从技术角度分析,其他方面,如国家征地拆迁政策、贷款金融政策等的调整也对公路工程造价有较大影响,大约占总造价的10%~20%。

三、设计方案的技术经济比选

建设项目设计方案技术经济比选就是对设计方案进行技术与经济的分析、计算、比较和评价,从而选出功能上适用、结构上坚固耐用、技术上先进、造型上美观、环境上自然协调以及经济合理的最优设计方案,为决策提供科学依据。

1.设计方案评价原则

为了提高工程建设投资效果,在设计中都应进行多方案比选,从中选取技术先进、经济合理的最佳设计方案。设计方案优选应遵循以下原则:

(1)设计方案必须要处理好技术先进性与经济合理性之间的关系

技术先进性与经济合理性有时是一对矛盾,设计时应妥善处理好两者的关系,一般情况下,要在满足使用者要求的前提下,尽可能降低工程造价,或在资金限制范围内,尽可能提高项目功能水平。

(2)设计方案必须兼顾建设与使用,考虑项目全寿命费用

造价水平的变化,可能会影响到项目将来的使用成本。如果单纯为了降低造价而建造质量得不到保障,就会导致使用过程中的维修费用很高,甚至有可能发生重大事故,给社会财产和人民安全带来严重损害。一般情况下,项目技术水平与工程造价及使用成本之间的关系见图4-2。在设计过程中应兼顾建设过程和使用过程,力求项目寿命周期费用最低。

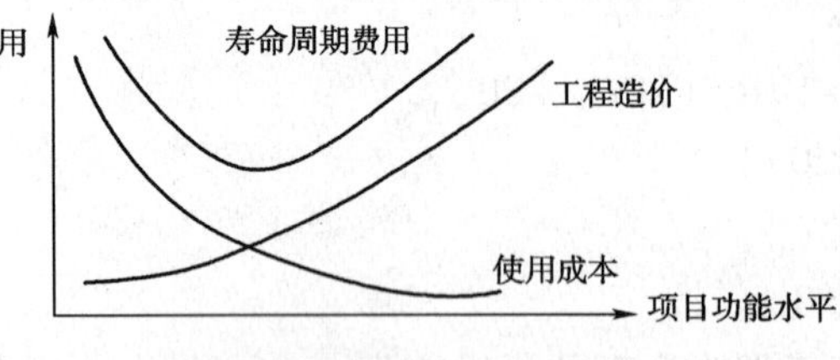

图4-2　工程造价、使用成本与功能水平之间的关系

(3)设计必须兼顾近期与远期的要求

一项工程建成后,往往会在很长的时期内发挥作用。如果仅按照目前的要求设计工程,可能会出现以后由于项目功能水平无法满足需要而重新建造的情况。但是如果按照未来的需要设计工程,又会出现由于功能水平过高而造成资源闲置浪费的现象。所以,设计时要兼顾近期和远期的要求,选择项目合理的功能水平。同时也要根据远景发展需要,适当留有发展余地。

2. 公路设计方案技术比选

(1)路线方案

路线方案技术比选的主要内容有:

①线形设计。应符合道路线形设计的基本要求路线设计应根据公路等级及其功能,正确运用技术标准,保持线形连续、均衡,确保行驶安全、舒适。路线方案的拟订与道路线形设计有着密切的关系,线形设计是对道路路线平、纵、横三方面的一种综合设计。路线方案比选作为线形设计的先导,应符合线形设计的基本要求。

②路线走向。做好方案拟订和比选路线基本走向的选择,应根据任务书指定的路线总方向(路线起、终点和中间控制点),考虑道路等级及其在道路网中的作用,并结合铁路、航道、管理的布局和城镇、工矿企业、资源状况、土地开发利用和规划的情况以及水文、气象、地质、地形等自然条件,从大面积着手,由面到线,从选出的所有可能路线方案中,通过调查、分析、比选,最后确定一条最优路线方案。

③技术指标。正确运用和掌握技术标准,选、定线时应在保证行车安全、舒适、迅速的前提下,使工程数量小,造价低,运营费用省,并有利于施工和养护。在工程数量不大时,应尽量采用较高的技术指标,不应轻易采用接近极限或低限指标,也不应片面追求高指标。

④平面线形。路线力求平顺,要使车辆能够以平稳的速度行驶,若速度必须变化时,也要力求变化徐缓。在平面线形上,影响速度平稳的主要因素是交叉口和弯道。由于控制点和其他地形、地物的限制、必要时仍需设置弯道。为保证行车平顺,在插入弯道时,要尽量使弯道半径大一些(大于技术标准中规定的推荐半径)。

⑤与环境的协调。应与周围环境、自然景观相协调路线线位应尽可能避让不可移动的文物、自然保护区,通过名胜、风景、古迹地区的道路应与周围环境、景观相协调,注意保护原有自然状态和重要历史文物遗址。

⑥地质条件。重视水文、地质条件，道路选线必须由面到带、由带到线，在对地形、工程地质、水文地质等调查与勘察的基础上论证并确定路线方案。对于滑坡、崩塌、岩堆、泥石流、岩溶、软土泥沼等严重不良地质地段和沙漠、多年冻土等特殊地区，应慎重对待。一般情况下路线应设法绕避。当必须穿过时应选择合适的位置，缩小穿越范围，并采取必要的工程措施。

(2)路基、路面方案

路基、路面方案技术比选的主要内容有：

①路基横断面布设及加宽超高方式。

②路基填土高度、挖方深度、路堤(或路堑)最大、最小高度及其控制因素等。

③高填深挖路基、陡坡路堤、路桥(涵)过渡路基等设计方案及比选论证(必要时对高填深挖路基按工点说明)。

④特殊地质路基设计及方案比选论证。

⑤路基防护工程方案比选论证。

⑥取土、弃土方案及节约用地的措施。

⑦路面结构方案、类型的比选论证。

⑧路面结构设计(主线、互通立交匝道、被交道路、收费站广场、桥面铺装、隧道路面等)，材料要求等。

⑨料场的设置。因地制宜地选择适合的筑路材料对于降低工程造价至关重要。在设计中要列出沿线主要筑路材料的料场位置，材料品质、储量、开采条件、运输方式和距离。计算各项工程原材料、成品、半成品运距。考虑沿线替代材料，把降低造价与环境保护结合起来。

⑩路基、路面排水设计方案比选论证。

(3)桥梁、涵洞

桥梁、涵洞方案技术比选的主要内容有：

①技术标准采用情况。

②桥型方案。对常规大、中桥应对不同墩高、不同跨径、不同桥型综合比选论证，在选定最合理的墩高、跨径及梁型组合后，全线桥梁统一按此组合合理布置，桥型布置可以不再作多方案比较。特大桥应提出两个以上桥型方案进行比选论证。

③沿线桥梁、涵洞的设置位置。要考虑沿线水系及水文概况、特征，农田水利设施与桥涵设置位置及孔径选择的关系；沿线工程地质、筑路材料与桥涵结构类型选择的关系；桥梁跨越河流的流域情况、河段特征、桥位处地质、水文、通航情况，桥位的比选情况，水文计算、桥梁孔径确定，岸坡防护工程设计、工程抗震措施、通航河流防撞设计等。

④桥梁抗震设计及耐久性设计及措施。

⑤特大桥或重要桥梁的景观设计方案。

⑥桥梁施工方案。包括特大桥或重要桥梁的养护方案。

(4)隧道

隧道方案技术比选的主要内容有：

①技术标准采用情况。

②隧道的位置及设计方案。包括隧道(包括明洞)的位置、长度、断面形式及与路线协调情况等比选论证；特殊线形、交叉位置关系情况下的隧道设计方案。

③隧道、竖井、斜井和辅助坑道的地形、地貌、气象、工程地质、水文地质、地震及洞口自然

坡体稳定性情况。

④隧道支护衬砌结构类型，洞门形式的确定，抗震措施，洞内外防、排水方案，洞内装饰及路面方案。

⑤隧道通风、照明、供配电、消防、救援。包括风机布设方案，控制方式和实施计划；照明标准及技术要求，照明区段的划分、功能等；供配电设施的设计标准、技术要求及供电方案等；消防、救援的规模、标准及方案的论证；隧道消防组织方案和消防设施设计方案和实施计划等；以及特长隧道运营期的救援、防灾、逃生方案论证。

⑥施工方案。特殊结构、特殊地质条件下的施工方案，以及应对突发事件的预案论证；隧道施工场地、便道布置和弃渣方案。

⑦环境保护设计方案。

(5)路线交叉

路线交叉方案技术比选的主要内容有：

①技术标准采用情况。

②路线交叉(包括互通式立体交叉、服务设施匝道及连接道路、分离式立体交叉、通道、天桥、平面交叉及管线交叉)的分布及设置情况。

③互通式立体交叉的位置、集散交通量、衔接道路、地质、地形、地物情况，互通方案的比选与论证，技术指标的选用，匝道车道数的确定，变速车道采用的形式及其长度的取值，平交处通行能力的分析，收费口收费车道数的设置，排水方案及跨线构造物的方案等。

④服务设施的位置、地质、地形、地物等情况，变速车道采用的形式及其长度的取值，连接道路，排水方案及交叉构造物(通道、天桥)的方案等。

⑤分离式立体交叉的位置、设计标准、排水设施、跨线构造物的类型(上跨、下穿)及方案比选等情况。

⑥通道和天桥的设置。

⑦平面交叉的设置。被交道路现状及拟改建采用的标准(包括等级、设计速度、路基宽度、路面及排水等)、交通管理方式、平面交叉采用的类型及其方案比选等。

(6)交通工程及沿线设施

交通工程及沿线设施方案技术比选的主要内容有：

①交通工程及沿线设施的设计标准。

②监控设施。监控设施不同方案的系统构成及功能和实施计划。

③通信设施。通信设施的通信传输方式，通信网构成及功能，管线设计和实施计划。

④收费设施。收费设施的收费制式和收费方式及其收费站点的布设，收费系统构成及功能和实施计划。

⑤服务设施。服务设施的布设位置、功能、建设规模、建设方案及实施计划。

⑥供配电设施、照明设施、房建工程。包括：供配电设施技术要求及供电方案等；照明区段的布设位置、功能等；房屋布设位置、建设规模等。

(7)环境保护与景观设计

①环境保护措施方案。包括在路线布置、路基、路面、桥梁、隧道、交通工程(含收费站、服务区、标志)、排水、料场布设、废方处理等中已考虑的环保措施(含社会环境、生态环境保护对策)。

②各项环境保护设施的布设位置、类型、功能及其方案比选情况。

③主要场地的景观方案及比选。

④拟采用的植物配置及特性。

3. 公路设计方案评价指标

在进行路线和桥梁设计方案比较时,采用的评价指标见表4-2和表4-3。

路线方案评价指标　　　　表4-2

路段					
比较方案					
路线长度(km)					
最小平曲线半径(m/处)					
最大纵坡(%/m)					
路基宽度(m)					
土石方数量(1 000m^3)					
其中:石方(1 000m^3)					
路面结构类型					
路面综合平均厚度(cm)					
大桥(m/座)					
中桥(m/座)					
小桥(m/座)					
涵洞(道)					
隧道(m/座)					
路段					
互通式立交(处)					
分离式立交(处)					
通道(处)					
占用土地(亩)					
主要材料:钢材(t)					
水泥(t)					
木材(m^3)					
总造价(万元)					
单位造价(万元/公路公里)					

桥梁设计方案评价指标 表 4-3

<table>
<tr><td colspan="4">桥位</td><td colspan="3"></td><td colspan="3"></td></tr>
<tr><td colspan="4">桥型方案</td><td></td><td></td><td></td><td></td><td></td><td></td></tr>
<tr><td colspan="2" rowspan="2">结构形式</td><td colspan="2">主桥</td><td></td><td></td><td></td><td></td><td></td><td></td></tr>
<tr><td colspan="2">引桥</td><td></td><td></td><td></td><td></td><td></td><td></td></tr>
<tr><td colspan="2" rowspan="3">桥长(m)</td><td colspan="2">主桥</td><td></td><td></td><td></td><td></td><td></td><td></td></tr>
<tr><td colspan="2">引桥</td><td></td><td></td><td></td><td></td><td></td><td></td></tr>
<tr><td colspan="2">全长</td><td></td><td></td><td></td><td></td><td></td><td></td></tr>
<tr><td rowspan="9">主要工程数量</td><td rowspan="4">上部构造</td><td rowspan="2">主桥</td><td>混凝土(m^3)</td><td></td><td></td><td></td><td></td><td></td><td></td></tr>
<tr><td>钢材(t)</td><td></td><td></td><td></td><td></td><td></td><td></td></tr>
<tr><td rowspan="2">引桥</td><td>混凝土(m^3)</td><td></td><td></td><td></td><td></td><td></td><td></td></tr>
<tr><td>钢材(t)</td><td></td><td></td><td></td><td></td><td></td><td></td></tr>
<tr><td rowspan="4">下部构造</td><td rowspan="2">主桥</td><td>混凝土(m^3)</td><td></td><td></td><td></td><td></td><td></td><td></td></tr>
<tr><td>钢材(t)</td><td></td><td></td><td></td><td></td><td></td><td></td></tr>
<tr><td rowspan="2">引桥</td><td>混凝土(m^3)</td><td></td><td></td><td></td><td></td><td></td><td></td></tr>
<tr><td>钢材(t)</td><td></td><td></td><td></td><td></td><td></td><td></td></tr>
<tr><td colspan="3">桥面铺装(m^2)</td><td></td><td></td><td></td><td></td><td></td><td></td></tr>
<tr><td colspan="4">接线长度(不含桥长)(km)</td><td></td><td></td><td></td><td></td><td></td><td></td></tr>
<tr><td colspan="4">工期(月)</td><td></td><td></td><td></td><td></td><td></td><td></td></tr>
<tr><td colspan="4">总造价(万元)</td><td></td><td></td><td></td><td></td><td></td><td></td></tr>
<tr><td colspan="4">单位造价(万元/m)</td><td></td><td></td><td></td><td></td><td></td><td></td></tr>
</table>

4. 设计方案经济比选

1)设计方案经济评价指标

(1)工程数量指标。包括:土石方工程数量;桥梁工程数量,如大桥、中桥、小桥涵的座数、面积、长度;隧道工程数量;挡土墙工程数量;征购土地工程数量;拆迁建筑物及管线设施的数量;主要材料数量;主要机械、台班数量及工日。

(2)工程造价指标。包括:每公里造价和工程总造价。

2)设计方案经济比选条件

在对各设计方案进行分析、比较、论证时,必须遵循可比原则,以保证这些分析、论证既能全面地反映真实情况,又有助于决策的正确选择。方案的可比条件要求技术方案在一些主要方面具有同一性、可比性。一般应具有以下四个方面的可比基础。

(1)原始资料和数据的可比性。方案之间原始资料的收集、整理和加工的方法要统一,指标的选取水平要一致,采用的定额标准要相同,增减系数要一致。

(2)满足需要的可比性。对工程项目实现同一社会经济目标的不同技术方案要在满足同样需要的前提下比较其经济性。主要包括:

①功能相同的可比性。从工程技术经济观点来看,不同的工程技术方案只有满足相同功能的需要,才能够进行比较,否则它们无法相互代替,就失去了相互比较的意义。功能等同是方案比较的共同基础。例如连接 A、B 两城市之间的公路建设,可以修高速公路、一级公路、二

级公路或地方道路。即使同一等级的道路设计的行车道数和采用的路面材料也可以有多种形式，只有它们都能够满足两城市间的通行量和特定的承载能力要求，能够相互代替，才能比较各方案的经济效果。

②产量指标的可比性。对运输业要求的线路设计通过能力和完成运输周转量相同，如公路线路走向方案不同或两地间使用不同运输方式(如公路运输和铁路运输)的方案进行比较时，不能将不同设计通行能力的方案进行直接比较。

③质量指标可比性。当不同方案的产品质量不同时，不能对比。首先要使对比双方质量都满足相同程度的需求。例如公路等级不同，所提供的汽车行驶速度、道路服务条件都不相同，所提供的服务安全性、舒适性显然不具备可比性。对不具备可比条件的方案，应采用一定的技术方法将其转化为可比方案。

(3)费用效益的可比性

①计算的基础资料和指标形式可比性。费用和效益通常采用货币值的价值指标，包括设备价格、材料价格及工资单价等价格指标要相同，各种消耗指标要采用同一资料，投资估算应采用同一定额。

②计算价格的可比性。项目耗费与效果用货币形式表现时，要通过价格计算，应保证不同资源比价合理。财务评价采用现行市场价格，国民经济评价采用影子价格。

③各设计方案设计深度相同，计算范围的可比性。各方案设计的详细程度相同，方案比较可按各个方案所含的全部因素(相同因素和不同因素)计算各方案的全部经济效益和费用，进行全面比较。也可仅就不同因素计算相对经济效益和费用，进行局部对比。但要特别注意各个方案间的可比性，遵循效益与费用计算口径和范围对应一致的原则，必要时考虑相关效益和相关费用，且经济计算方法应相同。

(4)时间因素的可比性

由于资金时间价值原理的作用，不同时间同样数量货币是不等值的，在工程技术方案比较中，要满足时间因素的可比性。这包括两方面的内容：

①服务年限可比。对使用寿命不同的方案进行经济效果比较，如采用现值指标进行比较时，必须用相同的计算期作为比较的基础，即项目的服务年限要相同。

②工程技术方案在不同时间产生的费用和效益，不能将它们简单相加，必须考虑资金的时间价值，利用统一的复利计算至同一基准时间再进行比较。

3)设计方案经济比选方法

(1)最小费用法。当设计方案的效益相同或效益基本相同但难以具体估算时，为简化计算，可采用最小费用法。即把各方案的费用折现为现值后，比较现值的大小，选择费用小的方案。它包括费用现值比较法和年费用比较法。

费用现值比较法是通过计算各比较方案的费用现值(PC)并进行对比，以费用现值较低的方案为优。

年费用比较法是计算各比较方案的等额年费用(AC)并进行对比，以年费用较低的方案为优。年费用比较法可以直接用于寿命期不同的方案比选。

(2)全寿命周期成本法。全寿命周期成本是指在满足一定经济效益的各个方案中，选定全寿命周期成本最小的方案。在设计阶段对公路项目进行全寿命周期成本分析是非常有效的，尤其在初步设计阶段，因为与设计接近完成时相比，在初步设计阶段进行变更更容易，而在详细设计阶段,即使发现成本问题有待改善,设计人员也不愿意重新设计,因为在详细设计阶段变更的阻力会很大,哪怕只是部分的重新设计,也会打乱设计的整体部署。

公路建设项目全寿命周期是指公路的经济寿命周期,即从公路建设项目立项开始、到设计、施工、投入营运,直至弃置为止的整个时期。为了简化起见,在设计阶段,使用全寿命周期成本方法对不同技术方案进行比选时,主要考虑方案的建设费用和养护费用。比选的方法采用费用现值法和年度费用比较法。

(3)价值工程。价值工程是通过各方协作,对所研究对象的功能与费用进行系统分析,不断创新,最终以研究对象的最低寿命周期成本,可靠地实现使用者所需功能来获取研究对象最佳的综合经济效益的一种技术经济分析方法。

公路建设项目的成本70%~90%决定于决策和设计阶段。当设计方案确定或设计图纸完成后,其结构、施工方案、材料等也就限制在一定条件内了。设计水平的高低,直接影响投资效益。同时,工程设计本身就是一种创造性的活动,而价值工程作为有组织的创造性活动,强调创新。因此,价值工程是设计阶段优选方案的一种有效方法。

第二节　公路工程造价编制的一般步骤和工作内容

公路建设项目是由路基、路面、桥涵等不同功能结构的工程所组成的,而每一项工程又包含有众多的分部工程和分项工程,同时,还要受到建设环境和市场行情的影响。所以,对其造价的编制是一项十分繁琐而又细致的工作。为确保工程造价的编制质量,达到经济合理的目的,深入学习和研究工程造价的编制步骤和工作内容,无疑是十分必要的。

工程造价的编制步骤和工作内容,概括起来就是:拟订工作方案,确定编制原则;进行现场调查、收集有关资料;熟悉设计图纸,核对工程数量;了解施工方案和施工计划中的内容,确定先进合理、安全可靠的施工方法;划分工程子目;在熟悉设计图表资料和文字说明,结合现场调查,做好核对工程量的基础上,正确摘取工程量;进行工程造价的各种价格、费用的分析和累计计算,复核及审核,最后编写编制说明和出版等。上述各项工作内容,一部分是属于工程造价编制前的准备工作,它是编制工程造价的基础,一部分是属于工程造价具体编制运作环节。但是只有做好了准备工作,有了可靠的基础资料,才能编好工程造价。所以,重视做好工程造价编制前的各项资料的收集和准备,是按质、按期完成工程造价编制工作的重要前提和必要条件。

工程造价编制流程见图4-3。

一、拟订编制方案、确定编制原则

1.拟订编制方案

根据我国现行的公路基本建设管理体制和有关勘察设计、工程造价管理的规定与要求,担负公路勘测设计工作的单位,在完成勘测设计任务的同时,必须编制其相应的工程造价文件,它是各阶段设计文件的一个重要组成部分。所以,工程造价的编制是设计单位(主要是测量队)勘测设计任务工作之一。故测量队的组成人员中,一般都配有专职的概预算人员(造价工程师),具体负责工程造价的编制业务。由此可知,工程造价的编制是与勘测设计工作同步进行的。因此,造价工程师在这样的前提条件下,如何与队内各业组的设计人员紧密配合开展编制造价的业务工作，就成为一个首要的问题。我们知道，要做好任何工作的关键在于善于统观全局、精心谋划、制订可行的工作方案，从而有序、有步骤地进行，以提高工作质量和效率；没有计划就会失去行动的指南。工程造价的编制工作也是如此，首先应拟订编制方案。根据实践经验，编制方案，一般应包括如下内容：

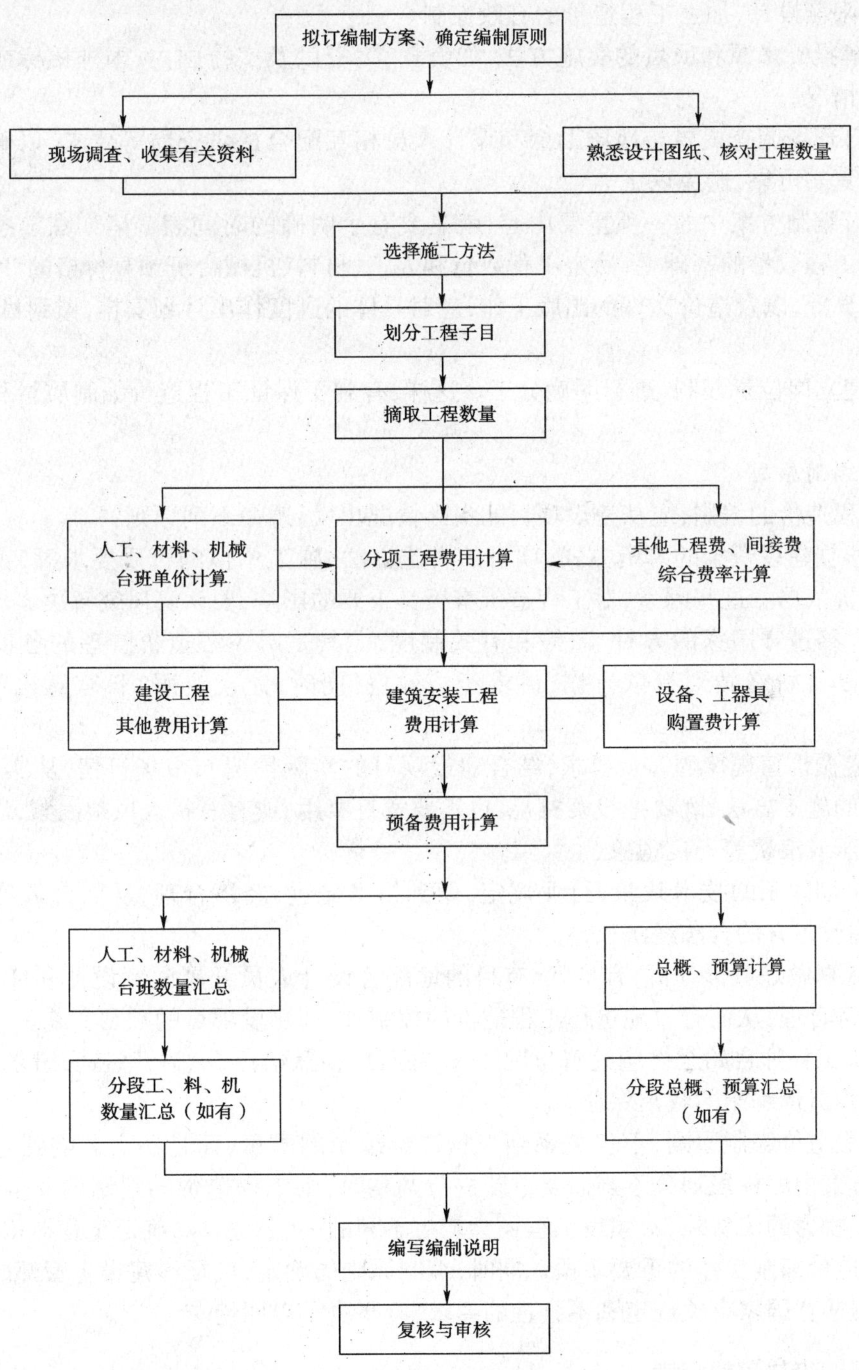

图 4-3　工程造价编制流程

(1)熟悉了解工程建设主管部门对公路建设项目的等级、技术标准、勘察设计和建设期限等各项要求，或勘察设计合同、委托书的规定和要求，以及经批准的前期设计，如可行性研究报告或初步设计文件等。

(2)参与勘察设计过程中的各种技术、业务研讨会和工作任务安排，了解掌握有关设计意图，以及新技术、新结构、新材料的应用情况；并开展造价分析、技术经济论证活动；注意配合设计人员做好限额设计，加强工程造价的有效控制。

(3)了解投资来源和项目的实施方法，如贷款、集资以及实行国内、国外招标或采用按施工图结算等情况。

(4)拟订现场调查提要与地质勘探和设计人员相互配合提供资料等要求，以确保所收集的基础资料真实可靠，避免返工。

(5)拟订编制方案中的一项重要内容，就是要有个明确的时间表。诸如在熟悉设计图纸资料和核对工程数量的基础上，确定工程数量和人工、材料、机械台班预算价格的计算，分项工程费用的计算等，以及造价文件的出版工作，应对具体的进度作出计划安排，做到目标明确，心中有数。

(6)要建立岗位责任制，进行明确分工。这样，有利于保证工程造价编制质量和提高业务水平。

2. 确定编制原则

公路工程造价的编制，应从建设项目的实际情况出发，遵循下列原则：

(1)要根据建设资金的筹资方式，项目的实施方法，施工单位的资质要求等，正确合理地采用工程计价依据。这些因素，对工程造价有极其重要的影响，要认真研究解决。

(2)要严格遵守国家的方针、政策和有关制度，尤其是对工程造价管理的各项规定和要求。造价编制要始终做到有依有据，讲求经济效益；同时，注意克服“长官意志”的影响和干扰。

(3)要遵循价值规律的客观要求，结合建设项目的实际情况与市场行情，从实际出发，采用先进合理的施工方法，既要把投资打足，也不要宽打窄用；或有意扩大风险因素，以免造成建设资金的积压或浪费等不良现象。

(4)要贯彻国家的技术政策、行业规定，做到技术先进，经济合理，从而合理确定工程造价，以维护建设各方的合法经济权益。

(5)要认真做好造价分析，有步骤、有目的地配合设计人员开展限额设计和优化设计，使设计更加经济合理，从而有效地进行工程造价的控制，以利建设项目的顺利实施。

(6)造价工程师自始至终应紧密与设计人员配合，相互信任，谅解，坚持实事求是的精神，这是做好工程造价编制的政治保证。

确定工程造价编制原则，不仅关系到工程造价编制的质量，而且还会影响到它的编制速度，如实施方案中的标段划分不当而要重新进行调整时，则工程造价的编制就要重新进行，除了造成人力、物力的浪费外，对建设工程还会产生不利的影响。所以，确定工程造价编制原则，是完成工程造价编制工作的重要手段。同时，编制原则的确定，应征得建设主管部门和建设单位的认可，但违背国家有关规定和不合理的要求，应坚决予以回绝。

二、现场调查与资料搜集

在编制工程造价之前，造价工程师必须进行现场调查，搜集有关资料。实践证明，现场调查时,往往能发现降低工程费用的更佳施工方法和结合实际的技术组织措施。这是编好工程造价的一个重要工作环节和必要手段。

熟悉设计图纸资料与现场调查是公路工程造价编制的两项重要工作。这两项工作不是截然分开的,并不是在前者完成之后,然后才进行后者,实际上是互相交错进行的。在一般情况下,除在勘察期间,造价工程师应随同勘察队进行工程造价必须掌握的各种基础资料调查外,还应在熟悉设计内容的基础上,检验现场实施的可能性和经济的合理性,对有关编制工程造价所需的各种基础资料应密切结合设计内容开展调查工作。根据编制公路工程造价的要求,应进行如下各项现场调查并搜集相关的资料。

1. 社会条件

社会条件是指建设工程所在地的政治、历史、区情、风俗以及社会、经济的发展情况,对此应进行必要的调查了解,它对建设工程的顺利实施有着极其重要的影响。

2. 自然条件

自然条件包括沿线地形、地质、水文、气候等,是直接影响建设工程实施可能性的重要因素,必须进行细致和充分的调查研究。凡遗漏或不全的,均应加以补充和完善,要认真细致,务必使所搜集的资料真实可靠。

(1)地形情况,包括地貌、河流、交通及附近建筑物、构筑物等情况。因公路是一种线形建筑工程,往往要穿越各种各样的地带,如城镇居民地区;地形起伏不定,河流纵横交错的复杂地区;亦可能是沙漠、草原、原始森林或地质不良的地区;此外,在实施过程中或建成后,可能遭遇到山洪、冰川、雪崩和塌陷等自然灾害的影响。通过深入调查研究,做到情况明了,就能从实际出发,确定合理可靠的设计方案和工程造价,从而避免建设资金的浪费和对人们的生产、生活产生不利的影响。

(2)土壤地质情况。如土壤的性质和类别,不良地质地区的特征,泥石流、滑坡以及地震级别等。其中土的类别等,是计价的信息资料,如果不实,就会使工程造价脱离实际,影响工程的顺利实施。

(3)水文资料。包括河流的流量、流速、漂浮物情况,水质、最高洪水位,枯水期水位,以及地下水等,这些都是确定编制工程造价及安排施工计划的客观依据,应深入群众中了解收集。

(4)气象资料。如气温、季节风、雨量、积雪、冰冻深度等情况,以及雨季和冬季的期限。应向沿线气象部门调查搜集所需资料,若与概预算编制办法中有关冬雨季的规定要求有较大出入时,可作为调整计算冬雨季费用的依据。

3. 技术经济条件

诸如技术物资、生活资料、劳务、社会运力、市场行情,以及当地政府颁布的经济法规等多方面的经济信息,是工程计价极其重要的信息资料。应做到资料准确,某些资料尚应取得协议书面文件。

(1)运输道路情况。工程施工时,沿线可利用的场地、运输道路和桥梁,在使用前和使用过程中,必要的改建加固和维修,以及需要支付的补偿费等情况。除应搜集各项具体数据外,一般应与物主取得协议。

(2)建筑材料。对工程所在地的各种建筑材料的供应能力,流通渠道,供应地点,管理部门和大型建材市场等进行多方面的调查,并搜集市场动态,掌握价格的发展趋势。对于地方性的砂、石材料,重点是根据设计人员确定的料场,探明储存量和开采条件。当地有无工业废料

(如粉煤灰),以及数量、质量、价格及其利用的可能性等情况。进行料场价格调查时,在价格中应包括所有应支付的费用,如砂石场的管理费等。并要注意调查价与实际购买价可能产生的价差。

进行调查时要根据预算定额所规定的材料规格,结合工程项目实际情况,确定调查的内容,如供应地点、出厂价或市场价、运距、运输方式、运价、装卸费、路况及其他费用等。调查中应做好记录,见表4-4。自采材料应绘制"沿线筑路材料供应示意图"。

建筑材料价格调查表 表4-4

建设项目名称:

序号	材料名称及规格	单位	供货地点	供应价格(元)	运输方式及运距(km)	供应价格依据

调查者: 年 月 日

为了建立和完善工程价格信息资料的管理机制,规范工程计价行为,以利加强宏观调控。近年来各省、自治区、直辖市的公路(交通)工程定额(造价管理)站,根据国家赋予造价管理的行政职能,都定期发布指令性的建筑材料价格信息,故在进行建筑材料价格的调查时,原则上应以此为依据,结合所搜集的建设工程所在地的价格信息资料,征询建设单位的意见,进行必要的分析研究,合理取定。

(3)社会运力。当地可能提供的运输方式(如汽车、火车、船舶等)、能力,转运情况,以及运杂费标准,如过路费、过桥费、各种装卸费、和车船使用税征收标准等。除应向当地交通运输主管部门调查了解外,还应注意运输市场情况的调查研究。

(4)劳务。一是要调查建设工程所在地可资利用的社会劳动力资源的情况,诸如数量、技术水平、分包的可能性;二是要搜集工人工资的资料。人工费的单价也同上述材料价格一样,是由各地的公路(交通)工程定额(造价管理)站统一发布的,但是有些特殊的规定,如地区生活补贴、特殊津贴等,是否已包括在统一的单价内,要注意调查了解有关这些方面的情况和规定,以免遗漏。

(5)用水、用电。当地供水、供电能力和管线设施情况,收费标准,以及提供通信的可能程度。个别地区供水、供电对工程造价有较大的影响,应尽可能做好相关的各项资料的搜集。

(6)生活资料。如主副食、日用生活品的可供情况,以及医疗卫生、文化教育、消防治安等社会服务机构的支援能力。主、副食运输要分别调查主食、副食、煤、生活用水等供应地点,运距,如有几个供应点,应调查各点供应数量的比重。以便计算综合里程。调查记录情况见表4-5。

主副食运输调查表 表4-5

建设项目名称:

序号	名称	供应地点	供应比重(%)	运距(km)	备注

调查者: 年 月 日

注:主副食若有多个供应点,应分别填写并注明其供应比重。

(7)市场行情。要通过对市场情况的调查,了解其发展趋势,进行综合预测,确定年工程造价增涨率,以便计算工程造价增涨预备费。

(8)筹资方式。应向工程建设主管部门或建设单位了解兴建工程筹集建设资金的方式,若系贷款项目,则应明确所需贷款总额、资金来源、年利率、建设年限,以及年度贷款的分配比例等,以便计算建设期的贷款利息。

(9)实施方法。要向工程建设主管部门或建设单位了解建设项目是实行招标,或其他方法选定施工单位,对施工单位应具备的资质等级的要求和初步选定施工单位的意向,以及施工方案,标段的划分和机械化程度等。这不仅是确定工地转移费用的依据,也是取定其他各项有关计价依据的重要条件。既要考虑施工单位的承受能力,也要考虑市场竞争的影响因素,总之,要正确处理好两者之间的关系。

(10)征地、拆迁。要向沿线当地人民政府的土地管理部门调查了解工程建设征用和租用的土地,被征用土地上青苗的铲除,经济林木的砍伐,房屋、水井等建筑物的拆除,应予支付补偿的标准,以及土地征收管理费,耕地占用税的有关规定。同时,要搜集各种农作物的平均年产量,人均占有耕地亩数,农作物的市场价格,占地新政策,综合地价和统一年产值标准,房屋拆迁市场评估价,以及地方有关政策标准等资料。

在路线范围内,所有建筑物,树木等均要进行调查,建筑物不但包括地面以上的,埋在地面以下的建筑物,如水管、电缆等也要调查清楚,以便采取必要的工程措施。

进行调查时,要全面收集以下有关各项原始数据资料。

①需迁移的建筑物要详细注明路线桩号,左右距离。

②电杆迁移必须注明形式、负荷量、几线等,是木质或钢筋混凝土的。

③电杆要注明与路中心线的交角,确定拆迁数量要充分考虑由于迁移使两端受影响的数量,一并计入迁移数量中。

④所有拆迁的建筑物必须注明结构形式、材料情况、新、旧程度。

⑤对于树木的调查,必须分清树种、直径,经济林还应调查其产量、单价等。

至于电力、电信设施的迁移,以及水利工程、铁路及铁路设施互相干扰时,应与有关部门联系,商定合理的解决方案和赔偿标准。

由于征地、拆迁涉及的面广,对人们的生产、生活都会产生极大的不利影响,应认真细致的按照表4-6~表4-9的内容和要求,做好现场调查和资料的搜集工作。

征用土地补偿调查表　　表4-6

建设项目名称:

县(市)别	土地种类	土地等级	农作物种类	近三年平均产量(kg/亩)	实物单价(元/kg)	备注

补充资料:人均占有耕地亩数

提供单位:　　　　调查者:　　　　年　月　日

注:1亩=666.67m^2。

此外,因确定公路征用土地的面积,都是按照横断面双边需占地的宽度加上规定的预留宽度来计算的，往往产生一些田边、地角等不在计算的范围内等情况，即一整块耕地被征用之后，尚剩下一个小角落，不在被征用范围内，而客观上已无法再作为耕地使用。所以，在以往实际执行过程中，一般都一并计入征用补偿范围，故在现场调查时，也不可忽略这些情况。

砍伐经济林木补偿调查表 表4-7

建设项目名称：

县(市)别	经济林木种类规格	单位	补偿单价(元)	备注

提供单位： 调查者： 年 月 日

迁移电力电信线路补偿调查表 表4-8

建设项目名称：

县(市)别	迁移线路种类	型号与规格	单位	补偿单价(元)	备注

提供单位： 调查者： 年 月 日

拆迁建筑物补偿调查表 表4-9

建设项目名称：

县(市)别	建筑物种类	规格标准	单位	补偿单价(元)	备注

提供单位： 调查者： 年 月 日

(11)临时工程

临时工程包括两个方面的内容，一是为保证施工企业正常施工，施工现场必须设置的各种临时设施；一是为主体工程的施工必须修建的临时工程。

临时设施是指各种生活、生产用房、工作便道、人行便桥、临时用水、用电的水管支线、电力支线和其他小型临时设施等，其所需费用，根据不同的工程项目、不同的地区类别，是以费率形式进行计算的。

临时工程包括电力、电信、汽车便道、便桥等，要根据工程项目所确定的施工方案和路线所经现场的实际情况，确定预制厂、沥青混合料、水泥混凝土集中拌和的拌和场，现场管理机构、施工点等的位置和范围，以此确定临时占地数量和各种临时工程数量。

进行调查时，要按如下有关要求分别收集有关资料。

①临时占地数量。临时占地数量包括施工企业施工工地所需的生产、生活用房占地、预制场、沥青混合料拌和厂、水泥混凝土拌和场、路面稳定土拌和场、材料堆放场、仓库、临时便道及其他临时设施等等所需临时占地数量，以及处理复耕土地所需的费用等资料。

数量可根据工程规模大小、工期长短、按施工方案的安排确定。如工程规模不大、占地数量应小；但考虑必需的房屋、设备、设施等，其数量需相应加大；再如由于特殊要求，安排工期较短，一些临时设施相应也会加大，占地数量也相应增多。

②临时电力、电信。在考虑临时电力、电信线路的接线位置和长度时，要与被接线单位协商确定，尽量就近考虑。

临时电力线路为从变压器到接线处的电力干线长度，从变压器到用电点的接线为电力支线，桥梁施工现场、拌和场等场内用的电力支线其费用已综合在规定的临时设施费用中，不再另列。

③临时汽车便道。临时汽车便道是指运输材料、构件、半成品到工地和砂、石材料从料场至公路以及预制场、拌和场内部汽车公路均为需修建的汽车便道，以及大型的施工机械进场的道路。

④临时汽车便桥。临时汽车便桥是为修建汽车便道而必须相应修建的便桥以及桥梁施工时，材料、机械设备过河需修建的汽车便桥、便桥的高度与长度按施工现场实际情况和工期安排确定。

⑤临时轨道辅设。临时轨道按需要分轻、重轨。重轨又分为路基上、桥上两种，轻轨铺在预制场，用于运输混凝土、预制构件横移。路基上重轨指从预制场至桥头在路基上辅设的长度，在桥上为在桥面上运梁辅设的长度。

将临时工程的调查结果填入表4-10中。其中临时占用土地，如需恢复耕种的，要了解分析复耕所需的费用情况，并计入工程造价。

临时工程调查表　　　　表4-10

建设项目名称：

序号	工程名称	设置地点或桩号	规格标准	单位	数量	备注
1	电信线路					
2	电力线路					
3	汽车便道					
4	汽车便桥					
5	大型场地					
6	轨道辅设					
7	临时占地数量					

调查者：　　　　　　　　　　　　　　　　年　　月　　日

(12)其他。如沿线文物、管线交叉方案等。

在现场调查和搜集资料过程中，凡涉及下列事项时，应取得书面协议文件：

(1)与地方政府就砂石料场的开采使用、运输以及取土场、弃土堆的意向协议。

(2)拆迁建筑物、构筑物与物主协商的处理方案。

(3)与原有的电力、电信设施、水利工程、铁路及铁路设施互相干扰的处理方案。

(4)施工中利用电网供电的协议。

(5)当地环境保护对公路建设工程的特殊要求。

凡调查所搜集的各种基础资料或协议，均应制作成书面文件，装订成册，作为设计和造价文件的必要附件。

三、熟悉设计图纸资料，核对主要工程量

设计图纸是计算工程量的主要依据。所谓计算工程量，就是指按照设计图纸上的尺寸计

算实物工程数量，而所计算的工程量是编制工程造价的基础数据资料。所以，对设计图纸资料全面情况的熟悉了解，是准、快、全地编制工程造价的前提条件。因为设计图纸资料除表示了各种不同的构造、大小尺寸外，而作为计价的基础资料的各种工程量，基本上都反映在图表上，而有些又是隐含在图纸内，如混凝土和砂浆的强度等级，石砌工程的规格种类，以及施工要求等，凡难以在图纸上表示的项目内容，往往多在文字说明内加以规定。通常用图形表现的设计图纸和用文字叙述的工程说明书，确定了工程的数量和施工方法。故熟悉设计图纸资料，尤其是文字说明内容，对工程造价的编制质量，是一种极其重要的影响因素。

为了使所提供的和搜集的工程计价的基础数据的合理可靠，以确保工程造价的编制质量，在编制公路工程造价之前，应熟悉设计图纸资料和文字说明，了解设计意图和工程全貌。核对主要工程量时应注意的有关事项简要叙述如下：

(1)公路建设工程技术日趋复杂，新材料、新结构、新工艺日益被广泛应用，而作为指导建设项目实施的各种设计图纸资料，也越来越多，所以要按照《公路工程基本建设项目设计文件编制办法》规定的一个建设项目必有的图表资料，进行清点，是否齐全，如有短缺，要查明落实，以免漏项。

(2)核对各种图纸，如构造物的平面、立面、结构大样图等，相互之间是否有矛盾和错误。各部尺寸、高程等是否有彼此不对口的，文字说明是否有含糊不清等情况，凡影响到计价的都要核对清楚。

(3)图与表所反映的工程量是否一致，分计、总计是否相符，都应进行核对；或与图上的文字说明存在相互矛盾的，要提请设计人员予以纠正、澄清。

(4)各种设计工程量的分部分项工程名称、计量单位，应符合采用的计价定额标准的要求，若不相符时，要进行调整、修正。

(5)对工程造价影响较大的关键部位或量大价高的工程量，必要时应重新进行复核计算，以验证是否计算正确。

(6)当个别工程量超出一般常规情况时，如钻孔灌注桩，一般每立方米混凝土的含钢筋量在90kg左右，若图表上所反映的数字出入较大或在工程质量上超出国家施工技术规范规定的要求等时，都应进行分析研究，并将情况反馈给设计人员，予以处理。

(7)在熟悉设计图纸资料和核对工程量的过程中，要结合过去的历史工程造价资料和兴建工程的实际情况，如路面的结构形式、圬工类别等，重点分析施工的可能性和经济的合理性，据以向设计人员提出建议，使设计更加经济合理。

(8)对国家颁发的各种设计图集，也要进行必要的熟悉。因为一般标准图集的一些规定，具体的设计图纸不一定全部表示出来，往往又是作为计价的依据。同时也可作为比较的参考，便于发现问题。

由于公路建设工程有其特殊的技术经济特征和设计文件编制的特殊方法，从而决定了核对工程量是工程造价编制的一个关键环节。因此，作为具体实施工程造价编制工作的工程师，应结合长期的实践经验，遵循一定的工作程序，深入熟悉设计图纸资料，做好工程量的核对工作。它是确保工程造价编制质量的有效手段，对工程造价的合理可靠性也会产生重要的影响。实际上也是造价工程师不断学习、提高业务能力和工作水平的一个过程。对工程造价的编制，无论是采用手工或应用计算机软件进行，熟悉设计图纸资料，核对主要工程量，都是必不可少的。

四、选择施工方法

在公路工程设计和建设中，施工方法的选择是非常重要的，必须依据工程条件和经济合理的原则进行多方面的比较，选择既经济又适用的施工方法。

在设计阶段，一般情况下，施工方法是设计人员在施工组织设计中提出的，但对具体机械设备的配置，仍然需要概、预算编制人员根据经验选择。

1. 路基施工方法的选择

路基工程中，土石方工程量很大，采用何种施工方法，人工、机械消耗数量差异很大。目前，高等级公路为了满足施工质量和工期要求一般都是采用机械施工，而低等级公路多采用人工机械组合施工。在机械施工中，主要是就作业种类和机械经济运距选择机械的问题。选择时可参考表4-11、表4-12进行。

作业种类与筑路机械选择表　表4-11

作业种类	供选择的机械种类	作业种类	供选择的机械种类
伐树、挖根	推土机	运输	推土机、自卸汽车、手扶拖拉机、翻斗车
挖掘	挖掘机、推土机、松土机	摊铺	推土机、平地机
装载	挖掘机、装载机	压实	轮胎式压路机、振动压路机、推土机、羊足碾
挖掘、运输	推土机、铲运机	洒水	洒水汽车

根据运输距离选择机械　表4-12

机械类型	经济运距(m)	机械类型	经济运距(m)
推土机	0~60	自行式铲运机	70~500
拖式铲运机	80~400	自行式平地机	500~3000
装载机+自卸汽车	>500	手扶拖拉机、翻斗车	50~500
挖掘机+自卸汽车	>500		

2. 路面施工方法的选择

路面施工方法，基层主要采用路拌或厂拌，面层有热拌、冷拌、厂拌、层铺法等。当路面结构一定时，不同的施工方法工程成本消耗不同，选择路面施工方法时，应结合公路的技术等级，工程规模、质量和工期的要求以及造价进行综合分析后确定。

3. 构造物施工方法的选择

公路工程构造物是指路基土石方和路面工程以外的桥梁、涵洞、防护工程等。由于构造物的种类多，结构各异，所以其施工方法也各不相同。

20世纪70年代以来，随着预应力混凝土的广泛应用，施工机械设备的不断发展，桥梁施工方法也多种多样，如现浇、预制安装、悬臂施工、顶推施工等。但就其施工工艺的全过程来看，可以归纳为两类：一是就地砌筑或浇筑；二是预制安装或悬拼。基础和墩台工程的施工，基本上都是采用前一种施工方法，而上部构造多采用后一种施工方法。为了使桥梁上部构造具有较好的整体性能，在安装或悬拼完成后，还有适量的现浇接缝混凝土。

桥梁的施工方法虽然很多，但都有其一定的适用范围和条件。表4-13是各种桥型常用的施工方法。

各桥型常用施工方法　　表4-13

施工方法＼桥型	简支梁桥	T形钢构	连续梁桥	桁架梁桥	组合体系梁桥	拱桥	斜拉桥	吊桥
现浇施工	√		√		√	√	√	
预制安装	√	√		√	√	√	√	√
悬臂施工		√	√	√			√	√
顶推施工			√					
转体施工		√		√		√		

涵洞的类型按照其洞身形状可分为圆管涵、盖板涵、拱涵和箱涵四种。

圆管涵的基础一般采用石砌混凝土，当地基承载力符合要求时，管身可直接搁置在天然基础上，管身一般采用预制安装施工方法。为避免破坏已建成的路基和影响交通时，圆管涵也可采用顶进法施工。

盖板涵有石盖板和钢筋混凝土盖板两种，目前多采用钢筋混凝土盖板涵，其涵身和基础多采用石砌圬工，钢筋混凝土盖板则采用预制后运至现场安装，安装一般使用扒杆或汽车式起重机进行。

拱式涵洞多为石拱涵，多采用半圆拱结构，施工工艺要求与石拱桥基本一致，施工方法一般是用拱盔、支架或土胎作支撑，现场砌筑拱圈。

箱涵是一种刚架结构，采用钢筋混凝土建造，施工方法有现浇和预制两种。预制钢筋混凝土箱涵通常采用顶进法施工，多用作拟建公路与原有铁路、公路相交的情况。

隧道的施工方法主要有新奥法和矿山法两种。现行概、预算定额是按照一般凿岩机钻爆法施工的开挖方法进行编制。

五、划分工程子目

公路工程概、预算的直接工程费是以分项工程直接工程费汇总而来，所以将一项工程划分为若干工程子目是概、预算编制工作中一项重要的基础工作。一般划分时需要考虑以下要求：

1. 按照概、预算项目表的要求进行

概、预算项目表是将一个复杂的建设项目分解成许多分项工程的一种科学划分方法，项目层次的划分应按照表4-14进行。

概、预算项目表（节选）　　表4-14

项	目	节	细目	工程或费用名称	单位	备　注
				第一部分　建筑安装工程费	公路公里	建设项目路线总长度（主线长度）
一				临时工程	公路公里	
				…		
二				路基工程	km	扣除桥梁、隧道和互通立交的主线长度，独立桥梁或隧道为引道或接线长度
				…		
三				路面工程	km	
	1			路面垫层	m^2	按不同的材料分节

续上表

项	目	节	细目	工程或费用名称	单位	备　注
		1		碎石垫层	m^2	按不同的厚度划分细目
		2		砂砾垫层	m^2	按不同的厚度划分细目
				…		
	2			路面底基层	m^2	按不同的材料分节
		1		石灰稳定类底基层	m^2	按不同的厚度划分细目
		2		水泥稳定类底基层	m^2	按不同的厚度划分细目
		3		石灰粉煤灰稳定类底基层	m^2	按不同的厚度划分细目
		4		级配碎(砾)石底基层	m^2	按不同的厚度划分细目
				…		
	3			路面基层	m^2	按不同的材料分节
		1		石灰稳定类基层	m^2	按不同的厚度划分细目
		2		水泥稳定类基层	m^2	按不同的厚度划分细目
		3		石灰粉煤灰稳定类基层	m^2	按不同的厚度划分细目
		4		级配碎(砾)石基层	m^2	按不同的厚度划分细目
		2		中粒式沥青混凝土面层	m^2	按不同的厚度划分细目
		3		细粒式沥青混凝土面层	m^2	按不同的厚度划分细目
		4		改性沥青混凝土面层	m^2	按不同的厚度划分细目
		5		沥青玛蹄脂碎石混合料面层	m^2	按不同的厚度划分细目
				…		
	6			水泥混凝土面层	m^2	按不同的材料分节
		1		水泥混凝土面层	m^2	按不同的厚度划分细目
		2		连续配筋混凝土面层	m^2	按不同的厚度划分细目
		3		钢筋	t	
	7			其他面层	m^2	按不同的类型分节
		1		沥青表面处治面层	m^2	按不同的厚度划分细目
		2		沥青贯入式面层	m^2	按不同的厚度划分细目
		3		沥青上拌下贯式面层	m^2	按不同的厚度划分细目
		4		泥结碎石面层	m^2	按不同的厚度划分细目
		5		级配碎(砾)石面层	m^2	按不同的厚度划分细目
				…		

2. 符合定额项目表的要求

定额项目表是不同工程子目的定额消耗数量表，划分的工程子目必须能够在定额项目表中直接查到。因此，在概、预算项目表划分的基础上，按照施工方法、材料类型进一步划分为定额项目表中的某一子目。

【例4-1】 某工程项目的粗粒式沥青混凝土面层下层(厚5cm)，沥青拌和站距施工现场平均运距为2km。根据工期安排，采用160t/h沥青拌和设备拌和，15t自卸汽车运料。试划分预算子目。

解:(1)按照概、预算项目表划分(表4-15)。

表4-15

项	目	节	细目	工程或费用名称	单位
三				路面	公路公里
	1			…	
	…			…	
	5			沥青混凝土面层	m^2
		1		粗粒式沥青混凝土面层	m^2
			1	粗粒式沥青混凝土面层厚5cm	

(2)根据定额项目表进一步划分

沥青混凝土路面的施工包括:拌和、运输和铺筑,现行定额将其划分为三个项目表:2-2-11沥青混合料拌和、2-2-13沥青混合料运输、2-2-14沥青混合料路面铺筑。同时沥青混凝土施工还应考虑沥青混合料拌和设备安装、拆除工作。因此,编制粗粒式沥青混凝土预算的子目划分如表4-16所示。

表4-16

定额表号	工作内容	单位
2-2-11-4	160t/h沥青拌和设备拌和粗粒式	1 000m^3路面实体
2-2-13-21	15t自卸汽车运第一个1km	1 000m^3路面实体
2-2-13-22	15t自卸汽车增运1km	1 000m^3路面实体
2-2-14-42	沥青混合料摊铺、碾压	1 000m^3路面实体
2-2-15-4	沥青拌和设备安、拆	1座

六、摘取工程数量

公路工程概算、预算的作用和要求虽然不同,但其编制程序和方法基本上是相同的,所以,作为计价的基础资料的工程量的摘取方法是类似的,施工图预算时的工程量计算方法和计算规则与即设概算时的工程量计算方法和计算规则基本相同。因为作为计价的概算定额只是在预算定额的基础上,有所综合和扩大。

从编制概、预算的角度考虑,工程量可以划分为两类:主体工程工程量和辅助工程工程量。

主体工程是指公路构造物本身,即:路基、路面、桥梁、涵洞以及隧道工程。这部分工程数量通常是设计人员在完成设计图纸的同时就已进行计算,在编制概、预算时,基本上不需要根据设计图纸再重新计算工程量,但是设计图纸所提供的工程数量与定额表中给出的工程量不完全一致,需要编制人员按照定额的要求从设计图表中摘取计价工程量。所以,确定主体工程量,实际上是根据定额规定的工程量计算规则,将设计图表中提供的工程量进行分类、统计,汇总后,得出符合定额表要求的计价工程量。这是一项十分细致和繁琐的工作,为了确保正确摘取工程量,做到不重不漏,编制人员必须十分熟悉定额,明确定额规定的工程内容,适用范围,对各章、节说明及定额表附注都十分清楚,才能正确确定工程数量。

辅助工程是指为了保证主体工程的形成和质量,施工中必须采取的措施或修建的一些临时工程。这部分工程一般在施工完成后,也随之拆除或消失。辅助工程的工程数量,主要依靠概、预算编制人员的工作经验、施工组织设计及工程实际情况来确定。

在编制概、预算时,需要考虑辅助工程的工程量主要包括:

(1)构造物的挖基、排水。

(2)清除表土或零填地段的基底压实、耕地填前碾压的回填数量。

(3)因路基沉陷增加的数量。

(4)为保证路基边缘压实而加宽填筑的数量。

(5)临时工程(汽车便道、便桥、轨道铺设、临时电力、电信设施等)。

(6)桥梁工程中的围堰、护筒、工作平台、吊装设备、混凝土构件运输、预制厂及设施(底座、张拉台座等)、拌和站、蒸气养生设施等。

七、计算各项费用

1. 单价的分析汇总

(1)人工费单价的分析取定。

(2)机械台班单价计算。

(3)自采材料料场单价计算。

(4)材料预算单价计算。

(5)人工、材料、机械台班单价汇总。

(6)辅助生产工、料、机械台班单位数量计算。

2. 套用定额计算直接工程费

根据划分的工程子目和选择的施工方法,可以确定应套用的定额。

定额规定了完成一定计量单位该工程子目所需消耗的人工、材料、机械台班的数量,定额与该工程子目的工程量及工、料、机单价相乘后即得相应的直接工程费,即:

$$\text{某工程细目人工费} = \text{人工单价} \times \text{定额值} \times \text{工程量} \tag{4-1}$$

$$\text{某工程细目材料费} = \sum_{1}^{n}(\text{材料单价} \times \text{定额值} \times \text{工程量}) \tag{4-2}$$

$$\text{某工程细目机械费} = \sum_{1}^{n}(\text{机械台班单价} \times \text{定额值} \times \text{工程量}) \tag{4-3}$$

3. 确定费率,计算建筑安装工程费

确定各种费率的收费标准,进行其他工程费、间接费综合费率计算。按照《公路工程基本建设项目概算预算编制办法》的规定计算其他各项费用。

(1)分项工程预算计算。

(2)建筑安装工程费计算。

4. 计算其他各项费用

(1)计算设备、工具、器具购置费。

(2)计算工程建设其他费用及回收金额。

5. 编制总预算

包括以下各项计算工作内容:

(1)总预算计算(分段)。

(2)总预算汇总计算。

(3)辅助生产所需人工、材料、机械台班数量计算。

(4)临时设施所需人工、材料及冬季、雨季和夜间施工增加工计算。

(5)分段人工、主要材料、机械台班数量统计汇总。

(6)总预算人工、主要材料、机械台班数量统计汇总。

(7)编写预算编制说明书。

第三节　公路工程概预算编制

一、初步设计概算编制

1.初步设计概算的作用

设计概算是反映建设项目设计内容全部费用的文件,是初步设计文件的重要组成部分,是工程造价管理工作的重要环节。因此,掌握设计概算的编制原则和方法,以及国家有关规定,对提高设计概算编制质量,节约建设资金,适应建立市场经济的要求,加强宏观调控,充分发挥投资效益,都具有十分重要的现实意义。

设计概算是在投资估算的控制下由设计单位根据初步设计(或扩大初步设计)图纸、概算定额(或概算指标)、各项费用定额或取费标准(指标)、建设地区自然、技术经济条件和设备、材料预算价格等资料,编制和确定的建设项目从筹建至竣工交付使用所需全部费用的文件。设计概算包括文字说明及各种计算表格。根据国家规定,初步设计必须要有概算,由设计部门负责编制,并对其编制质量负责。设计概算一经批准,就是建设项目投资的最高限额,并具有一定的约束力,必须严格控制,认真执行,以确保建设项目的顺利实施。

设计概算的作用主要有以下几点:

(1)设计概算是确定建设项目总投资的依据。它是建设项目从筹建到竣工交付使用所需的全部费用的文件,概算经批准后是基本建设项目投资最高限额,是编制建设项目投资计划、确定和控制建设项目投资的依据。

(2)设计概算是编制基本建设计划的依据。国家确定基本建设计划的投资规格和投资方向,对国民经济各部门进行投资分配,都是以设计概算为依据的,所以,没有批准的概算,就不得列入年度基本建设计划。

(3)设计概算是衡量设计方案经济合理性和选择最佳设计方案的依据。要衡量建设项目的设计方案是否经济合理,必须以设计概算为依据,因为设计只有实物量指标,由于工程的千差万别,根据实物量指标,是无法进行比较的,必须根据建设工程以货币表现的设计概算及其价格,即概算文件反映的各项技术经济指标,以此与同类工程或各种设计方案进行对比分析,评价其经济合理性,从而避免浪费,促进设计质量的提高。

(4)设计概算是考核建设项目投资效果的依据。在建设工程竣工后,通过设计概算与竣工决算的“两算”对比,检查分析建设项目投资的执行情况,总结经验教训,以不断提高投资效益和管理水平。

(5)设计概算是控制施工图设计和施工图预算的依据。当进行技术设计时,则是控制修正概算的依据;若以初步设计进行施工招标,还是控制标底的依据,其标底必须控制在概算的范围内;这也是搞好项目管理的基础。

(6)设计概算是编制标底的依据。以批准的初步设计进行设计施工总承包招标的工程，其标底或造价控制值应在批准的总概算范围内。

2. 编制依据

编制初步设计概算的依据主要有以下几项内容。

(1)国家发布的有关法律、法规、规章、规程等。

(2)现行的《公路工程概算定额》、《公路工程预算定额》、《公路工程机械台班费用定额》及《公路工程基本建设项目概算预算编制办法》。

(3)工程所在地省级交通主管部门发布的补充计价依据。

(4)批准的可行性研究报告(修正概算时为初步设计文件)等有关资料。

(5)初步设计(或技术设计)图纸等设计文件。

(6)工程所在地的人工、材料、机械及设备预算价格等。

(7)工程所在地的自然、技术、经济条件等资料。

(8)工程施工方案。

(9)有关合同、协议等。

(10)其他有关资料。

3. 初步设计概算的编制方法

初步设计概算是由第一、第二、第三部分费用和预备费等所组成，其中第一部分建筑安装工程费，是以概算定额为依据，采用工、料、机分析的方法来进行编制的，常称为实物法，在公路工程造价管理工作中，已具有悠久的历史，是编制设计概算的关键环节。现就设计概算的编制方法扼要叙述如下。

1)建筑安装工程费的编制

建筑安装工程费的编制是通过“分项工程概算表”的计算和累计汇总而获得工、料、机费用，即直接工程费，这是按建设工程所在地的实际价格计算的。然后再分别计入其他工程费、间接费、利润和税金等以费率计算的各项费用而成。

(1)在根据摘取的工程量套用概算定额编制分项工程概算表之前，要计算出人工、材料、施工机械台班的预算价格和其他工程费、间接费综合费率等基础数据资料。

①人工费单价。按各省、自治区、直辖市交通主管部门发布的生产工人工资标准计算。

②材料预算价格。材料的规格品种多，而影响的因素又是多方面的，在计算时要注意以下有关要求，做到合理可靠。

a. 按经济合理，方便运输的原则，确定材料的供应地点和运输方式，并计算出平均运距及比重。

b. 确定材料的供应价格时，凡需要外购的各种建筑材料，一般可以各省(区、市)公路(交通)工程造价(定额)管理机构发布的材料价格信息为依据。并通过市场调查、询价确定。这样，才有利于加强工程造价的管理。

c. 凡施工单位自行开采加工的砂石材料，应按“自采材料料场价格计算表”的要求进行计算确定。

当在高原地区施工时，施工单位自采材料及运输工作，可按其他工程费中高原地区施工增加费率的规定，以直接工程费为基数计算高原地区施工增加费。其中人工采集、加工材料，人工装卸、运输材料按人工土方费率计算；机械采集、加工材料按机械石方费率计算；机械装、运材料按机械土方费率计算。增加的高原地区施工的人工费不能作为辅助生产的计算基数。

d. 最后通过“材料预算单价计算表”计算出各种材料的预算价格，并据以编制“人工、材料、机械单价汇总表”。

③按选用的施工机械种类通过“机械台班单价计算表”计算其价格。

④根据建设工程的实际情况，合理取定其他工程费、间接费的各项费率标准，并进行综合，以此作为计算其费用的依据。

凡有关人工、材料、施工机械台班预算价格，以及其他工程费、间接费综合费率的计算方法和原则，无论是编制设计概算，还是编制施工图预算，都是一样的。同时，要根据上述计算原始数据资料，编制“辅助生产工、料、机械台班单位数量表”，是自采加工材料和自办运输工作而以预算定额计算的每单位工、料、机械台班数量的汇总，作为计算建设项目人工、材料、机械台班总需要量的依据之一。

(2)编制分项工程概算表和建筑安装工程费用计算表，要按照“概算项目表”规定的项目序列要求，从临时工程开始到房屋工程为止，逐项分析计算，并按“目”、“节”、“细目”的内容进行汇总。

①根据摘取的工程量和采用的施工方法，并经核对无误，就可以用概算定额，将有关的各种资料分别摘录于表内，其中人工、材料、机械台班的预算价格，其他工程费，间接费的综合费率则是分别从上述相关的计算表上节录转到“分项工程概算表”内。由此可以计算出分项工程的建筑安装工程费。

②分项工程概算表内的“定额表号”是按概算定额的章节来编写的，从左至右，采用七位数字编号法：第一位数字表示“章”，第二位数字表示“节”，第三、第四位数字表示“项目”，最后三位数字表示“子目”。例如 1112008 ×2，系表示推土机增运的距离为 20m，故定额相应乘 2 的系数。

③在完成分项工程概算表的各项数字的计算并累计后，将其转录入建筑安装工程费计算表内，然后逐项汇总并计算出金额。这样，建筑安装工程费就全部计算完成。

2)设备、工具、器具购置费的编制

这是设计概算的第二部分费用，除办公和生活用家具购置费可按规定的费额计算外，为养护等需要购置的机械设备等，由于公路工程的实际情况不同，差异大，尚无统一的规定标准，应根据建设主管部门或建设单位认定的数量，按市场价格计算。有关设备原价、运杂费和设备购置费的计算可参见第一章。

3)工程建设其他费用的编制

这是设计概算的第三部分费用，包括土地征用及拆迁补偿费、建设项目管理费、研究试验费、前期工作费、专项评价(估)费、施工机构迁移费、供电贴费、联合试运转费、生产人员培训费、固定资产投资方向调节税、建设期贷款利息等项费用。应根据整理的外业调查资料和国家规定的有关标准为依据进行计算。如省、自治区、直辖市人民政府颁布的建设工程征用土地补偿办法，勘察设计收费标准，建设项目管理费率等，应逐项罗列公式进行计算，其计算表的内容比较简单，可以说是一种万能的计算表式，如属于第一部分建筑安装工程费中的绿化工程补助费，以及预备费等，都要利用该表来完成其计算过程。

4)总概算的编制

总概算是根据所编制的建设工程项目的建筑安装工程费、设备、工具器具购置费、工程建设其他费用等概算文件资料，按照概算项目表组成的内容和如下方法来进行编制的，实际上只是一个节录和汇总的工作环节。

(1)按工程或费用名称，依次将单位、工程数量、概算金额分别摘取填入“总概算表”相应的各栏内。

(2)按“项”、“目”、“节”、“细目”第一、第二、第三部分及其合计，预备费，概算总金额，公路(桥梁)基本造价，依次求出各项工程或费用的小计，合计及总计。

(3)计算技术经济指标和各项费用的比例(%)。以各项工程数量分别去除其相应的概算金额所得的商，即为技术经济指标，也就是各项工程的分部工程单价；而以概算总金额分别去除各项概算金额，即为相应的各项费用所占的比例。

(4)将建设项目需要的人工、主要材料、机械台班数量，按工程项目分别进行汇总，凡规定可计列场外运输操作损耗的材料要相应计入其损耗数量。

(5)当一个建设项目按分段编制概算的，应将各分段的工程数量，概算金额，以及人工，主要材料、机械台班数量，分别编制成汇总表，并计算出技术经济指标和各项费用比例。

5)写出编制说明

当工程概算汇总完成之后，应如实、全面的说明编制过程中的有关情况，以利决策部门了解、掌握，从而作出正确的决策。同时，工程建成后，这些资料，就成为宝贵的工程概算的历史资料。编制说明，文字力求简明扼要。应叙述的内容一般有：

(1)建设项目设计资料的依据及有关文号，如建设项目可行性研究报告批准文号、初步设计和概算批准文号(编修正概算时)，以及根据何时的测设资料及比选方案进行编制的等。

(2)采用的定额、费用标准，人工、材料、机械台班单价的依据或来源，补充定额及编制依据的详细说明。

(3)与概算有关的委托书、协议书、会议纪要的主要内容(或将抄件附后)。

(4)总概算金额，人工、钢材、水泥、木料、沥青的总需要量情况，各设计方案的经济比较，以及编制中存在的问题。

(5)其他与概算有关但不能在表格中反映的事项。

二、施工图预算编制

当建设项目采用两阶段或三阶段设计时，施工图预算是初步设计概算的进一步的深化。概算经批准后，建设项目的设计方案即被确定下来，概算的总投资额即成为国家编制建设计划，控制投资的依据，是工程建设项目投资的最高限额。施工图预算要控制在初步设计概算或技术设计修正概算所确定下来的建设规模、技术标准、建筑结构、施工方案的范围以内进行编制，施工图预算不能任意突破已批准的概算。如果单位工程预算突破相应的概算，应分析原因，对施工图设计中不合理部分进行修改，对其合理部分应在总概算投资范围内调整解决。

公路建设点多线长，一条公路长几十公里甚至几百公里，需要通过各种不同的自然地区，受地形、地貌、地质、自然环境、沿线物资资源条件影响很大，所以相同的工程标准、相同的规模，在不同的地区工程造价的差别是比较大的。因此公路工程建设项目不可能事先制订出一个统一的符合各地实际情况的单位工程价格表，也就是说不可能像工业与民用建筑工程那样采用单位工程量估价法进行预算文件编制。考虑到公路建设的特点，公路工程定额是以实物量法进行编制，在计量单位内，以人工、材料、机械台班消耗量表示的公路工程预算定额只定量不定价。人工、材料、机械台班价格必须采用工地的实际价格进行计算。外购材料价格要计算到工地仓库、砂石材料要计算到工地操作地点，预算价格也就是工地实际价格，根据这种方法编制的工程预算才能符合各种不同地区的实际情况。

施工图预算一般应由具备一定资质等级的设计单位和持有政府管理机关、工程造价管理部门正式颁发的工程造价编审资格证书的人员负责编制。当一个建设项目由几个设计单位共同承担设计时，各设计单位编制所承担设计的单项或单位工程预算，主管部门应指定主体设计单位负责统一编制原则和依据，汇编总预算。设计单位必须保证设计文件的完整性和施工图预算编制的正确性，要不断提高施工图设计的水平，避免在施工过程中过多地修改设计引起工程造价的增高。建设单位应加强项目管理，严格控制施工过程中的变更设计，避免通过变更设计提高建设项目的标准，扩大建设规模。要坚持按基本建设程序办事，重大变更设计必须报原批准机关批准，使施工图预算真正得到有效控制，把初步设计或技术设计的意图落到实处。施工图预算的编制要严格执行国家的方针政策和有关规定，符合公路设计、施工技术规范。文件应达到的质量要求是：符合规定、结合实际、经济合理、提交及时、不重不漏、计算正确、字迹清晰、装订整齐。

1. 施工图预算的作用

施工图预算是由设计单位在施工图设计完成后，根据施工图设计图纸、现行预算定额、费用定额以及地区设备、材料、人工、施工机械台班等预算价格编制的造价文件。施工图预算是施工图设计文件的重要组成部分，是设计阶段控制工程造价的主要指标。施工图预算应控制在批准的初步设计总概算范围内。施工图预算的作用主要有：

(1)施工图预算经审定后，是确定工程造价、编制或调整固定资产投资计划和考核工程成本的依据。

(2)以施工图设计进行施工招标的工程，经审定后的施工图预算是编制标段清单预算、工程标底或造价控制值的依据，也是分析、考核施工企业投标报价合理性的参考。

(3)施工图预算是考核施工图设计经济合理性的依据。施工图预算的编制也是对初步设计或技术设计进一步的具体和深化，施工图预算提供的总预算造价指标和各种分项工程的造价指标与以往的技术经济指标进行比较，进一步论证初步设计或技术设计所确定的设计方案，修建原则是否经济合理。同时还应和初步设计概算或技术设计修正概算中的各项技术指标进行核对，以检查概算编制的质量和水平，这对于不断的总结经验，提高设计的技术水平是非常重要的。

(4)对不宜实行招标而采用施工图预算加调整价结算的工程，经审定后的施工图预算可作为确定合同价款的基础或作为审查施工企业提出的施工预算的依据。

2. 编制依据

施工图预算是根据施工图设计文件资料和施工组织设计，以及国家颁布的定额、取费标准和预算编制办法，并按照当地、当时的人工、材料、机械台班的实际价格来进行编制的。它是反映工程建设项目所需的人力、物力、财力及全部费用的文件。其编制依据多是由国家有关主管部门批准颁发的，具有法律约束力，在从事工程造价经济活动时，必须严格遵守，认真贯彻执行，主要有以下几项：

(1)国家发布的有关法律、法规、规章、规程等。

(2)现行的《公路工程预算定额》、《公路工程机械台班费用定额》及《公路工程基本建设项目概预算编制办法》。

(3)工程所在地省级交通主管部门发布的补充计价依据。

(4)批准的初步设计文件(或技术设计文件,若有)等有关资料。

(5)施工图纸等设计文件。

(6)工程所在地的人工、材料、设备预算价格等。

(7)工程所在地的自然、技术、经济条件等资料。

(8)工程施工组织设计或施工方案。

(9)有关合同、协议等。

(10)其他有关资料。

3.施工图预算的编制方法

交通运输部颁发的预算编制办法和预算定额是当前公路工程施工图预算编制的一套标准规范,是配套使用的。依据这套标准就可以计算出工程的人工、材料、机械台班消耗数量和有关的费用,这是我们编制施工图预算的重要依据。同时,预算编制办法中对于怎样编制预算,编制预算的目的和要求,都有具体的规定。为了统一预算编制方法和保证编制的质量,规定了各种费用的计算依据和计算表格,这些规定要求我们编制预算要有次序地进行,是我们必须遵守的原则,应注意的执行。

可以说,施工图预算的编制程序与方法,主要是由预算编制办法和公路工程预算定额决定的。为了编好预算,首先应当弄懂预算编制办法中各项费用的划分和计算标准以及各项有关规定。公路建设涉及的面广,影响的因素多,有些规定需要结合工程的实际情况确定,所以只有熟悉和吃透编制办法中的精神,才能正确而合理的选定各种计算方法和费用标准。所谓合理的选用就是按照预算编制办法规定,做到所取定的计算依据和标准与工程的实际情况基本一致,也只有在充分了解预算编制办法各项规定的基础上,才能真正地编制出好的施工图预算。

公路工程造价是根据设计确定的工程量和相应的定额需要的人工、材料、机械台班消耗量和有关的费用确定的,所以定额是编制施工图预算的重要依据之一。公路工程定额和其他的行业定额一样,项目多,内容复杂,它除了按工程类别划分外,还根据不同的工程标准、不同的建筑结构、不同的材料、不同的施工方法划分若干个子目,每个子目都包括有不同的工程内容。所以在使用定额时要弄清定额的含义,首先应当了解各章节的说明,搞清楚每个项目的适用范围和包括的工程内容,只有熟悉定额的含义,才能准确地使用定额,做到不重不漏,结合实际。造价工程师不但要懂得设计还要懂得施工,通晓有关的施工机械设备、施工方法、工艺过程,这对正确的套用定额非常重要。定额是经国家批准的带有法定性的计价标准,使用中根据规定能抽换的就可以抽换,不能抽换的就不能抽换,要维护定额的严肃性。定额缺项的应编补充定额,不能生搬硬套,随意拼凑;套用定额一定要按有关的规定办理,不可乱乘系数。

在预算编制中各种费用、表格之间的关系是彼此相关,非常严密的,同时也是不能变动的。在预算编制的程序上也应当遵循它们之间的关系依次进行,但个别计算环节和步骤可以同时或交叉进行。

施工图预算的编制方法与概算不同之处,主要表现在构成施工图预算第一部分建筑安装工程费的编制依据之一的工程定额,前者是预算定额,而后者是概算定额;是根据摘取的工程量套用预算定额,通过累计计算,层层汇总来完成的。至于第二、第三部分费用的编制方法,则基本上是一样的。所以,充分了解概、预算编制之间的这种内在关系,对于做好施工图预算的编制工作,是十分重要的。

1)建筑安装工程费的编制方法

构成施工图预算的第一部分建筑安装工程费的编制,通常是以预算定额为依据进行工料机实物量分析入手的,这就为我们编制施工图预算规定了一个着手点,使编制方法系统化。预算定额多达2 000多个定额子目,虽然编制一个建设项目的施工图预算,会全部使用这些子目,但由此可知,编制施工图预算任务的繁重程度。因此,在编制施工图预算的工作中,必须利用一切可以利用的捷径。所谓捷径,就是在不降低精确度的前提下,节省时间的方法。如尽可能利用、参考批准的概算文件的有关数据和工程造价历史资料,不仅可减少计算工作,还能起到有效控制施工图预算的作用。根据实践经验,编制建筑安装工程费,应遵循下列工作方法和要求进行。

(1)在进行工料机实物量分析之前,要根据摘取的工程量和整理好的外业调查资料,计算出人工、材料、机械台班的预算价格,它的计算原则和方法与编制概算是相同的。同时,为了有效控制工程造价,在计算这些预算价格时,应以批准的概算文件为基础,结合整理外业调查资料,以及国家对人工、材料、机械台班的价格信息,有无修改变更等情况,综合分析取定,务必使所确定的价格信息真实可靠。并应对原概算文件资料进行必要的分析比较,以便了解掌握概算、预算之间可能发生的变化和对预算产生的影响程度。

在计算人工、材料、机械台班的预算价格时,应按要求编制以下几种计算表格。

①机械台班单价计算表。

②自采材料料场单价计算表。

③材料预算单价计算表。

④人工、材料、机械台班单价汇总表。

⑤辅助生产工、料、机械台班单位数量表。它是为提供计算辅助生产所需的人工、材料、机械台班数量之用,它包括材料的开采、加工、装卸、运输等工作内容,是一项综合定额资料。

(2)根据建设项目的实际情况和批准的概算文件,以及国家有关规定,合理的取定其他工程费、间接费的各项费率标准,并编制其他工程费、间接费综合费率计算表。同时,应与原批准的概算文件资料进行必要的分析比较,做到心中有数,也便于发现差错,及时得以纠正,避免返工。

上述两项是编制施工图预算中的建筑安装工程费的基础资料,是计算各项费用之前,必不可少的计算过程,也是确保编制质量的重要条件。其计算原则和方法、定额标准,无论是编制设计概算、修正概算和施工图预算,都是一样的。

(3)根据摘取的各种主体的、辅助的工程量,结合施工组织设计的要求,正确套用预算定额,编制分项工程预算表和建筑安装工程费计算表,是编制施工图预算的一个关键环节。应按照预算项目表所规定的序列内容进行填写。现就路基、路面、构造物等的预算编制方法,摘要说明如下。

路基工程。应按土方、石方等顺序编制,并计算出数量和金额的合计,以便转入建筑安装工程费计算表和总预算表进行汇总。属于路基土石方工程的其他零星工程,如人工挖土质台阶,耕地填前夯(压)实及填前挖松,整修路拱和边坡,以及零星回填土方等多项工程,概算定额是将其综合扩大为路基零星工程一项,而预算则是要按实际情况逐项进行计算。因此,一般情况下，可将人工挖土质台阶，耕地填前夯(压)实及填前挖松，零填及挖方路基碾压的费用综合在路基填方压实内，整修路拱和边坡的费用可按挖方、填方的路段长度分别计入路基土石方；或者将这些工程项目综合为路基其他一项，而以公里为计算单位，亦是可行的。至于路基盲沟，实际上是一种构造物工程，应单独列项反映，可以换算成“m”或“m^3”列入施工图预算。还有挖除淤泥工作，一般是除挖后应将淤泥远运处理外，还要取土回填压实，或者采用砂石料进行回填至原地面高程，所以，也应单独列项，不宜将其综合在路基土石方内。

编制路基土石方预算时，要根据摘取的工程量，结合施工组织设计所安排的进度计划，施工方法，机械的选型配套资料，进行分析确定有关计算数据，如人工、机械施工的数量，及各种不同的增运距等，分别套用定额，进行计算。

路面工程。一般要求按挖路槽、培路肩，不同结构形式的垫层、基层、面层等作为划分项目的依据，顺序进行计算。其中挖路槽要考虑废方远运处理费用，既可单列项目反映，也可将其综合在垫层内。但应注意一个问题，某些公路建设项目招标文件技术规范中路基挖方项目计量支付说明工程量包括“挖路槽”在内。为了施工图预算便于同标底对比，施工图预算也可将“挖路槽”(主要山重区工程)的工程量，列入路基挖方数量内，但挖路槽的预算价(因采用定额同挖方不同)计算后综合在路基挖方单价内，同时在预算编制说明内应加以叙述。至于路面混合料的运输费用和拌和设备的安拆费用，则应综合在相应的路面结构内，都不单独反映这些费用项目。

构造物工程。无论是桥梁、涵洞，排水或是防护等工程，所包含的分项工程的内容，都是比较多的，计算工作也是相当繁琐的。招标工程参照国际承包工程惯例所实行的工程量清单，其项目的划分都比较细，与现行预算项目表所规定的序列，存在有较大的差异。如预算项目表规定的桥梁工程，是以大、中、小桥与不同桥型结构来进行项目划分的，并以桥长米作为计量单位。众所周知，桥梁工程的基础，一般都是变化比较多的，若以“桥长米”作为承包工程价款的结算价格，显然会在工程实施中增加工程造价管理上的难度，即会产生大量的因工程设计变更而相应增加的计价工作。

根据我国多年来承包工程的实践经验和实行工程量清单的实际情况，并为实现与国际承包工程惯例相衔接的原则，构造物工程应以分部与不同圬工结构进行项目划分为主要依据。换言之，作为编制招标标底的基本依据的施工图预算中的分部工程预算所确定的综合扩大的工程内容和范围，应是以有利于加强建设项目实施阶段的工程造价管理为目的，并尽可能为建设各方提供经济核算可比依据，这是编制施工图预算的客观必然要求。

①基础工程。编制基础工程的预算费用时，应按砌石、混凝土等不同结构来划分项目，挖基、防水、排水，以及基坑废方的远运处理等辅助工程所需的费用都可综合在内，不单独列项反映。

②下部工程。应按墩、台和不同圬工结构分别计算，至于墩台帽、盖梁、耳、背墙等，都不单列项目计算，应将其费用综合在桥台的圬工项目内。

③上部工程。桥梁的上部结构形式比较多，应结合实际情况确定项目，如预制混凝土结构，其预制与安装一般可分项进行计算，当然也可合并为一个项目。至于桥面铺装、人行道和栏杆等工程，均应分别列项计算。例如由16m以下标准跨径的预应力空心板的预制工作，应将浇筑混凝土，钢筋、钢绞线、张拉台座、预制场门架、构件出坑等工程内容综合为一项。

编制构造物工程的施工图预算时，当砂浆与混凝土的强度等级设计与预算定额的规定不相同或安装设备的实际使用期超过四个月时,则可调整其强度等级的材料消耗量和设备的摊销费用定额。

分项工程预算表中的定额表号,采用八位编码,从左至右,第1位数字表示“章”,第2、第3位数字表示“节”,第4、第5位数字表示“项目”,最后三位数字表示“子目”。

(4)在完成了工料机分析之后,即可根据计算确定的人工、材料、机械台班预算价格和其他工程费、间接费综合费率,分别计算出各项费用,然后按预算项目表序列内容要求,节录转入建筑安装工程费计算表内,进行、利润和税金的计算,逐项汇总并求出金额,这样,建筑安装工程费的编制就告完成。

2)设备、工具、器具购置费的编制方法

编制施工图预算中第二部分设备、工具、器具购置费时,原则上应以批准的概算文件为准,但因编制期的不同,其设备等供应价格难免会发生变化,故除设备等的价格可按当时的实际情况进行调整外,其规格品种和数量是不能随意修改的。

3)工程建设其他费用的编制方法

这是施工图预算的第三组成部分,因为各项费用的性质各不相同,应按下列原则和方法分别进行编制。

(1)土地青苗等补偿费和安置补助费。这是因为工程兴建对被征用的土地及附着物,按国家规定给物主的一种经济补偿。而在施工图设计阶段所提出的这些资料,已是据以实际支付赔偿的原始凭证。所以,要求根据施工图设计中的用地图所计算的用地数量,结合整理的外业调查资料,如实的进行计算。若有差错或与实际不符,就会造成建设单位具体执行上的困难,从而影响工程建设。同时,应做好与原批准的概算文件资料的分析比较工作,以掌握其变化情况,通过必要的经验总结,也有利于提高今后工程造价编制工作的水平。

(2)勘察设计费。应按原批准的初步设计概算中的勘察设计费计列,各设计阶段勘察设计招标签订的合同费用列入预算内。

(3)研究试验费。应以批准的概算文件资料为准,原则上不得进行调整。

(4)建设项目管理费、前期工作费、专项价(评估)费、施工机构迁移费、供电贴费、联合试运转费、生产人员培训费、固定资产投资方向调节税等应结合建设工程的实际情况,按有关规定进行计算。

4)预备费、回收金额的编制方法

这是构成施工图预算的第一、第二、第三部分费用之外的几项费用,应按下列要求进行计算。

(1)预备费。应结合建设工程的实际情况,按有关规定计算。

(2)回收金额。为满足施工需要凡达不到规定的周转次数,而增加定额外的材料消耗量的定额项目如拱盔、支架等,以及按一次材料使用量计入的临时电力、电信线路等,均应按规定对旧料计算回收金额,即可单独列项反映。

5)编制总预算表

为上述各项费用编制完成后,即可编制总预算表,就是按预算项目表的序列依次将各项工程或费用单位、数量、金额节录转入,除按项和第一、第二、第三部分求出合计、总计外,并计算技术经济指标和各项费用比例(%)。若分标段编制施工图预算的,应再次将各标段进行汇总,计算出整个建设项目的技术经济指标和各项费用比例(%)。同时,将建设项目和分标段所需的人工、主要材料、机械台班数量进行统计，据以编制汇总表。

6）写出编制说明

在施工图预算编制完成之后，除应按规定要求的内容编写编制说明外，应进行工作总结，对预算与概算文件，作必要的"两算"对比分析，若预算超出批准的概算限额，要找出原因，提出解决的办法和意见，为建设工程的主管部门或建设单位进行决策提供依据。

当有多个设计单位共同承担施工图设计任务时，主管部门应指定一单位负责统一预算编制原则和依据，汇编总预算。

三、概算、预算编制中应注意的问题

与路基、路面工程相比，桥梁工程结构类型较多、施工工艺复杂，在工程概算、预算的编制中，往往需要结合施工方案、施工工艺、分项工程数量等因素，取定辅助工程的工程量，准确的套用相关概算、预算定额，从而为合理确定和有效控制桥梁工程的工程造价打下坚实的基础。由于技术复杂大桥的施工方案较为复杂、涉及较多的施工技术、施工机械等，下面就一般桥梁工程的施工方案与概算、预算编制的有关问题展开。

1. 基础工程

常见桥梁基础工程的结构类型主要包括扩大基础、桩基础、沉井基础、管桩基础、地下连续墙等，对一般桥梁工程，沉井基础、管桩基础、地下连续墙较少采用，我们仅对扩大基础及桩基础（包括承台基础）工程做一个概述。

（1）扩大基础

扩大基础的施工工艺包括开挖基坑、对基底进行处理（当地基的承载力不满足设计要求时需对地基进行加固）然后砌筑圬工或立模、绑扎钢筋、浇筑混凝土。其中开挖基坑是施工的主要工序，在开挖过程中必须解决挡土与止水、排水的问题。当土质坚硬时，对基坑的坑壁可不进行支护，此类基坑的适用条件主要有：在干涸无水的河滩、河沟中，或虽有水但经改河或填堤能排除地表水的河沟中；地下水位低于基底，或渗透量小，不影响坑壁的稳定性；基础埋置不深，施工期较短，挖基时不影响临近建筑物的安全等，对于无需加固坑壁的基坑，开挖时仅按一般坡度要求进行开挖。在采用土、石围堰或土质疏松的情况下、当地下水位较高而基坑较深、坑壁土质不易稳定、工期紧、放坡开挖工程量较大或对临近建筑物影响较大等情况时，一般应对开挖后的基坑坑壁进行加固，以防止坑壁坍塌。支护的方法有挡板支护加固、板桩加固、混凝土及喷射混凝土加固等，另外对于大体积混凝土基坑的开挖，有关技术部门应考虑支护加固的设计（如地锚基坑的开挖等）。

扩大基础施工的难易程度主要与地下水处理的难易有关，当地下水位高于基础的设计底面高程时，施工时则须采取止水措施，如打钢板桩或考虑集水井用水泵排水，深井排水及井点法等使地下水位降低至开挖面以下，以使开挖工作能在干燥的状态下进行。还可采用化学灌浆及帷幕法（包括冻结法、硅化法、水泥灌浆法和沥青灌浆法等）进行止水或排水。但扩大基础的各种施工方法都有各自的制约条件，因此在选择时应特别注意。

概算、预算编制中应注意以下几个问题：

①基坑开挖：扩大基础的基坑开挖工程量一般在设计图中应明确，但也有部分设计图纸未明确提出，此时基坑开挖工程量则需概预算人员计算。对于无支护加固坑壁的基坑，坑壁形式一般有垂直坑壁、斜坡和阶梯形坑壁及变坡度坑壁三种。基坑底的平面尺寸一般按基础平面

尺寸四周各边增宽50~100cm计算,对于干旱晴天施工的垂直坑壁的基坑,在坑底无水时可按基础平面尺寸不必加大,直接利用垂直坑壁作外模浇筑基础。垂直坑壁的适用范围见表4-17;对于斜坡和阶梯形坑壁基坑,当基坑深度小于5m时,其坡度的取定可按表4-18计算,当基坑深度大于5m时,可参考表4-18坑壁坡度适当放缓,或加设平台;对于变坡度坑壁的基坑,主要适用于挖基穿过不同的土层时,坑壁坡度可按各层图纸取定,按坑壁坡度变换处可视需要设置至少50cm宽的平台。

无支护加固的垂直坑壁容许深度 表4-17

土类	容许深度(m)
密实、中密的砂、砂砾土	1.00
硬塑、软塑的低液限粉土、低液限黏土	1.25
硬塑、软塑的高液限黏土、高液限黏质土夹砂砾土	1.50
坚硬的高液限黏土	2.00

基坑坑壁坡度 表4-18

坑壁土类	坑壁坡度(高:宽)		
	基坑顶缘无荷载	基坑顶缘有静载	基坑顶缘有动载
砂类土	1:1	1:1.25	1:1.5
砾类土	1:0.75	1:1.0	1:1.25
粉质土、粉土质砂	1:0.67	1:0.75	1:1
黏质土	1:0.33	1:0.5	1:0.75
极软岩	1:0.25	1:0.33	1:0.67
软质岩	1:0	1:0.1	1:0.25
硬质岩	1:0	1:0	1:0

关于挖基定额的选用:现行的部颁预算定额中基坑开挖按人工挖基、人工挖卷扬机吊运及机械挖基三种方法计算,定额中均包括了回填夯实的工作内容。其中人工挖基适用于开挖数量不大的项目:人工挖卷扬机吊运适用于开挖深度较深的项目;机械开挖则适用于开挖数量较大的项目(实际工作中很难明确人工挖基与机械挖基的划分界限,但考虑到人工挖基定额的定额消耗量偏大,一般基坑均应套用机械挖基定额;而对于深度在6m以内的基坑一般不考虑采用人工挖卷扬机吊运)。

②基坑排水:对于湿处挖基应考虑排水问题,较常用的方法有集水坑排水法和井点排水法。其中集水坑排水法适用较广,除严重流砂外,一般情况均可适用,而基坑土质不好,地下水位较高,用集水坑排水时有流沙、涌泥等现象出现时则采用井点排水法,主要目的是降低地下水位。

在现行的部颁预算定额中,采用集水坑排水法开挖基坑时,其排水费用的计算是根据定额说明的规定计算水泵的台班数量,增加到挖基定额中计算的。其中定额说明中水泵台班消耗量的计算方法仅适用于地下水而非地表水,表中所列"地面水"适用于围堰内挖基,水位高度指施工水位至坑顶的高度,"地下水"适用于岸滩湿处的挖基,水位高度指施工水位至坑底的高度。井点排水法可以根据设计轻型井点井管数量,套用路基工程中的相应定额计算。

③基坑支护:基坑支护采用挡土板时可按支护面积直接套预算定额计算,当采用混凝土及

喷射混凝土加固时，应根据设计图纸套用相应的定额计算，采用钢管桩、钢板桩支护时，可参考围堰工程计算。

(2)桩基础

桩基础主要包括沉入桩基础及灌注桩基础，最常用的是灌注桩基础，不论是湖网地区还是山区都大量采用，沉入桩基础主要在一些辅助工程或临时工程中采用，如管桩工作平台、管桩支架基础等。其中灌注桩基础按不同的成孔方法可分为钻孔灌注桩和挖孔灌注桩两类。钻孔灌注桩按成孔机械又分为螺旋钻机成孔、潜水钻机成孔、冲击钻机成孔、正循环钻机成孔、反循环钻机成孔、冲抓钻机成孔及旋挖钻机成孔等，虽然成孔方式不同，但钻孔灌注桩的施工工艺是基本一致的，简单的工艺流程为：平整场地→桩位放样→钢护筒制作及埋设→钻机就位→钻孔→成孔检验及验收→清孔→钢筋骨架及检测管制作安装→安装导管并进行二次清孔→混凝土配制、运输及灌注→拆除钢护筒、凿除桩头→成桩检测。对于挖孔灌注桩，主要工艺流程包括：平整场地→桩位放样→安装出渣设备（卷扬机）安设护壁→挖孔出渣→成孔检验及验收→钢筋骨架制作安装混凝土配制、运输及灌注。挖孔灌注桩主要适用于无地下水或地下水量很少的密实土层或岩石层，桩径一般在1.0～2.5m，最大可达3.5m，桩长宜小于30m，桩长10m以内时桩径不小于0.8m，桩长20m以内时桩径不小于1.2m，桩长大于20m时桩径至少要在1.5m以上，孔深大于15m时应考虑通风及安全设施。

概算、预算编制中应注意以下几个问题：

①陆上钻孔灌注桩：从概预算编制的方面来看，一般陆上钻孔灌注桩需要选用的定额包括：钢护筒、钻孔、混凝土拌和、运输及灌注、钢筋及检测管。

一般设计图纸中已经明确的工程数量有混凝土及钢筋，编制概预算时需复核混凝土数量、钢筋含筋率（尤其是编制概算），目前初步设计图纸中就存在钢筋含量偏高的问题，有的设计图纸桩基钢筋含量高达100kg/m^3以上混凝土，虽然桩基钢筋含量与桩径、桩长等因素有关，但按大多数的施工图设计，一般桩基钢筋含量约60kg/m^3，因此造价人员也应适当进行控制。

对于钻孔总数量设计图纸已提供了设计桩长，实际工作中一般按设计桩长计算，定额中所指的钻孔长度应为入土长度，严格说钻孔长度应由概预算人员计算确定（尤其是承台埋置较深或是围堰筑岛施工的项目）。

钢护筒数量计算时，每米护筒质量可参考定额说明的规定计算，陆上施工每根桩可按1.5～2.5m控制，采用草袋围堰筑岛填心施工时，仍应套用干处钢护筒定额，但护筒的深度应根据具体情况计算，一般应穿过原地面线，黏性土的入土深度至少2m、砂性土的入土深度至少3m。

关于桩基检测管数量一般施工图应列出工程数量，初步设计则较少提出，根据有关统计资料，一般来说，桩径在1.8m以内的桩基，其检测管按每桩3根布置（每根检测管的长度与设计桩长相同），每延米桩长质量约12kg，检测管一般采用$\phi57\times3$mm的钢管，每米质量约4kg；桩径在1.8m（含1.8m）以上的桩基，则按每桩4根布置，每延米桩长质量约16kg。关于钻孔地质层的问题：钻孔费用在钻孔灌注桩费用中所占比重较大，各地质层的定额费用相差很大（如孔深60m以内、桩径1.5m的每米砂土层与每米坚石层相比差了12.7倍），因此钻孔地质层的分类统计是否合理往往决定了钻孔灌注桩工程的造价确定是否合理，而在现行的部颁定额，地质层的划分是按土质、粒径、含量等描述性的概念划分的，总体上说是一个较模糊的概念，这给概预算人员对钻孔地质层的划分带来了较大的难度，尤其在软石、次坚石及坚石的划分时。

②水中钻孔灌注桩：相对于陆上钻孔来说，水中钻孔灌注桩主要在围堰筑岛、工作平台等辅助工程方面有所差别，另外水中钢护筒的设置、泥浆船的使用、水上拌和站、施工栈桥等也是需要考虑的问题。在条件允许的情况下首先考虑围堰筑岛的方案是较经济的，当水深≤1.5m、流速≤0.5m/s 的浅滩、且河床渗水性较小时，可采用土围堰；水深≤3.0m、流速≤1.5m/s、且河床渗水性较小或淤泥较浅时，可采用土袋（草袋、麻袋等）围堰；若水深在 3 ~ 7.0m、流速≤2.0m/s也可采用竹笼、木笼铁丝围堰，否则应考虑采用桩基工作平台。

围堰筑岛工程量的计算：围堰长度按围堰中心长度计算，围堰高度按施工水位加 0.5 ~ 0.7m计算，填心土方按围堰总体积扣除堰体体积计算。

桩基工作平台的计算及定额使用问题：桩基工作平台一般采用钢管桩工作平台，主要组成构件包括钢管桩支架、型钢平台、桁架平台和型钢桁架组合平台等，其中钢管桩外径一般为0.6 ~ 1.2m（0.8m 采用较多），壁厚约 6 ~ 12mm，平台顶面高程约高于施工水位 0.5 ~ 0.7m，钢管桩底面高程一般要进入持力层（应通过计算确定）。概预算定额中工作平台以 100m^2 为单位，平台面积一般按承台或系梁结构外围尺寸加工作宽度计算，工作宽度一般为 2 ~ 3m，对于结构尺寸较小的工程还应考虑钻机的最小尺寸（最小边约 6m）及布置方向，若施工平台距河岸较近时还应计算连接平台的钢栈桥。对于施工条件比较复杂的灌注桩基础，也可将工作平台分解为两个定额来计算，其中钢管桩按结构质量套打钢管桩计算、平台及龙门架部分按结构质量套用金属吊装设备计算（钢栈桥也可按此方法计算）。

水中钢护筒的计算：水中钢护筒每米质量仍应参考定额说明的方法计算，也可根据施工组织计算，如施工组织未提供护筒数量，可按下述方法估算：护筒内径一般比桩径大 20 ~ 30cm、大孔径钻孔桩则至少比桩径大 40cm，小孔径钻孔桩的护筒壁厚约 4 ~ 6mm，大孔径钻孔桩的护筒壁厚约 12 ~ 14mm；护筒的长度则必须根据施工组织计算，顶面高程不小于施工水位 1.5 ~ 2.0m，底面高程应穿过透水层（黏性土的入土深度至少 2m、砂性土的入土深度至少 3m）。

泥浆船定额的使用：一般来说只有在采用工作平台的施工方案时才考虑使用泥浆船，实际施工中不是所有采用钻孔平台施工的方案都采用泥浆船，大江大河中大孔径钻孔桩按有泥浆船计算，靠近河岸的桥墩可以通过施工栈桥与陆地相连时可不考虑泥浆船施工，一般湖泊则不一定全部按有泥浆船计算，泥浆船也可用浮箱替代等。

③挖孔灌注桩。

开挖工程量的计算：桩顶高程按顶面高程计算（有筑岛时以岛面高程为准），桩底高程按设计高程计算，桩径按设计桩径加护壁厚度计算，土石分类中黏土、砂土及砂砾按土方计算、其余均按石方计算。另外挖孔桩定额中综合的出渣平均运距为 50m，若出渣运距超过免费运距时应考虑装运费用。

混凝土护壁的计算：根据施工规范护壁混凝土的厚度：

$$t \geqslant K \times N / R_a \tag{4-4}$$

式中：t——护壁的平均厚度，cm；

N——作用于每一段护壁面上的压力，$P \times d/2$，N/cm；

d——挖孔桩设计直径，cm；

P——相应护壁段上作用的平均水土压力，N/cm^2；

R_a——混凝土的轴心抗压设计强度，N/cm^2；

K——安全系数（一般取 1.5 ~ 2.0）。

护壁混凝土一般采用 C25 ~ C30 的钢筋混凝土,施工时每挖掘 1.2 ~ 1.5m 深时应及时浇筑混凝土,两节护壁间应留 20 ~ 30cm 的空隙以设置连接钢筋,若土层松软或需多次放炮开挖时,则整个护壁均应布置 6 ~ 10mm 的钢筋网,另外护壁混凝土一般应添加速凝剂。

钢护筒的计算:对于有少量地表水的挖孔灌注桩应设置钢护筒,其钢护筒数量的计算方法与钻孔桩钢护筒的计算方法相同。混凝土灌注:挖孔桩混凝土一般套用人工挖孔灌注混凝土,但实际施工中如孔底及孔壁渗水速度较快(参考值 >6mm/min)时,应考虑套用灌注水下混凝土定额。

(3)承台基础

桥梁承台的施工方法可分为:直接开挖法、围护开挖法、沉井或沉箱法及套箱法四种。沉井或沉箱法目前已较少采用,直接开挖法的施工与明挖基础的施工方法在开挖、支护等方面是完全一样的,以下主要对围护开挖法和套箱法作一个简要的概述。

围护开挖法结构形式较多,有水泥搅拌桩构成的重力式围护、混凝土板桩、地下连续墙等,但用得最多是钢板桩或钢管桩。钢板桩或钢管桩主要适用于靠近河岸的墩台承台的围堰施工,其施工工艺包括制作、定位、打入、封堵等,钢板桩围护结构施工完成后,再进行开挖及清基,达到设计高程后(设计承台地面高程加封底混凝土厚度,并适当预留凿毛厚度),然后抽水、凿毛、绑扎钢筋、浇筑承台混凝土。

钢套箱与钢板桩及钢管桩相比,适用范围要大得多,既适用于岸边墩台也适用于河中墩台,既适用于浅水基础也适用于深水基础、高桩承台等。钢套箱按结构形式可分为有底套箱(吊箱)和无底套箱两种,一般钢套箱均为单层钢板,深水、大流速的施工则采用双层钢板(双壁钢围堰)。钢套箱施工工艺简单概括为:钢套箱制作、安装、平台搭设、钢套箱拼装、下沉、封堵、清基、封底(夹壁混凝土)等,然后抽水、凿毛、绑扎钢筋、浇筑承台混凝土。

概算、预算编制中应注意以下几个问题:

①套箱围堰:概预算定额中钢套箱以 t 为单位,工作内容综合了套箱的制作、拼装(含平台)、定位、下沉等钢结构的全部工程内容。除了需要计算全套钢套箱的质量外,还应计算开挖清基土石方、封底(夹壁)混凝土、抽水台班等工程量。大型钢套箱工程,一般设计图纸应提供钢套箱总质量、封底混凝土总数量等计算。一般简单的钢套箱围堰则需要概预算人员自行计算,实际工作中,由于钢套箱的质量与承台结构尺寸、水深、流速因素等关系较大,没有可完全套用的计算标准,因此以下介绍一些简单的估算方法。套箱底面高程按承台设计底面高程加封底混凝土厚度计算;顶面高程按施工水位加 0.5 ~ 0.7m 计算;钢板厚度按 8 ~ 12mm 计算,平面尺寸按承台平面尺寸计算;总质量可按钢板质量的 2 ~ 3 倍计算。

水下开挖土石方:按套箱与河床地面围成的体积计算。

封底混凝土:封底混凝土为水下混凝土,大型套箱围堰封底混凝土设计图纸应提供工程量,一般套箱围堰的封底混凝土可下述方法估算:有底套箱封底混凝土厚度按 1 ~ 2m 计算,无底套箱按 2 ~ 3m 计算;夹壁混凝土按夹壁体积的 0.5 ~ 0.8 倍计算。

②钢板桩围堰及钢管桩围堰:与套箱围堰相比,钢板桩或钢管桩围堰除在钢板桩或钢管桩的重量计算方面有所差别外,其余开挖土石方、封底混凝土等是基本一致的。

③大体积承台混凝土:承台厚度超过 3m 以上时,混凝土的计算除增加外加剂费用外,还应计算散热管费用,承台散热管可按管径 40 ~ 60mm、壁厚 4mm 左右的焊管计算,水平间距一般按 50cm、垂直间距一般按 1m 计算。

2. 下部构造

桥梁下部构造主要由墩台身、墩台盖梁、耳背墙、拱座、索塔等构件组成，总体概括为墩台身。从施工方法的选择来看，墩台身的施工方法根据结构形式的不同而各异，对结构形式较简单、高度不大的墩台身，通常采用传统的方法，立模一次或几次现浇即可完成，但对高墩、索塔等则有较多的施工方法可供选择，以下主要从工程概预算的角度做简单阐述。

(1)对于高度小于40m的空心墩及一般轻型墩台、圆柱式、方柱式墩台、框架式、埋置式桥台及Y形墩薄壁墩，直接根据不同的结构形式套用概预算定额计算即可，除高度大于20m的桥墩需计算提升模架外，无需计算其他辅助工程数量。

(2)对于高度大于40m的空心墩应考虑提升模架、塔吊、施工电梯等辅助工程的数量，当施工电梯和塔吊按租赁方式计算费用时，施工电梯租金约每月16 000~23 000元、塔吊租金以基本高度40~50m起算，租金每月约16 000~23 000元，然后每增高1m租金增加费用100元。

(3)对于索塔除应考虑高墩的辅助工程，还应计算横梁支架，横梁支架一般采用钢管桩或钢管桩混凝土作为支撑，再配万能杆件、桁架梁、型钢等，横梁支架总质量可根据索塔结构尺寸及地形地质条件计算。

(4)对于设有劲性骨架的空心墩或索塔，劲性骨架应单列计算。

(5)当水中桥墩需要考虑防撞时(如通航等级较高的柔性桥梁等)，防撞方案应由设计提出，编制工程造价时不应漏算防撞费用。

3. 上部构造

桥梁上部构造的结构形式多种多样，施工方法的种类也较多，但除一些比较特殊的施工方法外，大致可分为预制安装和现浇两大类，这也是一般桥梁工程最基本的施工方法。其中预制安装施工主要包括自行式吊车安装、跨墩龙门架安装、架桥机(单导梁、双导梁以及架桥机的定型专用产品)安装、扒杆安装、顶推施工、浮吊架设、缆索吊装、悬臂拼装等；现浇施工主要有支架现浇、悬臂现浇等。

(1)预制安装法

公路桥梁施工中采用最多的预制安装方法有自行式吊车安装、跨墩龙门架安装、架桥机安装等几种。对于跨径在30m以内的板梁、现场运输条件较好的工程可采用此方法，尤其在城市桥梁中应用较广；当桥梁预制场可设置在桥头引道或桥下、且桥位为地形平坦的旱地、桥墩高度不大、桥梁宽度适宜时可选择跨墩龙门架安装法，此方法在一般高架桥或较长的引桥中应用广泛，其优点是可将场地龙门架和架桥机合并为一套设备、安装施工高效快捷；架桥机安装法是预制梁的典型架设安装方法，按形式的不同，架桥机可分为单导梁、双导梁、斜拉式和悬吊式等，其特点是不受桥跨、墩高、桥宽、桥下地形、预制场地等因素的制约，尤其在山岭地区优越性较大。

概算、预算编制中应注意的几个问题

①混凝土及钢筋工程的工程量复核：公路建设市场中设计单位较多，上部构造工程设计标准图标准差别较大、在工程量的统一性方面还存在一定问题，如先简支后连续30m预应力混凝土T梁，有的项目每片梁(含预制、现浇横隔板和现浇桥面板)混凝土达40m^3、有的则只有30m^3，钢筋含量有的为270kg/m^3混凝土、有的为170kg/m^3混凝土，因此造价人员应统计计算混凝土及钢筋的工程量，同时与类似项目进行比较分析、及时提醒设计人员、说明理由等。

②普通混凝土板及后张法预应力混凝土空心板:预制混凝土不再计算底座(含于定额中),但要考虑场地平整,按起重机或扒杆安装计算时,不考虑运输轨道、可套用平板拖车运输或垫滚子绞运;按单导梁安装时应计算临时轨道、单导梁、场地龙门架等。

③后张法预应力混凝土空心板梁:应考虑平整场地、计算平面底座数量等,当安装方法不同时应考虑问题与普通混凝土板梁相同。

④先张法预应力混凝土空心板梁:与后张法预应力混凝土空心板梁相比,先张法预制梁底座采用的是张拉台座,一次性投入成本较大,在工程规模较大时比后张法要经济一些,另外钢绞线的施工不需要锚具和波纹管。

⑤钢筋混凝土T形梁:预制安装钢筋混凝土T形梁一般选择跨墩龙门安装、架桥机安装,应计算场地平整、场地硬化、预制底座、运输轨道、吊装设备(跨墩龙门或导梁配场地龙门)。

⑥预应力混凝土T形梁:与钢筋混凝土T梁相比,除增加钢绞线项目外其他无区别。

⑦有关工程量的计算:单导梁、双导梁、跨墩龙门架及场地龙门架数量可根据跨径按定额说明提供的参考质量计算(场地龙门架可参考跨墩龙门架);临时轨道分桥上和路基上两部分,桥上轨道一般直接按桥长米数减一孔桥长计算、路基上轨道应根据预制场地的布置情况确定;梁的运输一般跨径大于20m按龙门架装车计算,运距按平均运距计算;后张法预应力混凝土梁底座数量应根据计划工期计算,计算公式为:底座个数=梁数量(片)÷总工期(d)×单片梁预制周期(d/片),单片梁的预制周期预应力混凝土梁一般按8~10d考虑,普通混凝土梁可适当小一些,单个底座的面积按定额说明规定的方法计算:先张法预应力混凝土梁台座定额以座为单位,台座数量的计算与后张法基本相同,但台座的布置方式则完全不同,一般每座台座至少应达到一次浇筑4片梁的规模,每座台座的长度可根据梁的跨径及工作间距确定,每片梁纵向之间的工作间距应达到3m以上。

⑧预应力钢筋、钢丝束、钢绞线定额的使用:部颁预算定额中预应力系统主要包括预应力高强钢丝(锥形锚、墩头锚)、预应力钢筋(螺栓锚)、预应力钢绞线(钢绞线群锚),其中预应力高强钢丝定额在使用时需计算质量与束数的关系。预应力钢筋定额在使用时需计算质量与根数的关系,主要在竖向、横向及临时锚固系统中采用;预应力钢丝束主要是斜拉索定额,包括钢丝束的制作、安装等工作内容。拆除临时锚固束定额中材料为钢绞线,若临时锚固系统为预应力钢筋,可换算为每10t多少根计算;预应力钢绞线是预制或现浇施工中采用最广泛的,使用时关键应明确“束”与“孔”的概念,束与质量的关系,由于锚具型号较多,一般按增加新材料进行抽换计算较合适,要说明的是当采用连接器时,应将连接器作为一种锚具来考虑,目前连接器的市场价格约130元/孔。

(2)现浇法

目前公路桥梁施工中采用最多的现浇法有支架现浇及悬臂现浇两大类。支架现浇包括固定支架现浇、逐孔现浇及移动模架逐孔现浇(一般所指的造桥机现浇)等,其施工方法基本相同,主要适用于旱地上的钢筋混凝土及预应力混凝土中小跨径简支梁或连续梁桥的施工,根据支架构造的不同可分为满布式、柱式、梁式和梁柱式几种类型,所用材料有门式支架、扣件式支架、腕扣式支架、贝雷桁架、万能杆件及各种型钢组合件等,除造桥机现浇外,其他支架形式均应考虑支架地基基础的稳定性及可靠性,必要时需对地基进行加固处理,一般满布式支架的地基基础加固有灰土垫层、砂砾垫层、碎石垫层等,对于柱式、梁式等支架,一般可考虑采用混凝土垫层、混凝土条形基础等方式进行基础加固。

造桥机现浇则适用于现浇工程规模较大的工程(如桥长超过500m以上的现浇工程)或地基基础处理费用过高、有少量地面水等情况。悬臂悬浇最常见的是挂篮悬浇,适用于大跨径的预应力混凝土悬臂梁桥、连续梁桥、T形刚构、连续刚构、斜拉桥等结构,其特点是无需建立落地支架、无需大型起重及运输机具等,施工工艺主要包括:托架安装及预压→在墩托架上现浇零号块件→在零号块件上安装悬浇挂篮,并向两侧依次对称地分段悬浇主梁至合龙前段→在临时支架或梁端与边墩的临时托架上现浇现浇段→利用悬浇挂篮或简易托架现浇合龙段。

概算、预算编制中应注意的几个问题

①现浇支架数量的计算。一般可根据支架的高度、长度计算支架的立面积,直接套用"桥梁支架定额"计算,但要注意桥梁的宽度问题,定额中综合的桥梁宽度为木支架8.5m,钢支架为12m,超过宽度时应进行系数调整。若能计算出支架设备的全套数量,建议套用金属结构吊装设备计算,并按拼装设备的总数量计算,另外由于钢管桩支架在目前的现浇工程中被广泛采用,设备数量计算时可将钢管桩单列计算,同时还应考虑支架预压费用,可套用相关补充定额计算。

②支架地基基础处理工程量的计算。一般灰土垫层(石灰稳定土、水泥稳定土)、砂砾垫层、碎石垫层等,其厚度可按15~30cm计算,若采用柱式、梁式、桁构式支架时、可适当考虑部分混凝土垫层。

③挂篮设备的计算。挂篮设备的计算可按定额说明提供的设备参考质量计算,其中块件质量指最大节段的混凝土质量(可按2.5t/m^{3}混凝土计算)。

④零号块托架设备的计算。零号块托架设备的计算可根据零号块的长度(箱梁顶板的横向宽度)按定额说明提供的设备参考质量(7t/m)计算。

⑤现浇段支架设备的计算:可参考现浇支架数量的计算方法进行计算。

第四节　公路工程概预算审查

公路工程概、预算文件的审查是一项政策性、技术性、经济性和实践性很强的技术经济工作。审查的目的,是确定建设项目的投资总额,为项目的经济评价、投资控制、招标投标、保证实施等提供可靠的依据。审查的要求和内容,应与基本建设程序各阶段的作用、深度相结合。

公路工程概、预算文件一般是由设计单位完成的,完成之后,建设单位会委托工程造价管理专业机构(如定额站)进行审查,审查意见送项目主管部门后,主管部门再聘请有关单位和专家以及造价管理机构共同评审,评审通过且工程造价总额在允许范围之内,审查意见可作为批复的依据。

在审查造价时,有两点要求是必须遵守的:

(1)初步设计概算(或技术设计修正概算)的工程造价总额经批准后,是最高投资控制数,一般不允许突破,如概算工程造价总额突破可行性研究报告批准的投资额10%以上时,必须报原批准可行性研究报告单位批准后,初步设计(包括概算)才能生效。否则就要重编初步设计文件或变更原批复的可行性研究报告。

(2)两阶段设计(或三阶段设计)中的施工图设计阶段所编的施工图预算造价总额不允许突破批准的初步设计概算(或技术设计修正概算);如突破概算,必须报原批准设计概算单位审查批复后才能生效。

一、审查的主要内容

1. 审查编制依据

首先审查编制依据的合法性,采用的有关编制依据是否经过国家和授权机关的批准,未经批准的不能采用,如经批准的上一阶段设计文件;各种定额和取费标准是否符合国家有关部门的现行规定,有无调查和新的规定,如有,应按新的调整办法和规定执行;其次审查编制依据的适用范围,如采用的定额取费标准是否与本工程一致,是否在其适用范围之内。

2. 审查编制内容

审查概、预算的列项是否完整,有无遗漏;是否体现了设计要求,施工方法选择合理与否;费用计算是否包括了从项目筹建到竣工交付使用的全部建设费用;是否结合实际、符合规定、经济合理、不重不漏、计算正确、内容完整。

3. 审查工程量

主体工程的工程量应根据设计图纸和相应定额所规定的工程量计算规则进行审查,部分工程量由施工组织设计提供,如:清除表土、耕地填前碾压所增加的土石方数量,施工现场临时用地面积等。辅助工程的工程量,如:围堰、排水、工作平台、吊装设备、预制场等,应结合建设项目的实际情况和施工方法进行审查。

4. 审查定额的使用

审查定额的套用和换算是否正确。审查时,必须熟悉定额的说明,分部分项工程的工作内容及适用范围,并根据工程特点,设计图纸的要求,进行比较分析两者是否一致,是否有重套和漏套现象。对于定额的换算,首先应审查是否允许换算,然后再审查换算是否按规定进行,换算是否正确。

5. 审查其他各项费用

审查其他工程费、间接费的费率取定是否合理,计算是否正确;土地、青苗等补偿费和安置补助费是否符合国家和地方政府的有关规定;设备、工具、器具的购置是否与批准的计划相符,价格计算是否合理可靠。

6. 审查技术经济指标

审查指标有无错误,是否合理或超过国家控制标准。通常可与同类工程的技术经济指标对比,也可与上一阶段的造价文件比较,分析指高程低的原因。

二、审查的步骤和方法

1. 审查步骤

(1)先看设计文件总说明部分,了解建设项目各项工程概况,重点掌握与工程造价有关的问题。如:技术标准、水文地质、气候条件、施工场地、交通现状、筑路材料及下一阶段须解决的主要问题。

(2)阅读设计方案比选的具体内容,了解与工程造价有关的问题,从经济角度分析其是否优越。

(3)阅读编制总说明,掌握编制依据与要求。

(4)审查工程概预算总表,分析工程造价较大的工程项目和费用、经济指标情况。

(5)审查材料价格和机械台班单价计算,分析其合理性。

(6)分析施工方案的合理性、经济性,内容包括施工工艺及辅助工程设施。如设备数量、施工便道、便桥、临时码头、水上水下设施、供水供电设施、大型机械设备安排(如规模、位置)以及工期安排等。

(7)审查各项费率的取定,分析其合理性。

(8)审查分项工程的列项,工程量计算以及定额的套用。

(9)审查其他各项费用的计算是否符合规定和合理。

(10)编写审查报告,报告中应形成结论性意见。

2. *审查方法*

工程概预算的审查应根据工程投资规模、性质、结构复杂程度和要求确定审查方法。为了既保证质量,又加快审查进度,可以采用以下审查方法。

(1)全面审查法

全面审查法又叫逐项审查法,是指对设计图纸所表示的全部内容,按照编制要求进行细致全面地审查的方法,基本上相当于重复编制一次概、预算,审查的顺序按照编制程序逐一进行。这种方法的优点是全面、细致,审查质量高,效果好,但工作量大、时间长。

(2)标准预算审查法

对于利用标准图纸或通用图纸施工的工程先集中力量编制标准预算,以此作为审查的比较依据。按照标准图纸或通用图纸施工的工程,一般上部结构和作法基本相同,只是由于现场施工条件或地质情况不同,而在基础部分作局部改变,在审查中,可直接把审查对象与标准对照,对于局部变动部分单独审查。

这种方法的优点是时间短、效率高,其缺点是适用范围小,尤其对公路工程项目更是如此。

(3)分组计算审查法

分组计算审查法是把概、预算中有关项目划分为若干组,利用同组中的一个数据审查分项工程量的一种方法。

一个单位工程的概、预算,其分部分项工程少则几十个,多则几百个,若都逐项计算,一则费时,二则费力。为了加快审查速度,可以把若干分部分项工程,按相邻具有一定内在联系的项目进行编组,利用同组中分项工程间有相同或相近计算基数的关系,审查一个分项工程数量,就能判断同组中其他几个分项工程量的准确程度。

(4)对比审查法

对比审查法是利用已建成的或已审查修正的同类工程概预算,对比审查拟建工程概预算的一种方法。审查时需将费用进行分解,求出各分部工程的工程量和主要材料用量及技术经济指标,然后进行对比分析,以发现错误,寻找原因,修正差错。

(5)重点审查法

重点审查法是对概、预算中的重点部分、重点项目进行审查的方法。作为重点审查的内容有:影响面大,涉及范围广的部分和项目;工程量大或造价高的项目;材料预算单价;补充和换算定额项目;各种费率的取定。

重点抽查法的特点是重点突出,审查时时间短,但缺乏全面性。

以上方法在审查概预算时,可以根据情况结合起来使用。

三、审查应注意的一些问题

根据近几年建设项目的实践,在工程造价文件中,归纳起来尚存在以下问题(主要是高等级公路和技术复杂大桥）应引起注意。

1. 路基工程

1）设计断面方计算中有关挖路槽部分计算

近几年来高等级公路发展较快，尤其高速公路成倍的增长。由于高速公路，一级公路路面厚度较厚，设计单位的路基断面方设计中，填方部分数量，已将路面厚度的路槽部分扣除，挖方部分的挖路槽项目，则列入路面工程范围内。而目前招投标工程中，不少建设项目招标文件中施工技术规范计量支付将挖路槽规定在挖方单价内；因此在编制标底和报价时，应将此工程数量归入挖方内；计算挖方单价时，作为一个工程细目套用挖路槽定额，综合在挖方单价中，即挖方单价应包括挖、装、运、卸及挖路槽等工程内容。在标底及报价的工程量清单内，不出现："挖路槽"名称，而在路面工程中工程量清单却有"培路肩"项目。所以"挖路槽"部分的计算，如招标文件规定列入挖方内，则初步设计文件概算或施工图设计文件预算，为了控制投资和便于比较，也应将"挖路槽"数量和金额，列入路基挖方项目内，同时在概算或预算文件总说明内加以说明路基土石方的挖方数量包括了挖路槽部分的数量。

2）路基土石方工程

（1）天然密实方和压实方的关系。公路工程工程量计算规则规定，土方挖方按设计断面天然密实体积计算，填方按设计断面压实后的体积计算，石方爆破按设计断面天然密实体积计算。利用方是指以挖作填的土石方。现多数设计单位在土、石方数量计算表上利用方分本桩号利用（即不计增运距离）和纵向调配利用（要远运计增运距离），一般都以挖方的天然密实方表示。而利用方是填方的利用量，因此在计算填方中的借方时，必须根据天然密实方和压实方的关系，换算为压实方后，才能正确计算填方中的借方数量。换算系数由于土、石方不同和土质类别的不同，规定了不同系数。为了计算方便，一般可以按土方类别（即松土、普通土、硬土）和数量，先求出一个加权平均的综合系数，再进行换算，如以二级及以上等级为例，根据挖方不同土质数量求得综合系数为1.17，利用方总数为11 700m^3（天然密实方），折成填方压实方为11 700/1.17 = 10 000m^3，如填方总数为100 000m^3，则借方为100 000 - 10 000 = 90 000m^3（压实方），套用挖方定额时，定额也必须乘以综合系数1.17，如取土坑土质已清楚，则乘以该土质的换算系数（如取土坑土质为普通土，则套用挖方定额时即乘以换算系数1.16）。

（2）设计断面以外填方应增加数量的计算。土石方计算表的设计断面，是以地面高程测量为依据的，实际竣工断面的填方部分，由于以下几种原因，往往与设计断面有所差异，这部分填方数量，在设计时，有几项应计入填方总数量内，有一项计价不计量，但数量可根据经验估计，作为计价依据。

①清除表土或零填方地段的基底压实，耕地填前压实后回填至原地面高程所需的填方数量。

②因路基沉陷需增加填筑的填方数量。

③为保证路基边缘的压实度须加宽填筑所需的填方，根据高速公路实践经验，机械碾压路基两侧每侧需加宽30～50cm。此项填方数量只计价不计量，竣工后须刷坡清除或远运，全部费用摊入填方单价内。

（3）借土工程有关"土底费"计算。近几年来在平原区或微丘区修建高速公路增多，由于高速公路每公里填方数量很大，借土的"土底费"支出较大，即借土用地费用每立方米土约需2～5元。（如用地每亩4 000元，平原区挖深2m即有地下水，每亩地只能取土1 330m^3，则每

m^3 土摊“土底费”约3元)。因此借土地点的选择,要作分析比较,有时运距多增加几公里,选择一大型的取土坑,地势高一些,可挖深好几米,或许对大量填方地段,施工更有利,便于机械化施工。因此取土坑的选择,要全面分析,慎重选定。

(4)填土最佳含水率和填料质量问题。土方的压实,只有在最佳含水率条件下,才能达到规定的压实度。高速公路、一级公路要求填方压实度很高。保证了路基设计的填方压实度,才能保证路面的设计质量。如填方土质含水率不够,在编制工程造价时,必须计算洒水车的费用,在缺水地区尤其重要。另外填料的质量如何,对填方的压实要求,也是一个影响质量和工程造价的重要因素,必须按技术规范对粒料不超过最大粒径的规定,因此填方的取土坑选择,应充分考虑上述因素。

(5)弃方处理要求的计算。山岭重丘区的高速公路、一级公路修建逐渐增多,由于高速公路、一级公路的标准较高,因此每公里土、石方在这种地区数量很大,如某条六车道高速公路在山重区修建,每公里土石方平均达60多万立方米,最高达80多万立方米,弃方数量也很大。凡是修建高速公路沿线地区,一般经济都比较发达,环境保护要求亦较严格,所以弃方处理一是运距较远,一是卸土地点要加以利用(作今后经济开发区场地),必须平整碾压。因此编制工程造价时,要考虑这些因素,才能确保投资控制。

(6)大量土石方施工对临时便道、便桥质量的考虑。高速公路、一级公路路基土、石方数量很大,而且绝大部分是大型机械化施工,汽车远运土数量大,车型吨位高,每天来往交通量可观,因此一般便道、便桥的宽度和质量,满足不了实际需要,必须根据工期、车型和数量以及当地地质、水文、有否湿地、软土等情况,设计合适的便道、便桥,包括宽度和路面临时结构类型、便桥类型等,不能简单地套用定额中一般的便道、便桥,编制工程造价。

(7)互通式立体交叉匝道之间土方平整和绿化工程的考虑。互通式立体交叉地区在高速公路中具有重要的作用,根据国外的经验,互通式立体交叉地区,今后发展的情况,多数均能发展为一个中、小经济区。因此对互通式立体交叉要考虑总体设计(有的建设项目已做),必须照顾各方面的关系和发展需要,在匝道之间按总体设计要考虑土方平整(在山重区尤为重要,还要计算平整的土、石方开挖工程)和绿化工程以及其他设施问题。

3)路基边坡防护工程种类的选用

南方雨量大而集中,加强高速公路、一级公路路基边坡防护工程是必需的。这一费用不少,每公里平均达几千立方米圬工实体。而防护工程种类很多,有铺草皮、栽草、播草籽、编篱填石、混凝土、浆砌片石骨架种草(网格形或人字形)、石砌(干砌或浆砌)等,每平方米护坡工程价格相差很大,因此设计选用种类,必须同当地水文、地质、地形、材料供应等情况结合起来,实事求是地分别考虑。

4)高速公路、一级公路对土路肩处理的选择

为了排除路面地面水,高速公路、一级公路对土路肩的处理,目前有几种方法,有的将填方边坡浆砌片石一直砌筑到全部路肩;有的土路肩部分铺上碎石或砾石垫层,上面用沥青表处罩面,如无浆砌片石护坡地段,则通过泄水沟由边坡急流槽排出;有的在路面边缘用水泥混凝土或沥青混凝土铺筑拦水带,通过边坡水簸箕流水槽排出路基外。因此对土路肩的处理,必须结合地区的雨量、地质、边坡铺砌等情况,综合考虑较为合适。有些路面分期修建的高速公路如六车道路基先做四车道路面的高速公路,余下两个车道宽度和土路肩部分,更应考虑处理,否则地面水渗透到路基中,对路基、路面质量将产生很大影响。

2. 路面工程

(1) 沥青混合料和稳定土拌和站的设立

高速公路、一级公路路面工程中沥青混合料和稳定土的用量较大，一般在拌和设备选型上多采用大型设备，如沥青混合料拌和设备选用320t/h，稳定土厂拌设备选用300t/h较多，这种大型设备需要场地面积很大，地点选择一般应考虑下列因素：

①地点场地面积，能否满足堆料、拌和、运输道路及其他设施的需要。

②各种材料供应条件是否方便。

③拌和站通往工程的上路处，有否道路，道路新建或整修的工程量大小和难易程度。

④是否影响周围居民的居住环境。

⑤拌和站到工程地点在规定质量要求内的最大距离。如沥青混合料运输到现场温度不低于120～150℃的最远距离。国外施工可达60km以上，15～18t自卸车用篷布覆盖，到达工地温度一般在130℃以上，满足施工要求。

⑥临时占地、平整场地、场地垫层、围栏、仓库、工棚和设备安、拆一次等费用的多少。

⑦安、拆一次和运输的时间。

经以上因素多方面比较分析后再考虑拌和场的设立和安、拆次数。切忌简单估列安拆次数。

(2) 沥青混合料拌和设备用电量供应的选用

公路工程大型沥青混合料拌和设备台班耗电量很大(320t/h拌和设备每台班用电量约5 920度)，电价多或少直接影响台班单价的高低。因此在选择用电消耗的供应方式的，要作综合比较分析。一是外来电源单价加输电线路设施费用；二是施工单位自行发电分析计算电价：配备大型发电机组，沥青混合料拌和设备使用一个台班(或配备中型两台，则计算发电机组两个台班)，不计算拌和设备台班中电量消耗价格，看一看哪一种方法经济和合理。如当地供应电源电价很高(某些地区供应电价每度达1元以上)，而且还要架设输电线路若干公里，不分析就直接计算台班单价，这样就会增大工程造价。如以1元/度为例估算，320t/h拌和设备电费每台班就要5 920元，就比自行配备两台中型发电机组的台班费用还高得多。

(3) 沥青混合料路面中“矿粉”材料价格的选定

高速公路、一级公路沥青混合料路面工程量大，所需矿粉数量也大，调查当地价格时，要充分考虑到石料场筛余的矿粉供应量问题，这种料场的筛余料，价格可能不很高，但是否能满足工程数量的需要，应作详细计算。如工程需要量很大，则必须单独加工成矿粉，这样价格就高多了，同时加工数量能否符合工期要作分析，否则应考虑用石灰或水泥代替矿粉，所以在编制路面造价时，要注意这些问题。

(4) 沥青材料进口价和国产价的选用

沥青混合料路面用的沥青，要求质量较高，一般进口沥青质量较好，但价格较高。国产沥青近年来质量有所提高，但同进口沥青比较还差一些，价格要比进口沥青便宜，为了合理选用沥青价格，一般高速公路沥青混合料路面上一层面层用进口沥青，中、下两层用国产沥青，这样可以降低工程造价，也能符合使用要求。

3. 一般大桥及技术复杂大桥

(1) 一般大桥干处和水中施工的确定

大桥工程造价中干处和水中相差达50%以上，主要是基础工程的差异，设计工程数量和施工难度都有较大不同。水中施工程序复杂,施工技术措施,施工方法,施工工艺困难,人工和机械工效要低,因此确定水中施工的墩台数,在编制投资时,尤其编制估算选用估算指标更为重要,应根据施工水位及实际调查认真确定。

(2)技术复杂的大桥(指水深大于10m、单孔跨径大于120m大桥)

①跨径不同时,灌注桩和承台工程量的变化。这个问题主要是在投资估算时要注意的一个问题,在项目建议书和可行性研究报告阶段,由于不进行结构设计,不做设计详图,所以反映不出具体灌注桩和承台数量。有的估算者简单的套用一个每平方米造价指标进行估算,不区别跨径,就会产生跨径大的桥梁造价少算的情况,对方案比选不利。如斜拉桥跨径300~400m与跨径500~600m的承台数量,在同一个桥位上,有时会相差1倍左右,灌注桩数量同样差别很大。因此,造价工程师要经常注意资料的积累,类似这种方案比较时,要调整某些主要工程项目消耗量后再进行论证工作,才能体现工程实际情况,有利于设计方案的筛选。

②基础围堰形式对工程造价的影响。桥梁基础围堰形式很多,目前国内常用的有草袋(麻袋)围堰、竹笼围堰、钢板桩围堰、钢壳浮运沉井等,每一种形式都有其特点和适用范围,如草袋(或麻袋)围堰只能在水流不急、水深2m左右、堰高不超过3m,较为合适。基础围堰形式不同,它的技术措施也不同,工程造价也相差很多。技术复杂大桥、跨径大、水深10m以上时,在大海、大江上施工,国内外用的较多一种基础形式,即复合基础,是在沉井内设置桩或管柱形成组合基础的一种深水基础形式,用双壁钢壳浮运沉井围堰作为完成桩基的施工手段,浮运沉井就位后,沉井不嵌岩,只下沉到岩层顶面或覆盖层内一定深度,水下封底后钻孔,将沉井内的桩或管柱嵌岩。这种基础国内如武汉长江大桥、黄石长江大桥、钢陵长江大桥,国外如日本的柜石岛桥、尻无川桥。技术复杂大桥的基础,由于水深、跨径大、桩长、桩径大、施工技术很复杂,需要辅助工程多,配置设备多,如导向船、定位船、钻孔船、锚碇系统以及水上混凝土拌和运输、钢架工作平台、水下电缆等设备配置。因此对技术复杂大桥的基础施工,是大桥的关键工程,计价工作要考虑周到,不要漏算工程项目,工程数量做到合理和符合需要。

③大块构件安装设备与工期安排的相互关系。大块构件安装设备数量和价格,要考虑不同的情况,如有的施工单位自己准备设备;有的施工单位需要向外单位租用;有的必须委托别的部门承担吊装(如几百吨一个块件水上浮吊)。这些设备数量的准备,同工期安排有密切关系。有的建设项目有几个施工单位参加施工,如长江某座大桥一个桥墩的承包人(预应力混凝土T构),架桥金属设备就要按一个桥墩配一套考虑,增加一套或数套设备,工程造价就不一样。因此,遇到类似问题,造价工程师要根据工期的长短和建设单位对施工单位的要求,以及设备来源等情况,经研究分析后才能作出正确的计价。

④大跨径桥梁、新技术、新结构桥梁,要充分考虑大跨径桥梁所需的大型机械设备较多,尤其对于特大跨径桥梁,如跨径1 385m江阴长江钢悬索大桥,在主缆索加工、固定、扎紧、安装、定位,都必须有大型机械才能完成;有的机械设备还必须向国外订货,才能满足要求。新技术、新结构同样要考虑大型和专用机械设备的需要。这些机械和设备,价格都比较昂贵,直接影响到工程造价,有的要进口,有的向国外预订,因此在编制投资时,应多方面调查和询价,才能合理地确定造价。

4. 互通式立体交叉、分离式立体交叉、通道工程

(1)互通式立体交叉工程的总体设计

互通式立体交叉工程是高速公路主要工程之一,建成通车几年以后,根据国外经验,互通

式立体交叉区域，尤其是大城市进出口的大型互通式立体交叉处，必然逐步发展成为一个经济区，因此国外十分重视互通式立体交叉工程的总体设计，根据今后发展趋势应考虑在总体设计时的一些设施，如平整场地，绿化工程，公共汽车停靠站以及各项服务设施的设计。

(2)被交道路的新建或整修工程

互通式立体交叉、分离式立体交叉、通道工程，都存在被交道路的新建和整修问题。目前已竣工的高速公路，其竣工决算所反映的这部分费用，超过原设计数量很多，尤其下穿的跨线桥，被交道路的抬高和增加工程较多，有的原设计调查时为三级公路，等到施工时，已改建成二级公路，这样跨线桥部分的被交公路地段，又要提高公路标准，修建工程造价也随之增大。因此关于被交道路工程的修建或整修工程，因工程数量大，除调查时必须认真对待做好设计外，在确定这部分工程造价时，还应详细分析，研究是否符合实际，合理地确定被交道路的修建或整修的工程项目和数量问题。

5. 施工技术措施问题

公路工程施工技术措施费在工程造价中占相当比重。该项费用的高低，是施工企业在投标报价中能否中标的一项主要因素，也反映了施工企业的施工技术和管理水平。同样是设计单位和技术咨询公司在编制投资时，能否正确、合理地确定投资的主要因素之一，它也反应了设计水平的高低。因此不论施工、设计单位以及技术咨询公司，都应十分重视此问题。施工技术措施主要包括两个方面。

(1)大型临时设施(公路称临时工程)

大型临时设施据铁路大桥工程部门的测算，在技术复杂大桥中约占主体工程的17% ~ 20%。公路工程中的临时工程包括轨道铺设、便道、便桥、码头、水下电缆、输电线路、电信线路等，应注意的问题主要是：

①高等级公路特别是高速公路、一级公路，在大量土、石方工程中汽车运输的临时便道，由于自卸汽车数量多、载重大，每日来回行驶交通量高，一般临时便道满足不了需要，便道应有一定宽度并承载能力较高(路面铺筑)，在编制便道费用时，应结合当地情况(包括地质、水文、材料)和实际需要(路基宽度和车辆数量)，先编出补充定额，才能适应汽车运输、确定工程造价。

②技术复杂大桥主要是临时码头、临时水下电缆等设施，应按施工组织设计的需要合理考虑。

③公路建设项目多远离城市，路线工程狭长，且技术复杂大桥用电量大。如需外接电源供电，则必须根据路线和大桥实际情况，详细而合理地计算输电线路长度。

(2)其他施工技术设施(或称辅助工程)

公路工程的辅助工程(不包括其他工程费中的施工辅助费)包括的内容很多，如平整场地、混凝土蒸气养生措施，大型预制构件底座、大型预制构件装船用的栈桥码头、先张法预应力张拉、冷拉台座、大型拌和站的配备和安拆、水上混凝土运输设施、海上供水设施、施工电梯、安装构件及预制场设备配置数量、预制构件运输方式、现浇混凝土上部构造及拱桥的支架、拱盔，基础围堰措施、灌注桩水上工作平台、船上混凝土搅拌台及泥浆循环系统，以及主要工程施工方法的合理选用等。近几年通过实践，需注意以下情况：

①预制场、堆料场、大型拌和设备拌和场等平整场地中，应根据场地的地质、水文及实际需要情况，考虑场地的碾压和必要的砂砾或碎(砾)石垫层，以及进入施工地点道路的修建或整修。

②大型拌和站(包括沥青混合料、水泥混凝土、厂拌稳定土)的站址选择和安、拆次数,以及配置设备型号和台数的合理考虑。

③技术复杂大桥的大型预制构件装船用的栈桥或码头,水上混凝土运输设施,构件运输方式,基础围堰措施,安装(或浮吊)构件及预制场设备配置的名称、规格、数量计划,深水灌注桩的混凝土拌和、工作平台设施等的施工组织设计,应认真提出具体项目和数量,并说明施工程序、施工方法,操作工艺等质量要求。

第五章　公路建设项目招投标与合同管理

第一节　概　述

一、招标投标的法律特征和基本原则

1. 招标投标的法律特征

招标投标是建设市场的交易方式，是在双方同意基础上的一种买卖行为，其特点是由唯一的买主（发包人）设定标的，招请若干家卖主（投标人）公平竞争，通过秘密报价、评比从中择优选择卖主并与此达成交易协议的过程。

根据我国的法律规定，合同的订立程序包括要约和承诺两个阶段，招标投标的过程是要约和承诺实现的过程（在招标投标过程中投送标书是一种要约行为，签发中标通知书是一种承诺行为），是当事人双方合同法律关系产生的过程。正因为招标投标是一种法律行为，所以，它必然要受到法律的规范和约束，它必须服从法律的规范和要求。

2. 我国招标投标的法律、法规框架

我国招标投标制度是伴随着改革开放而逐步建立并完善的。1984 年，原国家计委、城乡建设环境保护部联合下发了《建设工程招标投标暂行规定》倡导实行建设工程招标投标，我国由此开始推行招标投标制度。

1991 年 11 月 21 日，原建设部、国家工商行政管理局联合下发《建筑市场管理规定》提出加强发包管理和承包管理，其中发包管理主要是指工程报建制度与招标制度。在整顿筑市场的同时，原建设部还与国家工商行政管理局一起制定了《施工合同示范文本》及其管理法，于 1991 年颁发，以指导工程合同的管理。1992 年 12 月 30 日，建设部颁发了《工程建设工招标投标管理办法》。

1994 年 12 月 16 日，原建设部、国家体改委再次发出《全面深化建筑市场体制改革的意见》强调了建筑市场管理环境的治理。文中明确提出大力推行招标投标，强化市场竞争机制。此后，各地也纷纷制订了各自的实施细则，使我国的工程招投标制度趋于完善。

1999 年，我国工程招标投标制度面临重大转折。首先是 1999 年 3 月 15 日全国人大通过了《中华人民共和国合同法》，并于同年 10 月 1 日起生效实施。由于招标投标是合同订立过程中的重要阶段，因此，该法对招标投标制度产生了重要的影响。其次是 1999 年 8 月 30 日全国人大常委会通过了《中华人民共和国招标投标法》，并于 2000 年 1 月 1 日起施行。这部法律基本上是针对建设工程发包活动而言的，其中大量采用了国际惯例或通用做法，带来了招标投标体制的巨大变革。

随后的 2000 年 5 月 1 日，原国家计委发布了《工程建设项目招标范围的规模标准规定》2000 年 7 月 1 日原国家计委又发布了《工程建设项目自行招标试行办法》和《招标公告发布暂

行办法》

2001 年 7 月 5 日,原国家计委等七部委联合发布第 12 号令《评标委员会和评标办法暂行规定》其中有三个重大突破:关于低于成本价的认定标准;关于中标人的确定条件;关于最低价中标。在这里第一次明确了最低价中标的原则。

2002 年 1 月 10 日,原国家计委颁布了第 18 号令《国家重大建设项目招标投标监督暂行办法》并于 2002 年 2 月 1 日起执行。

2003 年 3 月 8 日,原国家计委、原建设部、铁道部、原交通部、原信息产业部、原水利部、原民航总局联合发布了第 30 号令《工程建设项目施工招标投标办法》于 2003 年 5 月 1 日起执行。

为规范公路工程施工招标投标活动,保证公路工程施工质量,维护招标投标活动各方当事人合法权益。2006 年 6 月 7 日原交通部第 7 号令重新修订发布了《公路工程施工招标投标管理办法》自 2006 年 8 月 1 日起施行。

2007 年 11 月 1 日,国家发改委等九部委联合发布了第 56 号令《(标准施工招标资格预审文件)和(标准施工招标文件)试行规定》标志着我国的招标投标制度逐步趋于完善,与国际惯例进一步接轨。

2009 年交通运输部在国家九部委联合编制的《标准施工招标资格预审文件》和《标准施工招标文件》基础上,结合公路工程施工招标特点和管理需要,以交公路发[2009]221 号文发布了《公路工程标准施工招标资格预审文件》(2009 年版)和《公路工程标准施工招标文件》(2009 年版)自 2009 年 8 月 1 日起施行。该文件对进一步加强公路工程施工招标管理,规范资格预审文件和招标文件编制工作起到了指导作用。

3. 招标投标的基本原则

招标投标的基本原则和要求是由招标投标的基本性质和法律特征决定的。具体如下:

(1)合法原则。由于招标投标是合同的订立方式,招标投标行为是一种法律行为,所以,它必然要受到法律的规范和约束,服从法律的规范和要求。合法原则包括主体合格、内容合法、程序合法、代理合法等要求。

①主体资格合法。即招标投标过程中买卖双方的主体资格应符合要求。公路勘察设计合同的主体是发包人和勘察设计单位,公路施工承包合同的主体是发包人和施工承包单位,公路施工监理合同的主体是发包人和监理单位。根据合同法的规定,他们都必须具备法人资格,而且要有相应的履约能力。所以,工程建设过程中,作为发包人要取得合法资格,首先必须办理法人登记(实行建设项目法人制是我国建设市场经济体制改革的一项重要内容,实行项目法人制后的发包人是一个自我发展、自负盈亏、自我约束的经济实体,而不是政府机构的附属物),而且应具备(筹集到)工程建设所需要的资金。同样,作为设计单位、施工单位或监理单位在参加投标活动之前,也必须具有法人资格,而且必须具有相应的技术等级和履约能力。

②合同内容合法。即招标文件中的合同内容必须遵守法律和法规,不得损害国家利益和社会公共利益,内容表述应当真实、准确,主要条款应当完备齐全。

③程序形式合法。即组织招标投标活动时应符合法定的程序和要求。当前,规范公路工程招标投标行为的法律法规除《中华人民共和国合同法》、《中华人民共和国招标投标法》、《中华人民共和国反不正当竞争法》外,还有交通运输部颁发的《公路工程施工招标投标管理办法》、《公路工程建设市场管理办法》。公路工程招标投标过程中,必须符合上述法律和法规的

规定。

④代理制度合法。即参与招标投标活动的各家,如要委托他人代理招标投标活动,则代理单位应取得代理人的合法资格,按要求办理法人代表证明书或法人代表授权委托书,在从事代理活动过程中,不得有违合同法中有关代理制度的各项规定。

(2)平等原则。平等原则是由合同的订立原则所决定的,平等原则(公平交易)也是市场交易的基本要求。平等原则包括地位平等,权利平等,意志平等以及平等竞争,投标面前机会均等等内容。

(3)公开、公正原则。公开原则要求招标投标活动具有高度的透明度,实行招标信息、招标程序公开,评标方法,即公开发布招标通告,公开开标,公开中标结果,按事先规定的方法进行评标,使每一个投标人获得同等的信息,知悉一切条件和要求,公开原则是保证公平、公正的必要条件。公正原则要求评标时按事先公布的标准对待所有的投标人。

(4)优胜劣汰原则。它是效率优先的具体要求,也是通过市场竞争优化资源配置的必然结果。

(5)遵循价值规律和服从供求规律相统一的原则。即在定标时,其中标单位的价格既应符合价值规律,也应反映供求规律的作用;既应反映建筑产品的社会必要劳动消耗量,也应反映当前的市场价格,既应经济,也应合理。

(6)诚实信用原则。诚实信用原则要求招标投标双方尊重对方利益,信守要约和承诺的法律规定,履行各自义务,不得规避招标、串通哄抬投标、泄露标底、骗取中标、非法转包合同等。

招标投标的基本原则是保证招标投标合法有效的基本条件。违反招标投标合法原则的合同是无效合同,甚至是违法合同,从订立时起就不具有法律约束力,也不受法律保护;违反公平原则的合同是可撤销合同,同样也不受法律的保护,当事人可以向人民法院申请变更或撤销。

二、公路建设项目招标的范围与分类

1.招标范围

根据《中华人民共和国招标投标法》第三条规定:

在中华人民共和国境内进行下列工程建设项目包括项目的勘察、设计、施工、监理以及与工程建设有关的重要设备、材料等的采购,必须进行招标:

(1)大型基础设施、公用事业等关系社会公共利益、公众安全的项目。

(2)全部或部分使用国有资金投资或国家融资的项目。

(3)使用国际组织或者外国政府贷款、援助资金的项目。

由此可知,公路工程项目建设中的上述环节都必须组织招标。

2.强制招标的标准

根据《公路工程施工招标投标管理办法》第三条规定:

下列公路工程施工项目必须进行招标,但涉及国家安全、国家秘密、抢险救灾或者利用扶贫资金实行以工代赈等不适宜进行招标的项目除外。

(1)总投资额在3 000万元人民币以上的公路工程施工项目。

(2)施工单项合同估算价在200万元人民币以上的公路工程施工项目。

(3)法律、行政法规规定应当招标的其他公路工程施工项目。

根据《公路工程勘察设计施工招标投标管理办法》第二条规定。

公路建设项目的勘察、设计单项合同估算在50万元人民币以上的或者建设项目总投资额在3 000万元人民币以上的，必须进行勘察设计招标。

根据《工程建设项目招标范围和规模标准规定》第七条规定。

(1)施工单项合同估算价在200万元人民币以上的。

(2)重要设备、材料等货物的采购，单项合同估算价在100万元人民币以上的。

(3)勘察、设计监理等服务的采购，单项合同估算价在50万元人民币以上的。

(4)单项合同估算价低于第(1)、(2)、(3)项规定标准，但项目总投资额在3 000万元人民币以上的。

上述标准是工程建设项目强制招标的最低标准，任何单位和个人不得将依法必须进行招标的项目化整为零或者以其他任何方式规避招标。

3. 公路建设项目招标分类

1)按照工程标的分类

根据标的的不同，公路工程招标可分为勘察设计招标、施工监理招标、材料设备招标和施工招标。

(1)勘察设计招标。公路工程勘察设计招标是指招标人按照国家基本建设程序，依据批准的可行性研究报告，对公路工程初步设计、施工图设计通过招标活动选定勘察设计单位的招标活动。有特殊要求的工程可以进行方案招标。

公路工程勘察设计招标过程中，由发包人在可行性研究工作的基础上提出勘察设计招标文件，包括勘察设计标准规范、勘察设计原始资料及基本的原则要求(如路线走向、桥址位置、计划工期等)，然后由勘察设计单位提出自己的勘察设计方案及投标文件，发包人通过评标委员会综合评标从中选择一家方案优秀、设计费用(报价)适中的单位作为本项目勘察设计单位。

勘察设计招标应遵循法律法规及《公路工程勘察设计招标投标管理办法》的有关规定。在勘察设计招标过程中重点应考察设计单位的水平、设计方案的优劣，设计方案的优劣对工程造价有决定性的影响。因此，发包人在勘察设计招标中，应认真评价勘察设计方案的可行性、可靠性以及技术实施的难易程度(这些因素对工程造价和工期也有重要影响)。另外，勘察设计单位的业绩、技术经历、技术等级也是考察勘察设计单位的一些重要方面。而勘察设计费用报价只要适中即可。

(2)施工监理招标。施工监理招标是针对公路工程施工监理工作，选定施工监理队伍的招标活动。施工监理招标是公路工程推行施工监理制度后发展起来的一种重要的招标形式。施工监理招标过程中，由发包人制订招标文件(包括监理合同条款、服务范围、施工图纸、监理规范等内容)，监理单位在此基础上提出监理规划和监理费报价，发包人通过评标委员会综合评比，从中选择一家监理方案优秀、监理费用适中的单位承担本项目的监理工作。监理招标的目的是优选监理单位、优化监理规划从而达到保证工程质量、工期及控制工程造价的目的。因此，发包人在监理招标过程中，应对拟承担本项目监理工作的人员素质、经验、资质等进行重点评定，在人员资质、监理经验及方案优秀的情况下，再考察其监理费报价是否合理适中。

(3)材料设备招标。公路工程建设过程的材料设备招标主要是对一些特种材料和机械设备(国内市场上依赖进口、国际市场上受少数供应商或制造商的垄断，易形成垄断价格的材料设备)进行招标。招标过程中由发包人提出所需材料、设备的品种和规格及数量要求,供应商或制造商据此提供自己的材料设备性能和报价,发包人择优选择材料或设备供应单位。材料设备招标过程中,价廉物美是选择供应商或制造商的基本原则。

(4)施工招标。公路施工招标是由发包人通过招标方式选择施工单位的过程。施工招标的目的是在保证施工质量和工期的前提下降低施工成本和工程造价。由于施工招标文件中,招标项目具有明确的规范和要求(即质量标准等要求非常明确且可操作性强),因此,投标报价的高低是施工评标中应予重点考虑的第一要素。

除以上四种基本形式外,公路工程招标实践中还有设计施工总招标这种形式。即由发包人事先提出设计施工的基本原则和要求,招标过程中,由设计单位和施工单位组成设计施工联合体进行投标,发包人从中选择一家工程造价低、工期符合要求的单位承担本项目的设计和施工。这种招标形式有利于优化设计方策,降低工程造价,也有利于做到设计施工综合安排,加快工程的整体进度(设计施工总承包模式,有利于发包人减少项目管理工作,而将主要精力投入到项目的经营工作中去)。

2)按照竞争程度分类

可分为公开招标和邀请招标。这也是我国《招标投标法》中规定的法定招标方式。

(1)公开招标。也称无限竞争性招标,是一种由招标人按照法定程序,在公共媒体发布其招标项目、拟采购的具体设备或工程内容等信息,向不特定的人提出邀请。所有符合条件的供应商或承包人都可以平等参加投标竞争,从中择优选择中标者的招标方式。

采用公开招标的,招标人不得以任何借口拒绝向符合条件的投标人出售招标文件,依法必须进行招标的项目,招标人不得以地区或者部门不同等借口违法限制任何潜在投标人参加投标。

公开招标在其公开程度、竞争的广泛性等方面具有较大的优势,但公开招标也有一定的缺陷,比如,由于投标人众多,一般耗时较长,需花费的成本也较大,对于采购标的较小的招标来说,采用公开招标的方式往往得不偿失;另外,有些项目专业性较强,有资格承接的潜在投标人较少,或者需要在较短时间内完成采购任务等,也不宜采用公开招标的方式。

(2)邀请招标。也称有限竞争性招标或选择性招标,即由招标人以投标邀请书的方式邀请特定的法人或者其他组织参加投标竞争,从中选定中标者的招标方式。招标人采用邀请招标方式的,应当向三个以上具备承担招标项目的能力、资信良好的特定的法人或者其他组织发出投标邀请书。

《公路工程施工招标投标管理办法》(原交通部2006年第7号令)第十一条规定:公路工程施工招标符合下列条件之一,不适宜公开招标的,依法履行审批手续后,可以进行邀请招标:

①项目技术复杂或有特殊技术要求,且符合条件的潜在投标人数量有限的。

②受自然地域环境限制的。

③公开招标的费用与工程费用相比,所占比例过大的。

邀请招标的方式在一定程度上弥补公开招标的一些不足,而且又能相对充分发挥招标优势,特别是在投标供应商数量较少的情况下作用尤其明显。因此,邀请招标也是一种使用较普遍的政府采购方式。

3)按照招标的组织形式分类

可以分为招标人自行招标和招标人委托招标机构代理招标。

(1)自行招标。《招标投标法》规定,招标人具有编制招标文件和组织评标能力的,可以自行办理招标事宜。

《公路工程施工招标投标管理办法》(2006 年)要求自行招标的招标人必须具备以下条件:

①具有与招标项目相适应的工程管理、造价管理、财务管理能力。

②具有组织编制公路工程施工招标文件的能力。

③具有对投标人进行资格审查和组织评标的能力。

招标人不具备上述条件的,应当委托具有相应资格的招标代理机构办理公路工程施工招标事宜。

(2)委托招标机构代理招标。招标代理机构是依法设立、从事招标代理业务并提供相关服务的社会中介组织。

《招标投标法》要求招标代理机构应当具备下列条件:

①有从事招标代理业务的营业场所和相应资金。

②有能够编制招标文件和组织评标的相应专业力量。

③有符合规定条件、可以作为评标委员会成员人选的技术、经济等方面的专家库。

依据《工程建设项目招标代理机构资格认定办法》(建设部第 154 号令),工程建设项目招标代理机构资格分为甲级、乙级和暂定级。甲级工程招标代理机构可以承担各类工程的招标代理业务。乙级工程招标代理机构只能承担工程总投资 1 亿元人民币以下的工程招标代理业务。暂定级工程招标代理机构,只能承担工程总投资 6 000 万元人民币以下的工程招标代理业务。

三、国际工程招标投标

在国际工程中,通过招标投标选择承包人是最重要的发包方式。因此,为了规范国际工程招标投标,许多国际机构都制定了招标投标程序,如世界银行、亚洲开发银行、国际咨询工程师联合会(FIDIC)等。在这些程序中,世界银行的招标投标程序是最为完善的和最有影响的,适用范围也是最大的。

1. 国际工程招标方式

国际工程招标方式主要有国际竞争性招标(ICB)、有限国际招标(LIB)、国内竞争性招标(LCB)、国际及国内询价采购、直接采购和自营工程等方式。

(1)国际竞争性招标

国际竞争性招标(ICB)是指邀请世界银行成员国的承包人参加投标,从而确定最低评标价的投标人为中标人,并与之签订合同的整个程序和过程。在实践中,国际竞争性招标采购的金额占贷款采购总金额的 80% 左右,在我国的世界银行贷款项目中,国际竞争性招标采购的金额也占贷款采购总金额的 70% 以上。因此,国际竞争性招标是世界银行贷款项目采购程序的主要程序。

(2)有限国际招标

有限国际招标是采用不公开刊登招标广告而直接邀请供应商或承包商进行投标的一种采购方式。这种采购方式主要用于以下情况:采购金额较小;能够提供货物或服务的供应商数目有限;有其他特殊理由证明不能完全按照国际竞争性招标方式进行采购。

(3)国内竞争性招标

国内竞争性招标是指在借款国范围内进行的招标采购,招标通告只在国内主要报纸刊登,招标文件一般也只采用本国文字书写。但是,如果外国公司有兴趣投标,也应允许其参加投标。这种采购方式主要用于不可能吸引外国竞争的采购活动。

(4)国际和国内询价采购

询价采购是对外国或国内(通常至少3家)几家供应商的报价进行比较为根据的一种采购方式。这种采购方式主要用于采购现货或价值较小的标准规格设备,或者用于小型、简单的土建工程。

(5)直接采购

直接采购是指不通过招标或者货比三家等方式,而是由项目单位直接和供货单位进行谈判而签订的合同。

(6)自营工程

自营工程是指土建工程项目中采用的一种采购方式,它是由借款人直接使用自己国内的施工队伍来承建的土建工程。

2. 国际竞争性招标的主要程序

(1)总采购公告

公开通告投标机会是世界银行及其他国际开发机构所要求的,目的是使所有合格而有能力、符合要求的投标人不受歧视地能有公平的投标机会,同时使业主或购货人能进一步了解市场供应情况,有助于经济、有效地达到采购的目的。

世界银行要求,贷款项目中心以国际竞争性方式采购的货物和工程,借款人必须准备并交世界银行一份总采购公告。当某一项目的资金来源已经初步确定(如已初步确定由世界银行提供贷款,本国配套资金也已基本落实),项目初步设计已经完成,项目评估已经或接近完成,在项目评估阶段已经确定了须以国际竞争性招标方法进行采购的那部分设备和工程,就可以准备这样一份总采购通告,并及早送交世界银行,安排免费在联合国出版的《发展商务报》上刊登。送交世界银行的时间最迟不应迟于招标文件已经准备好、将向投标人公开发售之前60d,以便及早安排刊登,使可能的投标人有时间考虑,并表示他们对这项采购的兴趣。

(2)资格预审和资格定审

凡采购大而复杂的工程,以及在例外情况下,采购专为用户设计的复杂设备或特殊服务,在正式投标前宜先进行资格预审,对投标人是否有资格和能力承包这项工程或制造这种设备先期进行审查,以便缩小投标人的范围。这样做也可以使不能胜任的承包人或供应商避免因准备投标而花费巨大的人力财力。一个项目的具体采购合同是否要进行资格预审,应由借款人和世界银行充分协商后,在贷款协定中明确规定。资格预审首先要确定投标人是否有投标资格,在有优惠待遇的情况下,也可确定其是否有资格享受本国或地区优惠待遇。

除了确定投标资格外,资格预审的目的是审定可能的投标人是否有能力承担该项采购任务。资格预审应预先规定评审标准及合格要求,并应将合同的规模和合格要求通知愿意参加预审的承包商或供应商。经过评审后,凡符合标准的,都应准予投标,而不应限定预审合格的投标人的数量。资格预审一结束,就应将招标文件发给预审合格的投标人,其间的时间间隔不宜太长。因为相距时间太长,时过境迁,原来已合格的可能不再合格,原来不合格的可能又具备了合格条件,这样,正式投标时将不得不重新进行资格预审或至少再进行资格定审。如果在投标前未进行过资格预审，则应在评标后对标价最低并拟授予合同的标书的投标人进行资格定审，以便审定他是否有足够的人力财力资源有效地实施采购合同。资格定审的标准应在招标文件中明确规定，其内容与资格预审的标准相同。如果评标价最低的投标人不符合资格要求，就应拒绝这一投标，而对次低标的投标人进行资格定审。

(3)准备招标文件

招标文件是评标及签订合同的依据。它向投标人提供与所需采购的货物或工程有关的一切情况、投标应注意的一切事项和评标的具体标准。它还规定了招标人与投标人之间的权利和义务，并提出了授予合同后业主与承包商或供应商之间的权利义务关系，作为今后签订正式合同的基础。招标文件的各项条款应符合《采购指南》的规定。世界银行虽然并不“批准”招标文件，但需其表示“无意见”后招标文件才可以公开发售。在准备招标文件或世界银行审查过程中，也可能有忽略或产生错误。但招标文件一经制定，世界银行也已表示“无意见”，并已公开发售后，则除非有十分严重的不妥之处或错误，即使其中有些规定不符合《采购指南》评标时也必须以招标文件为准。

招标文件的内容必须明白确切。应说明工程内容，工程所在地点，所需提供的货物，交货及安装地点，交货或竣工进程表，保修和维修要求，以及其他有关的条件和条款。如有必要，招标文件还应规定将采用的测试标准及方法，用以测定交付使用的设备是否符合规格要求。图纸与技术说明书内容必须一致。

招标文件还应说明在评标时除报价以外需考虑的其他因素，以及在评标时如何计量或用其他方法评定这些因素。如果允许对设计方案、使用原材料、支付条件、竣工日程等提出替代方案，招标文件应明确说明可以接受替代方案的条件和评标方法。招标文件发出后如有任何补充、澄清、勘误或更改，包括对投标人提出的问题所做出的答复，都必须在距投标截止期足够长的时间以前，发送原招标文件的每一个收件人。

(4)具体合同招标广告(投标邀请书)

除了总采购通告外，借款人应将具体合同的投标机会及时通知国际社会。为此，应及时刊登具体合同的招标广告，即投标邀请书。与总采购通告有所不同，这类具体合同招标广告不要求但鼓励刊登在联合国《发展商务报》上。至少应刊登在借款人国内广泛发行的一种报纸上；如有可能，也应刊登在官方公报上。招标广告的副本，应转发给有可能提供所需采购的货物或工程的合格国家的驻当地代表(如使馆的商务处)，也应发给那些看到总采购通告后表示感兴趣的国内外厂商。如系大型、专业性强或重要的合同，世界银行也可要求借款人把招标广告刊登在国际上发行很广的著名技术性杂志、报纸或贸易刊物上。

从发出广告到投标人作出反应之间应有充分时间，以便投标人进行准备。一般从刊登招标广告或发售招标文件(两个时间中以较晚的时间为准)算起，给予投标商准备投标的时间不得少于45天。

对大型工程和复杂的设备，为了使预期的投标人熟悉情况，便于准备投标，应鼓励业主在投标前召集投标准备会议，组织现场考察，以求投标更切合实际。

(5)开标

在招标文件“投标人须知”中应明确规定投交标书地址、投标截止时间和开标时间、地点。投交标书的方式不得加以限制(如规定必须寄交某邮政信箱)，以免延误。应该允许投标人亲自或派代表投交标书。开标时间一般应是投标截止时间或紧接在截止时之后。招标人应规定时间当众开标。应允许投标人或其代表出席开标会议,对每份标书都应当众读出其投标人、报价和交货或完工期;如果要求或允许提出替代方案,也应读出替代方案的报价及完工期。标书是否附有投标保证金或保函也应当众读出。不能因为标书未附投标保证金或保函而拒绝开启。标书的详细内容是不可能也不必全部读出的。开标应作出记录,列明到会人员及宣读的有关标书的内容。如果世界银行有要求,还应将记录的副本送交世界银行。开标时一般不允许提问或作任何解释,但允许记录和录音。

在投标截止期以后收到的标书,尤其是已经开始宣读标书以后收到的标书,不论出于何种原因,一般都可加以拒绝。

上述公开开标的程序是竞争性招标最常采用的开标程序,也是世界银行要求其贷款项目采用国际竞争性招标方法时必须遵循的程序。公开开标也有其他变通办法,例如“两个信封制度”,即要求投标书的技术性部分密封装人一个信封,而将报价装入另一个密封信封。第一次开标会时先开启技术性标书的信封;然后将各投标人的标书交评标委员会评比,视其是否在技术方面符合要求。这一步骤所需时间短至几小时,长至几个星期。如标书在技术上不符合要求,即通知该标书的投标人。第二次开标会时再将技术上符合要求的标书报价公开读出。技术上不符合要求的标书,其第二个信封不再开启。如果采购合同简单,两个信封也可能在一次会议上先后开启。

(6)评标

评标主要有审标、评标、资格定审三个步骤。

①审标。审标是先将各投标人提交的标书就一些技术性、程序性的问题加以澄清并初步筛选。如,投标人是否具备投标资格,是否附有要求交纳的投标保证金,是否已按规定签字,是否在主要方面均符合招标文件提出的要求,是否有重大的计算错误,其他方面是否都符合规定等。

②评标。按招标文件所明确规定的标准和评标方法,评定各标书的评标价。评比时既要考虑报价,也要考虑其他因素。投标书如有各种与招标文件所列要求不重大的偏离者,应按招标文件规定办法在评标中加以计算。有些问题则可以通过双方一同举行澄清会议,寻求一致意见,加以解决。然后按评标价高低。由低至高,评定各标书的评标次序。

③资格定审。如果未经资格预审,则应对评标价最低的投标人进行资格定审。定审结果,如果认定他有资格,又有足够的人力、财力资源承担合同任务,就应报送世界银行,建议授予合同。如发现他不符合要求,则再对评标价次低的投标人进行资格定审。

评标只是对标书的报价和其他因素,以及标书是否符合招标程序要求和技术要求进行评比,而不是对投标人是否具备实施合同的经验、财务能力和技术能力的资格进行评审。对投标人的资格审查应在资格预审或定审中进行。评标考虑的因素中,不应把属于资格审查的内容包括进去。

(7)授予合同或拒绝所有投标

按照招标文件规定的标准,对所有符合要求的标书进行评标,得出结果后,应将合同授予其标书评标价最低,并有足够的人力财力资源的投标人。在正式授予合同之前,借款人应将评标报告,连同授予合同的建议,送交世界银行审查,征得其同意。

招标文件一般都规定借款人有拒绝所有投标的权利。借款人在采取这样的行动之前应先与世界银行磋商。借款人不能仅仅为了希望以更低价格采购到所需设备或工程而拒绝所有投标,再以同样的技术规格要求重新招标。但如果评标价最低的投标报价也大大超出了原来的预算,则可以废弃所有投标而重新招标。或者,作为替代办法,可在废弃所有投标后再与最低标的投标人谈判协商,以求取得协议。如不成功,可与次低标的投标人谈判。如果所有投标均有重大方面不符合要求,或招标缺乏有效的竞争,借款人也可废弃所有投标而重新招标。

(8)合同谈判和签订合同

中标人确定后,应尽快通知中标的投标人准备谈判。在正式通知授予合同后,业主或购货人就须与承包人或供应商进行合同谈判。但合同谈判并不是重新谈判投标价格和合同双方的权利义务,因为对投标价格的必要的调整已在评标的过程中确定;双方间的权利义务以及其他有关商务条款,招标文件中都已明确规定。而且《采购指南》还规定:"不应要求投标人承担技术规格书中没有规定的工作责任,也不得要求其修改投标内容作为授予合同的条件。"这就是说,合同价格是不容谈判的。也不得在谈判中要求投标人承担额外的任务。但有些技术性或商务性的问题是可以而且应该在谈判中确定的。如:①原招标文件中规定采购的设备、货物或工程的数量可能有所增减,合同总价也随之可按单价计算而有增减。②投标人的投标,对原招标文件中提出的各种标准及要求,总会有一些非重大性的差异。如技术规格上某些重大的差别,交货或完工时间提前或推迟,工程预付款的多少及支付条件,损失赔偿的具体规定,价格调整条款及所依据的指数的确定等,都应在谈判中进一步明确。

合同谈判结束,中标人接到授标信后,即应在规定时间内提交履约担保。双方应在投标有效期内签署合同正式文本,一式两份,双方各执一份,并将合同副本送世界银行。

(9)采购不当

如果借款人不按照借款人与世界银行在贷款协定中商定的采购程序进行采购,世界银行的政策就认为这种采购属于"采购不当"。世界银行将不支付货物或工程的采购价款,并将从贷款中取消原分配给此项采购的那一部分贷款额。

四、FIDIC 施工合同条件

FIDIC 是法语"Ferderation Internationale Des Ingenieurs Conseils"的缩略词,即"国际咨询工程师联合会"的法文缩写。

国际咨询工程师联合会(FIDIC)是一家国际性的咨询工程师组织。该组织于 1913 年由法国、比利时等五个欧洲境内的独立的咨询工程师协会创立。FIDIC 成立以来,始终坚持独立性和公正性的工作宗旨,并积极发展和扩大该组织的影响力。1949 年英国土木工程师协会(ICE)成为该组织的正式代表,1959 年,美国、南非、澳大利亚和加拿大相继加入了联合会。到目前为止,该组织拥有 60 多个成员国,下设四个地区分会,即亚太地区分会(ASPAC)、欧共体地区分会(CEDIC)、非洲成员分会(CAMA)和北欧成员分会(RINORD),总部设在瑞士洛桑。该组织已成为国际上最具权威的被世界银行认可的咨询工程师机构。

1. FIDIC 文件

国际咨询工程师联合会成立以来,除了致力于该组织内部的职业道德建设和加强成员之间的相互交流外,还充分利用自身的公正性和权威性,制定和出版了一系列合同及合同管理文件,这些文件对促进合同和合同管理的标准化产生了重要影响。

(1)土木工程施工合同条件。简称为 FIDIC 条款或 FIDIC 条件。该文件于 1957 年首次出版,至今已发行了五个版本。由于该文件的封面采用了红色,故又称"红皮书"。它是一份业主和承包人签订施工承包合同的国际工程承包合同标准文本，由于它很好地满足了公平性和可操作性的要求，因而在国际上得到了世界银行、国际承包商会等权威机构的认可和采纳。目前世界银行贷款项目规定必须采用FIDIC条款作为合同文本。

(2)业主与咨询工程师标准服务协议书。简称为IGRA，该文件于1979年首次出版，至今发行了四个版本。由于该文件的封面采用了白色，故又称为"白皮书"。1979年，FIDIC编制了《设计和施工监督协议书国际范本及通用规则》，即"IGRA1979D&S"，"IGRAPI"；1980年又出版了《业主与咨询工程师项目管理协议书国际范本及通用规则》，即"IGRA1980PM"。1990年，FIDIC在以上文件的基础上编制了《业主咨询工程师标准服务协议书》以代替上述文件。该文件是业主和咨询工程师签订咨询监理合同的标准文本。可用于投资前研究、可行性研究、设计及施工监理、项目管理等咨询监理合同的订立。FIDIC于1990年出版了《业主与咨询工程师标准服务协议书应用指南》一书，帮助使用者更好地理解和执行该文件。

(3)电气和机械工程合同条件。它是一份用于业主与承包商签订电气和机械工程合同的标准文本，至今已出版了三个版本，由于该文件的封面采用了黄色，故又称为"黄皮书"。

(4)土木工程合同招标程序。它是一份规范土木工程招标及合同订立程序的标准文件，和FIDIC条款配套使用。

(5)土木工程施工分包合同条件。该文件于1994年首次出版发行，是一份用于承包人和分包人签订施工分包合同的标准文本。该文本与FIDIC条款相互配套，由于该文件较公平地确定了承包人与分包人在订立分包合同时的权利义务和风险责任，因此对分包合同的订立具有重要的使用价值。为配合该文件的理解和执行，FIDIC还专门编写了《土木工程施工分包合同条件应用指南》一书。

(6)设计—建造与交钥匙工程合同条件。该文件是一份设计施工总承包合同的标准文本，于1994年出版。由于该书的封面为橘红色，故又称为"橘皮书"。

(7)其他文件。如《咨询工程师在项目中的作用》、《为工程服务的独立咨询工程师使用指南》、《根据能力进行选择》等。

2. FIDIC施工合同条件

FIDIC施工合同条件(以下简称FIDIC条款)的第1版于1957年出版发行。该文件在编制第一版的过程中，以当时正在英国使用的合同格式为蓝本，由于该合同格式由英国土木工程师协会(ICE)出版，因而具有很强的英国特色，其特点一方面能较好的适用英国合同法的规定(但不一定能完全适应其他国家合同法的规定)，另一方面是沿用了ICE合同中的工程师制度，且工程师的职权在FIDIC条款中进行了明确而详细的规定。

1963年，国际咨询工程师联合会编制出版了FIDIC条款的第2版。第2版没有改变第1版中的有关条款，只是在第1版的基础上增加了一个第三部分。第三部分的编撰提供了用于疏浚和填筑合同时，对通用条件所作的一些具体变动。第2版的编制和出版使FIDIC条款有了更广的适应面，能适应于各种不同类型的土木工程施工合同。

1977年，国际咨询工程师联合会编制出版了FIDIC条款的第3版。第3版对第2版做了全面的修订，并提供了与之配套的解释性文件，题为"土木工程合同文件注释"。第3版FIDIC条款出版后在国际上得到了比过去更广泛的应用。

在第3版FIDIC条款的使用过程中，国际咨询工程师联合会专门成立了一个起草委员会，其成员来自于下属的土木工程合同委员会(CECC)，一直负责监督第3版的使用，为第4版的编制和出版收集修订意见。

1987 年 9 月国际咨询工程师联合会在瑞士洛桑举行的 FIDIC 年会上发行了 FIDIC 条款的第 4 版，该文件于 1988 年和 1992 年做了两次订正。第 3 版和第 4 版之间存在许多重要差异。

1999 年，FIDIC 委员会又全面修订了第 4 版，重新出版了更为科学严密的施工合同条件。目前这是 FIDIC 施工合同条件的最新版本。

1）1999 版 FIDIC 通用条件组成

1999 版 FIDIC 的通用条件共包括 20 条 163 款，主要内容如下：

（1）一般规定。包括：定义、解释、通信联络、法律和语言、文件的优先次序、合同协议书、转让、文件的保管和提供、拖延的图纸或指示、业主使用承包人的文件、承包人使用业主的文件、保密事项、遵守法律、共同的与各自的责任。

（2）业主。包括：进入现场的权利、许可、执照和批准、业主的人员、业主的资金安排、业主的索赔。

（3）工程师。包括：工程师的职责和权力、工程师的授权、工程师的指示、工程师的撤换、决定。

（4）承包人。包括：承包人的一般义务、履约保证、承包人的代表、分包商、分包合同利益的转让、合作、放线、安全措施、质量保证、现场数据、接受的合同款额的完备性、不可预见的外界条件、道路通行权和设施、避免干扰、进场路线、货物的运输、承包商的设备、环境保护、电、水、气、业主的设备和免费提供的材料、进度报告、现场保安、承包人的现场工作、化石。

（5）指定的分包人。包括：指定分包人的定义、对指定的反对、对指定分包商的支付、支付的证据。

（6）职员和劳工。包括：职员和劳工的雇用、工资标准和劳动条件、为他人提供服务的人员、劳动法、工作时间、为职员和劳工提供的设施、健康和安全、承包人的监督、承包的人员、承包人的人员和设备的记录、妨碍治安的行为。

（7）设备、材料和工艺。包括：实施方式、样本、检查、检验、拒收、补救工作、对永久设备和材料的拥有权、矿区使用费。

（8）开工、误期与停工。包括：工程的开工、竣工时间、进度计划、竣工时间的延长、由公共当局引起的延误、进展速度、误期损害赔偿费、工程暂停、暂停引起的后果、暂停时对永久设备和材料的支付、持续的暂停、复工。

（9）竣工检验。包括：承包人的义务、延误的检验、重新检验、未能通过竣工检验。

（10）业主的接收。包括：对工程和区段的接收、对部分工程的接收、对竣工检验的干扰、地表需要恢复原状。

（11）缺陷责任。包括：完成扫尾工作和修补缺陷、修补缺陷的费用、缺陷通知期的延长、未能补救缺陷、清除有缺陷的部分工程、进一步的检验、进入权、承包人的检查、履约证书、未履行的义务、现场的清理。

（12）计量与计价。包括：需测量的工程、测量方法、估价、省略。

（13）变更与调整。包括：有权变更、价值工程、变更程序、以适用的货币支付、暂定金额、计日工、法规变化引起的调整、费用变化引起的调整。

（14）合同价格和支付。包括：合同价格、预付款、期中支付证书的申请、支付表、用于永久工程的永久设备和材料、期中支付证书的颁发、支付、延误的支付、保留金的支付、竣工报表、申请最终支付证书、结清单、最终支付证书的颁发、业主责任的终止、支付的货币。

(15)业主提出终止。包括:通知改正、业主提出终止、终止日期时的估价、终止后的支付、业主终止合同的权力。

(16)承包人提出暂停与终止。包括:承包人有权暂停工作、承包人提出终止、停止工作及承包人的设备的撤离、终止时的支付。

(17)风险与责任。包括:保障、承包人对工程的照管、业主的风险、业主的风险造成的后果、知识产权和工业产权、责任限度。

(18)保险。包括:有关保险的总体要求、工程和承包人的设备的保险、人员伤亡和财产损害的保险、承包人的人员的保险。

(19)不可抗力。包括:不可抗力的定义、不可抗力的通知、减少延误的责任、不可抗力引起的后果、不可抗力对分包人的影响、可选择的终止、支付和返回、根据法律解除履约。

(20)索赔、争端与仲裁。包括:承包人的索赔、争端裁决委员会的委任、未能同意争端裁决委员会的委任、获得争端裁决委员会的决定、友好解决、仲裁、未能遵守争端裁决委员会的决定、争端裁决委员会的委任期满。

2)FIDIC 条款适用条件

(1)各类大型或复杂工程。

(2)主要工作为施工。

(3)业主负责大部分设计工作。

(4)由工程师来监理施工和签发支付证书。

(5)按工程量表中的单价来支付完成的工程量(即单价工程)。

(6)风险分担均衡。

3)1999 版 FIDIC 通用条件特点

(1)设置了"业主的资金安排"一款

该款规定"在接到承包人的请求后,业主应在 28 天内提供合理的证据,表明他已做出了资金安排,……此安排能够使业主按照第 14 条合同价格和支付的规定支付合同价格(按照当时的估算值)的款额……"如果业主不执行这一条,承包人可暂停工作(或降低工作速度)。

(2)构成业主违约的情况比 1987 版 FIDIC 增加了 3 条

①在第 14.7 款支付规定的支付时间期满后 42 天内,承包人没有收到按开具的期中支付证书应向其支付的应付款额(根据第 2.5 款业主的索赔进行扣除的金额除外)。

②在收到报表和证明文件后 56 天内,工程师未能颁发相应的支付证书。

③业主未能按照第 1.6 款合同协议书或第 1.7 款转让的规定执行。

(3)明确了工程师属于业主方的人员

明确了工程师属于业主方的人员,不再是独立的第三方,这与 1987 版 FIDIC 规定工程师属于独立的第三方有所区别,但仍强调工程师应站在公正的立场处理问题。

"工程师"职能的调整还体现在新版取消了 1987 版 FIDIC 第 67.1 款的规定,即"工程师"的第三方调解作用,将解决合同争议的职能交给了真正独立的争端裁决委员会去完成。

在工程实施中,除非与承包人达成一致,业主不能对工程师的权力加以进一步的限制;如果业主准备撤换工程师,则必须在期望撤换日期 42 天以前向承包人发出通知说明拟替换的工程师的具体情况。如果承包人对替换人选向业主发出了拒绝通知,并附具体的证明资料,则业主不能撤换工程师。

(4)取消了“变更超过15%”的规定

1987版FIDIC规定:竣工决算时,发现所有的变更,以及对工程量清单实测后所做的一切调整,使合同价格的增加或减少值合计起来超过“有效合同价”的15%,此时,经工程师与业主和承包人适当的协商之后,应在合同价格中加上或减去承包人与工程师可能议定的另外的款额,上述金额仅以那些加上或减去超出有效合同价格的15%的款额为基础,而1999版FIDIC取消了此款。

(5)业主违约可以索赔利润

可以索赔的条款一般分为明文条款、隐含条款两大类。明文索赔条款即在条款中直接指出可索赔的内容。1999版FIDIC中仅承包人向业主可索赔的明文条款就有30余条,不但明确地列出了可索赔的工期和费用:而且还列出了在某些情况下可以索赔利润。

(6)加入了争端裁决委员会DAB的工作步骤

1999版FIDIC吸收了美国和世行等解决争端的经验,加入了DAB工作的程序。即合同双方在投标函附录规定的日期内,共同任命一争端裁决委员会,成员的数目可为1名或3名。DAB委员会成员的报酬由双方平均支付。

如果在合同双方之间产生起因于合同的任何争端,任一方可以将此类争端以书面形式提交DAB供其裁定,由DAB在84天内提出裁决意见,争端双方如同意此裁决意见,则双方应立即执行DAB作出的每项决定,如果合同双方中任一方对DAB的裁决不满意(或DAB在84天内未能作出裁决意见),则可提交仲裁。但仲裁必须经过56d的友好解决期后才能开始。如双方在同意DAB的裁决意见后而其中一方又不执行,则另一方可要求直接仲裁。新版FIDIC附有争端裁决协议书的通用条件和程序规划。

(7)增加了“价值工程”

1999版FIDIC规定:承包人可以随时向工程师提交一份书面建议,如果该建议被采用,它将:

①加速完工。

②降低业主实施、维护或运行工程的费用。

③对业主而言能提高竣工工程的效率或价值。

④为业主带来其他利益。

此种条件下,如果此改变造成该部分工程的合同的价值减少,工程师应商定或决定一笔费用,并将之加入合同价格。这笔费用应是以下金额的差额的一半(50%):

①由此改变造成的合同价格的减少。

②考虑到质量、预期寿命或运行效率的降低,对业主而言,已变更工作价值上的减少(如有时)。

但是,如果①的金额少于②,则没有该笔费用。

3. *FIDIC合同条件在我国公路工程中的应用*

我国是从20世纪80年代中期开始在世界银行贷款项目中强制性地使用FIDIC条款作为承包合同通用条款的。第一批公路世界银行贷款项目有陕西的西三公路(西安至三源)和山东的晏高公路(晏城至高塘),该项目采用了FIDIC条款第3版作为施工承包合同的通用条件。1987年第二批公路世界银行贷款项目京津塘高速公路开工兴建,它也采用了FIDIC条款的第3版作为施工承包合同的通用条件。由于该项目全面按照世界银行的要求推行了FIDIC合同管理模式以及公平竞争的施工招标制度和监理制度，因而在项目的质量、工期和效益上取得了良好的效果，并总结积累了一套适合我国国情的承包合同制度和施工监理制度。

1989年我国的第三批公路世界银行贷款项目济青高速公路、成渝公路、南九（南昌至九江）公路相继开工兴建，他们采用了FIDIC条款第4版作为施工承包合同的通用条件。随后我国的世界银行贷款项目逐年增多，杭甬、沪杭、开洛、广佛、深汕、泉厦、湘耒等一大批公路世界银行贷款项目相继兴建。到目前为止，我国的公路国道主干线上有相当一部分项目引进了世界银行贷款。

世界银行贷款项目的建设，为我们认识和利用FIDIC条款提供了良好的条件。在使用FIDIC条款的同时，我国就如何结合我国国情，推行具有FIDIC特色的合同模式和合同管理进行了积极有益的探索。财政部于20世纪80年代末向世界银行提出了编制符合中国国情的FIDIC条款的报告，该报告得到世界银行的同意，世界银行于1989年开始组织专家编制具有中国特色的FIDIC条款，即后来由财政部出版的《世界银行贷款项目土木工程采购与招标文件范本》，该文件于1990年6月正式完成，随后批准在中国使用。该文件分中、英文两个版本，英文版共有合同条款78条，规定在土木工程国际招标时使用。中文版共有合同条款44条，要求在土木工程国内招标时使用。

该文件出版后被我国的一些世界银行贷款项目的公路，如杭甬高速公路、深汕高速公路作为施工承包合同的通用条款。

目前九部委联合发布的《标准施工招标文件》（2007年）和交通运输部的《公路工程标准施工招标文件》在合同条款中都借鉴了1999版FIDIC通用条件，形成了适合我国国情的施工合同条款。学习FIDIC施工合同条件将有助于我们对国内施工合同条款的理解和应用。

第二节　公路建设项目施工招标

一、公路建设项目施工招标程序

施工招标的基本程序可用图5-1表示。招标程序主要包括招标准备、发布资格预审公告、资格预审、编制和发售招标文件、组织现场踏勘和召开投标预备会，以及开标、评标定标几个阶段。

1.准备工作

1）公路工程施工招标应具备的条件

根据《公路工程施工招标投标管理办法》的规定，结合公路建设项目招标承包实践的要求，公路工程项目在进行施工招标前，应具备以下条件：

（1）初步设计和概算文件已经审批。

（2）工程已正式列入国家或地方公路建设计划。

（3）项目法人已经确定，并符合项目法人资格标准要求。

（4）建设资金已经落实。

（5）征地拆迁工作已基本完成或落实，能保证分年度连续施工。

（6）施工图设计已完成或能满足招标（编制招标文件）的需要，并能满足工程开工后连续施工的要求。

(7)施工招标文件已经编制并通过审查,监理单位已经选定。

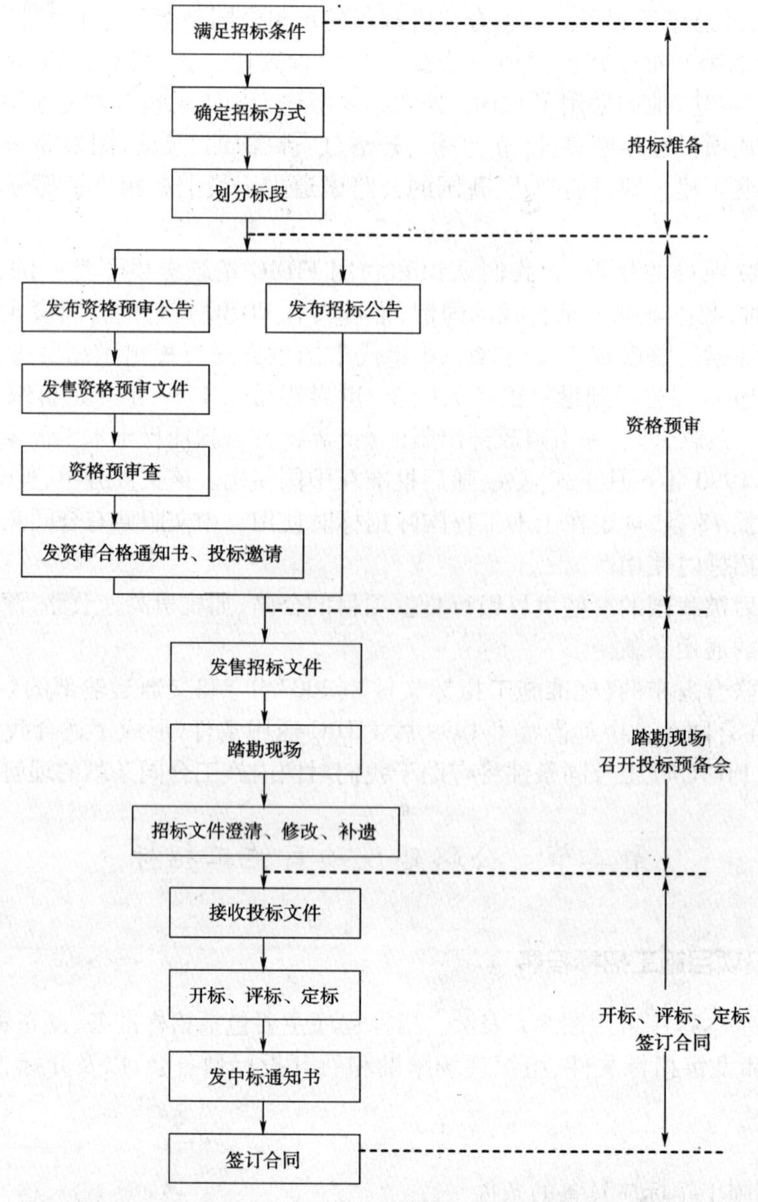

图5-1　公路工程施工招标程序

重视和充分注意施工招标的基本条件对搞好招标工作特别是保证合同的正常履行是很重要的,否则将严重影响施工的连续性和合同的严肃性,带来大量的施工索赔,甚至给发包人自己(国家或社会)造成重大损失。

2)确定招标方式

我国《招标投标法》规定的招标方式包括两种:公开招标和邀请招标。按照《工程建设项目施工招标投标办法》的规定,国务院发展计划部门确定的国家重点建设项目和各省、自治区、直辖市人民政府确定的地方重点项目,以及全部使用国有资金投资或者国有资金投资占控股或者主导地位的工程建设项目，应当公开招标。

符合《公路工程施工招标投标管理办法》规定的条件，不适宜公开招标的项目，依法履行审批手续后，可以进行邀请招标。

3）划分标段

招标项目需要划分标段的，招标人应当合理划分标段。一般情况下，一个项目应当作为一个整体进行招标。但是，对于大型的项目，作为一个整体进行招标将大大降低招标的竞争性，因为符合招标条件的潜在投标人数量太少，这样就应当将招标项目划分成若干个标段分别进行招标。但也不能将标段划分得太小，太小的标段将失去对实力雄厚的潜在投标人的吸引力，同时标段划分太小，会影响施工规模的经济性，使施工成本增加，发包人和监理的施工协调和管理工作量也将增加（管理成本加大），这对工程的投资控制是不利的。公路工程施工招标，可以对整个建设项目分标段一次招标，也可以根据不同专业、不同实施阶段分别进行招标，但不得将招标工程化整为零或者以其他任何方式规避招标。公路工程施工招标标段，应当按照有利于对项目实施管理和规模化施工的原则，合理划分，高速公路标段路基工程一般不少于10km，路面工程一般不少于15km。其他等级公路标段工作量一般应不少于5 000万元。边远地区和特殊地段可视实际情况调整。

公路工程是长达几十公里甚至几百公里的带状结构，以公路工程为主，也有建筑工程、机电工程，因此划分好标段对工程施工有非常大的意义。标段的划分直接影响工程质量、工程进度、工程造价。划分标段的影响因素有很多：如，工程性质、工程规模、目标工期、标段的管理工作量、土石方调配、项目所在地自然施工环境等。

根据公路工程的施工特点，在考虑劳动力、材料、机具设备、造价、质量、工期等要素的条件下，划分标段时应考虑：

（1）能够采用现代化的施工方法和施工工艺、保证施工质量的施工机构，在保证正常的流水作业和必要的工序间隔的前提下，达到高效、经济施工的目的。

（2）充分考虑时间控制问题，同时综合考虑劳动力、材料、施工机具设备等所必需的施工资源问题，使其最有效、合理、经济地配置与利用，每标段工程量至少能容纳一个配备一套现代施工设备施工队，在一个合理的工期内完成工程，保证施工过程的连续性、协调性、均衡性、经济性。

（3）避免造成标段间的大量施工干扰（施工交通、用地等）。这种干扰将明显影响工效，造成污染或损坏修建的工程，影响工程质量。

（4）能科学地安排施工顺序，采用合理的施工组织方法，在保证工程质量和施工安全的前提下，充分利用空间，争取时间，使人尽其力，物尽其用，达到高效、优质、低耗的目的。因此，工程性质相同且相邻的地段（如石方、软土段），尽可能避免化整为零，以免既影响工作效率，又影响工程质量。

（5）保持构造物的完整性，除了特大桥之外，尽可能不肢解完整的工程构造物。

（6）能合理地规划设计辅助工程、临时工程及施工现场临时设施，尽量减少这些工程设施，节约施工用地，做到统筹规划、合理布局。并尽可能地就地取材，利用当地资源，减少物资的运输量。

如果从项目管理的角度出发，招标人在划分标段时应当综合考虑以下因素：

（1）招标项目的专业要求。如果招标项目的几部分内容专业要求接近，则该项目可以考虑作为一个整体进行招标。如果该项目的几部分内容专业要求相距甚远,则可考虑划分为不同的标段分别招标。如对于一个项目中的土建和设备安装两部分内容则可考虑分别招标。

(2)招标项目的管理要求。有时一个项目的各部分内容相互之间干扰不大,方便招标人进行统一管理,这时就可以考虑对各部分内容分别进行招标。反之,如果各个独立的承包人之间的协调管理十分困难,则应当考虑将整个项目发包给一个承包人,由该承包人进行分包后统一进行协调管理。

(3)对工程投资的影响。标段划分对工程投资也有一定的影响。这种影响是由多方面因素造成的。如一个项目作为一个整体招标,则承包人需要进行分包,分包的价格在一般情况下不如直接发包的价格低;但一个项目作为一个整体招标,有利于承包人的统一管理,人工、机械设备、临时设施等可以统一使用,又可能降低费用。因此,应当具体情况具体分析。

(4)工程各项工作的衔接。在划分标段时还应当考虑到项目在建设过程中的时间和空间的衔接。应当避免产生平面或立面交接工作责任不清的情况。如果建设项目的各项工作的衔接、交叉和配合少,责任清楚,则可考虑分别发包;反之,则应考虑将项目作为一个整体发包给一个承包人,因为此时由一个投标人进行协调管理容易做好衔接工作。

2. 资格预审公告或招标公告的编制与发布

招标公告是指采用公开招标方式的招标人(包括招标代理机构)向所有潜在的投标人发出的一种广泛的通告。招标公告的目的是使所有潜在的投标人都具有公平的投标竞争的机会。招标人采用公开招标方式的,应当发布招标公告。根据《标准施工招标文件》(56 号令)的规定,若在公开招标过程中采用资格预审程序,可用资格预审公告代替招标公告,资格预审后不再单独发布招标公告。

1)资格预审公告的内容

按照《公路工程标准施工招标资格预审文件》的规定,资格预审公告包括以下内容:

(1)招标条件。明确拟招标项目已符合前述的招标条件。

(2)项目概况与招标范围。说明本次招标项目的建设地点、规模、计划工期、招标范围、标段划分等。

(3)申请人的资格要求。包括对于申请资质、业绩、人员、设备、资金等各方面的要求,以及是否接受联合体资格预审申请的要求。

(4)资格预审的方法。明确采用合格制或有限数量制。

(5)资格预审文件的获取。是指获取资格预审文件的地点、时间和费用。

(6)资格预审申请文件的递交。说明递交资格预审申请文件的截止时间。

(7)发布公告的媒介。

(8)联系方式。

2)招标公告的内容

若未进行资格预审,可以单独发布招标公告,根据《公路工程标准施工招标文件》的规定,招标公告包括以下内容:

(1)招标条件。

(2)项目概况与招标范围。

(3)投标人资格要求。

(4)招标文件的获取。

(5)投标文件的递交。

(6)发布公告的媒介。

(7)联系方式。

3)资格预审公告和招标公告发布的要求

为了规范招标公告发布行为,保证潜在投标人平等、便捷、准确地获取招标信息,原国家计委发布、自2000年7月1日起生效实施的《招标公告发布暂行办法》,对招标公告的发布作出了明确的规定,资格预审公告的发布可参照此规定。

(1)对招标公告发布的监督。原国家计委根据国务院授权,按照相对集中、适度竞争、受众分布合理的原则,对依法必须招标项目的招标公告,要求在指定的报纸、信息网络等媒介上发布,并对招标公告发布活动进行监督。

(2)对招标人的要求。依法必须公开招标项目的招标公告必须在指定媒介发布。招标公告的发布应当充分公开,任何单位和个人不得非法限制招标公告的发布地点和发布范围。招标人或其委托的招标代理机构在两个以上媒介发布的同一招标项目的招标公告的内容应当相同。

(3)拟发布的招标公告文本有下列情形之一的,有关媒介可以要求招标人或其委托的招标代理机构及时予以改正、补充或调整:

①字迹潦草、模糊,无法辨认的。

②载明的事项不符合规定的。

③没有招标人或其委托的招标代理机构主要负责人签名并加盖公章的。

④在两家以上媒介发布的同一招标公告的内容不一致的。

指定媒介发布的招标公告的内容与招标人或其委托的招标代理机构提供的招标公告文本不一致,并造成不良影响的,应当及时纠正,重新发布。

3. 资格审查

招标人可以根据招标项目本身的特点和需要,要求潜在投标人或者投标人提供满足其资格要求的文件,对潜在投标人或者投标人进行资格审查。资格审查可以分为资格预审和资格后审。资格预审是指在投标前对潜在投标人进行的资质条件、业绩、信誉、技术、资金等多方面情况进行资格审查,只有通过资格预审的潜在投标人,方可取得投标资格。而资格后审是指在开标后对投标人进行的资格审查。采取资格预审的,招标人应当在资格预审文件中载明资格预审的条件、标准和方法;采取资格后审的,招标人应当在招标文件中载明对投标人资格要求的条件、标准和方法。招标人不得改变载明的资格条件或者以没有载明的资格条件对潜在投标人或者投标人进行资格审查。除招标文件另有规定外,进行资格预审的,一般不再进行资格后审。

资格预审和后审的内容与标准是相同的,以下主要介绍资格预审。

资格预审的目的是为了排除那些不合格的投标人,进而降低招标人的采购成本,提高招标工作的效率。资格预审的程序是:

1)发出资格预审文件

发出资格预审公告后,招标人向申请参加资格预审的申请人出售资格审查文件。

资格预审文件的内容主要包括:资格预审公告、申请人须知、资格审查办法、资格预审申请文件格式、项目建设概况等内容,同时还包括关于资格预审文件澄清和修改的说明。

2)投标人提交资格预审申请文件

资格预审申请文件应包括下列内容：

(1)资格预审申请函。

(2)法定代表人身份证明或附有法定代表人身份证明的授权委托书。

(3)联合体协议书(如工程接受联合体投标)。

(4)申请人基本情况表。

(5)近年财务状况表。

(6)近年完成的类似项目情况表。

(7)正在施工和新承接的项目情况表。

(8)近年发生的诉讼及仲裁情况。

(9)初步施工组织计划。

(10)其他材料。

3)对投标申请人的审查和评定

招标人组建的资格审查委员会在规定时间内,按照资格预审文件中规定的标准和方法,对提交资格预审申请文件的潜在投标人资格进行审查。

(1)投标申请人应当符合的条件。资格预审的内容包括基本资格审查和专业资格审查两部分。基本资格审查是指对申请人合法地位进行的审查,包括申请人营业执照、资质证书、安全生产许可证等;专业资格审查是对已经具备基本资格的申请人履行拟定招标采购项目能力的审查,包括专业、技术资格和能力,资金、设备和其他物质设施状况,管理能力,经验、信誉和相应的从业人员。

(2)对于投标人的限制性规定。根据《公路工程标准施工招标资格预审文件》规定,投标申请人不得存在下列情形之一：

①为招标人不具有独立法人资格的附属机构(单位)。

②为本标段前期准备提供设计或咨询服务的,但设计施工总承包的除外。

③为本标段的监理人。

④为本标段的代建人。

⑤为本标段提供招标代理服务的。

⑥与本标段的监理人或代建人或招标代理机构同为一个法定代表人的。

⑦与本标段的监理人或代建人或招标代理机构相互控股或参股的。

⑧与本标段的监理人或代建人或招标代理机构相互任职或工作的。

⑨被责令停业的。

⑩被暂停或取消投标资格的。

⑪财产被接管或冻结的。

⑫在最近三年内有骗取中标或严重违约或重大工程质量问题的。

⑬涉及正在诉讼的案件,或涉及正在诉讼的案件但经审查委员会认定不会对承担本项目造成重大影响。

⑭被省级及以上交通主管部门取消项目所在地的投标资格或禁止进入该区域公路建设市场且处于有效期内。

⑮为投资参股本项目的法人单位。

(3)资格审查办法。资格审查办法主要有合格制审查办法和有限数量制审查办法。

①合格制审查办法。投标申请人凡符合初步审查标准和详细审查标准的,均可通过资格预审。

初步审查的要素、标准包括:申请人名称与营业执照、资质证书、安全生产许可证一致,有法定代表人或其委托代理人签字或加盖单位章,申请文件格式填写符合要求,联合体申请人已提交联合体协议书,并明确联合体牵头人(如有)。

详细审查的要素、标准包括:具备有效的营业执照,具备有效的安全生产许可证,资质等级、财务状况、类似项目业绩、信誉、项目经理资格、其他要求及联合体申请人等,均符合有关规定。

无论是初步审查,还是详细审查,其中有一项因素不符合审查标准的,均不能通过资格预审。

②有限数量制审查办法。审查委员会依据规定的审查标准和程序,对通过初步审查和详细审查的资格预审申请文件进行量化打分,按得分由高到低的顺序确定通过资格预审的申请人。通过资格预审的申请人不得超过规定的数量。该方法除保留了合格制审查办法下的初步审查、详细审查的要素、标准外,还增加了评分环节,主要的评分标准包括财务状况、类似项目业绩、信誉和认证体系等。评分中,通过详细审查的申请人不少于 3 个且没有超过规定数量的,均通过资格预审。如超过规定数量的,审查委员会依据评分标准进行评分,按得分由高到低顺序排列。

上述两种方法中,如通过详细审查申请人的数量不足 3 个的,招标人重新组织资格预审或不再组织资格预审而直接招标。

4)发出通知与申请人确认

招标人在规定的时间内,以书面形式将资格预审结果通知申请人,并向通过资格预审的申请人发出投标邀请书。通过资格预审的申请人收到投标邀请书后,应在规定的时间内以书面形式明确表示是否参加投标。在规定时间内未表示是否参加投标或明确表示不参加投标的,不得再参加投标;因而造成潜在投标人数量不足 3 个的,招标人重新组织资格预审或不再组织资格预审而直接招标。

4.编制和发售招标文件

按照我国《招标投标法》的规定,招标文件应当包括招标项目的技术要求,对投标人资格审查的标准、投标报价要求和评标标准等所有实质性要求和条件以及拟签合同的主要条款。建设项目施工招标文件是由招标人(或其委托的咨询机构)编制,由招标人发布的,既是投标单位编制投标文件的依据,也是招标人与将来中标人签订工程承包合同的基础,招标文件中提出的各项要求,对整个招标工作乃至承包发包双方都有约束力。

5.组织踏勘现场与召开投标预备会

(1)踏勘现场

招标人根据招标项目的具体情况,可以组织投标人踏勘项目现场,向其介绍工程场地和相关环境的有关情况。招标人不得单独或者分别组织任何一个投标人进行现场踏勘。

①招标人组织投标人进行踏勘现场的目的在于了解工程场地和周围环境情况,以获取投标人认为有必要的信息。为便于投标人提出问题并得到解答,踏勘现场一般安排在投标预备会前的 1 ~ 2 天。

②投标人在踏勘现场中如有疑问，应在投标预备会前以书面形式向招标人提出，但应给招标人留有解答时间。

③招标人应向投标人介绍有关现场的以下情况：施工现场是否达到招标文件规定的条件；施工现场的地理位置和地形、地貌；施工现场的地质、土质、地下水位、水文等情况；施工现场气候条件，如气温、湿度、风力、年雨雪量等；现场环境，如交通、饮水、污水排放、生活用电、通信等；工程布施工现场中的位置或布置；临时用地、临时设施搭建等。

④《公路工程标准施工招标文件》规定，招标人按招标文件中规定的时间、地点组织投标人踏勘项目现场；投标人踏勘现场发生的费用自理；除招标人的原因外，投标人自行负责在踏勘现场中所发生的人员伤亡和财产损失；招标人在踏勘现场中介绍的工程场地和相关的周边环境情况，供投标人在编制投标文件时参考，招标人不对投标人据此作出的判断和决策负责；招标人提供的本合同工程的水文、地质、气象和料场分布、取土场、弃土场位置等参考资料，并不构成合同文件的组成部分，投标人应对自己对上述资料的解释、推论和应用负责，招标人不对投标人据此作出的判断和决策承担任何责任。

(2)召开投标预备会

投标人在领取招标文件、图纸和有关技术资料及踏勘现场后提出的疑问，招标人可通过以下方式进行解答：

①收到投标人提出的疑问后，应以书面形式进行解答，并将解答同时送达所有获得招标文件的投标人。

②收到提出的疑问后，通过投标预备会进行解答，并以书面形式同时送达所有获得招标文件的投标人。

召开投标预备会的目的在于澄清招标文件中的疑问，解答投标人对招标文件和勘察现场中所提出的疑问。召开投标预备会应注意以下事项：

①招标人按招标文件中规定的时间和地点召开投标预备会，澄清投标人提出的问题。

②投标人应在规定的时间前，以书面形式将提出的问题送达招标人，以便招标人在会议期间澄清。

③投标预备会后，招标人在规定的时间内，将对投标人所提问题的澄清，以书面方式通知所有购买招标文件的投标人。该澄清内容为招标文件的组成部分。

结合有关招标文件澄清和修改的时间要求，召开投标预备会和对招标文件的澄清、修改应符合图5-2所示的时间要求。

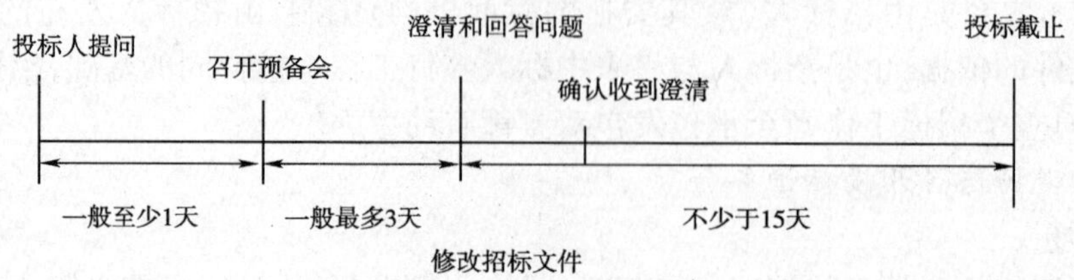

图5-2 投标预备会、招标文件的澄清、修改时间流程图

6. 开标、评标、定标

在建设项目施工招投标中，开标、评标和定标是招标程序中极为重要的环节。只有做出客

观、公正的评标、定标,才能最终选择最合适的承包人,从而顺利进入到建设项目施工的实施阶段。

1)开标

(1)开标的时间和地点。我国《招标投标法》规定,开标应当在招标文件确定的提交投标文件截止时间的同一时间公开进行。这样的规定是为了避免投标中的舞弊行为。出现以下情况时征得建设行政主管部门的同意后,可以暂缓或者推迟开标时间:

①招标文件发售后对原招标文件做了变更或者补充。

②开标前发现有影响招标公正性的不正当行为。

③出现突发事件等。

开标地点应当为招标文件中投标人须知前附表中预先确定的地点。

(2)出席开标会议的规定。开标由招标人主持,并邀请所有投标人的法定代表人或其委托代理人准时参加。招标人可以在投标人须知前附表中对此做进一步说明,同时明确投标人的法定代表人或其委托代理人不参加开标的法律后果,通常不应以投标人不参加开标为由将其投标作废标处理。

(3)开标程序。根据《公路工程标准施工招标文件》的规定,主持人按下列程序进行开标:

①宣布开标纪律。

②公布在投标截止时间前递交投标文件的投标人名称,并点名确认投标人是否派人到场。

③宣布开标人、唱标人、记录人、监标人等有关人员姓名。

④按照投标人须知前附表规定检查投标文件的密封情况。

⑤按照投标人须知前附表的规定确定并宣布投标文件开标顺序。

⑥设有标底的,公布标底。

⑦按照宣布的开标顺序当众开标,公布投标人名称、标段名称、投标保证金的递交情况、投标报价、质量目标、工期及其他内容,并记录在案。

⑧投标人代表、招标人代表、监标人、记录人等有关人员在开标记录上签字确认。

⑨开标会议结束。

开标过程中,若招标人发现投标文件出现以下任一情况,经监标人确认后当场宣布为废标:

①未在投标函上填写投标总价;

②投标报价或调整函中的报价超出招标人公布的投标控制价上限(如有)。

2)评标和定标

评标活动遵循公平、公正、科学和择优的原则进行。评标委员会按照招标文件规定的评标方法、评审因素、标准和程序对投标文件进行评审。招标文件没有规定的方法、评审因素和标准,不作为评标依据。

中标人的确定由评标委员会直接确定(招标文件明确规定)和招标人依据评标委员会推荐的中标候选人确定两种方式。

评标和定标的具体要求和方法见本章第三节。

二、公路工程标准施工招标文件的构成

为了规范施工招标文件编制活动,促进招标投标活动的公开、公平和公正,2007 年九部委

联合制定了《标准施工招标文件》及相关附件。在此基础上,交通运输部结合公路工程施工招标特点和管理需要,组织专家编写了《公路工程标准施工招标文件》。

《公路工程标准施工招标文件》(2009 年)由三卷八章组成,内容包括:

第一卷

第一章　招标公告(未进行资格豫审)

投标邀请书(适用于邀请招标)

投标邀请书(代资格预审通过通知书)

第二章　投标人须知

第三章　评标办法

合理低价法

综合评估法

经评审的最低投标价法

第四章　合同条款及格式

第五章　工程量清单

第二卷

第六章　图纸

第三卷

第七章　技术规范

第四卷

第八章　投标文件格式

附录

工程量清单固化方法说明

1. 投标人须知

投标须知是招标单位为了说明招标性质、范围,向投标单位提供的必要的信息资料以及对投标人的合格条件、编制投标书的规定、投标书的送交、开标与评标直至签订合同的有关要求。投标须知包括投标人须知前附表、附录和正文三部分。

投标人须知前附表是用于进一步明确正文中的未尽事宜,由招标人根据招标项目具体特点和实际需要编制和填写,但必须与招标文件中其他章节的衔接,并不得与正文内容相抵触。

附录是投标人资格审查条件表,规定了本项目投标人资质、财务、业绩、信誉、项目经理与项目总工、其他管理人员和技术人员、主要机械设备和实验检测设备的最低条件。

正文的主要内容有:

(1)总则。说明项目概况、资金来源和落实情况、招标范围、计划工期和质量要求、投标人资格要求、费用承担、保密、语言文字、计量单位、踏勘现场、投标预备会、分包、偏离。

(2)招标文件。说明招标文件的组成、澄清和修改。

(3)投标文件。说明投标文件的组成、报价、投标有效期、保证金、资格审查资料、备选方案投标和投标文件的编制。

(4)投标。说明投标文件的密封和标识、投标文件的递交,以及投标文件的修改与撤回。

(5)开标。说明开标时间和地点、开标程序。

(6)评标。说明评标委员会、评标原则、评标。

(7)合同授予。说明定标方式、中标通知、履约担保、签订合同。

(8)重新招标和不再招标。说明重新招标和不再招标的情形。

(9)纪律和监督。说明对招标人、投标人、评标委员会成员、与评标活动有关的工作人员的纪律要求;投诉。

(10)需要补充的其他内容。说明需要补充的其他内容。

2. 评标办法

《公路工程标准施工招标文件》给出了三种评标办法:合理低价法、综合评估法和经评审的最低投标价法。

合理低价法是综合评估法的评分因素中评标价得分为100分、其他评分因素分值为0分的特例。招标人采用合理低价法时,也可采用双信封形式。除技术特别复杂的特大桥和长大隧道工程外,公路工程施工招标评标一般应当使用合理低价法。

综合评估法是对投标人的评标价、施工组织设计、项目管理机构、财务能力、设备配置、业绩、履约信誉等综合评估打分的方法。其中评标价所占权重不应低于50%。采用综合评估法时,也可采用双信封形式。综合评估法适用于技术特别复杂的特大桥梁和长大隧道工程。

经评审的最低投标价法是评标委员会对满足招标文件实质要求的投标文件,根据规定的量化因素及量化标准进行价格折算,按照经评审的投标价由低到高的顺序推荐中标候选人的方法。使用世界银行、亚洲开发银行等国际金融组织贷款的项目和工程规模较小、技术含量较低的工程采用经评审的最低投标价法进行评标。

三种评标方法的评审因素、标准和程序在《公路工程标准施工招标文件》做出了明确规定,招标项目具体采用哪一种评标方法应在招标文件中明确说明。

3. 合同条款

《公路工程标准施工招标文件》的合同条款由通用合同条款、公路工程专用合同条款和项目专用合同条款三部分构成,且附有合同协议书、履约担保和预付款担保等三个格式文件。

通用合同条款是以发包人委托监理人管理工程合同的模式设定合同当事人的权利、义务和责任,区别于由发包人和承包人双方直接进行约定和操作的合同管理模式。通用合同条款同时适用于单价合同和总价合同。

通用合同条款参考FIDIC有关内容,对发包人、承包人的责任进行恰当的划分,在材料和设备、工程质量、计量、变更、违约责任等方面,对双方当事人权利、义务、责任作了相对具体、集中和具有操作性的规定,为明确责任、减少合同纠纷提供了条件。具体条款共分24个方面的问题:一般约定,发包人义务,监理人,承包人,材料和工程设备,施工设备和临时设施,交通运输,测量放线,施工安全、治安保卫和环境保护,进度计划,开工和竣工,暂停施工,工程质量,试验和检验,变更,价格调整,计量与支付,竣工验收,缺陷责任与保修责任,保险,不可抗力,违约,索赔,争端的解决。招标人在编制招标文件时,可根据各行业和具体工程的不同特点和要求,进行修改和补充。

公路工程专用合同条款是在考虑了公路工程的特点,对通用合同条款所做的约定、补充和细化,适用于公路工程施工项目。

项目专用合同条款是根据招标项目的具体特点和实际需要,对“通用合同条款”、“公路工程专用合同条款”所做的补充、细化,是专用于本施工项目的。项目专用合同条款包括项目专用合同条款数据表(表5-1)和项目专用合同条款两部分。

招标人在编制项目招标文件中的“项目专用合同条款”时,除“通用合同条款”明确“专用合同条款”可作出不同约定以及“公路工程专用合同条款”明确“项目专用合同条款”可作出不同约定外,补充和细化的内容不得与“通用合同条款”及“公路行业标准工程专用合同条款”强制性规定相抵触。同时,补充、细化或约定的不同内容,不得违反法律、行政法规的强制性规定和平等、自愿、公平和诚实信用原则。

项目专用合同条款数据表 表 5-1

说明:本数据表是项目专用合同条款中适用于本项目的信息和数据的归纳与提示,是项目专用合同条款的组成部分。第八章“投标文件格式”的投标函附录中的数据(供投标人确认)与本表所列有重复。编写招标文件的单位应仔细校核,不使数据出现差错或不一致。

序号	条目号	信息或数据
1	1.1.2.2	发包人: 地址: 邮政编码:
2	1.1.2.6	监理人: 地址: 邮政编码:
3	1.1.4.5	缺陷责任期:自实际交工日期起计算______年[①]
4	1.6.3	图纸需要修改和补充的,应由监理人取得发包人同意后,在该工程或工程相应部位施工前______天签发图纸修改图给承包人
5	3.1.1	监理人在行使下列权力前需要经发包人事先批准: 根据第 15.3 款发出的变更指示,其单项工程变更涉及的金额超过了该单项工程签约时合同价的______%或累计变更超过了签约合同价的______%
6	5.2.1	发包人是否提供材料或工程设备:是或否 如发包人负责提供部分材料或工程设备,相关规定如下:______
7	6.2	发包人是否提供施工设备和临时设施:是或否 如发包人负责提供部分施工设备和临时设施,相关规定如下:______
8	8.1.1	发包人提供测量基准点、基准线和水准点及其书面资料的期限:______ 承包人将施工控制网资料报送监理人审批的期限:______
9	11.5	逾期交工违约金:______元/天
10	11.5	逾期交工违约金限额:______%签约合同价[②]
11	11.6	提前交工的奖金:______元/天
12	11.6	提前交工的奖金限额:______%签约合同价
13	15.5.2	承包人提出的合理化建议降低了合同价格或者提高了工程经济效益的,发包人按所节约成本的______%或增加收益的______%给予奖励
14	16.1	□因物价波动引起的价格调整按照第 16.1.1 或第 16.1.2 约定的原则处理 若按第 16.1.1 项的约定采用价格调整公式进行调价,每半年或一年按价格调整公式进行一次调整 □合同期内不调价[③]

续上表

序号	条目号	信息或数据
15	17.2.1	开工预付款金额:______%签约合同价[④]
16	17.2.1	材料、设备预付款比例:______等主要材料设备单据所列费用的______%[⑤]
17	17.3.2	承包人在每个付款周期末向监理人提交进度付款申请单的份数:______份
18	17.3.3(1)	进度付款证书最低限额:______%签约合同价[⑥]或万元
19	17.3.3(2)	逾期付款违约金的利率:______‰/天[⑦]
20	17.4.1	质量保证金百分比:月支付额的______%
21	17.5.1	质量保证金限额:______%合同价格[⑧],若交工验收时承包人具备被招标项目所在地省级交通主管部门评定的最高信用等级,发包人给予______%合同价格质量保证金的优惠,并在交工验收时向承包人返还质量保证金优惠的金额。[⑨]
22	17.6.1	承包人向监理人提交交工付款申请单(包括相关证明材料)的份数:______份
23	18.2	承包人向监理人提交最终结清申请单(包括相关证明材料)的份数:______份
24	18.5.1	竣工资料的份数:______份
25	18.6.1	单位工程或工程设备是否需投入施工期运行:是或否 如单位工程或工程设备需要进行施工期运行,需要施工期运行的单位工程或工程设备规定如下:______
26	19.7	本工程及工程设备是否进行试运行:是或否 如本工程及工程设备需要进行试运行,试运行的具体规定如下:______
27	20.1	保修期自实际交工日期起计算______年[⑩]
28	1.1.2.6	建筑工程一切险的保险费率:______
29	20.4.2	第三者责任险的最低投保金额:______万元,事故次数不限(不计免赔额)保险费率:______
30	24.1	争议的最终解决方式:仲裁或诉讼 如采用仲裁,仲裁委员会名称:______

注:①缺陷责任期一般应为自实际交工日期起计算2年。

②逾期交工违约金限额一般应为10%签约合同价。

③对于工程规模不大、1期较短的工程(例如1期不超过12个月的),可以不进行调价。

④开工预付款金额一般应为10%签约合同价。

⑤指主要材料,一般应为70%~75%,最低不少于60%。

⑥国际上一般按月平均支付额的0.3~0.5计算,我国可按0.2~0.3计,以利承包人资金周转。

⑦相当于中国人民银行短期贷款利率加手续费。招标人不能自行取消本项内容或降低利率。

⑧质量保证金一般不超过合同价格的5%。

⑨若交工验收时承包人具备被招标项目所在地省级交通主管部门评定的最高信用等级,发包人可在质量保证金方面给予一定的奖励,例如发包人可给予承包人2%合同价格质量保证金的优惠,并在交工验收时向承包人返还质量保证金优惠的金额,具体优惠幅度由发包人自行确定。

⑩保修期一般应为自实际交工日期起计算5年。

项目专用合同条款

说明:本部分所列的项目专用合同条款是对“公路工程专用合同条款”中规定必须本项目专用合同条款中明确的内容的集中,招标人编制的“项目专用合同条款”不限于本部分所列内容。

4.1　承包人的一般义务

4.1.10　其他义务

(4)承包人应履行的其他义务：____________

4.11　不利物质条件

4.11.1　不利物质条件的范围：____________

10.1　合同进度计划

承包人编制施工方案的内容：____________

11.4　异常恶劣的气候条件

异常恶劣的气候条件的范围：____________

12.1　承包人暂停施工的责任

12.1(6)由承包人承担的其他暂停施工：____________

21.1　不可抗力的确认

21.1.1(6)不可抗力的其他情形：____________

22.1　承包人违约

22.1.2　当承包人发生第22.1.1项约定的违约情况时，发包人有权向承包人课以违约金，具体约定如下：____________

三个合同条款解释的优先顺序是项目专用合同条款优先与公路工程合同专用合同条款，公路工程合同专用合同条款优先于通用合同条款。

4. 工程量清单

工程量清单由说明、工程量清单表、计日工明细表、暂估价表、工程量清单汇总表和工程量清单单价分析表几部分组成。

(1)说明

包括：工程量清单说明、投标报价说明、计日工说明和其他说明。它对工程量清单的性质、承包人填报工程量清单的单价和合同价格的要求等作了明确规定。因此，说明在招投标期间对如何进行工程报价有实质影响，并且对工程实施期间工程是否进行计量与支付以及如何进行计量与支付有直接影响。

(2)工程量清单表

交通运输部的《公路工程标准施工招标文件》工程量清单共分为7章：100章总则；200章路基；300章路面；400章桥梁、涵洞；500章隧道；600章安全设施及预埋管线；700章绿化及环境保护设施。表5-2是路基工程工程量清单。

工程量清单表(节选)　表5-2

清单　第200章　路基					
子目号	子 目 名 称	单位	数量	单价	合价
201-1	清理与掘除				
-a	清理现场	m^2			
-b	砍伐树木	棵			
-c	挖除树根	棵			
202-2	挖除旧路面				

续上表

子目号	子 目 名 称	单位	数量	单价	合价
-a	水泥混凝土路面	m^2			
-b	沥青混凝土路面	m^2			
-c	碎石路面	m^2			
202-3	拆除结构物				
-a	钢筋混凝土结构	m^3			
-b	混凝土结构	m^3			
-c	砖、石及其他砌体结构	m^3			
202-1	路基挖方				
-a	挖土方	m^3			
-b	挖石方	m^3			
-c	挖除非适用材料(包括淤泥)	m^3			
203-2	改河、改渠、改路挖方				
-a	挖土方	m^3			
-b	挖石方	m^3			
-c	…				
204-1	路基填筑(包括填前压实)				
-a	换填土	m^3			
-b	利用土方	m^3			
-c	利用石方	m^3			
-d	利用土石混填	m^3			
-e	借土填方	m^3			
…	…	…			

(3)计日工明细表

计日工也称散工或点工,指在工程施工过程中,发包人可能有一些临时性的或新增加的项目,而且这种临时新增项目的工程量在招投标阶段很难估计,希望通过招投标阶段事先定价,避免开工后可能有发生时出现的争端,故需要以计日工明细表的方法在工程量清单中予以明确。计日工明细表包括计日工劳务(表5-3)、计日工材料(表5-4)、计日工施工机械(表5-5)和计日工汇总表(表5-6)。

计 日 工 劳 务　　表5-3

编号	子目名称	单　位	暂定数量	单　价	合　价
101	班长	h			
102	普通工	h			
103	焊工	h			
104	电工	h			
105	混凝土工	h			
106	木工	h			
107	钢筋工	h			
	…				
					劳务小计金额:______ (计入"计日工汇总表")

计日工材料　　表5-4

编号	子目名称	单　位	暂定数量	单　价	合　价
201	水泥	t			
202	钢筋	t			
203	钢绞线	t			
204	沥青	t			
205	木材	m^3			
206	砂	m^3			
207	碎石	m^3			
208	片石	m^3			
	…				
材料小计金额：______（计入“计日工汇总表”）					

计日工施工机械　　表5-5

编号	子目名称	单　位	暂定数量	单　价	合　价
301	装载机				
301－1	$1.5m^3$ 以下	h			
301－2	$1.5 \sim 2.5m^3$	h			
301－3	$2.5m^3$ 以上	h			
302	推土机				
302－1	90kW 以下	h			
302－2	90～180kW	h			
302－3	180kW 以下	h			
	…				
施工机械小计金额：______（计入“计日工汇总表”）					

计日工汇总表　　表5-6

名　称	金　额	备　注
劳务		
材料		
施工机械		
计日工总计：（计入“投标报价汇总表”）		

(4)暂估价表

暂估价是在工程招标阶段已经确定的材料、工程设备或工程项目，但又无法在投标时确定准确价格，而可能影响招标效果时，发包人在工程量清单中给定一个暂估价。在工程实施阶段，根据不同类型的材料与专业工程再重新定价。暂估价表包括材料暂估价、工程设备暂估价和专业工程暂估价，见表5-7～表5-9。

材料暂估价表　　表 5-7

序号	名称	单位	数量	单价	合价	备注

工程设备暂估价表　　表 5-8

序号	名称	单位	数量	单价	合价	备注

专业工程暂估价表　　表 5-9

序号	专业工程名称	工 程 内 容	金　额
小计：			

(5)工程量清单汇总表

工程量清单汇总表是将各章的工程细目表及计日工明细表进行汇总，加上暂列金额而得出该项目的总报价。工程量清单汇总见表 5-10。

工程量清单汇总表　　表 5-10

序　号	章　次	科 目 名 称	金额(元)
1	100	总则	
2	200	路基	
3	300	路面	
4	400	桥梁、涵洞	
5	500	隧道	
6	600	安全设施及预埋管线	
7	700	绿化及环境保护设施	
8	第 100 ~ 700 章清单合计		
9	已包含在清单合计中的材料、工程设备、专业工程暂估价合计		
10	清单合计减去材料、工程设备、专业工程暂估价合计(即 8 − 9 = 10)		
11	计日工合计		
12	暂列金额(不含计日工总额)		
13	投标报价(8 + 11 + 12) = 13		

注：材料、工程设备、专业工程暂估价已包括在清单合计中，不应重复计入投标报价。

5. 技术规范

技术规范是一份十分重要的文件,它详细具体地说明了承包人履行合同时的质量要求、验收标准、材料的品级和规格,为满足质量要求应遵守的施工技术规范,以及计量与支付的规定等。

《公路工程标准施工招标文件》的技术规范分为:总则,路基,路面,桥梁、涵洞,隧道,安全设施及预埋管线,绿化及环境保护等七章。

第 100 章总则,包括:保险,竣工文件,施工环保费,安全生产费,工程管理软件(暂估价),临地道路修建、养护与拆除(包括原道路的养护费,临时占地,临时供电设施,设施架设,设施维修拆除,电信设施的提供、维修与拆除,供水与排污设施,承包人驻地建设等)。

第 200 章路基,包括:场地清理,挖方,填方,特殊地区路基处理,路基整型,坡面排水,护坡、护面墙,挡土墙,锚杆挡土墙,加筋土挡土墙,喷射混凝土和喷浆边坡防护,预应力锚索边坡加固,抗滑桩,河道防护等。

第 300 章路面,包括:垫层,石灰稳定土基层,水泥稳定土底基层、基层,石灰粉煤灰稳定土底基层、基层,级配碎(砾)石底基层、基层,透层、黏层和封层,热拌沥青混合料面层,沥青表面处治,改性沥青及改性沥青混合料,水泥混凝土面板,培土路肩、中央分隔带回填土、土路肩加固及路缘石,路面及中央分隔带排水等。

第 400 章桥梁、涵洞,包括:模板、拱架和支架,钢筋、基础挖方及回填,钻孔灌注桩,沉桩,挖孔灌注桩,桩的垂直静荷载试验,沉井,结构混凝土工程,预应力混凝土工程,预制构件的安装,砌石工程,小型钢构件,桥面铺装,桥梁支座,桥梁接缝和伸缩装置,防水处理,圆管涵及倒虹吸管,盖板涵,箱涵,拱涵。

第 500 章隧道,包括:洞口与明洞工程,洞身开挖,洞身衬砌,防水与排水,洞内防火涂料和装饰工程,风水电作业及通风防尘,监控量测,特殊地质地段的施工与地质预报。

第 600 章安全设施及预埋管线,包括:护栏,隔离栅,道路交通标志,道路交通标线,防眩设施,通信和电力管道与预埋(预留)基础,收费设施及地下通道。

第 700 章绿化及环境保护,包括:铺设表上,撒播草种和铺植草皮,种植乔木、灌木和攀缘植物,植物养护与管理,声屏障,环境保护。

三、工程量清单与招标控制价的编制

1. 工程量清单编制

工程量清单是招标单位按照招标文件中有关要求及技术规范的有关规定,将工程进行合理分解,据此明确工程内容和范围,并将有关工程内容数量化的一套工程数量表。标价后的工程量清单还是合同中各工程细目的单价及合同价格表。

工程量清单是合同文件的重要组成部分,是一份与技术规范相对应的文件,它是单价合同的产物。其作用在于:

(1)提供合同中关于工程量的足够信息,为所有投标人提供投标报价的共同基础,以使投标单位能统一、有效而准确地编写投标文件。

(2)是评标的基础。工程量清单由招标人提供,无论是标底的编制还是企业投标报价,都必须在清单的基础上进行,同样也为评标奠定了基础。

(3)在投标单位报价及签订合同后,标有单价的工程量清单是办理中期支付和结算以及处理工程变更计价的依据。

因此,工程量清单的编制质量直接关系到建筑产品的报价以及招投标阶段和施工阶段的造价控制。工程量清单编制包括清单说明、清单细目划分、工程数量整理几方面的工作。

1)工程量清单说明的编制

工程量清单说明,在某些合同文件中又被称为清单前言,它对工程量清单的性质、承包人填报工程量清单的单价和合同价格的要求等作了明确规定。因此,该说明在招投标期间对如何进行工程报价有实质影响,在工程实施期间对工程是否进行计量与支付以及如何进行计量与支付有实质影响。在进行工程变更及费用索赔时,它的参考作用更明显,直接影响到监理工程师对单价的确定。

工程量清单说明强调如下几个方面的内容:

(1)工程量清单与其他招标文件的关系。规定工程量清单应与投标人须知、合同条款、技术规范及图纸等文件结合起来查阅与理解。

(2)工程量清单中工程量的性质与作用。规定工程量清单的工程量是估算的或设计的预计数量,仅作为投标的共同基础,不作为最终结算与支付的依据。当工程量清单中所列工程量发生变动时,丝毫不会降低或影响合同条款的效力,也不免除承包人按规定的标准进行施工和修复缺陷的责任。

(3)工程量计算规则。工程量计算规则是根据招标文件中包括的、有合同约束力的图纸以及有关工程量清单的国家标准、行业标准、合同条款中约定的工程量计算规则编制。约定计量规则中没有的子目,其工程量按照有合同约束力的图纸所标示尺寸的理论净量计算。计量采用中华人民共和国法定计量单位。

(4)承包人填报工程量清单价格时的要求。主要有:

①工程量清单中的每一子目须填入单价或价格,且只允许有一个报价。

②除非合同另有规定,工程量清单中有标价的单价和总额价均已包括了为实施和完成合同工程所需的劳务、材料、机械、质检(自检)、安装、缺陷修复、管理、保险、税费、利润等费用,以及合同明示或暗示的所有责任、义务和一般风险。

③工程量清单中投标人没有填入单价或价格的子目,其费用视为已分摊在工程量清单中其他相关子目的单价或价格之中。承包人必须按监理人指令完成工程量清单中未填入单价或价格的子目,但不能得到结算与支付。

④符合合同条款规定的全部费用应认为已被计入有标价的工程量清单所列各子目之中,未列子目不予计量的工作,其费用应视为已分摊在本合同工程的有关子目的单价或总额价之中。

⑤承包人用于本合同工程的各类装备的提供、运输、维护、拆卸、拼装等支付的费用,已包括在工程量清单的单价与总额价之中。

⑥工程量清单中各项金额均以人民币(元)结算。

⑦计日工劳务单价应包括基本单价及承包人的管理费、税费、利润等所有附加费。

劳务基本单价包括:承包人劳务的全部直接费用,如:工资、加班费、津贴、福利费及劳动保护费等。

附加费包括:承包人的利润、管理、质检、保险、税费;易耗品的使用、水电及照明费,工作台、脚手架、临时设施费,手动机具与工具的使用及维修,以及上述各项伴随而来的费用。

⑧计日工材料单价应包括基本单价及承包人的管理费、税费、利润等所有附加费。

材料基本单价按供货价加运杂费(到达承包人现场仓库)、保险费、仓库管理费以及运输损耗等计算。从现场运至使用地点的人工费和施工机械使用费不包括在上述基本单价内。

附加费包括:承包人的利润、管理、质检、保险、税费及其他附加费。

⑨计日工施工机械的租价应包括施工机械的折旧、利息、维修、保养、零配件、油燃料、保险和其他消耗品的费用以及全部有关使用这些机械的管理费、税费、利润和司机与助手的劳务费等费用。在计日工作业中,承包人计算所用的施工机械费用时,应按实际工作小时支付。除非经监理人的同意,计算的工作小时才能将施工机械从现场某处运到监理人指令的计日工作业的另一现场往返运送时间包括在内。

2)工程细目的编制

工程细目又叫分项清单表或工程量清单,通常根据招标工程的不同性质分章按顺序排列。工程细目分章排列有利于将不同性质、不同位置、不同的施工阶段或其他特性不同的工程区别开来,同时,也有利于将那些需要采用不同施工方法或不同施工阶段或成本不一样的工程区别开来。工程细目反映了施工项目中各分部分项工程及其数量,它是工程量清单的主体部分,其格式见表5-2。

工程细目是由招标人根据《公路工程标准施工招标文件》、招标项目具体特点和实际需要编制,并与"投标人须知"、"通用合同条款"、"专用合同条款"、"技术规范"、"图纸"相衔接。

(1)工程细目的内容划分。按内容不同可分为以下两部分:

①工程量清单的"总则"部分。该部分说明合同需要发生的各种开办项目,其计价特点主要是采用总额包干,因此,其计量单位大部分为"总额"。它的格式见表5-11。

总　　则　　　　表5-11

清单　第100章　总则					
子目号	子目名称	单位	数量	单价	合价
101-1	保险费				
-a	按合同条款规定,提供建筑工程一切险	总额			
-b	按合同条款规定,提供第三者责任险	总额			
102-1	竣工文件	总额			
102-2	施工环保费	总额			
102-3	安全生产费	总额			
102-4	工程管理软件(暂估价)	总额			
103-1	临时道路修建、养护与拆除(包括原道路的养护费)	总额			
103-2	临时占地	总额			
103-3	临时供电设施				
-a	设施架设、拆除	总额			
-b	设施维修	月			
103-4	电信设施的提供、维修与拆除	总额			
103-5	供水与排污设施	总额			
104-1	承包人驻地建设	总额			
清单100章合计　人民币______					

②根据图纸需要发生的工程细目部分。该部分说明了施工项目中各工程细目将要发生的工程量,计价特点是单价不变,实际工程量由计量确定。

(2)工程细目的划分原则

①和技术规范保持一致性。工程量清单各工程细目在名称、单位等方面都应和技术规范相一致,以便承包人清楚各工程细目的内涵和准确地填写各细目的单价。因此,在采用《公路工程标准施工招标文件》时,其工程细目划分应尽量与《公路工程标准施工招标文件》相一致,如果根据实际需要对某些工程细目重新予以划分,则应注意修改技术规范的相应内容(包括相应的计量与支付方法)。

②便于计量支付、合同管理以及处理工程变更。工程细目的大小要科学。工程细目可大可小,工程细目小有利于处理工程变更的计价,但计量工作量和计量难度会因此增加;工程细目大可减少计量工作量,但太大难以发挥单价合同的优势,不便于变更工程的处理(计价);另外,工程细目大也会使得支付周期延长,承包人的资金周转发生困难,最终影响合同的正常履行和合同的严肃性。

例如,桥梁工程有基础挖方项目,由于计价中包含了基础回填等工作,所以承包人必须等到基础回填工作完成以后才能办理该项目的计量支付,其支付周期有半年甚至更长的时间,以致影响承包人的资金周转,不利于合同的正常履行。但如果将基础开挖和基础回填分成两个工程细目,则可以避免上述问题。工程细目小会增加计量工作量,但对处理工程变更和合同管理是有利的。

例如,路基挖方中弃方运距的处理问题,实践中有两种处理方案:一种是路基挖方单价中包括全部弃方运距;另一种是路基挖方中包含部分弃方运距(如500m或1000m),而超过该运距的弃方运费单独计量与支付。可以说,如果弃土区明确而且施工中不出现变更的话,上述两种处理方案是一样的(而且前一种方式可减少计量工作量)。但是,一旦弃土区变更或发生设计变更,由于弃土运距发生变化,则第一种方式的单价会变得不适应,双方必须按变更工程协商确定新的单价(使投标和合同单价失效),而采用第二种方式时合同中的单价仍然是适用的,原则上可以按原单价办理结算。

③保持合同的公平性。为保持合同的公平性应将开办项目作为独立的工程细目单列出来。开办项目往往是一些一开工就要全部或大部分发生甚至开工前就要发生的项目,如工程保险、承包人的驻地建设、临时工程等。如将这些项目包含在其他项目的单价中,则承包人开工时上述各种款项不能得到及时支付,这不仅影响合同的公平性和承包人的资金周转,而且会影响招标中预付款的数量(预付款的数量要增加),并且会加剧承包人的不平衡报价(承包人会将开工早的工程细日报价提高,以尽早收回成本),并因此影响变更工程的计价。

④保持清单的灵活性。为了使清单在实施中具有一定的灵活性,工程量清单中应备有计日工清单。设立计日工清单的目的是用来处理一些小型变更工程(小到可以用日工的形式来计价)计价,使工程量清单在造价管理上的可操作性更强。为加强承包人的计日工报价的合理性,在编制工程量清单时应事先假定各计日工的数量。

3)工程数量整理

工程量清单的工程量是反映承包人的义务量大小及影响造价管理的重要数据。整理工程量的依据是设计图纸和技术规范,整理工程量的工作是一项技术工作,绝不是简单地罗列设计文件中的工程量。在整理工程量时应根据设计图纸及调查所得的数据,在技术规范的计量与支付方法的基础上进行综合计算。同一工程细目,其计量方法不同,所整理出来的工程量会不一样。设计文件中工程量所对应的计量方法与技术规范中的计量方法不一定一致,这就需要在整理工程量的过程中进行技术处理。在工程量的整理计算中,应认真、细致,保证其准确性,做到不重不漏,不发生计算错误。否则,会带来下列问题:

(1)工程量的错误一旦被承包人发现,承包人会利用不平衡报价给业主带来损失。当实际工程量与清单工程量出入很大时,承包人会在总报价维持不变的基础上对实际工程量会增加的细目填报较高的单价,使得在施工过程中按实际工程量计量支付时,该项目费用增加很多,从而给业主造成损失。

(2)工程量的错误会引起合同总价的调整和索赔(或反索赔)。

(3)工程量的错误还会增加变更工程和费用索赔的处理难度。由于承包人可能采用了不平衡报价,所以当合同发生工程变更而引起工程量清单中工程量的增减时,因不平衡报价对所增减的工程量计价不适应,会使得监理人不得不和发包人及承包人协商确定新的单价来对变更工程进行计价,以致合同管理的难度增加。

(4)工程量的错误会造成投资控制和预算控制的困难。由于合同的预算通常是根据投标报价加上适当的预留费后确定的,工程量的错误还会造成项目管理中预算控制的困难和增加追加预算的难度。因此,工程量的准确性应予保证,其误差最大不应超过5%。

在进行工程数量整理时,可参照交通部公路工程定额站和湖南省交通厅交通建设造价管理站,编制的《公路工程工程量清单计量规则》。该规则统一了公路工程工程量清单的项目号、项目名称、计算单位、工程量计算规则,并界定了工程内容。

《公路工程工程量清单计量规则》总说明的主要内容如下:

(1)本规则由项目号、项目名称、项目特征、计量单位、工程量计算规则和工程内容构成。

(2)本规则项目号的编写分别按项、目、节、细目表达,根据实际情况可按厚度、标号、规格等增列细目或子细目,与工程量清单细目号对应方式示例如下:

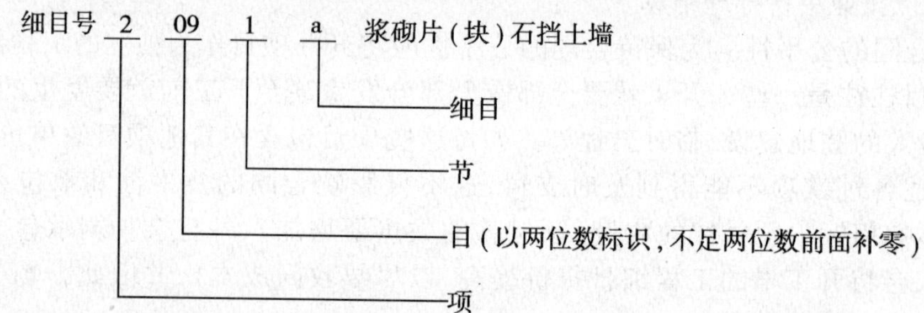

(3)项目名称以工程和费用名称命名,如有缺项,招标人可按本规则的原则进行补充,并报工程造价管理部门核备。

(4)项目特征是按不同的工程部位、施工工艺或材料品种、规格等对项目作的描述,是设置清单项目的依据。

(5)计量单位采用基本单位,除各章另有特殊规定外,均按以下单位计量:

以体积计算的项目——m^3;

以面积计算的项目——m^2;

以质量计算的项目——t、kg；

以长度计算的项目——m；

以自然体计算的项目——个、棵、根、台、套、块……

没有具体数量的项目——总额。

(6)工程量计算规则是对清单项目工程量的计算规定，除另有说明外，清单项目工程量均按设计图示以工程实体的净值计算；材料及半成品采备和损耗、场内二次转运、常规的检测、试验等均包括在相应工程项目中，不另行计量。

(7)工程内容是为完成该项目的主要工作，凡工程内容中未列的其他工作，为该项目的附属工作，应参照各项目对应的招标文件范本技术规范章节的规定或设计图纸综合考虑在报价中。

(8)施工现场交通组织、维护费，应综合考虑在各项目内，不另行计量。

2. 招标控制价的编制

1)招标控制价概念

招标控制价是招标人根据国家或省级、行业建设主管部门颁发的有关计价依据和办法，按设计施工图纸计算的，对招标工程限定的最高工程造价，也可称其为拦标价、预算控制价或最高报价等。

招标控制价不同于标底，招标控制价反映的是招标人对工程的最高限价，标底是招标人对工程的心理价位。它们之间的区别主要有以下几点：

(1)招标控制价(拦标价)是最高限价，投标价如超过则为废标。标底是心理价位，接近标底的投标报价得分最高，但在报价均高于标底时，最低的投标价仍能中标。

(2)招标控制价是公开的，标底是保密的。

(3)低于招标控制价的合理最低价即可中标。

2)招标控制价的意义

(1)招标控制价是预防某些投标人高价围标的有效手段，是对拟建工程投标报价的最高限定价。因此，由招标人编制的合理的招标控制价不仅能够保护自己的利益不受到损失，还能保证工程招标成功乃至工程建设的顺利进行。

(2)招标控制价是检验投标报价合理性的标准。招标控制价是招标人根据政府部门颁布的工程计价定额和取费标准编制的，它体现的是社会工程造价平均水平，可以检验出投标报价的合理性。

(3)招标控制价是对施工图设计成果是否符合设计概算投资的有效检验，如果招标控制价突破设计概算，作为发包人，就要及时考虑追加投资或修改设计，降低标准以适应发包人的投资能力。

(4)招标控制价的编制是对施工图设计及招标文件等进一步完善的有效手段。招标控制价的编制依据是招标文件和工程量清单，在招标控制价的编制组价过程中，很容易发现招标文件和工程量清单以及施工图相互矛盾和不明确的地方，促使招标人及时对这些文件加以修改和完善。

(5)符合市场规律，规范了市场秩序。工程量清单招标遵循市场确定价格的原则，招标控制价的设立避免了建筑市场的无序竞争，起着引导报价、良性竞争的有利作用，有效地规范了市场秩序。

3)招标控制价应用中应注意的问题

(1)国有资金投资的工程建设项目应实行工程量清单招标,并应编制招标控制价。根据《中华人民共和国招标投标法》的规定,国有资金投资的工程进行招标,招标人可以不设标底。当招标人不设标底时,为有利于客观、合理的评审投标报价和避免哄抬标价,造成国有资产流失,招标人应编制招标控制价,作为招标人能够接受的最高交易价格。

(2)招标控制价超过批准的概算时,招标人应将其报原概算审批部门审核。由于我国对国有资金投资项目的投资控制实行的是投资概算审批制度,国有资金投资的工程原则上不能超过批准的投资概算。

(3)投标人的投标报价高于招标控制价的,其投标应予以拒绝。国有资金投资的工程,招标人编制并公布的招标控制价相当于招标人的采购预算,同时要求其不能超过批准的概算,因此,招标控制价是招标人在工程招标时能接受投标人报价的最高限价。国有资金中的财政性资金投资的工程在招投标时还应符合《中华人民共和国政府采购法》相关条款的规定,如第三十六条规定:"在招标采购中,出现下列情形之一的,应予废标……(三)投标人的报价均超过了采购预算,采购人不能支付的。"依据这一精神,规定了国有资金投资的工程,投标人的投标不能高于招标控制价,否则,其投标将被拒绝。

(4)招标控制价应由具有编制能力的招标人或受其委托,具有相应资质的工程造价咨询人编制。应当注意的是,应由招标人负责编制招标控制价,当招标人不具有编制招标控制价的能力时,根据《工程造价咨询企业管理办法》(建设部第149号令)的规定,可委托具有工程造价咨询资质的工程造价咨询企业编制。工程造价咨询人不得同时接受招标人和投标人对同一工程的招标控制价和投标报价的编制。

(5)招标控制价应在招标文件中公布,不应上调或下浮,招标人应将招标控制价及有关资料报送工程所在地工程造价管理机构备查。招标控制价的作用决定了招标控制价不同于标底,无需保密。为体现招标的公平、公正,防止招标人有意抬高或压低工程造价,招标人应在招标文件中如实公布招标控制价,不得对所编制的招标控制价进行上浮或下调。招标人在招标文件中公布招标控制价时,应公布招标控制价各组成部分的详细内容,不得只公布招标控制价总价。同时,招标人应将招标控制价报工程所在地的工程造价管理机构备查。

(6)对于建筑工程,投标人经复核认为招标人公布的招标控制价未按照《建设工程工程量清单计价规范》的规定进行编制的,应在开标前5日向招投标监督机构或(和)工程造价管理机构投诉。招投标监督机构应会同工程造价管理机构对投诉进行处理,发现确有错误的,应责成招标人修改。在这里,实际上是赋予了投标人对招标人不按规范的规定编制招标控制价进行投诉的权利。同时要求招投标监督机构和工程造价管理机构担负并履行对未按规定编制招标控制价的行为进行监督处理的责任。

4)招标控制价编制依据

(1)建设工程工程量清单计价规范(适用建筑工程)。

(2)国家或省级、行业建设主管部门颁发的计价定额和计价办法。

(3)建设工程设计文件及相关资料。

(4)招标文件中的工程量清单及有关要求。

(5)与建设项目相关的标准规范、技术资料。

(6)工程造价管理机构发布的工程造价信息;工程造价信息没有发布的参照市场价。

(7)其他相关资料。

5)招标控制价编制要求

(1)收集和分析资料。在编制招标控制价前,首先应做好招标文件、图纸、工程量清单、补遗书和初步设计概算批复等资料收集工作,并对照招标内容做好相应概算的拆分工作,认真研究招标文件、图纸、工程量清单、补遗书等资料,合理确定取费标准、材料价格和施工方案。

(2)编制时间和人员要求。应在开标临近时再确定招标控制价编制人员,编制人员的数量一般不宜少于2人。必要时可组织编制人员进行现场考察。

(3)与工程量清单保持一致。在招标控制价的编制过程中,应认真分析和理解招标文件中对投标人关于风险、调价、责任等的约定,分析和理解工程量清单编制依据以及清单项目划分和特征描述所体现的组价原则等。在计算过程中应严格按照特征描述所体现的组价原则计价,招标文件要求投标人考虑的各种因素包括风险费用,在招标控制价中也应体现,避免招标控制价与招标文件及工程量清单相脱节。

同时招标控制价的编制过程也是对工程量清单补充和完善的过程,编制中发现工程量清单中不清楚不完善的内容,要提醒招标人及时明确或作出补充说明,以保证工程量清单和招标控制价的完整性和准确性。

(4)合理确定清单单价。招标控制价的编制以工程量清单预算方式进行,编制人员要做好工程量清单预算基础数据模板,并相互校核,做到各标段的清单单价均衡,无特殊情况不应出现明显的不平衡单价;要认真校对各标段的工程量清单的数量和单位,确保准确无误。

(5)合理确定各标段总价。做好各标段招标控制价上限之和与相应概算的比较分析,各标段招标控制价上限之和应控制在相应概算范围之内。当出现各标段招标控制价上限之和超出相应概算时,编制人员要分析超概原因,并及时向发包人反映。

(6)其他费用项的编制要求。

①暂列金额:暂列金额由招标人根据工程复杂程度、设计深度、工程环境条件等特点,一般可以分部分项工程费的10%~15%为参考。

②暂估价:暂估价中的材料单价按照工程造价管理机构发布的工程造价信息或参考市场价格确定。暂估价中的专业工程暂估价应分不同专业,按有关计价规定估算。

③计日工:招标人应根据工程特点,按照列出的计日工项目和有关计价依据,填写用于计日工计价的人工、材料、机械台班单价并计算计日工费用;

④总承包服务费:招标人应根据招标文件中列出的内容和向总承包人提出的要求计算总承包费。计算时可参照下列标准:

招标人仅要求对分包的专业工程进行总承包管理和协调时,按分包的专业工程估算造价的1.5%计算。

招标人要求对分包的专业工程进行总承包管理和协调并同时要求提供配合服务时,根据招标文件中列出的配合服务内容和提出的要求按分包的专业工程估算造价的3%~5%计算。

招标人自行供应材料的,按招标人供应材料价值的1%计算。

⑤规费和税金的编制要求。规费和税金必须按国家或省级、行业建设主管部门的规定计算。

(7)完善编制说明。包括编制依据、工程类别、取费标准、材料价格来源、选用的施工方案等。例如挖土方工程、通常要求施工企业自行选择挖土方式、比例、运土费用及距离等,同时在编制招标控制价时也应有完整和清楚的说明。

(8)认真完成编制意见书。编制意见书应包括编制组织情况、工程概况、编制依据、定价原则以及有关情况的说明等,编制人员必须在编制意见书上签名或盖章,最后附上编制好的招标控制价清单。

第三节 公路建设项目施工投标

一、公路建设项目施工投标程序及主要工作内容

公路工程投标工作程序,见图5-3。

1. 参加资格预审

资格预审文件一般包括承包人的基本情况、近年来的财务状况、近年完成的类似项目情况、正在施工和新承接的项目情况、近年发生的诉讼及仲裁情况和初步施工组织计划等。这些资料承包人平时都要注意积累和整理并编辑成册,以便随时提供使用。资料要求文字简明扼要,以图表和反映公司活动的照片为主,并根据拟建项目类型,适当调整内容,不断更新充实。对反映公司经营状况的财务资料,要认真审核,正确反映本企业的良好经营状况,特别是要反映出公司实力。切忌临时拼凑资料,造成谬误或残缺不全,致使发包人要求进行补充,贻误时机;或给人造成不良的印象。如果招标项目规模大,工程范围广,本企业实力有限,需要及早物色信誉好的其他公司联合参加资格预审,以便共同编制资审文件。

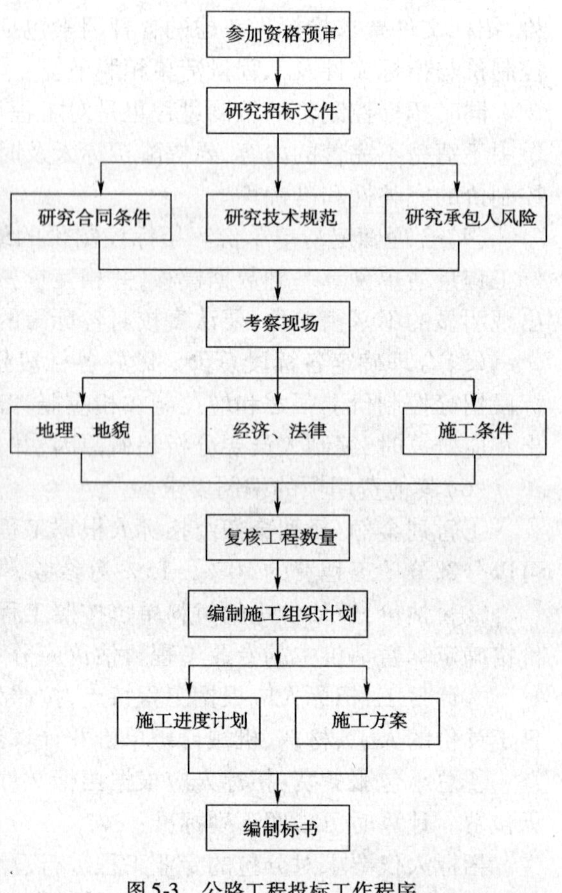

图5-3 公路工程投标工作程序

为了能够顺利地通过资格预审,承包人申报资格预审时应当注意:

(1)平时对资格预审有关资料注意积累,随时存入计算机内,经常整理,以备填写资格预审表格之用。

(2)填表时应重点突出,除满足资格预审要求外,还应适当地反映出本企业的技术管理水平、财务能力、施工经验和良好业绩。

(3)如果资格预审准备中,发现本公司某些方面难以满足投标要求时,则应考虑组成联合体参加资格预审。

2. 研究招标文件

研究招标文件的目的是:全面了解承包人在合同中的权利和义务;深入分析施工承包中所面临的和需要承担的风险;缜密研究招标文件中的漏洞和疏忽,为制定投标策略寻找依据,创

造条件。

(1)认真研究合同条件

合同条件对投标报价影响较大的主要内容有：

①承包人权利、义务的基本规定。通常承包人义务越多、风险责任越大，其成本和报价越高。

②工期。包括对开工日期的规定、施工期限以及是否有分段、分批竣工的要求。工期对制订施工计划、施工方案、施工机械设备和人员配备均是重要依据。通常情况下，工期合理能降低施工成本和投标价。

③拖期损失赔偿金的有关规定。这对施工计划安排和拖期的风险大小有影响。

④保修期的有关规定。这对何时可收回工程“尾款”、承包人的资金利息和保函费用计算有影响。

⑤保函的要求。保函包括履约保函、预付款保函、临时进口施工机具税收保函以及维修期保函等，保函数值的要求和有效期的规定，允许开保函的银行限制。这与投标者计算保函手续费和用于银行开保函所需占用的抵押资金有重要关系。

⑥保险。是否指定了保险公司、保险的种类(例如工程一切保险、第三方责任保险、现场人员的人身事故和医疗保险、社会保险等)和最低保险金额。这将影响保险费用的计算。通常保险尽管需要保险费的支出，但同时减少承包人的风险责任，相应降低投标报价。

⑦付款条件。是否具有预付款，如何扣回，材料设备到达现场并检验合格后是否可以获得部分材料设备预付款，是否按订货、到工地等分阶段付款。期中付款方法，包括付款比例、保留金比例、保留金最高限额、退回保留金的时间和方法，拖延付款的利息支付等，每次期中付款有无最小金额限制、发包人付款的时间限制等。这些是影响承包人计算流动资金及其利息费用的重要因素。

⑧税收。是否免税或部分免税，可免何种税收，可否临时进口机具设备而不收海关关税。这些将严重影响材料设备的价格计算。

⑨货币。支付和结算的货币规定，外汇兑换和汇款的规定，向国外订购的材料设备需用外汇的申请和支付办法。

⑩劳务国籍的限制。这对计算劳务成本有用。

⑪战争和自然灾害等人力不可抗拒因素造成损害的补偿办法和规定，中途停工的处理办法和补救措施等。

⑫有无提前竣工的奖励。

⑬争议、仲裁或诉诸法律等的规定。

⑭有关工程变更、索赔及价格调整的规定。表面上这些规定会增加发包人支出，但由于承包人风险责任减小，相应能降低投标报价。

(2)认真研究技术规范

技术规范中质量标准和验收标准越高，承包人的义务越多，施工难度越大，其施工成本和投标报价越高。另外，技术规范中的计量支付方法，是承包人进行单价分析以及编制相应单价的依据。

因此，承包人在投标报价中，要按照招标文件的技术规范要求和工程量清单中开列的项目及对每个工程细目的工作内容的说明进行，任何疏忽都将造成失误。在新项目投标前，要逐条逐句阅读技术规范条文，千万不要认为有些条目与其他投标项目大体相同而不再认真阅读分析。因为，同样的工作项目所含的内容并不一定完全相同。对于综合性项目（如一延米涵管的提供和安装）尤其要注意所罗列的工作内容。

对于技术规范规定的工作内容，在工程量清单中未列出来的或未明文包括进去的，也要在所列项目中计算进去，否则将成为漏项。如有不明确之处，则可在标前会议向发包人提出。

（3）认真研究承包人风险

承包人的风险责任规定，在招标文件的各份文件中都能直接或间接的体现。通常，承包人的风险责任越大，其报价越高。因此，应认真研究招标文件中对承包人不利，需承担风险的各种规定和条款。例如有些合同中，发包人有这样一个条款"承包人不得以任何理由索取合同价格以外的补偿"，那么承包人就得考虑加大风险费。但如果采用《公路工程标准施工招标文件》或 FIDIC 条款，则承包人承担的风险相对较小。

总之，认真研究招标文件是做好投标报价的前提和基础。施工招标过程中，投标时间是紧张的，有时甚至比较仓促，国内招标的工程更是如此。但绝不能因时间仓促而削弱招标文件的分析与研究，投标人员可能是参加过多个项目投标的有经验的专家，靠经验办事是他们的优势和传统，但绝不能以经验代替对招标文件的分析与研究。否则，易给自己带来投标失误甚至是无法弥补的损失。

在研究和分析招标文件的过程中，有时会发现一些漏洞和疏忽，这些漏洞和疏忽对自己有利的，可以在制订投标策略时作为参考；对自己不利的，可以按规定向发包人提出，由发包人在标前会议中解答。对招标文件中的其他疑问，也应逐项记录，有些疑问可以通过现场考察找出答案，有些疑问则需要发包人在标前会议中说明和澄清。

在要求发包人澄清招标文件时，应注意如下事项：

①招标文件中对投标者有利之处或含糊不清的条款，不要轻易提请澄清（可以成为投标单位制订报价手法的突破口）。

②不要轻易让竞争对手从投标单位提出的问题中窥探出投标者的设想和施工方案。

③对含糊不清的重要合同条款，如工程范围不清楚、招标文件和图纸相互矛盾、技术规范明显不合理等问题，均可要求发包人或招标单位澄清解释。

④关于发包人或招标单位的澄清或答复，应以书面文件为准，切不可以口头答复为依据来制订投标报价。

在研究招标文件时，还应注意投标中的时间安排及投标中应遵守的有关事项和编写标书的规定和要求，避免造成废标。

此外，应了解有无特殊施工技术要求和有无特殊材料设备技术要求，有关选择代用材料、设备的规定，以便针对相应的定额，计算有特殊要求项目的价格。

3. 现场考察

现场考察是承包人投标前全面了解现场施工环境、风险的重要途径，是投标单位做好投标报价的先决条件。通常，在招标过程中，发包人会组织正式的现场考察，按照招标惯例，投标单位应参加发包人（招标单位）安排的正式现场考察，不参加正式考察者，可能会被拒绝参与投标。投标单位提出的报价应当是在现场考察的基础上编制出来的，而且应包括施工中可能遇见的各种风险和费用。在投标有效期内及工程施工过程中，承包人无权以现场考察不周、情况不了解为由而提出修改标书或调整标价给予补偿的要求。因此，投标单位在报价以前必须认真地进行现场考察，全面、细致地了解工地及其周围的政治、经济、地理、法律等情况，收集与报价有关的各种风险与数据。当考察时间不够时，投标单位的编标人员在标前会议结束后，一定要再留下几天，再到现场查看一遍，或重点补充考察，并在当地作材料、物资等调查研究，收集编标用的资料。

投标单位在现场考察之前，应先拟定好现场考察计划，提出考察提纲和疑点，设计好现场调查表格，做到有准备、有计划地进行现场考察。现场考察的主要内容如下：

(1)政治方面(指国外承包工程)

①项目所在国政局是否稳定，有无发生政变的可能。

②项目所在国与邻国的关系如何，有无发生边境冲突的可能。

③项目所在国与我国的双边关系如何。

(2)地理、地貌、气象方面

①项目所在地及附近地形地貌与设计图纸是否相符。

②项目所在地的河流水深、地下水情况、水质等。

③项目所在地近20年的气象，如最高最低气温、每月雨量、雨日、冰冻深度、降雪量、冬季时间、风向、风速、台风等情况。

④当地特大风、雨、灾害情况。

⑤地震灾害情况。

⑥自然地理：修筑便道位置、高度、宽度标准；运输条件及水、陆运输情况。

(3)法律、法规方面

①与承包合同有关的经济合同法、外汇管理法、税收法、劳动法、环境保护法、建筑市场管理法、涉外经济合同法等法律及相应的法规。

②国外承包工程除上述有关法律法规外，尚应了解项目所在地的民法，与本项目施工有关的具体规定，如劳动力的雇佣、设备材料的进出口及运输施工机械使用等规定。

(4)工程施工条件

①工程所需当地建筑材料的料源及分布地。

②场内外交通运输条件，现场周围道路桥梁通过能力，便道、便桥修建位置、长度、数量。

③施工供电、供水条件，外电架设的可能性(包括数量、支线长度、费用等)。

④新盖生产生活房屋的场地及可能租赁民房情况、租地单价。

⑤当地劳动力来源、技术水平及工资标准情况。

⑥当地施工机械租赁、修理能力。

(5)经济方面

①工程所需各种材料，当地市场供应数量、质量、规格、性能能否满足工程要求及其价格情况。

②当地土源地点、数量、单价、运距。

③国外承包工程还要了解当地工人工作时间，年法定假日天数，工人假日，冬、雨、夜施工及病假的补贴，工人所交所得税及社会保险金比例。

④监理工程师工资标准。

⑤当地各种运输、装卸及汽柴油价格。

⑥当地主副食供应情况和近3～5年物价上涨率。

⑦保险费情况。

（6）健康、安全、环保方面

工程所在地有关健康、安全、环保和治安情况，如医疗设施、救护工作、环保要求、废料处理、保安措施等。

（7）其他方面

现场考察需带有发包人（招标单位）发的以1/2 000比例为宜的平面图，详细标绘施工便道、便桥现场布置及数量；调查路基范围内拆迁情况；需填筑水塘面积大小、抽水数量、淤泥深度和数量；了解开山的岩石等级、打洞放炮设计施工方法；调查桥梁位置、水深水位、便桥架设、钻孔（打桩）工作平台架设、深水基础、承台、下部构造如何施工、上部构造如何预制、预制场设在哪里及怎样布置、安装等有关具体问题，以便为施工组织设计做好准备。

投标单位完成标前调查和现场考察工作后，可根据调查结果，编制出材料和机械台班单价，为施工组织设计准备大量第一手资料，为制定合理报价做准备。

4. 复核工程数量

在实行工程量清单计价的施工工程中，工程量清单作为招标文件的组成部分，由招标人提供。工程量的多少是投标报价最直接的依据。复核工程量的准确程度，将影响承包人的经营行为：一是根据复核后的工程量与招标文件提供的工程量之间的差距，考虑相应的投标策略，决定报价尺度；二是根据工程量的大小采取合适的施工方法，选择适用、经济的施工机具设备，确定投入使用的劳动力数量等，从而影响到投标人的询价过程。

复核工程量，要与招标文件中所给的工程量进行对比，注意以下几方面：

（1）投标人应认真根据招标说明、图纸、地质资料等招标文件资料，计算主要清单工程量，复核工程量清单。其中特别注意，按一定顺序进行，避免漏算或重算。

（2）复核工程量的目的不是修改工程量清单（即使有误，投标人也不能修改工程量清单中的工程量，因为修改了清单就等于擅自修改了合同）。对工程量清单存在的错误，可以向招标人提出，由招标人统一修改，并把修改情况通知所有投标人。

（3）针对工程量清单中工程量的遗漏或错误，是否向招标人提出修改意见取决于投标策略。投标人可以运用一些报价的技巧提高报价的质量，争取在中标后能获得更大的收益。

（4）通过工程量计算复核还能准确地确定订货及采购物资的数量，防止由于超量或少购等带来的浪费、积压或停工待料。

在核算完全部工程量清单中的细目后，投标人应按大项分类汇总主要工程总量，以便获得对整个工程施工规模的整体概念，并据此研究采用合适的施工方法，选择适用的施工设备等。

5. 编制施工组织计划

在计算标价之前，应先制定施工规划，即初步的施工组织计划。招标文件中要求投标人在报价的同时要附上其施工规划。施工规划内容一般包括工程进度计划和施工方案等，招标人将根据这些资料评价投标人是否采取了充分和合理的措施，保证按期完成工程施工任务。另外，施工规划对投标人自己也是十分重要的，因为进度安排是否合理，施工方案选择是否恰当，与工程成本和报价有密切关系。制定施工规划的依据是设计图纸、规范、经过复核的工程量清单、现场施工条件、开工、竣工的日期要求、机械设备来源、劳动力来源等。

编制一个好的施工组织计划可以大大降低标价，提高竞争力。编制的原则是在保证工期和工程质量的前提下，尽可能使工程成本最低，投标价格合理。

（1）施工组织计划的内容

施工组织计划的编制内容应满足招标文件合同条款、技术规范、计划工期的要求,并作为对投标文件进行详细评审的重要依据。施工组织计划通常应包含如下内容:

①施工方案和施工方法。

②分项工程施工进度计划(可用规定的横道图、斜条图、网络图等表示)。

③与施工进度计划相适应的工、料、机配备数量及进场计划。

④与施工进度计划相适应的用款计划。

⑤施工总体布置图及当地材料供应地点,开采山场。

⑥冬雨季施工计划及措施。

⑦工地(项目)施工组织机构图。

⑧土方工程调配图。

⑨临时工程及临时设施的(初步)设计图。

⑩质量、安全、环境保护措施和方法。

⑪其他。

(2)工程进度计划

在投标阶段,编制的工程进度计划不是工程施工计划,可以粗略一些,一般用横道图即可,但应考虑和满足以下要求:

①总工期符合招标文件的要求,如果合同要求分期分批竣工交付使用,应标明分期交付的时间和分批交付的数量。

②表示各项主要工程(例如土方工程、基础工程、混凝土结构工程等)的开始和结束时间。

③合理安排各主要工序,体现出相互衔接。

④有利于基本上均衡安排劳动力,尽可能避免现场劳动力数量急剧起落,这样可以提高工效和节省临时设施(如工人居住营地、临时性建筑等)。

⑤有利于充分有效地利用机械设备,减少机械设备占用周期。例如,尽可能将土方工程集中在一定时间内完成,以减少推土机、挖掘机、铲运机等大型机具设备占用周期。这样就可以降低机械设备使用费,或是有利于组织分包施工。

⑥制订的计划要便于编制资金使用计划,有利于降低流动资金占用量,节省资金利息。可以看出,进度计划安排是否合理,关系到工程成本和报价价格。

(3)施工方案

弄清工程分项的内容和工程量,考虑制订工程进度计划的各项要求,即可研究和拟订合理的施工方案,确定施工方法。但是也要注意投标时拟订的施工方案一定要合理并能实现,不能只为降低标价争取中标,而造成在实施中很难实现甚至不能实现的局面,由此引起不得不加大成本或采用新的施工方案,常使施工陷于被动。因此,编制施工方案时要比较细致地研究技术规范要求,现场考察时对施工条件要充分了解。制订施工方案要服从工期要求、技术可能性、保证质量、降低成本等方面的综合考虑。

①根据分类汇总的工程数量和工程进度计划中该类工程的施工周期、合同技术规范要求以及施工条件和其他情况,选择和确定每项工程的主要施工方法。例如土方工程,对于大面积开挖,根据地质水文情况,需降低地下水位施工,是采用井点降水,还是地下截水墙方案;在混凝土工程中,根据工程量大小是采用商品混凝土还是自建混凝土搅拌站;在混凝土构件安装工程中根据施工条件,是采用移动式吊车方案还是固定式塔吊方案等。对各种不同施工方法应

当从保证完成计划目标、工程质量、节约设备费用、降低劳务成本等多方面综合比较,选定最适用的、经济的施工方案。

②根据上述各类工程的施工方法,选择相应的机具设备,并计算所需数量和使用周期;研究确定是采购新设备,或调进现有设备,或在当地租赁设备。

③研究确定哪些工程由自己组织施工,哪些分包,提出寻求分包的条件设想,以便询价。

④用概略指标估算直接生产劳务数量,考虑其来源及进场时间安排。如果当地有限制外籍劳务的规定,则应提出当地劳务和外籍劳务的合理分配。另外,从所需直接劳务的数量,可参照自己的经验,估算所需间接劳务和管理人员的数量,并可估算生活性临时设施的数量。

⑤用概略指标估算主要和大宗的建筑材料的需用量,考虑其来源和分批进场的时间安排,从而可以估算现场用于存储、加工的临时设施(例如仓库、露天堆放场、加工场地或工棚等)。如果有些地方建筑材料(如砂石等)拟自行开采,则应估计采砂、采石场的设备、人员,并计算出自行开采砂石的单位成本价格。如有些构件(如预制混凝土构件、钢构件等)拟在现场自制,应确定相应的设备、人员和场地面积,并计算自制构件的成本价格。

⑥根据现场设备、高峰人数和一切生产和生活方面的需要,估算现场用水、用电量,确定临时供电和供排水设施。

⑦考虑外部和内部材料供应的运输方式,估计运输和交通车辆的需要和来源。

⑧考虑其他临时工程的需要和建设方案,例如进场道路、停车场地等。

⑨其他必需的临时设施安排。如现场保卫设施,包括临时围墙或围篱、警卫设施、夜间照明等;现场临时通信联络设施等。

在编制施工组织计划过程中,高效率和低消耗是编制施工组织计划的总原则。施工组织设计的基本原则包括:连续性原则、均衡性原则、协调性原则和经济性原则,其中,经济性原则是施工组织设计原则的核心和落脚点,因此,在编制施工组织计划时,应注意如下事项:

①充分满足技术上的先进性和可靠性,以最大限度地提高劳动生产率,降低施工成本。

②充分利用现有的施工机械设备,提高施工机械的使用率以降低机械施工成本。

③采用先进的进度管理手段,优化施工进度计划,选择最优施工排序,均衡安排施工,尽量避免施工高峰的赶工现象和施工低谷中的窝工现象,机动安排非关键线路上的剩余资源,从非关键线路上要效益。

④适当聘用当地员工或临时工,降低施工队伍调遣费,减少窝工现象。

总之,投标竞争是技术与管理的竞争,技术和管理的先进性应充分体现在施工组织计划中,先进的施工组织计划可以达到降低成本缩短工期的目的。

二、投标报价的编制

1. 投标价的构成

(1)内部标价构成

所谓的内部标价,是指投标单位根据设计图纸和技术规范,参照有关定额计算的完成本工程所需的全部费用,但不是按照工程量清单格式计算的费用。它是递交标书前投标单位内部控制的标价。

建筑安装工程费是施工单位在施工中所花费的全部费用,从报价的角度看可以划分为直接工程费、待摊费、分包费和暂列金额。各项费用的构成见图 5-4。

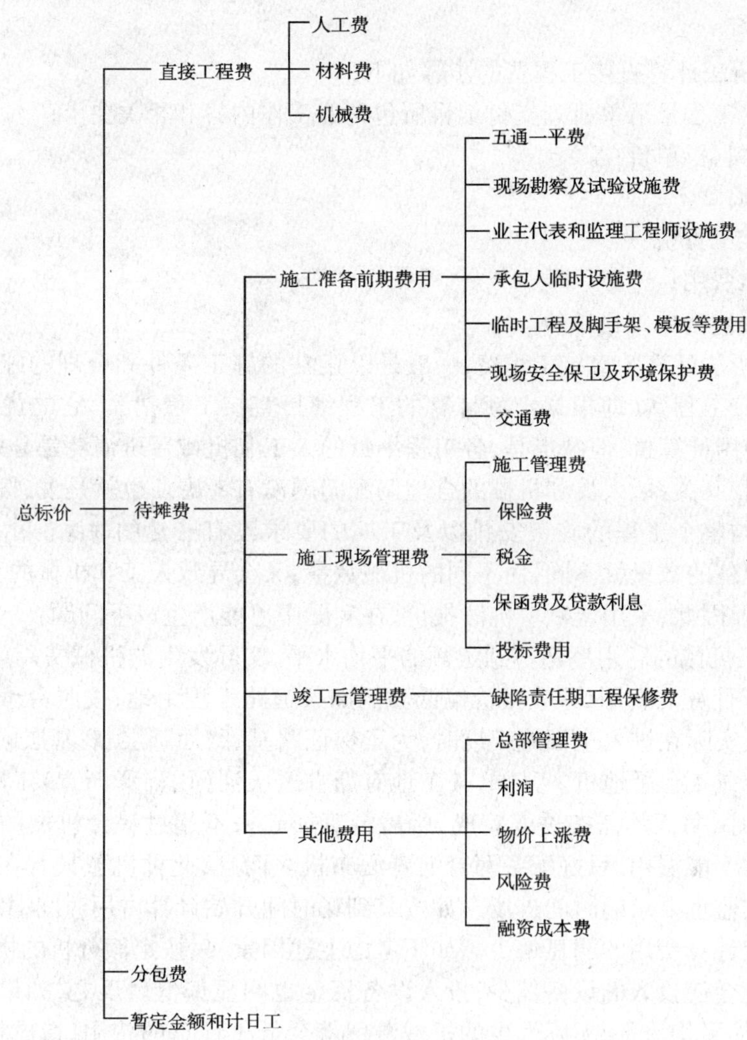

图 5-4 总标价的构成

(2)对外标价构成

对外标价是将本工程全部费用(内部标价),按照工程量清单格式计算的标价。它是在内部标价计算的基础上,经过分析、组合、分配后对外做出的最终报价。

$$总标价 = \sum(工程量清单细目单价 \times 细目工程量) + 暂定金额 + 计日工 \tag{5-1}$$

$$工程量清单细目工程单价 = 工程细目直接工程费 \times 待摊费用系数 \tag{5-2}$$

2. 直接工程费的计算

直接工程费是施工过程中直接耗费的构成工程实体和有助于工程形成的工、料、机费用,是标价构成中的主要部分。直接工程费的计算一般有三种方法:定额单价分析法、工序单价分析法和总价控制法。

1)定额单价分析法

定额单价分析法是我国投标人员常用的方法,它与编制工程概、预算的方法大致相同,即按照招标文件的工程量清单所列工程细目,选用与工作内容相适应的工、料、机消耗定额(选用的定额可能是经过组合并进行调整的),并分析实际的工、料、机单价,从而计算出各工程细目的直接工程费用。

定额单价分析法计算直接工程费的步骤如下：

(1)分析确定工程量清单所列支付细目所包含的工作内容和相关要求；

(2)分析工、料、机单价；

(3)套用定额；

(4)计算直接工程费；

(5)确定分摊费用；

(6)计算工程量清单细目单价。

定额单价分析法计算的直接工程费，一般是以正常的施工条件和合理的施工组织下完成该工程细目的直接工程费(即根据定额计算的工程细目直接工程费)。它的优点是计算方法比较规范，便于使用计算机，但缺点是，各工程细目的人工和机械台班消耗是分别计算的，对各工程细目之间的相互关系，人员和机械的合理调配问题没有考虑。也就是说，按定额单价法计算的直接工程费与整个工程的施工安排以及工期的要求没有必然的联系。由于工期要求不同，人员和机械配备的数量就不同，而不同的机械数量，又会导致人工和机械的利用率不同，从而影响施工成本。因此，采用定额单价法报价，在实际中可能产生以下问题：

(1)由于施工机械的利用率达不到定额的平均水平，实际发生的机械费用(主要是不变费用部分)就会高于计算的费用，造成报价偏低。例如某道路工程工地，按照台班需求量需要配备 2 台平地机，但实际在进入全面施工期时，为了保证路基、路面基层、底基层同时按要求进度施工，则需要 3 台或 4 台平地机。又如，某工地有沥青透层油(用稀释沥青)工序，又有黏层油(用乳化沥青)工序，每天均需按进度完成，所需台班加起来不超过一台机械的能力，但是，由于采用两种油料，不能混用，只好配备两台沥青洒布机。而且，此种机械只有在工期的后半期才使用，但仍需按监理要求的时间进场。如按其到场时间开始计算占用时间，其实际利用率是很低的，这就造成计算费用的明显偏少。如不考虑上述因素，只按定额分析的机械台班需求量配置施工机械，就会使投入的设备偏少，投入设备资金也明显偏低。反之，如果施工机械的利用率超过了定额的平均水平，实际发生的机械费用就会低于计算的费用，造成报价偏高，因而难以体现施工企业的竞争力。

(2)与上述原因类似，人工的配备和人工费也会出现偏差。

为了克服定额单价分析法存在的缺陷，使分项工程单价计算更接近实际，可采用工序单价分析法。

2)工序单价分析法

所谓的工序单价分析法，是根据施工进度计划和工程量，计算每道工序需要配置的机械数量，机械使用费按照该机械在本工序的利用率确定。

(1)工、料、机单价分析

人工和材料单价的分析，与定额单价分析法相同。机械台班单价应考虑机械运转和闲置，分两种情况计算：

$$\text{机械闲置时台班单价} = \text{台班不变费用} \tag{5-3}$$

$$\text{机械运转时台班单价} = \text{台班不变费用} + \text{台班可变费用} \tag{5-4}$$

(2)编制实施性施工计划

①拟订初步施工方案和进度计划

先确定主要工程的大体起止时间，然后把每一分项工程作为一道工序作相应的安排。

②以工序进度反算机械数量

以每道工序的主导机械控制进度，以其产量定额和该工序施工期限作为控制，反算所需机械数量，进行必要调配，并相应配备辅助机械。计算公式如下：

$$R_{ij}=\frac{Q_i}{T_i\cdot C_{ij}\cdot n}=\frac{Q_i\cdot S_{ij}}{T_i\cdot n}\tag{5-5}$$

式中：R_{ij}——i 工序 j 种机械的需要数量；

Q_i——i 工序的工程量；

C_{ij}——i 工序 j 种机械的产量定额；

T_i——i 工序的有效施工天数；

n——作业班制，可取1班、2班、3班；

S_{ij}——i 工序 j 种机械的时间定额。

③以主导机械数量确定工序作业时间

$$T_i=\frac{Q_i}{R_i\cdot C_{ij}\cdot n}=\frac{Q_i\cdot S_{ij}}{R_i\cdot n}\tag{5-6}$$

式中符号意义同前。

(3)确定人工数量

根据工序作业时间和劳动定额计算该工序所需人工数量。

(4)确定工序单价

$$人工费=人工单价\times工序所需总工日\tag{5-7}$$

$$材料费=\sum_{1}^{n}[材料单价\times材料消耗数量]\tag{5-8}$$

$$\begin{aligned}机械使用费=\sum_{j=1}^{m}[&j种机械的运转单价\times运转台班数+\\&j种机械的闲置单价\times闲置台班数]\end{aligned}\tag{5-9}$$

其中：j 种机械运转台班数量 = 工序作业时间 ×j 种机械的配备数量 × 机械利用率

j 种机械闲置台班数量 = 工序作业时间 ×j 种机械的配备数量 ×(1 − 机械利用率)

工序直接工程费 = 人工费 + 材料费 + 机械使用费

3)总价控制法

采用工序单价分析法算出的单价比较切合实际。然而，由于施工时实际上并非按分项工序组织施工，而是划分几个专业作业队进行施工，例如道路工程往往划分为土方工程队、路面基层施工队、沥青面层施工队和桥涵施工队，并按这些施工队的工作范围配备各自的施工机械和人员。这些施工机械和人员既可以在本队施工项目范围内随时调度，必要时还可在队与队之间调动，以便充分发挥机械和人员的作用。

因此，还可以按施工组织方案确定的专业队，根据实际需要配备人工、机械和材料，确定各种机械使用起止时间，然后按其应计的不变费用（不以设定台班分摊，而以实际在场日历计）和预计作业台班计算运转费用。由于不变费用一般按月（租金则按日）计算（不管是否开机），而运转费用则按实际开机操作台班计，所以两者都可以分别计算。

劳务人员，则可以按进度画出人员需求图，确定各工种人员进退场计划，并按此计划计算其工资和其他费用。

材料也可按类汇总，一起计算其费用（包括运费、仓储、损耗）。

这样该项工程所需工、料、机三项费用的总账都可按实际需要算出，从而得出该项目的直接工程费总额。

综上所述，总价控制法直接工程费的分析步骤如下：

（1）根据施工组织方案划分专业队；

（2）按专业队工作范围配备人员和机械；

（3）确定各机械使用的起止时间，计算机械费（闲置费和运转费分别计算）；

（4）按进度计划确定人员总需求，并计算人工费；

（5）计算材料费；

（6）计算工程总直接工程费。

这样算出来的直接工程费总额与将来要发生的费用是基本符合的，如果施工方案是切实可行的，则所算出的费用是可以作为控制该工程的总价（不包括待摊费用）。

计算出直接工程费的总额后，就可以把它分摊到各分项中去。分摊的办法有两种：一种是先按上述几个专业组分摊，然后逐步缩小，分摊到各分项细目；另一种是利用当地已有报价，或掌握的市场价格，经适当调整后试分摊，把分摊后的差额再次调整，直至完全符合为止。在分摊费用时对于主要项目还可用定额单价分析法或工序法计算校核。

目前，国内施工企业多采用定额单价分析法。在缺乏以往报价资料和经验的情况下，为了慎重起见，可先按定额单价分析法或工序法计算直接工程费，再按总价控制法计算直接工程费，两者进行比较后进行调整，确定最后报价。

3. 待摊费的计算

所谓的待摊费用是指本工程项目实际发生的，但在工程量清单里没有列项的费用。投标报价时需要分摊在相关的工程细目单价里。这些费用包括：施工准备前期费用、施工现场管理费用、竣工后管理费用以及其他费用。

（1）施工准备前期费用

公路工程项目在开工之前的准备工作费用主要包括以下几个方面：

①施工现场的五通一平费用。即进场临时道路费，应考察已有道路能否用，是否要修新的临时道路、施工便桥等，还应加上经常维护费用；施工现场通水、通电、通信、通气等费用；工程现场的场地平整与清理费用等。

②现场勘察及试验设施费。发包人移交现场后，应进行的补充测量或勘测费用；标书中要求的工地试验设备及试验室建设费用，以及委托当地研究检验机构试验鉴定费用等。

③承包人临时设施费。考虑承包人的员工生活、办公、卫生、仓库等设施费用，可按经验值计算。

④脚手架和模板等费用。依据施工方案，考虑所需数量计算分摊。

⑤现场安全保卫设施及环保费用。按当地环境保护要求，以及安全保卫工作的需要计算。

⑥交通费及其他费用。考虑施工人员到工地的距离及交通工具费以及劳动保护费、意外情况、恶劣气候的人员闲置费等。

施工前期的准备费用有些已在工程量清单第100章中单列，可以单独报价。对于清单已有的项目不能再进行分摊，否则就重复计价了。

（2）施工现场管理费用

施工现场管理费在国内编制工程概、预算时往往以直接费的百分率计算，在工程投标中所包含内容与标书工程量的分项有关，而且与工程规模、特点以及地区经济条件有关。用百分率取费的办法往往与实际偏离较大，特别是在竞争激烈，需要精打细算时更不适用。因而，在公路工程施工中，一般都要逐项据实计算。

(3)竣工后管理费用

工程项目竣工移交后，承包人还要对缺陷责任期内的工程缺陷修复工作负责。因此，还应计算缺陷修复、维修养护、管理人员及机具设备的费用。

招标项目竣工后，缺陷责任期内的缺陷修复与责任期长短和工程性质相联系，缺陷责任期长的费用多些，反之少些。承包人只负责维修由于质量不好引起的损坏，而不负责因特殊气候或外界原因(如水毁或行车事故冲撞)引起破坏的费用。因而，质量较高的永久性结构(如钢筋混凝土桥涵、高级沥青路面)维修费用相对较低，而低级公路(如砂石路)需要经常养护，费用比较高。其费用可用定额估算，如需配备多少人和机具，或按每月或每季需多少人次、机次、材料计算，也可按直接工程费的比率计算，一般为直接工程费的0.2%。

(4)其他费用

其他待摊费用可按不同的比例，分摊入工程数量清单的各细目价格之中。

4. 标价分析

初步计算出标价之后，应对标价进行多方面的分析和评估，其目的是探讨标价的经济合理性，从而作出最终报价决策。标价分析包括单价分析与总价分析。单价分析就是对工程量清单中所列分项单价进行分析和计算，确定出每一分项的单价和合价，分析标价计算中使用的劳务、材料、施工机械的基础单价以及选用的工程定额是否合理，是否符合拟投标工程的实际情况。同时，应根据以往本企业的投标报价资料进行对比分析，合理确定投标单价和总报价。

标价分析评估从以下几个方面进行。

(1)标价的宏观审核

标价的宏观审核是依据长期的工程实践中积累的大量的经验数据，用类比的方法，从宏观上判断初步计算标价的合理性，可采用下列宏观指标和评审方法。

①首先应当分项统计计算书中的汇总数据，并计算其比例指标。

②通过对各类指标及其比例关系的分析，从宏观上分析标价结构的合理性。例如，分析总直接费和总的管理费比例关系，劳务费和材料费的比例关系，临时设施和机具设备费与总的直接费用的比例关系，利润、流动资金及其利息与总标价的比例关系等。承包过类似工程的有经验的承包人不难从这些比例关系中判断标价的构成是否基本合理。如果发现有不合理的部分，应当初步探讨其原因。首先研究拟投标工程与其他类似工程是否存在某些不可比因素，如果考虑了不可比因素的影响后，仍存在不合理的情况，就应当深入探讨其原因，并考虑调整某些基价、定额或分摊系数。

③探讨上述平均人月产值和人年产值的合理性和实现的可能性。如果从本公司的实践经验角度判断这些指标过高或过低，就应当考虑所采用定额的合理性。

④参照同类工程的经验，扣除不可比因素后，分析单位工程价格及用工、用料量的合理性。

⑤从上述宏观分析得出初步印象后，对明显不合理的标价构成部分进行微观方面的分析检查。重点是在提高工效、改变施工方案、降低材料设备价格和节约管理费用等方面提出可行措施，并修正初步计算标价。

(2)标价的动态分析

标价的动态分析是假定某些因素发生变化,测算标价的变化幅度,特别是这些变化对计划利润的影响。

①工期延误的影响。由于承包人自身的原因,如材料设备交货拖延、管理不善造成工程延误、质量问题造成返工等,承包人可能会增大管理费、劳务费、机械使用费以及占用的资金及利息,这些费用的增加不可能通过索赔得到补偿,而且还会导致误期赔偿。一般情况下,可以测算工期延长某一段时间,上述各种费用增大的数额及其占总标价的比率。这种增大的开支部分只能用风险费和计划利润来弥补。因此,可以通过多次测算,得知工期拖延多久,利润将全部丧失。

②物价和工资上涨的影响。通过调整标价计算中材料设备和工资上涨系数,测算其对工程计划利润的影响。同时切实调查工程物资和工资的升降趋势和幅度,以便作出恰当判断。通过这一分析,可以得知投标计划利润对物价和工资上涨因素的承受能力。

③其他可变因素影响。影响标价的可变因素很多,而有些是投标人无法控制的,如贷款利率的变化、政策法规的变化等。通过分析这些可变因素的变化,可以了解投标项目计划利润的受影响程度。

(3)标价的盈亏分析

初步计算标价经过宏观审核与进一步分析检查,可能对某些分项的单价做必要的调整,然后形成基础标价,再经盈亏分析,提出可能的低标价和高标价,供投标报价决策时选择。盈亏分析包括盈余分析和亏损分析两个方面。

盈余分析是从标价组成的各个方面挖掘潜力、节约开支,计算出基础标价可能降低的数额,即所谓“挖潜盈余”,进而算出低标价。盈余分析主要从下列几个方面进行:

①定额和效率,即工料、机械台班消耗定额以及人工、机械效率分析。

②价格分析,即对劳务、材料设备、施工机械台班(时)价格三方面进行分析。

③费用分析,即对管理费、临时设施费等方面逐项分析。

④其他方面,如流动资金与贷款利息,保险费、维修费等方面逐项复核,找出有潜可挖之处。

考虑到挖潜不可能百分之百实现,尚需乘以一定的修正系数(一般取0.5~0.7),据此求出可能的低标价,即:

$$低标价 = 基础标价 - (挖潜盈余 \times 修正系数) \tag{5-10}$$

亏损分析是分析在算标时由于对未来施工过程中可能出现的不利因素考虑不周和估计不足,可能产生的费用增加和损失。主要从以下几个方面分析:

①人工、材料、机械设备价格。

②自然条件。

③管理不善造成质量、工作效率等问题。

④建设单位、监理工程师方面问题。

⑤管理费失控。

以上分析估计出的亏损额,同样乘以修正系数(0.5~0.7),并据此求出可能的高标价。即:

$$高标价 = 基础标价 + (估计亏损 \times 修正系数) \tag{5-11}$$

三、投标报价策略与技巧

1. 报价策略

报价策略是投标人在激烈竞争的环境下为了企业的生存与发展而可能使用的对策。报价策略运用是否得当，对投标人能否中标并获得利润影响很大。常用的报价策略大致有如下几种。

1）以获得高额利润为投标策略

施工企业的经营业务近期比较饱和，该企业施工设备和施工水平又较高，而投标的项目施工难度较大、工期短、竞争对手少，非我莫属。在这种情况下所投标的标价，可以比一般市场价格高一些并获得较大利润。

2）以获得微利为投标策略

施工企业的经营业务近期不饱满，或预测市场工程项目因资金不足开工较少，为防止职工“窝工”，投标策略往往是多抓几个项目，标价以微利为主。

要确定一个低而适度的报价，首先要编制出先进合理的施工方案。在此基础上计算出能够确保合同工期要求和质量标准的最低预算成本。降低公路工程预算成本要从降低直接费、现场经费和间接费着手，其具体做法和技巧如下。

（1）发挥本施工企业优势，降低成本

每个施工企业都有自身的长处和优势。如果发挥这些优势来降低成本，从而降低报价，这种优势才会在投标竞争中起到实质作用，即把企业管理优势转化为价值优势。

一个施工企业的优势一般可以从下列几个方面来表示。

①职工素质高：技术人员云集、施工经验丰富、工人技术水平高、劳动态度好、工作效率高。

②技术装备强：本企业设备新、性能先进、齐全、使用效率高、运转劳务费低、耗油低。

③材料供应：有一定的周转材料，有稳定的来源渠道、价格合理、运输方便、运距短、费用低。

④施工技术设计：施工人员经验丰富、提出了先进的施工组织设计、方案切实可行、组织合理、经济效益好。

⑤管理体制：劳动组合精干、管理机构精炼、管理费开支低。

当投标人具体有某些优势时，可以结合本企业实际情况将优势转化为较低的报价。另外投标人可以利用优势降低成本进而降低报价，发挥优势报价。

（2）运用其他方法降低预算成本

有些投标者采用预算定额不变，而在现场管理费、间接费和利润等方面适当降低，利用降低现场管理费、间接费和利润的策略降低标价争取中标。

3）以保本为投标策略

有些施工企业为了打入其他新的地区、开辟新的业务，并想在这个地区占据一定的位置，往往在第一次参加投标时，用最大限度低的报价、保本价、无利润价，甚至亏5%标价报价进行投标，中标后在施工中充分发挥本企业专长，在质量上、工期上创优质工程，创立新的信誉，并且取得立足之地，同时取得发包人的信任，以提前奖的形式给予补助，使总价不亏本。

4）亏损报价策略

在激烈的建筑市场竞争中，有的投标企业报出超常规的低标，令发包人和竞争对手吃惊。

超常规的报价方法，常用于施工企业面临生存危机或者竞争对手较强，为了保住施工地盘或急于解决本企业窝工。一旦中标，通过加强管理，精兵简政，优化组合，采取合理的施工方法，采取新工艺、降低消耗和成本来完成此项目，力争减少亏损或不亏损。

2. 报价技巧

具体计算标价时总的来说是要贯彻报价策略意图。例如，整个投标工程采用“低利策略”，则利润要定得较低或很低，甚至管理费率也定得较低，这样才能使标价降低。除此以外，计算标价中还有一定的技巧，以下是实践中常用的一些报价技巧。

(1) 不平衡单价方法

不平衡单价法是投标报价中最常采用的一种方法。所谓不平衡单价，即在保持总价格水平的前提下，将某些项目的单价定得比正常水平高些，而另外一些项目的单价则可以比正常水平低些，但这种提高和降低又应保持在一定限度内，避免工程单价的明显不合理而导致废标。常采用的“不平衡单价法”有下列几种：

①为了将初期投入的资金尽早回收，以减少资金占用时间和贷款利息，而将待摊入单价中的各项费用多摊入早收款的项目（如施工动员费、基础工程、土方工程等）中，使这些项目的单价提高，而将后期的项目单价适当降低，这样，可以提前回收资金，既有利于资金周转，存款也有利息。

②对在工程实施中可能增加工程量的项目适当提高单价，而对在实施中可能减少工程量的项目则适当降低单价。这样处理，虽然表面上维持总报价不变，但在今后实施过程中，承包人将会得到更多的工程付款。这种做法在公路、铁路、水坝以及各类难以准确计算工程量的工程项目的投标中常被采用。这一方法的成功与否取决于承包人在投标复核工程量时，对今后增减某些分项工程量所作的估计是否正确。

③图纸不明确或有错误的，估计今后有可能修改的项目单价可提高，工程内容说明不清楚的单价可降低，这样做有利于以后的索赔。

④工程量清单中无工程量而只填单价的项目（如土方工程中的挖淤泥、岩石等备用单价）其单价宜高。因为这样做不会影响总标价，而一旦发生时可以多获利。

【例 5-1】 某单价合同中，A、B 两个工程细目，发包人提供的工程量和预计的工程量见表 5-12，相应的平衡报价和不平衡报价也列在表 5-12 中。

工程量及报价表 表 5-12

工 程 项 目	工程量(m^3)		单价(元/m^3)	
	发包人提供	投标者预计	平衡报价	不平衡报价
A	4 300	3 300	85.00	76.50
B	3 500	4 000	120.00	132.00

利用平衡报价，A、B 两个工程细目的总报价为：

$$4\ 300 \times 85.00 + 3\ 500 \times 120.00 = 785\ 500.00(\text{元})$$

不平衡报价，A、B 两个工程细目的总报价为：

$$4\ 300 \times 76.50 + 3\ 500 \times 132.00 = 790\ 950.00(\text{元})$$

二者之差：$790\ 950.00 - 785\ 500.00 = 5\ 450.00$(元)

为了确保报价具有竞争性，应消除这一差价。因而，重新调整 B 项目的单价，以使总报价不变。调整后，B 项目的单价为 130.44 元/m^3。合同实施中，投标者可额外获得的收益为：

(3 300 ×76.50 +4 000 ×130.44) -(3 300 ×85.00 +4 000 ×120.00) =1 3710.00(元)

事实上,由于工程设计深度不够,或其他多方面的原因,发包人提供的某些工程数量往往不够准确,投标人通过仔细阅读分析设计图纸和现场踏勘后发现,运用不平衡报价法就可获益。

不平衡报价方法在运用时,要注意单价的不平衡幅度一定要控制在合理范围内,一般控制在5% ~10%,以免引起反对,甚至导致废标。

(2)计日工单价的报价

如果是单纯报计日工单价,而且不计入总价中,可以报高些,以便在招标人额外用工或使用施工机械时可多盈利。但如果计日工单价要计入总报价时,则需具体分析是否报高价,以免抬高总报价。总之,要分析招标人在开工后可能使用的计日工数量,再来确定报价方针。

(3)可供选择的项目的报价

有些工程项目的分项工程,招标人可能要求按某一方案报价,而后再提供几种可供选择方案的比较报价。投标时,应对不同规格情况下的价格都进行调查,对于将来有可能被选择使用的规格应适当提高其报价;对于技术难度大或其他原因导致的难以实现的规格,可将价格抬得更高一些。但是,所谓"可供选择项目"并非由投标人任意选择,而是只有招标人才有权进行选择。因此;虽然适当提高了可供选择项目的报价,并不意味着肯定可以取得较好的利润,只是提供了一种可能性,一旦招标人今后选用,投标人即可得到额外加价的利益。

(4)暂列金额的报价

如果招标人列出了暂列金额的数量及拟用子目,报价按投标人的单价和估计数量计算,当将来结算付款时可按实际完成的工程量和所报单价支付。这种情况下,投标人必须慎重考虑。如果单价定得高了,同其他工程量计价一样,将会增大总报价,影响投标报价的竞争力;如果单价定得低了,将来这类工程量增大,将会影响收益。一般来说,暂列金额可以采用正常价格。如果投标人分析其子目将来要做的可能性大,价格可定高些;估计不一定发生的,价格可定低些,以增加中标机会和收益。

如果只有暂列金额的一笔固定总金额,将来这笔金额做什么用,由招标人确定。这种情况对投标竞争没有实际意义,按招标文件要求将规定的暂列金额列入总报价即可。

(5)增加建议方案

有时招标文件中规定,可以提一个建议方案,即可以修改原设计方案,提出投标者的方案。投标人这时应抓住机会,组织一批有经验的工程技术人员和管理人员,对原招标文件的设计和施工方案仔细研究,提出更为合理的方案以吸引招标人,促成自己的方案中标。这种新建议方案可以降低总造价或是缩短工期,或使工程运用更为合理。但要注意,对原招标方案一定也要报价。建议方案不要写得太具体,要保留方案的技术关键,防止招标人将此方案交给其他投标人。同时要强调的是,建议方案一定要比较成熟,有很好的可操作性。

(6)分包人报价的采用

总承包人通常应在投标前先取得分包人的报价,并增加总承包人摊入的一定的管理费,而后作为自己投标总价的一个组成部分一并列入报价单中。应当注意,分包人在投标前可能同意接受总承包人压低其报价的要求,但等到总承包人得标后,他们常以种种理由要求提高分包价格,这将使总承包人处于十分被动的地位。解决的办法是,总承包人在投标前找两三家分包人分别报价,而后选择其中一家信誉较好、实力较强和报价合理的分包人签订协议,同意该分包人作为本分包工程的唯一合作者,并将分包人的姓名列到投标文件中,但要求该分包人相应地提交投标保函。这种把分包人的利益同投标人捆在一起的做法,不但可以防止分包人事后反悔和涨价,还可以使分包时报出较合理的价格,以便共同争取得标。

(7)许诺优惠条件

投标报价附带优惠条件是一种行之有效的手段。招标人评标时,除了主要考虑报价和技术方案外,还要分析别的条件,如工期、支付条件等。所以在投标时主动提出提前竣工、赠给施工设备、免费转让新技术或某种技术专利、免费技术协作、代为培训人员等,均是吸引招标人、利于中标的辅助手段。

(8)降价系数法

这种方法主要是用降价系数来调整最后总报价。在最初填写工程量报价单的工程细目单价时,都预先设定降价系数,在最后的投标致函中,可以现场决策,提出某一降价指标。

采用降价系数法的优越性表现在:对最终审核已编好的投标书时,若发现个别错误可用降低系数进行弥补,以免重新算标;在递交标书的最后时刻,还可用降价系数法确定最终报价,而不用全部修改报价单;因最终降低价格仅由少数人知道,可以保密。

四、公路建设项目施工评标与定标

1.施工评标

1)评标的原则以及保密性和独立性

评标活动应遵循公平、公正、科学、择优的原则,招标人应当采取必要的措施,保证评标在严格保密的情况下进行。评标是招标投标活动中一个十分重要的阶段,如果对评标过程不进行保密,则有可能发生影响公正评标的不正当行为。

评标委员会成员名单一般应于开标前确定,而且该名单在中标结果确定前应当保密。评标委员会在评标过程中是独立的,任何单位和个人都不得非法干预、影响评标过程和结果。

2)评标委员会的组建与对评标委员会成员的要求

(1)评标委员会的组建。评标委员会由招标人负责组建,负责评标活动,向招标人推荐中标候选人或者根据招标人的授权直接确定中标人。

评标委员会由招标人负责组建,由招标人或其委托的招标代理机构熟悉相关业务的代表,以及有关技术、经济等方面的专家组成,成员人数为5人以上的单数,其中技术、经济等方面的专家不得少于成员总数的2/3。评标委员会设负责人的,负责人由评标委员会成员推举产生或者由招标人确定,评标委员会负责人与评标委员会的其他成员有同等的表决权。

评标委员会的专家成员应当从省级以上人民政府有关部门提供的专家名册或者招标代理机构专家库内的相关专家名单中确定。确定评标专家,可以采取随机抽取或者直接确定的方式。一般项目,可以采取随机抽取的方式;技术特别复杂、专业性要求特别高或者国家有特殊要求的招标项目,采取随机抽取方式确定的专家难以胜任的,可以经过规定的程序由招标人直接确定。

(2)对评标委员会成员的要求。评标委员会中的专家成员应符合下列条件:

①从事相关专业领域工作满八年并具有高级职称或者同等专业水平。

②熟悉有关招标投标的法律法规,并具有与招标项目相关的实践经验。

③能够认真、公正、诚实、廉洁地履行职责。

④身体健康,能够承担评标工作。

有下列情形之一的,不得担任评标委员会成员,应当回避:

①招标人或投标人主要负责人的近亲属。

②项目主管部门或者行政监督部门的人员。

③与投标人有经济利益关系,可能影响投标公正评审的。

④曾因在招标、评标以及其他与招标投标有关活动中从事违法行为而受过行政处罚或刑事处罚的。

3)评标的准备

评标委员会成员应当编制供评标使用的相应表格,认真研究招标文件,至少应了解和熟悉以下内容:

(1)招标的目标。

(2)招标项目的范围和性质。

(3)招标文件中规定的主要技术要求、标准和商务条款。

(4)招标文件规定的评标标准、评标方法和在评标过程中应考虑的相关因素。招标人或者其委托的招标代理机构应当向评标委员会提供评标所需的重要信息和数据。

评标委员会应当根据招标文件规定的评标标准和方法,对投标文件进行系统地评审和比较。招标文件中没有规定的标准和方法不得作为评标的依据。因此,评标委员会成员还应当了解招标文件规定的评标标准和方法,这也是评标的重要准备工作。

4)初步评审

根据《评标委员会和评标方法暂行规定》和《公路工程标准施工招标文件》的规定,公路工程目前评标中主要采用的方法包括:合理低价法、经评审的最低中标价法和综合评估法,三种评标方法在初步评审的内容和标准上基本是一致的。

(1)初步评审标准,包括以下几个方面:

①形式评审与响应性评审标准:包括投标文件按照招标文件规定的格式、内容填写,字迹清晰可辨;投标文件上法定代表人或其授权代理人的签字、投标人的单位章盖章齐全,符合招标文件规定;与申请资格预审时比较,投标人资格没有实质性下降;投标人按照招标文件规定的金额、形式、时效和内容提供了投标担保;投标人法定代表人的授权代理人,需提交附有法定代表人身份证明的授权委托书,并符合要求;投标人以联合体形式投标时,联合体协议书满足招标文件的要求;投标人如有分包计划,应按“投标文件格式”的要求填写“拟分包项目情况表”,且专业分包的工程量累计未超过总工程量的30%;一份投标文件应只有一个投标报价,在招标文件没有规定的情况下,未提交选择性报价;投标人若提交调价函,调价函符合招标文件要求;投标人若填写工程量固化清单,填写完毕的工程量清单未对工程量固化清单电子文件中的数据、格式和运算定义进行修改;投标文件载明的招标项目完成期限未超过招标文件规定的时限;投标文件未附有招标人不能接受的条件;权利义务符合招标文件规定。

②资格评审标准:如果是未进行资格预审的,应具备有效的营业执照,具备有效的安全生产许可证,并且资质等级、财务状况、类似项目业绩、信誉、项目经理、其他要求、联合体投标人等,均符合规定。如果是已进行资格预审的,仍按前文所述“资格审查办法”中详细审查标准来进行。

③施工组织设计和项目管理机构评审标准(用于综合评估法):主要包括总体施工组织布置及规划;主要工程项目的施工方案、方法与技术措施;工期保证体系及保证措施;工程质量管理体系及保证措施;安全生产管理体系及保证措施;环境保护、水土保持保证体系及保证措施;文明施工、文物保护保证体系及保证措施;项目风险预测与防范,事故应急预案;项目经理任职资格与业绩;项目总工任职资格与业绩等。

(2)投标文件的澄清和说明。评标委员会可以书面方式要求投标人对投标文件中含义不明确的内容作必要的澄清、说明或补正,但是澄清、说明或补正不得超出投标文件的范围或者改变投标文件的实质性内容。对招标文件的相关内容作出澄清、说明或补正,其目的是有利于评标委员会对投标文件的审查、评审和比较。澄清、说明或补正包括投标文件中含义不明确、对同类问题表述不一致或者有明显文字和计算错误的内容。但评标委员会不得向投标人提出带有暗示性或诱导性的问题,或向其明确投标文件中的遗漏和错误。同时,评标委员会不接受投标人主动提出的澄清、说明或补正。

投标文件不响应招标文件的实质性要求和条件的,招标人应当拒绝,并不允许投标人通过修正或撤销其不符合要求的差异或保留,使之成为具有响应性的投标。

评标委员会对投标人提交的澄清、说明或补正有疑问的,可以要求投标人进一步澄清、说明或补正,直至满足评标委员会的要求。

(3)算术错误修正。投标报价有算术错误的,评标委员会按以下原则对投标报价进行修正:

①投标文件中的大写金额与小写金额不一致的,以大写金额为准。

②总价金额与依据单价计算出的结果不一致的,以单价金额为准修正总价,但单价金额小数点有明显错误的除外。

③当单价与数量相乘不等于合价时,以单价计算为准,如果单价有明显的小数点位置差错,应以标出的合价为准,同时对单价予以修正。

④当各子目的合价累计不等于总价时,应以各子目合价累计数为准,修正总价。

工程量清单中的投标报价有其他错误的,评标委员会按以下原则对投标报价进行修正:

①在招标人给定的工程量清单中漏报了某个工程子目的单价、合价或总额价,或所报单价、合价或总额价减少了报价范围,则漏报的工程子目单价、合价和总额价或单价、合价和总额价中减少的报价内容视为已含入其他工程子目的单价、合价和总额价之中。

②在招标人给定的工程量清单中多报了某个工程子目的单价、合价或总额价,或所报单价、合价或总额价增加了报价范围,则从投标报价中扣除多报的工程子目报价或工程子目报价中增加了报价范围的部分报价。

③当单价与数量的乘积与合价(金额)虽然一致,但投标人修改了该子目的工程数量,则其合价按招标人给定的工程数量乘以投标人所报单价予以修正。

修正的价格经投标人书面确认后具有约束力。投标人不接受修正价格的,其投标作废标处理。修正后的最终投标报价若超过投标控制价上限(如有),投标人的投标文件作废标处理。修正后的最终投标报价仅作为签订合同的一个依据,不参与评标价得分的计算。

(4)经初步评审后作为废标处理的情况。评标委员会应当审查每一投标文件是否对招标文件提出的所有实质性要求和条件做出响应。未能在实质上响应的投标,应作废标处理。具体情形包括：

①不符合招标文件规定“投标人资格要求”中任何一种情形的。

②投标人以他人名义投标、串通投标、弄虚作假或有其他违法行为的。

③不按评标委员会要求澄清、说明或补正的。

④评标委员会发现投标人的报价明显低于其他投标报价或者在设有标底时明显低于标底，使得其投标报价可能低于其个别成本的，应当要求该投标人作出书面说明并提供相关证明材料。投标人不能合理说明或者不能提供相关证明材料的，由评标委员会认定该投标人以低于成本报价竞标，其投标应作废标处理。

⑤投标文件无单位盖章并无法定代表人或法定代表人授权的代理人签字或盖章的。

⑥投标文件未按规定的格式填写，内容不全或关键字迹模糊、无法辨认的。

⑦投标人递交两份或多份内容不同的投标文件，或在一份投标文件中对同一招标项目报有两个或多个报价，且未声明哪一个有效。按招标文件规定提交备选投标方案的除外。

⑧投标人名称或组织机构与资格预审时不一致的。

⑨未按招标文件要求提交投标保证金的。

⑩联合体投标未附联合体各方共同投标协议的。

5）详细评审

经初步评审合格的投标文件，评标委员会应当根据招标文件确定的评标标准和方法，对其技术部分和商务部分做进一步评审、比较。详细评审是采用量化的方法进行，包括合理低价法、综合评估法和经评审的最低投标价法三种。

（1）合理低价法

①合理低价法的评标程序。首先在开标现场宣布评标基准价，然后计算投标人评标价的偏差率和计算投标人评标价得分，最后按得分由高到低顺序推荐中标候选人。

②评标价的确定：

方法一：评标价 = 投标函文字报价

方法二：评标价 = 投标函文字报价 - 暂估价 - 暂列金额（不含计日工总额）

③评标价平均值的计算：

首先去除废标的投标报价，其次将所有投标人的评标价去掉一个最高值和一个最低值，然后取其算术平均值即为评标价平均值。

如果参与评标价平均值计算的有效投标人少于 5 家时，则计算评标价平均值时不去掉最高值和最低值。

④评标基准价的确定：

方法一：将评标价平均值直接作为评标基准价。

方法二：将评标价平均值下浮______%，作为评标基准价。

方法三：招标人设置评标基准价系数，由投标人代表或监标人现场抽取，评标价平均值乘以现场抽取的评标基准价系数作为评标基准价。

方法四：……

⑤评标价的偏差率计算公式：

$$\text{偏差率} = \frac{\text{投标人评标价} - \text{评标基准价}}{\text{评标基准价}} \times 100\% \tag{5-12}$$

⑥评标价得分计算：

如果投标人的评标价 > 评标基准价，则：评标价得分 = 100 − 偏差率 × 100 × E_1 （5-13）

如果投标人的评标价 < 评标基准价，则：评标价得分 = 100 + 偏差率 × 100 × E_2 （5-14）

其中：E_1 是评标价每高于评标基准价一个百分点的扣分值；E_2 是评标价每低于评标基准价一个百分点的扣分值。招标人可依据招标项目具体特点和实际需要设置 E_1、E_2，但 E_1 应大于 E_2。

评标委员按得分由高到低顺序推荐中标候选人，或根据招标人授权直接确定中标人，但投标报价低于其成本的除外。评分相等时，以投标报价低的优先；投标报价也相等的，招标人可采用被招标项目所在地省级交通主管部门评为较高信用等级的投标人优先或递交投标文件时间较前的投标人优先或其他方法确定第一中标候选人。

（2）综合评估法

①综合评估法的分值构成与评分标准。综合评估法下评标分值构成分为四个方面，即：施工组织设计；项目管理机构；评标价；其他因素。总计分值为 100 分。各方面所占比例和具体分值由招标人自行确定，并在招标文件中明确载明。上述的四个方面标准具体评分因素如表 5-13 所示。

综合评估法下评标因素和评分标准 表 5-13

分值构成	评分因素	评分标准
施工组织设计评分标准	总体施工组织布置及规划	
	主要工程项目的施工方案、方法与技术措施	
	工期保证体系及保证措施	
	工程质量管理体系及保证措施	
	安全生产管理体系及保证措施	
	环境保护、水土保持保证体系及保证措施	
	文明施工、文物保护保证体系及保证措施	
	项目风险预测与防范，事故应急预案	
	……	
项目管理机构评分标准	项目经理任职资格与业绩	
	项目总工任职资格与业绩	
	……	
评标价		
其他因素	财务能力	
	设备配置	
	业绩	
	履约信誉	
	……	

②评标基准价的计算同合理低价法。

③评标价得分计算：

如果投标人的评标价 > 评标基准价，则：评标价得分 = F − 偏差率 × 100 × E_1 （5-15）

如果投标人的评标价 < 评标基准价，则：评标价得分 = F + 偏差率 × 100 × E_2　　　(5-16)

其中：F 是评标价所占的权重分值；E_1、E_2 的含义同合理低价法。

评标委员按得分由高到低顺序推荐中标候选人，或根据招标人授权直接确定中标人，但投标报价低于其成本的除外。综合评分相等时，以投标报价低的优先；投标报价也相等的，招标人可采用被招标项目所在地省级交通主管部门评为较高信用等级的投标人优先或递交投标文件时间较前的投标人优先或其他方法确定第一中标候选人。

(3)经评审的最低投标价法

①详细评审标准及规定。采用经评审的最低投标价法的，评标委员会应当根据招标文件中规定的量化因素和标准进行价格折算，对所有投标人的投标报价以及投标文件的商务部分作必要的价格调整。根据《标准施工招标文件》的规定，主要的量化因素包括单价遗漏和付款条件等，招标人可以根据项目具体特点和实际需要，进一步删减、补充或细化量化因素和标准。另外，如世界银行贷款项目采用此种评标方法时，通常考虑的量化因素和标准包括：一定条件下的优惠（借款国国内投标人有7.5%的评标优惠）；工期提前的效益对报价的修正；同时投多个标段的评标修正等。所有的这些修正因素都应当在招标文件中有明确的规定。对同时投多个标段的评标修正，一般的做法是，如果投标人的某一个标段已被确定为中标，则在其他标段的评标中按照招标文件规定的百分比（通常为4%）乘以报价额后，在评标价中扣减此值。

②评标价计算。

经评审的投标价（评标价）= 修正后的投标报价 − 修正后的暂估价 −
修正后的暂列金额（不含计日工总额）　　　(5-17)

若投标人按照招标人提供的工程量固化清单电子文件填写工程量清单，则：

经评审的投标价（评标价）= 投标函文字报价 − 暂估价 − 暂列金额（不含计日工总额）
(5-18)

根据经评审的最低投标价法完成详细评审后，评标委员会应当拟定一份《价格比较一览表》，连同书面评标报告提交招标人。《价格比较一览表》应当载明投标人的投标报价、对商务偏差的价格调整和说明以及已评审的最终投标价。

评标委员按照经评审的投标价由低到高的顺序推荐中标候选人，或根据招标人授权直接确定中标人，但投标报价低于其成本的除外。经评审的投标价相等时，投标报价低的优先；投标报价也相等的，招标人可采用被招标项目所在地省级交通主管部门评为较高信用等级的投标人优先或递交投标文件时间较前的投标人优先或其他方法确定第一中标候选人。

6)评标结果

除招标人授权直接确定中标人外，评标委员会按照经评审的价格由低到高的顺序推荐中标候选人。评标委员会完成评标后，应当向招标人提交书面评标报告，并抄送有关行政监督部门。评标报告应当如实记载以下内容：

(1)基本情况和数据表。

(2)评标委员会成员名单。

(3)开标记录。

(4)符合要求的投标人一览表。

(5)废标情况说明。

(6)评标标准、评标方法或者评标因素一览表。

(7)经评审的价格或者评分比较一览表。

(8)经评审的投标人排序。

(9)推荐的中标候选人名单与签订合同前要处理的事宜。

(10)澄清、说明、补正事项纪要。

评标报告由评标委员会全体成员签字。对评标结论持有异议的评标委员会成员,可以书面方式阐述其不同意见和理由。评标委员会成员拒绝在评标报告上签字且不陈述其不同意见和理由的,视为同意评标结论。评标委员会应当对此作出书面说明并记录在案。

2. 定标

1)中标候选人的确定

除招标文件中特别规定了授权评标委员会直接确定中标人外,招标人应依据评标委员会推荐的中标候选人确定中标人,评标委员会推荐中标候选人的人数应符合招标文件的要求,一般应当限定在1~3人,并标明排列顺序。

中标人的投标应当符合下列条件之一:

(1)能够最大限度满足招标文件中规定的各项综合评价标准。

(2)能够满足招标文件的实质性要求,并且经评审的投标价格最低;但是投标价格低于成本的除外。

对使用国有资金投资或者国家融资的项目,招标人应当确定排名第一的中标候选人为中标人。排名第一的中标候选人放弃中标,因不可抗力提出不能履行合同,或者招标文件规定应当提交履约保证金而在规定的期限内未能提交的,招标人可以确定排名第二的中标候选人为中标人。排名第二的中标候选人因上述同样原因不能签订合同的,招标人可以确定排名第三的中标候选人为中标人。

招标人可以授权评标委员会直接确定中标人。

招标人不得向中标人提出压低报价、增加工作量、缩短工期或其他违背中标人意愿的要求,以此作为发出中标通知书和签订合同的条件。

2)发出中标通知书并订立书面合同

(1)中标通知。中标人确定后,招标人应当向中标人发出中标通知书,并同时将中标结果通知所有未中标的投标人。中标通知书对招标人和中标人具有法律效力。中标通知书发出后,招标人改变中标结果,或者中标人放弃中标项目的,应当依法承担法律责任。依据《招标投标法》的规定,依法必须进行招标的项目,招标人应当自确定中标人之日起15日内,向有关行政监督部门提交招标投标情况的书面报告。书面报告中至少应包括下列内容:

①招标范围。

②招标方式和发布招标公告的媒介。

③招标文件中投标人须知、技术条款、评标标准和方法、合同主要条款等内容。

④评标委员会的组成和评标报告。

⑤中标结果。

(2)履约担保。在签订合同前,中标人以及联合体的中标人应按招标文件有关规定的金额、担保形式和招标文件规定的履约担保格式,向招标人提交履约担保。履约担保有现金、支票、履约担保书和银行保函等形式,可以选择其中的一种作为招标项目的履约担保,一般采用银行保函和履约担保书。履约担保金额一般为中标价的10%。中标人不能按要求提交履约担保的，视为放弃中标，其投标保证金不予退还，给招标人造成的损失超过投标保证金数额的，中标人还应当对超过部分予以赔偿。中标后的承包人应保证其履约担保在发包人颁发工程接收证书前一直有效。发包人应在工程接收证书颁发后28天内把履约担保退还给承包人。

(3)签订合同。招标人和中标人应当自中标通知书发出之日起30天内，根据招标文件和中标人的投标文件订立书面合同。中标人无正当理由拒签合同的，招标人取消其中标资格，其投标保证金不予退还；给招标人造成的损失超过投标保证金数额的，中标人还应当对超过部分予以赔偿。发出中标通知书后，招标人无正当理由拒签合同的，招标人向中标人退还投标保证金；给中标人造成损失的，还应当赔偿损失。招标人与中标人签订合同后5个工作日内，应当向中标人和未中标的投标人退还投标保证金。

(4)履行合同。中标人应当按照合同约定履行义务，完成中标项目。中标人不得向他人转让中标项目，也不得将中标项目肢解后分别向他人转让。中标人按照合同约定或者经招标人同意，可以将中标项目的部分非主体、非关键性工程分包给他人完成。接受分包的人应当具备相应的资格条件，并不能再次分包。中标人应当就分包项目向招标人负责，接受分包的人就分包项目承担连带责任。招标人发现中标人转包或违法分包的，应当要求中标人改正；拒不改正的，可终止合同，并报请有关行政监督部门查处。

3. 重新招标和不再招标

(1)重新招标

有下列情形之一的，招标人将重新招标：

①投标截止时间止，投标人少于3个的。

②经评标委员会评审后否决所有投标的。

(2)不再招标

《标准施工招标文件》规定，重新招标后投标人仍少于3个或者所有投标被否决的，属于必须审批或核准的工程建设项目，经原审批或核准部门批准后不再进行招标。

4. 招标投标活动中的纪律和监督

(1)对招标人的纪律要求。招标人不得泄露招标投标活动中应当保密的情况和资料，不得与投标人串通损害国家利益、社会公共利益或者他人合法权益。

(2)对投标人的纪律要求。投标人不得相互串通投标或者与招标人串通投标，不得向招标人或者评标委员会成员行贿谋取中标，不得以他人名义投标或者以其他方式弄虚作假骗取中标；投标人不得以任何方式干扰、影响评标工作。

(3)对评标委员会成员的纪律要求。评标委员会成员不得收受他人的财物或者其他好处，不得向他人透漏对投标文件的评审和比较、中标候选人的推荐情况以及与评标有关的其他情况。在评标活动中，评标委员会成员不得擅离职守，影响评标程序正常进行，不得使用招标文件评标办法中没有规定的评审因素和标准进行评标。

(4)对与评标活动有关的工作人员的纪律要求。与评标活动有关的工作人员不得收受他人的财物或者其他好处，不得向他人透漏对投标文件的评审和比较、中标候选人的推荐情况以及与评标有关的其他情况。在评标活动中，与评标活动有关的工作人员不得擅离职守，影响评标程序正常进行。

(5)投诉。投标人和其他利害关系人认为本次招标活动违反法律、法规和规章规定的，有权向有关行政监督部门投诉。

第四节　合同管理

一、合同类型与承包方式选择

1. 合同类型

施工承包合同按计价方式不同有总价合同、单价合同、成本加酬金合同等形式，且各有自己的特点及使用要求。

1）总价合同

总价合同是按施工招标确定的总报价一笔包死的承包合同。招标前，由发包人编制了施工图纸完备的招标文件，承包人据此提出投标总报价，签订合同。合同执行过程中，除非出现工程变更，总价应当维持不变。总价合同的特点是发包人管理工作量较小，结算较简单，投资目标明确。但总价合同的可操作性较差；一旦出现工程变更，就会出现结算工作复杂化甚至没有计价依据的现象，其结果是合同价格需要另行协商，招标成果不能有效地发挥作用。此外，这种合同对承包人而言其风险责任较大，承包人为承担物价上涨、恶劣气候等不可遇见因素的应变风险，会在报价中加大不可遇见费用，不利于降低总报价。因此，总价合同对施工图纸的质量要求很高，只适用于施工图纸明确、工程规模较小且技术不太复杂的工程。

2）单价合同

单价合同的常见类型是总价招标、单价结算的计量型合同。招标前由发包人编制了具有工程量清单的招标文件，承包人据此提出各工程细目的单价和投标总报价，发包人根据总报价的高低确定中标单位，签订合同。在合同执行过程中，单价原则上不变，完成的工程量根据计量结果来确定。单价合同的特点是合同的可操作性强，对图纸质量和设计深度的适应范围广，特别是合同执行过程中，便于处理工程变更和施工索赔（即使出现工程变更，依然有计价依据），合同的公平性更好，承包人的风险责任小，有利于降低投标报价。但这种合同对发包人的管理工作量较大，且对监理工程师的素质有很高的要求（否则，合同的公平性难以得到保证）。此外，发包人采用这种合同时易遭受承包人不平衡报价带来的造价增加风险。

3）成本加酬金合同

成本加酬金合同的基本特点是按工程实际发生的成本（包括人工费、施工机械使用费、其他直接费和施工管理费以及各项独立费，但不包括承包企业的总管理费和应缴所得税），加上商定的总管理费和利润，来确定工程总造价。这种承包方式主要适用于开工前对工程内容尚不十分清楚的项目，例如边设计边施工的紧急工程，或遭受地震、战火等灾害破坏后需修复的工程。在实践中可有四种不同的具体做法：

（1）成本加固定百分比酬金

计算方法可用下式说明：

$$C = C_{\mathrm{d}} \times (1 + P) \tag{5-19}$$

式中：C——总造价；

C_{d}——实际发生的工程成本；

P——固定的百分数。

从算式中可以看出，总造价 C 将随工程成本 C_d 的增加而增加，显然不能鼓励承包人关心缩短工期和降低成本，因而对建设单位的投资控制是不利的。现在这种承包方式已很少被采用。

(2)成本加固定酬金

工程成本实报实销，但酬金是事先商定的一个固定数目。计算式为：

$$C = C_d + F \tag{5-20}$$

式中：F——代表酬金，通常按估算的工程成本的一定百分比确定，数额是固定不变的。

这种承包方式虽然不能鼓励承包人关心降低成本；但从尽快取得酬金出发，承包人将会关心缩短工期，这是其可取之处。

(3)成本加浮动酬金

这种承包方式要事先商定工程成本和酬金的预期水平。如果实际成本恰好等于预期水平，工程造价就是成本加固定酬金；如果实际成本低于预期水平，则增加酬金；如果实际成本高于预期水平，则减少酬金。这三种情况可用算式表示如下：

$$C = C_d + F + \Delta F \tag{5-21}$$

式中：ΔF——酬金增减部分，可以是一个百分数，也可以是一个固定的绝对数。

采用这种承包方式时，通常规定，当实际成本超支而减少酬金时，以原定的固定酬金数额为减少的最高限度。也就是在最坏的情况下，承包人将得不到任何酬金，但不必承担赔偿超支的责任。这种承包方式既对承发包双方都没有太多风险，又能促使承包人关心降低成本和缩短工期；但在实践中估算预期成本比较困难，所以要求当事双方具有丰富的经验。

(4)目标成本加奖罚

在仅有初步设计和工程说明书即迫切要求开工的情况下，可根据粗略估算的工程量和适当的单价表编制概算，作为目标成本；随着详细设计逐步具体化，工程量和目标成本可加以调整，另外规定一个百分数作为酬金；最后结算时，如果实际成本高于目标成本并超过事先商定的界限（例如5%），则减少酬金，如果实际成本低于目标成本（也有一个幅度界限），则加给酬金。用算式表示如下：

$$C = C_d + P_1 C_0 + P_2 (C_0 - C_d) \tag{5-22}$$

式中：C_0——目标成本；

P_1——基本酬金百分数；

P_2——奖罚百分数。

此外，还可另加工期奖罚。

这种承包方式可以促使承包人关心降低成本和缩短工期，而且目标成本是随设计的进展而加以调整才确定下来的，故建设单位和承包人双方都不会承担多大风险，这是其可取之处。当然也要求承包人和建设单位的代表都须具有比较丰富的经验。

2. 承包方式选择

以上是按计价方式不同常见的三种施工承包类型。施工招标中到底采用哪种承包方式，应根据项目的具体情况选定。

一般在下列情况下宜采用总价合同：

(1)发包人的管理人员较少或缺乏项目管理的经验。

(2)监理制度不太完善或缺少高水平的监理队伍。

(3)施工图纸明确、技术不太复杂、规模较小的工程。

(4)工期较紧急的工程。

而在下列情况下可采用单价合同：

(1)发包人的管理人员多,且有较丰富的项目管理经验。

(2)施工图设计尚未完成,要边组织招标,边组织施工图设计。

(3)工程变更较多的工程。

(4)监理队伍的素质较高,监理人员行为公正,监理制度完善。

成本加酬金合同一般发包人都不会选择使用,仅适用于边设计边施工的紧急工程,以及在施工阶段发生工程变更,而合同中没有适用价格可以参考时的情况。

科学地选择承包方式对保证合同的正常履行,搞好合同管理工作是十分重要的。

二、公路工程施工合同条款

1. 合同文件的组成及优先顺序

组成合同的各项文件应互相解释,互为说明。除项目专用合同条款另有约定外,解释合同文件的优先顺序如下：

(1)合同协议书及各种合同附件(含评标期间和合同谈判过程中的澄清文件和补充资料)。

(2)中标通知书。

(3)投标函及投标函附录。

(4)项目专用合同条款。

(5)公路工程专用合同条款。

(6)通用合同条款。

(7)技术规范。

(8)图纸。

(9)已标价工程量清单。

(10)承包人有关人员、设备投入的承诺及投标文件中的施工组织设计。

(11)其他合同文件。

2. 施工合同双方的一般权利和义务

1)发包人义务

发包人是指专用条款中指明并与承包人在合同协议书中签字的当事人,其在合同履行过程中应当承担的义务一般包括：

(1)发包人在履行合同过程中应遵守法律,并保证承包人免于承担因发包人违反法律而引起的任何责任。

(2)发包人应委托监理人按合同约定的时间向承包人发出开工通知。

(3)发包人应按专用合同条款的约定向承包人提供施工场地,以及施工场地内地下管线和地下设施等有关资料,并保证资料的真实、准确、完整。公路工程专用合同条款约定:发包人负责办理永久占地的征用及与之有关的拆迁赔偿手续并承担相关费用。

(4)发包人应协助承包人办理法律规定的有关施工证件和批件。

(5)发包人应根据合同进度计划,组织设计单位向承包人进行设计交底。

(6)发包人应按合同约定向承包人及时支付合同价款。

(7)发包人应按合同约定及时组织竣工验收。

(8)发包人应履行合同约定的其他义务。

2)承包人义务

承包人是指与发包人签订合同协议书的当事人,负责工程的建造施工。

(1)遵守法律。承包人在履行合同过程中应遵守法律,并保证发包人免于承担因承包人违反法律而引起的任何责任。

(2)依法纳税。承包人应按有关法律规定纳税,应缴纳的税金包括在合同价格内。

(3)完成各项承包工作。承包人应按合同约定以及监理人的指示,实施、完成全部工程,并修补工程中的任何缺陷,除专用合同条款另有约定外,承包人应提供为完成合同工作所需的劳务、材料、施工设备、工程设备和其他物品,并按合同约定负责临时设施的设计、建造、运行、维护、管理和拆除。

(4)对施工作业和施工方法的完备性负责。承包人应按合同约定的工作内容和施工进度要求,编制施工组织设计和施工措施计划,并对所有施工作业和施工方法的完备性和安全可靠性负责。

(5)保证工程施工和人员的安全。承包人应按合同约定采取施工安全措施,确保工程及其人员、材料、设备和设施的安全,防止因工程施工造成的人身伤害和财产损失。

(6)负责施工场地及其周边环境与生态的保护工作。承包人应按照合同约定负责施工场地及其周边环境与生态的保护工作。

(7)避免施工对公众与他人的利益造成损害。承包人在进行合同约定的各项工作时,不得侵害发包人与他人使用公用道路、水源、市政管网等公共设施的权利,避免对邻近的公共设施产生干扰。承包人占用或使用他人的施工场地,影响他人作业或生活的,应承担相应责任。

(8)为他人提供方便。承包人应按监理人的指示为他人在施工场地或附近实施与工程有关的其他各项工作提供可能的条件。

(9)工程的维护和照管。工程接收证书颁发前,承包人应负责照管和维护工程。工程接收证书颁发时尚有部分未竣工工程的,承包人还应负责该未竣工工程的照管和维护工作,直至竣工后移交给发包人为止。

公路工程专用合同条款细化为:

①交工验收证书颁发前,承包人应负责照管和维护工程及将用于或安装在本工程中的材料、设备。交工验收证书颁发时尚有部分未交工工程的,承包人还应负责该未交工工程、材料、设备的照管和维护工作,直至交工后移交给发包人为止。

②在承包人负责照管与维护期间,如果本工程或材料、设备等发生损失或损害,除不可抗力原因之外,承包人均应自费弥补,并达到合同要求。承包人还应对按规定而实施作业的过程中由承包人造成的对工程的任何损失或损害负责。

(10)承包人应履行合同约定的其他义务。

公路工程专用合同条款细化为:

①临时占地由承包人向当地政府土地管理部门申请,并办理租用手续,承包人按有关规定直接支付其费用,发包人对此将予以协调。

②除项目专用条款另有约定外,承包人应承担并支付为获得本合同工程所需的石料、砂、

砾石、黏土或其他当地材料等所发生的料场使用费及其他开支或补偿费。发包人应尽可能协助承包人办理料场租用手续及解决使用过程中的有关问题。

③承包人应严格遵守国家有关解决拖欠工程款和民工工资的法律、法规,及时支付工程中的材料、设备贷款及民工工资等费用。

④承包人应履行项目专用合同条款约定的其他义务。

3)监理人

监理人是指受发包人委托对合同履行实施管理的法人或其他组织。

(1)监理人的职责和权力。监理人受发包人委托,享有合同约定的权力。监理人发出的任何指示应视为已得到发包人的批准,但监理人无权免除或变更合同约定的发包人和承包人的权利、义务和责任。合同约定应由承包人承担的义务和责任,不因监理人对承包人提交文件的审查或批准,对工程、材料和设备的检查和检验,以及为实施监理作出的指示等职务行为而减轻或解除。监理人接受发包人委托的工程监理任务后,应组建现场监理机构,并在发布开工通知前进驻工地,及时开展监理工作。监理机构由总监理工程师和监理人员组成。

公路工程专用合同条款补充:

监理人在行使下列权力前需要经发包人事先批准:

①根据合同条款,同意分包本工程的某些非主体和非关键性工作。

②确定不利物质条件下产生的费用增加额。

③根据合同条款规定发布开工通知、暂停施工指示或复工通知。

④决定发包人违约、异常恶劣气候条件下的工期延长。

⑤审查批准技术规范或设计的变更。

⑥根据合同规定程序发出的变更指令,其单项工程变更或累计变更涉及的金额超过了项目专用合同条款数据表规定的金额。

⑦确定变更工作的单价。

⑧按照合同决定有关暂列金额的使用。

⑨确定暂估价金额。

⑩确定承包人按照合同约定提出的索赔额。

如果发生紧急情况,监理人认为将造成人员伤亡,或危及本工程或邻近的财产需立即采取行动,监理人有权在未征得发包人的批准的情况下发布处理紧急情况所需的指令,承包人应予执行,由此造成的费用增加由监理人按合同条款商定或确定。

(2)总监理工程师和监理人员。总监理工程师是指监理人委派常驻施工场地对合同履行实施管理的全权负责人。监理人员在总监理工程师的授权范围内行使某项权力。

①总监理工程师的产生。总监理工程师由监理人任命。发包人应在发出开工通知前将总监理工程师的任命通知承包人。监理人更换总监理工程师须经发包人同意,并在调离 14 天前通知承包人。总监理工程师短期离开施工场地的,应委派代表代行其职责,并通知承包人。

②总监理工程师委托监理人员。总监理工程师可以授权其他监理人员负责执行其指派的一项或多项监理工作,但总监理工程师不应将合同约定应由总监理工程师作出确定的权力授权或委托给其他监理人员。总监理工程师应将被授权监理人员的姓名及其授权范围通知承包人。被授权的监理人员在授权范围内发出的指示视为已得到总监理工程师的同意,与总监理工程师发出的指示具有同等效力。总监理工程师撤销某项授权时,应将撤销授权的决定及时

通知承包人。监理人员没有在约定的(或合理的)期限内,对承包人的任何工作、工程或其采用的材料和工程设备提出否定意见的,视为已得到监理人的批准,但监理人员仍可在事后检查并拒绝该项工作、工程或其采用的材料和工程设备。承包人对总监理工程师授权的监理人员发出的指示有疑问的,可向总监理工程师提出书面异议,总监理工程师应在48小时内对该指示予以确认、更改或撤销。

(3)监理人的指示。监理人的指示应盖有监理人授权的施工场地机构章,并由总监理工程师或总监理工程师授权的监理人员签字。在紧急情况下,总监理工程师或被授权的监理人员可以当场签发临时书面指示,承包人应遵照执行。承包人应在收到上述临时书面指示后24小时内,向监理人发出书面确认函。监理人在收到书面确认函后24小时内未予答复的,该书面确认函应被视为监理人的正式指示。

(4)商定或确定。按照合同约定应当对有关事项进行商定或确定时,总监理工程师应与合同当事人协商,尽量达成一致。不能达成一致的,总监理工程师应认真研究后审慎确定。总监理工程师应将商定或确定的事项通知合同当事人,并附详细依据。对总监理工程师的确定有异议,构成争议的,按照合同约定的争议解决条款处理。在争议解决前,双方应暂按总监理工程师的确定执行,按照合同约定的争议解决程序对总监理工程师的确定作出修改的,按修改后的结果执行。

公路工程专用合同条款补充为:如果这项商定或确定导致费用增加和(或)工期延长,或者涉及确定变更工程的价格,则总监理工程师在发出通知前,应征得发包人的同意。

4)承包人项目经理

(1)项目经理的产生和更换。承包人应按合同约定指派项目经理,并在约定的期限内到职。承包人更换项目经理应事先征得发包人同意,并应在更换14天前通知发包人和监理人。承包人项目经理短期离开施工场地,应事先征得监理人同意,并委派代表代行其职责。监理人要求撤换不能胜任本职工作、行为不端或玩忽职守的承包人项目经理和其他人员的,承包人应予以撤换。

(2)项目经理的职责。承包人项目经理应按合同约定以及监理人的指示,负责组织合同工程的实施。在情况紧急且无法与监理人取得联系时,可采取保证工程和人员生命财产安全的紧急措施,并在采取措施后24小时内向监理人提交书面报告。

承包人为履行合同发出的一切函件均应盖有承包人授权的施工场地管理机构章,并由承包人项目经理或其授权代表签字。承包人项目经理可以授权其下属人员履行其某项职责,但事先应将这些人员的姓名和授权范围通知监理人。

3. 施工进度和工期

1)进度计划

承包人应按专用合同条款约定的内容和期限,编制详细的施工进度计划和施工方案说明报送监理人。监理人应在专用合同条款约定的期限内批复或提出修改意见,否则该进度计划视为已得到批准。经监理人批准的施工进度计划称合同进度计划,是控制合同工程进度的依据。承包人还应根据合同进度计划,编制更为详细的分阶段或分项进度计划,报监理人审批。

公路工程专用合同条款进一步补充为:承包人编制施工方案说明的内容见项目专用合同条款。承包人向监理人报送施工进度计划和施工方案说明的期限:签订合同协议书后28天之内。监理人应在14天内对承包人施工进度计划和施工方案说明予以批复或提出修改意见。

合同进度计划应按照关键线路网络图和主要工作横道图两种形式分别编绘，并应包括每月预计完成的工作量和形象进度。

不论何种原因造成工程的实际进度与批准的合同进度计划不符时，承包人可以在专用合同条款约定的期限内向监理人提交修订合同进度计划的申请报告，并附有关措施和相关资料，报监理人审批；监理人也可以直接向承包人作出修订合同进度计划的指示，承包人应按该指示修订合同进度计划，报监理人审批。监理人应在专用合同条款约定的期限内批复。监理人在批复前应获得发包人同意。

对于合同进度计划的修订，公路工程专用合同条款补充为：承包人提交合同进度计划修订申请报告，并附有关措施和相关资料的期限：实际进度发生滞后的当月 25 日前。监理人批复修订合同进度计划的期限：收到修订合同进度计划后 14 天内。

公路工程专用合同条款增加了"年度施工计划"和"合同用款计划"的要求：

承包人应在每年 11 月底前，根据已同意的合同进度计划或其修订的计划，向监理人提交 2 份格式和内容符合监理人合理规定的下一年度的施工计划，以供审查。该计划应包括本年度估计完成的和下一年度预计完成的分项工程数量和工作量，以及为实施此计划将采取的措施。

承包人应在签订本合同协议书后 28 天之内，按招标文件中规定的格式，向监理人提交 2 份按合同规定承包人有权得到支付的详细的季度合同用款计划，以备监理人查阅。如果监理人提出要求，承包人还应按季度提交修订的合同用款计划。

2）开工

监理人应在开工日期 7 天前向承包人发出开工通知。监理人在发出开工通知前应获得发包人同意。工期自监理人发出的开工通知中载明的开工日期起计算。承包人应在开工日期后尽快施工。承包人应按批准的合同进度计划，向监理人提交工程开工报审表，经监理人审批后执行。开工报审表应详细说明按合同进度计划正常施工所需的施工道路、临时设施、材料设备、施工人员等施工组织措施的落实情况以及工程的进度安排。

公路工程专用合同条款补充为：承包人应在分部工程开工前 14 天向监理人提交分部工程开工报审表，若承包人的开工准备、工作计划和质量控制方法是可接受的且已获得批准，则经监理人书面同意，分部工程才能开工。

3）工期延误

（1）发包人的工期延误。在履行合同过程中，由于发包人的下列原因造成工期延误的，承包人有权要求发包人延长工期和（或）增加费用，并支付合理利润：

①增加合同工作内容。

②改变合同中任何一项工作的质量要求或其他特性。

③发包人迟延提供材料、工程设备或变更交货地点的。

④因发包人原因导致的暂停施工。

⑤提供图纸延误。

⑥未按合同约定及时支付预付款、进度款。

⑦发包人造成工期延误的其他原因。

应当注意的是，上述原因并不一定必然造成了工期延误。例如，延误发生在非关键线路上、改变合同中任何一项工作的质量要求或其他特性、变更交货地点等一般会影响费用和利润,但并不一定影响工期。

(2)承包人的工期延误。由于承包人原因,未能按合同进度计划完成工作,或监理人认为承包人施工进度不能满足合同工期要求的,承包人应采取措施加快进度,并承担加快进度所增加的费用。由于承包人原因造成工期延误,承包人应支付逾期竣工违约金。承包人支付逾期竣工违约金,并不免除承包人完成工程及修补缺陷的义务。

公路工程专用合同条款细化为:

①承包人应严格执行监理人批准的合同进度计划,对工作量计划和形象进度计划分别控制。除合同规定外,承包人的实际工程进度曲线应在合同进度管理曲线规定的安全区域之内。若承包人的实际工程进度曲线处在合同进度管理曲线规定的安全区域的下限之外时,则监理人有权认为本合同工程的进度过慢,并通知承包人应采取必要措施,以便加快工程进度,确保工程能在预定的工期内交工。承包人应采取措施加快进度,并承担加快进度所增加的费用。

②如果承包人在接到监理人通知后的14天内,未能采取加快工程进度的措施,致使实际工程进度进一步滞后,或承包人虽采取了一些措施,仍无法按预定工期交工时,监理人应立即通知发包人。发包人在向承包人发出书面警告通知14天后,发包人可按合同条款终止对承包人的雇用,也可将本合同工程中的一部分工作交由其他承包人或其他分包人完成。在不解除本合同规定的承包人责任和义务的同时,承包人应承担因此所增加的一切费用。

③由于承包人原因造成工期延误,承包人应支付逾期交工违约金。逾期交工违约金的计算方法在项目专用合同条款数据表中约定,时间自预定的交工日期起到交工验收证书止:每逾期一天支付____元人民币(在项目专用合同条款中约定),时间自预定的竣工日期起到工程接收证书中写明的实际竣工日期止(扣除已批准的延长工期),按天计算。逾期竣工违约金累计金额最高不超过签约合同价的10%。发包人可以从应付或到期应付给承包人的任何款项中或采用其他方法扣除此违约金。

承包人支付逾期竣工违约金,不免除承包人完成工程及修补缺陷的义务。

如果在合同工作完工之前,已对合同工程内按时完工的单位工程签发了工程接收证书,则合同工程的逾期竣工违约金,应按已签发工程接收证书的单位工程的价值占合同工程价值的比例予以减少,但本规定不应影响逾期竣工违约金的规定限额。

4)暂停施工

除了发生不可抗力事件或其他客观原因造成必要的暂停施工外,工程施工过程中,当一方违约使另一方受到严重损失的,受损方有权要求暂停施工,其目的是减少工程损失和保护受损方的利益。但暂停施工将会影响工程进度,影响合同的正常履行,为此,合同双方都应尽量避免采取暂停施工的手段,而应通过协商,共同采取紧急措施,消除可能发生的暂停施工因素。

(1)承包人暂停施工的责任。因下列暂停施工增加的费用和(或)工期延误由承包人承担:

①承包人违约引起的暂停施工。

②由于承包人原因为工程合理施工和安全保障所必需的暂停施工。

③承包人擅自暂停施工。

④承包人其他原因引起的暂停施工。

⑤专用合同条款约定由承包人承担的其他暂停施工。公路工程专用合同条款对此细化为:现场气候条件导致的必要停工(合同规定的异常恶劣的气候条件除外)。

(2)发包人暂停施工的责任。由于发包人原因引起的暂停施工造成工期延误的,承包人有权要求发包人延长工期和(或)增加费用,并支付合理利润。

(3)监理人暂停施工指示。监理人认为有必要时,可向承包人作出暂停施工的指示,承包人应按监理人指示暂停施工。不论由于何种原因引起的暂停施工,暂停施工期间承包人应负责妥善保护工程并提供安全保障。由于发包人的原因发生暂停施工的紧急情况,且监理人未及时下达暂停施工指示的,承包人可先暂停施工,并及时向监理人提出暂停施工的书面请求。监理人应在接到书面请求后的24h内予以答复,逾期未答复的,视为同意承包人的暂停施工请求。

(4)暂停施工后的复工。暂停施工后,监理人应与发包人和承包人协商,采取有效措施积极消除暂停施工的影响。当工程具备复工条件时,监理人应立即向承包人发出复工通知。承包人收到复工通知后,应在监理人指定的期限内复工。承包人无故拖延和拒绝复工的,由此增加的费用和工期延误由承包人承担;因发包人原因无法按时复工的,承包人有权要求发包人延长工期和(或)增加费用,并支付合理利润。

(5)暂停施工持续56天以上的处理办法。监理人发出暂停施工指示后56天内未向承包人发出复工通知,除了该项停工属于承包人的责任外,承包人可向监理人提交书面通知,要求监理人在收到书面通知后28天内准许已暂停施工的工程或其中一部分工程继续施工。如监理人逾期不予批准,则承包人可以通知监理人,将工程受影响的部分按有关变更条款的约定视为可取消工作。如暂停施工影响到整个工程,可视为发包人违约,由发包人承担违约责任。由于承包人责任引起的暂停施工,如承包人在收到监理人暂停施工指示后56天内不认真采取有效的复工措施,造成工期延误,可视为承包人违约,由承包人承担违约责任。

5)交工验收

承包人应在其投标函中承诺的工期内完成合同工程。实际交工日期应经工程验收后确定,并在工程接收证书中写明。

(1)工程交工条件。当工程具备以下条件时,承包人即可向监理人报送交工验收申请报告:

①除监理人同意列入缺陷责任期内完成的尾工(甩项)工程和缺陷修补工作外,合同范围内的全部单位工程以及有关工作,包括合同要求的试验、试运行以及检验和验收均已完成,并符合合同要求。

②已按合同约定的内容和份数备齐了符合要求的交工资料。公路工程专用合同条款约定:内容应符合《公路工程竣(交)工验收办法》和相关规定;资料的份数在项目专用合同条款数据表中约定。

③已按监理人的要求编制了在缺陷责任期内完成的尾工(甩项)工程和缺陷修补工作清单以及相应施工计划。

④监理人要求在交工验收前应完成的其他工作。

⑤监理人要求提交的交工验收资料清单。

(2)交工验收过程。监理人收到承包人提交的交工验收申请报告后,应审查申请报告的各项内容,监理人审查后认为尚不具备交工验收条件的,应在收到交工验收申请报告后的28天内通知承包人,指出在颁发接收证书前承包人还需进行的工作内容。监理人审查后认为已具备交工验收条件的,应在收到交工验收申请报告后的28天内提请发包人进行工程验收。发包人经过验收后同意接收工程的，应在监理人收到交工验收申请报告后的56天内，由监理人向承包人出具经发包人签认的工程接收证书。发包人验收后不同意接收工程的，监理人应按照发包人的验收意见发出指示，要求承包人对不合格工程认真返工重做或进行补救处理，并承担由此产生的费用。承包人在完成不合格工程的返工重做或补救工作后，应重新提交交工验收申请报告。

公路工程专用合同条款约定：交工验收由发包人主持，由发包人、监理人、质监、设计、施工、运营、管理养护等有关部门代表组成交工验收小组，对本项目的工程质量进行评定，并写出交工验收报告报交通主管部门备案。承包人应按发包人的要求提交竣工资料，完成交工验收准备工作。

除专用合同条款另有约定外，经验收合格工程的实际交工日期，以提交交工验收申请报告的日期为准，并在工程接收证书中写明。发包人在收到承包人交工验收申请报告56天后未进行验收的，视为验收合格，实际交工日期以提交交工验收申请报告的日期为准，但发包人由于不可抗力不能进行验收的除外。

公路工程专用合同条款约定：经验收合格工程的实际交工日期，以最终提交交工验收申请报告的日期为准，并在交工验收证书中写明。

公路工程专用合同条款补充：组织办理交工验收和签发交工验收证书的费用由发包人承担。但按照合同规定达不到合格标准的交工验收费用由承包人承担。

4. 施工质量和检验

工程施工中的质量控制是合同履行中的重要环节。施工合同的质量控制涉及许多方面的因素，任何一个方面的缺陷和疏漏，都会使工程质量无法达到预期的标准。

1）工程质量要求

工程质量验收按合同约定验收标准执行。因承包人原因造成工程质量达不到合同约定验收标准的，监理人有权要求承包人返工直至符合合同要求为止，由此造成的费用增加和（或）工期延误由承包人承担。因发包人原因造成工程质量达不到合同约定验收标准的，发包人应承担由于承包人返工造成的费用增加和（或）工期延误，并支付承包人合理利润。

公路工程专用合同条款约定：工程质量验收按技术规范及《公路工程质量检验评定标准》执行。

公路工程专用合同条款补充：发包人和承包人应严格遵守《关于严格落实公路工程质量责任制的若干意见》的相关规定，认真执行工程质量责任登记制度并按要求填写工程质量责任登记表。本项目严格执行质量责任追究制度。质量事故处理实行“四不放过”原则：事故原因调查不清不放过；事故责任者没有受到教育不放过；没有防范措施不放过；相关责任人没受到处理不放过。

2）施工过程中的检查

（1）承包人的质量检查。承包人应按合同约定对材料、工程设备以及工程的所有部位及其施工工艺进行全过程的质量检查和检验，并做详细记录，编制工程质量报表，报送监理人审查。

公路工程专用合同条款补充如下：

①承包人提交工程质量保证措施文件的期限：签订合同协议书后28天之内。

②承包人必须遵守国家有关法律、法规和规章，严格执行公路工程强制性技术标准、各类

技术规范及规程,全面履行工程合同义务,依法对公路工程质量负责。

③承包人应加强质量监控,确保规范规定的检验、抽检频率,现场质检的原始资料必须真实、准确、可靠,不得追记,接受质量检查时必须出示原始资料。

④承包人必须完善检验手段,根据技术规范的规定配齐检测和试验仪器、仪表,并应及时校正确保其精度;根据合同要求加强工地试验室的管理;加强标准计量基础工作和材料检验工作,不得违规计量,不合格材料严禁用于本工程。

⑤承包人驻工程现场机构,应在现场驻地和重要的分部、分项工程施工现场,设置明显的工程质量责任登记表公示牌。

(2)监理人的质量检查。监理人有权对工程的所有部位及其施工工艺、材料和工程设备进行检查和检验。承包人应为监理人的检查和检验提供方便,包括监理人到施工场地,或制造、加工地点,或合同约定的其他地方进行察看和查阅施工原始记录。承包人还应按监理人指示,进行施工场地取样试验、工程复核测量和设备性能检测,提供试验样品、提交试验报告和测量成果以及监理人要求进行的其他工作。监理人的检查和检验,不免除承包人按合同约定应负的责任。监理人检查发现工程质量不符合要求的,有权要求重新进行检查复核、取样检验、返工拆除,直至符合验收标准为止。

公路工程专用合同条款补充:

监理人及其委派的检验人员,应能进入工程现场,以及材料或工程设备的制造、加工或制配的车间和场所,包括不属于承包人的车间或场所进行检查,承包人应为此提供便利和协助。

监理人可以将材料或工程设备的检查委托给一家独立的有质量检验认证资格的检验单位。该独立检验单位的检验结果应视为监理人完成的。监理人应将这种委托的通知书不少于7天交给承包人。

3)隐蔽工程的检查

(1)通知监理人检查。经承包人自检确认的工程隐蔽部位具备覆盖条件后,承包人应通知监理人在约定的期限内检查。承包人的通知应附有自检记录和必要的检查资料。监理人应按时到场检查。经监理人检查确认质量符合隐蔽要求,并在检查记录上签字后,承包人才能进行覆盖。监理人检查确认质量不合格的,承包人应在监理人指示的时间内修整返工后,由监理人重新检查。

公路工程专用合同条款补充:当监理人有指示时,承包人应对重要隐蔽工程进行拍摄或照相并应保证监理人有充分的机会对将要覆盖或隐蔽的工程进行检查或量测,特别是在基础以上的任一部分工程修筑之前,对该基础进行检查。

(2)监理人未到场检查。监理人未按约定的时间进行检查的,除监理人另有指示外,承包人可自行完成覆盖工作,并做相应记录报送监理人,监理人应签字确认。监理人事后对检查记录有疑问的,可要求重新检查。

(3)监理人重新检查。经监理人检查质量合格或监理人未按约定的时间进行检查的,承包人覆盖工程隐蔽部位后,监理人对质量有疑问的,可要求承包人对已覆盖的部位进行钻孔探测或揭开重新检验,承包人应遵照执行,并在检验后重新覆盖恢复原状。经检验证明工程质量符合合同要求的,由发包人承担由此增加的费用和(或)工期延误,并支付承包人合理利润;经检验证明工程质量不符合合同要求的,由此增加的费用和(或)工期延误由承包人承担。

4)材料和工程设备的供应

工程建设的材料和工程设备供应的质量控制，是整个工程质量控制的基础。建筑材料、构配件生产及设备供应单位对其生产或者供应的产品质量负责，材料和工程设备的需方则应根据买卖合同的规定进行质量验收。

(1)承包人供应材料和工程设备的验收。对承包人提供的材料和工程设备，承包人应会同监理人进行检验和交货验收，查验材料合格证明和产品合格证书，并按合同约定和监理人指示，进行材料的抽样检验和工程设备的检验测试，检验和测试结果应提交监理人，所需费用由承包人承担。

(2)发包人供应材料和工程设备的验收。发包人应在材料和工程设备到货 7 天前通知承包人，承包人应会同监理人在约定的时间内，赴交货地点共同进行验收。除专用合同条款另有约定外，发包人提供的材料和工程设备验收后，由承包人负责接收、运输和保管。发包人提供的材料和工程设备的规格、数量或质量不符合合同要求，或由于发包人原因发生交货日期延误及交货地点变更等情况的，发包人应承担由此增加的费用和(或)工期延误，并向承包人支付合理利润。

(3)材料和工程设备专用于合同工程。运入施工场地的材料、工程设备，包括备品备件、安装专用工器具与随机资料，必须专用于合同工程，未经监理人同意，承包人不得运出施工场地或挪作他用。随同工程设备运入施工场地的备品备件、专用工器具与随机资料，应由承包人会同监理人按供货人的装箱单清点后共同封存，未经监理人同意不得启用。承包人因合同工作需要使用上述物品时，应向监理人提出申请。

(4)禁止使用不合格的材料和工程设备。监理人有权拒绝承包人提供的不合格材料或工程设备，并要求承包人立即进行更换。监理人应在更换后再次进行检查和检验，由此增加的费用和(或)工期延误由承包人承担。监理人发现承包人使用了不合格的材料和工程设备，应即时发出指示要求承包人立即改正，并禁止在工程中继续使用不合格的材料和工程设备。发包人提供的材料或工程设备不符合合同要求的，承包人有权拒绝，并可要求发包人更换，由此增加的费用和(或)工期延误由发包人承担。

公路工程专用合同条款补充试验和检验费用的规定：

(1)承包人应负责提供合同和技术规范规定的试验和检验所需的全部样品，并承担其费用。

(2)在合同中明确规定的试验和检验，包括无须在工程量清单中单独列项和已在工程量清单中单独列项的试验和检验，其试验和检验的费用由承包人承担。

(3)如果监理人所要求做的试验和检验为合同未规定的或是在该材料或工程设备的制造、加工、制配场地以外的场地进行的，则检验结束后，如表明操作工艺或材料、工程设备未能符合合同规定，其费用应由承包人承担，否则，其费用应由发包人承担。

5)缺陷责任与保修责任

缺陷责任期自实际竣工日期起计算。在全部工程竣工验收前，已经发包人提前验收的单位工程，其缺陷责任期的起算日期相应提前。

(1)缺陷责任。承包人应在缺陷责任期内对已交付使用的工程承担缺陷责任。缺陷责任期内，发包人对已接收使用的工程负责日常维护工作。发包人在使用过程中，发现已接收的工程存在新的缺陷或已修复的缺陷部位或部件又遭损坏的，承包人应负责修复，直至检验合格为止。监理人和承包人应共同查清缺陷和(或)损坏的原因。经查明属承包人原因造成的，应由承包人承担修复和查验的费用。经查验属发包人原因造成的,发包人应承担修复和查验的费用,并支付承包人合理利润。承包人不能在合理时间内修复缺陷的,发包人可自行修复或委托其他人修复,所需费用由缺陷责任方承担。

(2)缺陷责任期的延长。由于承包人原因造成某项缺陷或损坏使某项工程或工程设备不能按原定目标使用而需要再次检查、检验和修复的,发包人有权要求承包人相应延长缺陷责任期,但缺陷责任期最长不超过2年。在缺陷责任期(或延长的期限)终止后14天内,由监理人向承包人出具经发包人签认的缺陷责任期终止证书,并退还剩余的质量保证金。

(3)保修责任。合同当事人根据有关法律规定,在专用合同条款中约定工程质量保修范围、期限和责任。保修期自实际竣工日期起计算。在全部工程竣工验收前,已经发包人提前验收的单位工程,其保修期的起算日期相应提前。建设工程竣工验收后的质量保修范围与期限应遵守《建设工程质量管理条例》以及各建设行业有关工程建筑物与工程设备保修范围与期限的具体规定。

公路工程专用合同条款细化为:

①保修期自实际交工日期起计算,具体期限在项目专用合同条款数据表中约定。保修期与缺陷责任期重叠的期间内,承包人的保修责任同缺陷责任。在缺陷责任期满后的保修期内,承包人可不在工地留有办事人员和机械设备,但必须随时与发包人保持联系,在保修期内承包人应对由于施工质量原因造成的损坏自费进行修复。

②在全部工程交工验收前,已经发包人提前验收的单位工程,其保修期的起算日期相应提前。

③工程保修期终止后28天内,监理人签发保修期终止证书。

④若承包人不履行保修义务和责任,则承包人应承担由于违约造成的法律后果,并由发包人将其违约行为上报省级交通主管部门,作为不良记录纳入公路建设时常信用信息管理系统。

5. 其他内容

1)安全施工

(1)发包人的施工安全责任包括:

①发包人应按合同约定履行安全职责,授权监理人按合同约定的安全工作内容监督、检查承包人安全工作的实施,组织承包人和有关单位进行安全检查。

②发包人应对其现场机构雇用的全部人员的工伤事故承担责任,但由于承包人原因造成发包人人员工伤的,应由承包人承担责任。

③发包人应负责赔偿以下各种情况造成的第三者人身伤亡和财产损失:工程或工程的任何部分对土地的占用所造成的第三者财产损失;由于发包人原因在施工场地及其毗邻地带造成的第三者人身伤亡和财产损失。

(2)承包人的施工安全责任包括:

①承包人应按合同约定履行安全职责,执行监理人有关安全工作的指示,并在专用合同条款约定的期限内,按合同约定的安全工作内容,编制施工安全措施计划报送监理人审批。

公路工程专用合同条款进一步细化为:

承包人应按合同约定履行安全职责,严格执行国家、地方政府有关施工安全管理方面的法律、法规及规章制度,同时严格执行发包人制订的本项目安全生产管理方面的规章制度、安全检查程序及施工安全管理要求,以及监理人有关安全工作的指示。

承包人应根据本工程的实际安全施工要求,编制施工安全技术措施,并在签订合同协议书后28天内,报监理人和发包人批准。该施工安全技术措施包括(但不限于)施工安全保障体系,安全生产责任制,安全生产管理规章制度,安全防护施工方案,施工现场临时用电方案,施工安全评估,安全预控及保证措施方案,紧急应变措施,安全标识、警示和围护方案等。对影响安全的重要工序和下列危险性较大的工程应编制专项施工方案,并附安全验算结果,经承包人项目总工签字并报监理人和发包人批准后实施,由专职安全生产管理人员进行现场监督。

本项目需要编制专项施工方案的工程包括但不限于以下内容:

a. 不良地质条件下有潜在危险性的土方、石方开挖。

b. 滑坡和高边坡处理。

c. 桩基础、挡墙基础、深水基础及围堰工程。

d. 桥梁工程中的梁、拱、柱等构件施工。

e. 隧道工程中的不良地质隧道、高瓦斯隧道等。

f. 水上工程中的打桩船作业、施工船作业、外海孤岛作业、边通航边施工作业等。

g. 水下工程中的水下焊接、混凝土浇筑、爆破工程等。

h. 爆破工程。

i. 大型临时工程中的大型支架、模板、便桥的架设与拆除;桥梁、码头的加固与拆除。

j. 其他危险性较大的工程。

监理人和发包人在检查中发现有安全问题或有违反安全管理规章制度的情况时,可视其为承包人违约,应按合同规定处理。

②承包人应加强施工作业安全管理,特别应加强易燃、易爆材料、火工器材、有毒与腐蚀性材料和其他危险品的管理,以及对爆破作业和地下工程施工等危险作业的管理。

③承包人应严格按照国家安全标准制定施工安全操作规程,配备必要的安全生产和劳动保护设施,加强对承包人人员的安全教育,并发放安全工作手册和劳动保护用具。

④承包人应按监理人的指示制订应对灾害的紧急预案,报送监理人审批。承包人还应按预案做好安全检查,配置必要的救助物资和器材,切实保护好有关人员的人身和财产安全。

⑤合同约定的安全作业环境及安全施工措施所需费用应遵守有关规定,并包括在相关工作的合同价格中。因采取合同未约定的安全作业环境及安全施工措施增加的费用,由监理人商定或确定。

公路工程专用合同条款细化为:除项目用合同条款另有约定外,安全生产费用应为投标价(不含安全生产费及建筑工程一切险及第三者责任险的保险费)的1%(若发包人公布了投标控制价上限时,按投标控制价上限的1%计)。安全生产费用应用于施工安全防护用具及设施的采购和更新、安全施工措施的落实、安全生产条件的改善,不得挪作他用。如承包人在此基础上增加安全生产费用以满足项目施工需要,则承包人应在本项目工程量清单其他相关子目的单价或总额价中予以考虑,发包人不再另行支付。因采取合同未约定的特殊防护措施增加的费用,由监理人商定或确定。

⑥承包人应对其履行合同所雇用的全部人员,包括分包人人员的工伤事故承担责任,但由于发包人原因造成承包人人员工伤事故的,应由发包人承担责任。

⑦由于承包人原因在施工场地内及其毗邻地带造成的第三者人员伤亡和财产损失,由承包人负责赔偿。

公路工程专用合同条款补充以下条款：

(1)承包人应充分关注和保障所有在现场工作的人员的安全，采取以下有效措施，使现场和本合同工程的实施保持有条不紊，以免使上述人员的安全受到威胁。

①按《公路水运工程安全生产监督管理办法》规定的最低数量和资质条件配备专职安全生产管理人员；

②承包人的垂直运输机械作业人员、施工船舶作业人员、爆破作业人员、安装拆卸工、起重信号工、电工、焊工等国家规定的特种作业人员，必须按照国家规定经过专门的安全作业培训，并取得特种作业操作资格证书后，方可上岗作业；

③所有施工机具设备和高空作业设备均应定期检查，并有安全员的签字记录；

④根据本合同各单位工程的特点，严格执行《公路水运工程安全生产监督管理办法》、《公路工程施工安全技术规程》与《公路筑养路机械操作规程》的具体规定。

(2)为保护本合同工程免遭损坏，或为了现场附近和过往群众的安全与方便，在确有必要的时候和地方，或当监理人或有关主管部门要求时，承包人应自费提供照明、警卫、护栅、警告标志等安全防护设施。

(3)在通航水域施工时，承包人应与当地主管部门取得联系，设置必要的导航标志，及时发布航行通告，确保施工水域安全。

(4)在整个施工过程中对承包人采取的施工安全措施，发包人和监理人有权监督，并向承包人提出整改要求。如果由于承包人未能对其负责的上述事项采取各种必要的措施而导致或发生与此有关的人身伤亡、罚款、索赔、损失补偿、诉讼费用及其他一切责任应由承包人负责。

2)专利技术

承包人在使用任何材料、承包人设备、工程设备或采用施工工艺时，因侵犯专利权或其他知识产权所引起的责任，由承包人承担，但由于遵照发包人提供的设计或技术标准和要求引起的除外。承包人在投标文件中采用专利技术的，专利技术的使用费包含在投标报价内。承包人的技术秘密和声明需要保密的资料和信息，发包人和监理人不得为合同以外的目的泄露给他人。

3)化石、文物

在施工场地发掘的所有文物，古迹以及具有地质研究或考古价值的其他遗迹、化石、钱币或物品属于国家所有。一旦发现上述文物，承包人应采取有效合理的保护措施，防止任何人员移动或损坏上述物品，并立即报告当地文物行政部门，同时通知监理人。发包人、监理人和承包人应按文物行政部门要求采取妥善保护措施，由此导致费用增加和(或)工期延误由发包人承担。承包人发现文物后不及时报告或隐瞒不报，致使文物丢失或损坏的，应赔偿损失，并承担相应的法律责任。

4)不利物质条件

不利物质条件通常是指承包人在施工现场遇到的不可预见的自然物质条件、非自然的物质障碍和污染物，包括地下和水文条件，但不包括气候条件。进一步的不利物质条件可以在专用条款内约定。承包人遇到不利物质条件时，应采取适应不利物质条件的合理措施继续施工，并及时通知监理人。监理人应当及时发出指示，指示构成变更的，按有关变更的约定处理。监理人没有发出指示的，承包人因采取合理措施而增加的费用和(或)工期延误，由发包人承担。监理人发出的指示不构成变更时，承包人因采取合理措施而增加的费用和(或)工期延误，也应由发包人承担。

公路工程专用合同条款细化为：承包人遇到不可预见的不利物质条件时，应采取适应不利物质条件的合理措施继续施工，并及时通知监理人。监理人应当及时发出指示，指示构成变更的，按合同约定办理。监理人没有发出指示的，承包人因采取合理措施而增加的费用和（或）工期延误，由发包人承担。

公路工程专用合同条款补充可预见的不利物质条件：

（1）对于项目专用合同条款中已经明确指出的不利物质条件，无论承包人是否有其经历和经验，均视为承包人在接受合同时已预见其影响，并已在签约合同价中计入因其影响而可能发生的一切费用。

（2）对于项目专用合同条款未明确指出，但是在不利物质条件发生之前，监理人已经指示承包人有可能发生，但承包人未能及时采取有效措施，而导致的损失和后果均由承包人承担。

5）异常恶劣的气候条件

异常恶劣气候条件的具体范围，由专用合同条款进一步明确。当出现异常恶劣的气候条件时，承包人有责任自行采取措施，避免和克服异常气候条件造成的损失，同时有权要求发包人延长工期。当发包人不同意延长工期时，可按有关"发包人的工期延误"的约定，支付为抢工增加的费用，但不包括利润。

公路工程专用合同条款补充：异常气候条件是指项目所在地 30 年一遇的罕见气候现象（包括温度、降水、降雪、风等）。异常恶劣的气候条件在项目专用合同条款中作具体规定。

6）不可抗力

不可抗力是指发包人和承包人在订立合同时不可预见，在工程施工过程中不可避免发生并不能克服的自然灾害和社会性突发事件，如地震、海啸、瘟疫、水灾、骚乱、暴动、战争和专用合同条款约定的其他情形。不可抗力发生后，发包人和承包人应及时认真统计所造成的损失，收集不可抗力造成损失的证据。合同双方对是否属于不可抗力或其损失的意见不一致的，由监理人商定或确定。发生争议时，按合同中关于争议解决条款的约定处理。

对于不可抗力的确认，公路工程专用合同条款细化为：不可抗力是指承包人和发包人在订立合同时不可预见，在工程施工过程中不可避免发生并不能克服的自然灾害和社会性突发事件。包括但不限于：

（1）地震、海啸、火山爆发、泥石流、暴雨（雪）、台风、龙卷风、水灾等自然灾害。

（2）战争、骚乱、暴动，但纯属承包人或其分包人派遣与雇用的人员由于本合同工程施工原因引起者除外。

（3）核反应、辐射或放射性污染。

（4）空中飞行物体降落或非发包人或承包人责任造成的爆炸、火灾。

（5）瘟疫。

（6）项目专用合同条款约定的其他情形。

合同一方当事人遇到不可抗力事件，使其履行合同义务受到阻碍时，应立即通知合同另一方当事人和监理人，书面说明不可抗力和受阻碍的详细情况，并提供必要的证明。如不可抗力持续发生，合同一方当事人应及时向合同另一方当事人和监理人提交中间报告，说明不可抗力和履行合同受阻的情况，并于不可抗力事件结束后 28 天内提交最终报告及有关资料。

不可抗力导致的人员伤亡、财产损失、费用增加和（或）工期延误等后果，由合同双方按以下原则承担：

(1)永久工程，包括已运至施工场地的材料和工程设备的损害，以及因工程损害造成的第三者人员伤亡和财产损失由发包人承担。

(2)承包人设备的损坏由承包人承担。

(3)发包人和承包人各自承担其人员伤亡和其他财产损失及其相关费用。

(4)承包人的停工损失由承包人承担，但停工期间应监理人要求照管工程和清理、修复工程的金额由发包人承担。

(5)不能按期竣工的，应合理延长工期，承包人不需支付逾期竣工违约金。发包人要求赶工的，承包人应采取赶工措施，赶工费用由发包人承担。

但是，合同一方当事人延迟履行，在延迟履行期间发生不可抗力的，不免除其责任。

不可抗力发生后，发包人和承包人均应采取措施尽量避免和减少损失的扩大，任何一方没有采取有效措施导致损失扩大的，应对扩大的损失承担责任。合同一方当事人因不可抗力不能履行合同的，应当及时通知对方解除合同。合同解除后，承包人应按照合同约定撤离施工场地。已经订货的材料、设备由订货方负责退货或解除订货合同，不能退还的货款和因退货、解除订货合同发生的费用，由发包人承担，因未及时退货造成的损失由责任方承担。合同解除后的付款，参照合同有关条款的约定，由监理人商定或确定。

因不可抗力解除合同，公路工程专用合同条款细化为：合同一方当事人因不可抗力不能履行合同的，应当及时通知对方解除合同。合同解除后，承包人应按照合同约定撤离施工场地。已经订货的材料、设备由订货方负责退货或解除订货合同，不能退还的货款和因退货、解除订货合同发生的费作，由发包人承担，因未及时退货造成的损失由责任方承担。合同解除后的付款，参照合同有关解除后的付款，由监理人按合同条款商定或确定，但由于解除合同应赔偿的承包人损失不予考虑。

7)保险

投保责任因为险种的不同而不同。

(1)工程保险。承包人应以发包人和承包人的共同名义向双方同意的保险人投保建筑工程一切险、安装工程一切险。其具体的投保内容、保险金额、保险费率、保险期限等有关内容在专用合同条款中约定。

公路工程专用合同条款进一步约定为：建筑工程一切险的投保内容：为本合同工程的永久工程、临时工程和设备及已运至施工工地用于永久工程的材料和设备所投的保险。

保险金额：工程量清单第100章(不含建筑工程一切险及第三者责任险的保险费)至第700章的合计金额。保险费率：在项目专用条款数据表中约定。保险期限：开工日起直至本合同工程签发缺陷责任期终止证书止(即合同工期+缺陷责任期)

承包人应以发包人和承包人的共同名义投保建筑工程一切险。建筑工程一切险的保险费由承包人报价时列入工程量清单第100章内。发包人在接到保险单后，将按照保险单的费用直接向承包人支付。

(2)人员工伤事故的保险。承包人应依照有关法律规定参加工伤保险，为其履行合同所雇用的全部人员缴纳工伤保险费，并要求其分包人也进行此项保险。发包人应依照有关法律规定参加工伤保险，为其现场机构雇用的全部人员缴纳工伤保险费，并要求其监理人也进行此项保险。

(3)人身意外伤害险。发包人应在整个施工期间为其现场机构雇用的全部人员投保人身意外伤害险,缴纳保险费,并要求其监理人也进行此项保险。承包人应在整个施工期间为其现场机构雇用的全部人员投保人身意外伤害险,缴纳保险费,并要求其分包人也进行此项保险。

(4)第三者责任险。第三者责任险系指在保险期内,对因工程以外事故造成的、依法应由被保险人负责的工地上及毗邻的第三者人身伤亡、疾病或财产损失(本工程除外),以及被保险人因此而支付的诉讼费用和事先经保险人书面同意支付的其他费用等赔偿责任。在缺陷责任期终止证书颁发前,承包人应以承包人和发包人的共同名义,投保第三者责任险,其保险费率、保险金额等有关内容在专用合同条款中约定。

公路工程专用合同条款补充:第三者责任险的保险费由承包人报价时列入工程量清单第100章内。发包人在接到保险单后,将按照保险单的费用直接向承包人支付。

(5)其他保险。除专用合同条款另有约定外,承包人应为其施工设备、进场的材料和工程设备等办理保险。

公路工程专用合同条款约定为:承包人应为其施工设备等办理保险,其投保金额应足以现场重置。办理本款保险的一切费用均由承包人承担,并包括在工程量清单的单价及总额价中,发包人不单独支付。

8)工程分包

承包人不得将其承包的全部工程转包给第三人,或将其承包的全部工程肢解后以分包的名义转包给第三人。承包人不得将工程主体、关键性工作分包给第三人,除专用合同条款另有约定外,未经发包人同意,承包人不得将工程的其他部分或工作分包给第三人。分包人的资格能力应与其分包工程的标准和规模相适应。按投标函附录约定分包工程的,承包人应向发包人和监理人提交分包合同副本。承包人应与分包人就分包工程向发包人承担连带责任。

公路工程专用合同条款细化为:

(1)承包人不得将工程主体、关键性工作分包给第三人。经发包人同意,承包人可将工程的其他部分或工作分包给第三人。分包包括专业分包和劳务分包。

(2)专业分包

在工程施工过程中,承包人进行专业分包必须遵守以下规定:

①允许专业分包的工程范围仅限于分部工程或分项工程、适合专业化队伍施工的工程,专业分包的工程量累计不得超过总工程量的30%。

②专业分包人的资格能力(含安全生产能力)应与其分包工程的标准和规模相适应,具备相应的专业承包资质。

③专业分包工程不得再次分包。

④承包人和专业分包人应当依法签订专业分包合同,并按照合同履行约定的义务。专业分包合同必须明确约定工程款支付条款、结算方式以及保证按期支付的相应措施,确保工程款的支付。

⑤承包人对施工现场安全负总责,并对专业分包人的安全生产进行培训和管理。专业分包人应将其专业分包工程的施工组织设计和施工安全方案报承包人备案。专业分包人对分包施工现场安全负责,发现事故隐患,应及时处理。

⑥所有专业分包计划和专业分包合同须报监理人审批,并报发包人核备。监理人审批专业分包并不解除合同规定的承包人的任何责任或义务。

(3)劳务分包

在工程施工过程中,承包人进行劳务分包必须遵守以下规定:

①劳务分包人应具有劳务分包资质。

②劳务分包应当依法签订劳务分包合同,劳务分包合同必须由承包人的法定代表人或其委托代理人与劳务分包人直接签订,不得由他人代签。承包人的项目经理部、项目经理、施工班组等不具备用工主体资格,不能与劳务分包人签订劳务分包合同。承包人应向发包人和监理人提交劳务分包合同副本并报项目所在地劳动保障部门备案。

③承包人雇用的劳务作业应加入到承包人的施工班组统一管理。有关施工质量、施工安全、施工进度、环境保护、技术方案、试验检测、材料保管与供应、机械设备等都必须由承包人管理与调配,不得以包代管。

④承包人应当对劳务分包人员进行安全培训和管理,劳务分包人不得将其分包的劳务作业再次分包。

违反上述规定之一者属违规分包。

公路工程专用合同条款补充:发包人对承包人与分包人之间的法律与经济纠纷不承担任何责任和义务。

6.违约责任

1)承包人违约

(1)承包人违约的情形。在履行合同过程中发生的下列情况属承包人违约:

①承包人私自将合同的全部或部分权利转让给其他人,或私自将合同的全部或部分义务转移给其他人。

②承包人未经监理人批准,私自将已按合同约定进入施工场地的施工设备、临时设施或材料撤离施工场地。

③承包人使用了不合格材料或工程设备,工程质量达不到标准要求,又拒绝清除不合格工程。

④承包人未能按合同进度计划及时完成合同约定的工作,已造成或预期造成工期延误。

⑤承包人在缺陷责任期内,未能对工程接收证书所列的缺陷清单的内容或缺陷责任期内发生的缺陷进行修复,而又拒绝按监理人指示再进行修补。

⑥承包人无法继续履行或明确表示不履行或实质上已停止履行合同。

⑦承包人不按合同约定履行义务的其他情况。其他情况公路工程专用合同条款细化为:承包人未能按期开工;承包人违反合同的规定,未按承诺或未按监理人的要求及时配备称职的主要管理人员、技术骨干或关键施工设备;经监理人和发包人检查,发现承包人有安全问题或有违反安全管理规章制度的情况;承包人不按合同约定履行义务的其他情况。

(2)对承包人违约的处理。承包人无法继续履行或明确表示不履行或实质上已停止履行合同时,发包人可通知承包人立即解除合同,并按有关法律处理。承包人发生其他违约情况时,监理人可向承包人发出整改通知,要求其在指定的期限内改正。承包人应承担其违约所引起的费用增加和(或)工期延误。经检查证明承包人已采取了有效措施纠正违约行为,具备复工条件的,可由监理人签发复工通知复工。

监理人发出整改通知28天后,承包人仍不纠正违约行为的,发包人可向承包人发出解除合同通知。合同解除后,发包人可派员进驻施工场地,另行组织人员或委托其他承包人施工。

发包人因继续完成该工程的需要，有权扣留使用承包人在现场的材料、设备和临时设施。但发包人的这一行动不免除承包人应承担的违约责任，也不影响发包人根据合同约定享有的索赔权利。

公路工程专用合同条款补充：承包人发生合同约定的违约情况时，无论发包人是否解除合同，发包人均有权向承包人课以项目专用合同条款中规定的违约金，并由发包人将其违约行为上报省级交通主管部门，作为不良记录纳入公路建设市场信用信息管理系统。

(3)合同解除后的估价、付款和结清。合同解除后，监理人应商定或确定承包人实际完成工作的价值，以及承包人已提供的材料、施工设备、工程设备和临时工程等的价值。发包人应暂停对承包人的一切付款，查清各项付款和已扣款金额，包括承包人应支付的违约金。合同解除后，发包人应向承包人索赔由于解除合同给发包人造成的损失。合同双方确认上述往来款项后，出具最终结清付款证书，结清全部合同款项。双方未能就解除合同后的结清达成一致而形成争议的，按合同中争议解决条款的约定处理。通常的估价原则是：

①涉及解除合同前已发生的费用仍按原合同约定结算。

②承包人应赔偿发包人因更换承包人所造成的损失。

③发包人需要使用的原承包人材料、设备和临时设施的费用由监理人与合同双方商定或确定。

2)发包人违约

(1)发包人违约的情形。在履行合同过程中发生的下列情形属发包人违约：

①发包人未能按合同约定支付预付款或合同价款，或拖延、拒绝批准付款申请和支付凭证，导致付款延误的。

②由于发包人原因造成停工的。

③监理人无正当理由没有在约定期限内发出复工指示，导致承包人无法复工的。

④发包人无法继续履行或明确表示不履行或实质上已停止履行合同的。

⑤发包人不履行合同约定其他义务的。

(2)对发包人违约的处理。发包人无法继续履行或明确表示不履行或实质上已停止履行合同时，承包人可书面通知发包人解除合同。发包人发生其他违约情况时，承包人可向发包人发出通知，要求发包人采取有效措施纠正违约行为。发包人收到承包人通知后的28天内仍不履行合同义务，承包人有权暂停施工，并通知监理人，发包人应承担由此增加的费用和(或)工期延误，并支付承包人合理利润。承包人暂停施工28天后，发包人仍不纠正违约行为的，承包人可向发包人发出解除合同通知。但承包人的这一行动不免除发包人承担的违约责任，也不影响承包人根据合同约定享有的索赔权利。

(3)解除合同后的付款。因发包人违约解除合同的，发包人应在解除合同后28天内向承包人支付下列金额，承包人应在此期限内及时向发包人提交要求支付下列金额的有关资料和凭证：

①合同解除日以前所完成工作的价款。

②承包人为该工程施工订购并已付款的材料、工程设备和其他物品的金额。发包人付款后，该材料、工程设备和其他物品归发包人所有。

③承包人为完成工程所发生的，而发包人未支付的金额。

④承包人撤离施工场地以及遣散承包人人员的金额。

⑤由于解除合同应赔偿的承包人损失。

⑥按合同约定在合同解除日前应支付给承包人的其他金额。

发包人应支付上述金额并退还质量保证金和履约担保，但有权要求承包人支付应偿还给发包人的各项金额。

7. 争议的解决

(1)争议解决的一般原则

在提请争议评审、仲裁或者诉讼前，以及在争议评审、仲裁或诉讼过程中，发包人和承包人均可共同努力友好协商解决争议。

(2)争议评审

应采用争议评审的，发包人和承包人应在开工日后的28天内或在争议发生后，协商成立争议评审组。争议评审组由有合同管理和工程实践经验的专家组成。

合同双方的争议，应首先由申请人向争议评审组提交一份详细的评审申请报告，并附必要的文件、图纸和证明材料，申请人还应将上述报告的副本同时提交给被申请人和监理人。被申请人在收到申请人评审申请报告副本后的28天内，向争议评审组提交一份答辩报告，并附证明材料。被申请人将答辩报告的副本同时提交给申请人和监理人。争议评审组在收到合同双方报告后的14天内，邀请双方代表和有关人员举行调查会，向双方调查争议细节；必要时争议评审组可要求双方进一步提供补充材料。在调查会结束后的1天内，争议评审组应在不受任何干扰的情况下进行独立、公正的评审，作出书面评审意见，并说明理由。在争议评审期间，争议双方暂按总监理工程师的确定执行。

发包人和承包人接受评审意见的，由监理人根据评审意见拟订执行协议，经争议双方签字后作为合同的补充文件，并遵照执行。发包人或承包人不接受评审意见，并要求提交仲裁或提起诉讼的，应在收到评审意见后的14天内将仲裁或起诉意向书面通知另一方，并抄送监理人，但在仲裁或诉讼结束前应暂按总监理工程师的确定执行。

公路工程专用合同条款补充：争议评审组由3人或5人组成，专家的聘请方法可由发包人和承包人共同协商确定，亦可请政府主管部门推荐或通过合同争议调解机构聘请，并经双方认同。争议评审组成员应与合同双方均无利害关系，争议评审组的各项费用由发包人和承包人平均分担。

公路工程专用合同条款补充仲裁（适用于采用仲裁方式最终解决争议的项目）条款如下：

①对于未能友好解决或通过争议评审解决的争议，发包人或承包人任一方均有权提交给合同约定的仲裁委员会仲裁。

②仲裁可在交工之前或之后进行，但发包人、监理人和承包人各自的义务不得因在工程实施期间进行仲裁而有所改变。如果仲裁是在终止合同的情况下进行，则对合同工程应采取保护措施，措施费由败诉方承担。

③仲裁裁决是终局性的并对发包人和承包人双方具有约束力。

④全部仲裁费用应由败诉方承担；或按仲裁员会裁决的比例分担。

公路工程专用合同条款补充仲裁的执行条款如下：

①任何一方不履行仲裁机构的裁决的，对方可以向有管辖权的人民法院申请执行。

②任何一方提出证据证明裁决有《中华人民共和国仲裁法》第五十八条规定情形之一的，可以向仲裁委员会所在地的中级人民法院申请撤销裁决。人民法院认定执行该裁决违背社会

公共利益的，裁定不予执行。仲裁裁决被人民法院裁定不予执行的，当事人可以根据双方达成的书面仲裁协议重新申请仲裁，也可以向人民法院起诉。

(3)争议的法律解决

发包人和承包人在履行合同中发生争议的，可以友好协商解决或者提请争议评审组评审。合同当事人友好协商解决不成、不愿提请争议评审或者不接受争议评审组意见的，可在专用合同条款中约定下列一种方式解决。

①向约定的仲裁委员会申请仲裁。

②向有管辖权的人民法院提起诉讼。

第六章　公路建设项目施工阶段工程造价的计价与控制

第一节　施工企业标后预算

一、标后预算的概念与作用

标后预算是在施工企业中标后，施工前编制的施工预算。它是在中标的合同工程量清单（以下称主合同工程量清单）基础上，将企业费用和项目施工费用重新分解后计算的项目施工总费用，包括直接工程费和其他工程费以及现场管理费，其中直接工程费和其他工程费构成标后预算清单单价。标后预算按照不同的管理阶段可以分为：项目预算（直接）成本、计划预算（直接）成本、实际预算（直接）成本等。

项目预算（直接）成本是在施工准备阶段，根据企业中标的主合同工程量清单预估的工程数量和标后预算清单单价计算的预算成本，是施工企业和项目经理部签订承包经营合同的主要依据。

计划预算（直接）成本是在施工过程中，根据年度生产计划中计划的工程量和标后预算清单单价计算的预算成本，是成本管理中编制成本计划的依据。

实际预算（直接）成本是在施工过程中，根据年（季、月）度发包人批复的支付证书中累计计量工程量和标后预算清单单价计算的预算成本，是企业考核项目经理部成本管理成效的依据。

标后预算在施工企业成本管理中的作用有以下几个方面。

1. 是确定项目经理部目标成本和利润的标准

承包合同的价格是通过招投标方式确定的，它代表了施工企业建筑产品的市场价格，承包工程的标后预算代表了项目施工过程的预算成本价格。两者差额的多少决定了施工企业利润的高低。

在工程成本管理体系中，项目经理部是成本管理中心，企业是利润中心。企业测算的标后预算价格，实际上明确了项目经理部的责任目标成本和应实现的利润目标，企业通过与项目经理部签订经营承包合同，将企业与项目经理部的责、权、利明确下来，企业通过监控、管理承包合同的履行来保证企业实现预定的利润目标。

项目经理部以标后预算作为目标成本，结合项目的实际情况分析、测算项目的阶段性成本控制目标。阶段性成本目标包括总目标、年度目标、季度目标、月度目标。根据阶段性目标编制、下达月度成本计划，明确部门、班组的成本控制指标，落实部门、班组的成本控制责任。

2. 是划分企业与项目经理部合同风险的依据

标后预算一经确定，则与之相对应的合同风险也随之划定。在主合同履行过程中，企业的风险和责任主要表现在工程质量、施工进度以及主合同的履行上。企业作为主合同的一方当事人,承担着全部的责任和义务,对项目的实施承担着监督管理的责任和义务,在项目的组建和实施过程中,在人、财、物方面对项目给予支持并承担合同履行过程中的特殊风险和不可预见风险。项目经理是企业法人代表授权的、代表企业全面履行主合同的代理人。项目经理部既承担着代表企业对主合同工程施工、管理、组织建设的责任和义务,又承担着完成企业下达的各项管理目标的责任和义务。具体地讲,对主合同而言,项目经理部应全面实现质量目标和工期目标,并承担主合同的一般风险;对企业而言,项目经理部应全面实现根据标后预算计算的企业经营目标和各项经济指标。

3.是施工企业经济活动分析的依据

经济核算是施工企业经营管理的基本方法,通过对施工生产中的消耗和施工成本的分析、计算、比较,以货币的形式来衡量其经济效益。它是企业管理的一项重要的工作。

对于施工企业来说,经济核算的内容包括生产成果核算、生产消耗核算和财务成果核算三大内容。其核算的方法也是多种多样的,其中主要有会计核算、统计核算和业务核算三种。不同范围、不同级别的经济核算内容和方法各不相同,但是其主导思想是统一的,其基本方法都是通过下达的各项经营指标与实际经营状况相比较而进行的。

施工企业的经济活动分析是在不同管理范围内分级进行的,如企业的、项目经理部的、班组的、各专业部门的等。项目是企业运营的基本,是企业实现利润的基础,所以,项目的经营状况、项目的盈亏是企业经营管理水平的最终体现,而衡量、分析企业经济活动的依据之一就是项目的标后预算。

4.是企业成本管理的重要环节

项目经理部的经济核算实际上就是以标后预算为尺度进行两个比较:一个是承包合同价与标后预算价的比较,另一个是标后预算价与实际成本价的比较,两个差额之和便是资源消耗的节约量,从而计算出盈亏结果。换句话说,就是通过标后预算这个中间环节,进行以承包合同价为收入与以实际成本消耗为支出的比较,经过工料机成本分析,计算出盈亏结果。

项目经理部的经济活动分析是对经济核算的成果进行系统的分析和研究,它是企业经济核算的继续和深化。通过对经济核算的第一个比较结果的分析研究,找出市场价格与企业平均成本价格的差距,预测盈亏,制订经营对策;通过对经济核算的第二个比较结果的分析研究,找出企业平均成本价格与项目经理部实际成本价格的差距,制订节约资源消耗、提高施工生产效率的可行性措施,在后续的生产经营管理工作中加以改进。把施工生产过程变为一个在确保产品质量和进度的同时,不断降低生产消耗,不断降低施工成本,不断提高经济效益的过程。

5.是项目经理下达各项经营指标的依据

标后预算中的人工、材料、机械台班消耗数量、单价及其预算费用,施工生产进度计划,人工、材料、机械进场计划等由预算工程师提供,项目经理签字,分别下发给劳资、材料和机械管理部门,作为他们业务管理工作的依据和控制标准。下达各项经营指标应是在项目经理部内部调整标后预算之后,以此为依据进行。

二、标后预算与投标报价的异同

在公路建筑市场引进了招投标制度进行承包工程后,不少中标的施工企业,认为有投标过程中编制的报价资料作为施工经营的参考,而且期中结算和期终结算完全依照承包合同中的有关规定执行就足够了，没有再做标后预算的必要，即使编制标后预算，也和投标报价资料相差无几。这样，施工企业在施工过程中，由于受投标报价的各种权宜之计或不尽合理的费用分配等等的局限性、暂时性、灵活性的影响，造成经营依据盲从，出现不少偏差，严重地影响了工程项目的经营效果。在不断地发现问题和总结经验教训之后，施工企业认识到投标报价不能取代标后预算，开始推行标后预算制度，重新建立了标后预算在施工生产经营管理中的地位。

比较投标报价和标后预算，两者的异同主要表现在以下几方面。

1. 性质和目的异同

投标报价是建筑市场竞争承包工程权利的产物，它具有很强的灵活性和随意性，其目的是为投标人获取工程项目的承建权利。当然在致力于达此目的的同时，必须考虑自身的经营能力，以保本、微利的工程价格为报价的起点；标后预算是施工生产经营管理的产物，它具有很强的原则性和严肃性。其目的是承包人在履行承包合同的全过程中，使用标后预算及一整套定额管理办法，来达到以最少的投入获得最佳工程经济效果。

2. 编制依据的异同

相同点是它们的定额依据都是企业预算定额、企业费用定额、企业机械台班费用定额；它们所依据的设计图纸都是招标文件中的图纸；所依据的施工技术规范、计量规则，工程量清单所列工程内容等等是相同的。投标时这些依据属招标文件的内容，中标后属承包合同文件的内容。不同之处是施工组织设计不同，在投标报价阶段的施工组织设计由于时间有限，在拟订施工方案时较为粗糙和存在不完全切合实际的地方。在中标后，施工企业及时组织施工技术和管理人员，重新认真地对所承担的工程建设项目现场进行调查，把投标时的施工组织设计作为参照，对施工现场平面布置、施工方法、施工进度安排及劳动力、机械设备的调配等，在原有基础上进行修订和加以补充，使其成为完全适用的施工组织设计，标后预算应以此为依据进行编制。另外，在编制投标报价时所依据的有关文件是招标文件，而标后预算是按照施工企业发布的有关经营管理方面的文件进行编制的。

3. 编制方法的异同

投标报价有很强的灵活性和随意性。灵活性指编标的方法和技巧上灵活多样，随意性指标价的高低在保证工程成本价格的前提下，随投标人夺标的决心和市场行情而决定。

企业在制定报价时，一般要考虑建设项目资金的来源：是世界银行或其他国际银行贷款的项目，还是国内、省内自筹资金的项目。世界银行贷款的项目往往是按低标中标的原则来评标的，国内项目往往采取以招标标底为标准，上下浮动一个百分比范围作为投标入围的条件，然后对入围的投标人进行施工方案、标价、施工企业实际施工生产能力、投标书的质量等等进行全面评定的办法选择中标人。企业会根据不同的评标原则制定其报价策略。同时企业在决定投标报价之前，还要考虑参加竞争的其他投标单位及其实力以及企业现有承担的工程项目及对此项工程夺标的态度等，这也是决定投标人报价的重要影响因素。

而标后预算在企业内部有很强的政策性、规范性，在制订了最优施工组织设计后，按照企业预算定额、费用定额、标后预算编制办法和企业机械台班费用定额编制出标后预算，一旦经过施工企业有关业务领导部门批准，它就不可随意更改，以此作为承包工程项目经营的依据和施工企业对施工生产单位考核的依据。在编制方法上，它没有灵活性，而是严格依据设计图纸的内容和施工组织设计设定的施工方案，以及承包合同的各种工程质量要求和计量规则，按照标后预算编制办法的规定进行编制，所采用的企业预算定额也不得随意改动。

由此看出,投标报价资料是不能代替标后预算作为施工生产经营的依据的。施工企业要想取得较好的工程经济效果,必须认真做好开工前的标后预算,使整个施工生产过程中的经营管理做到有据可查、心中有底。

4. 清单单价构成的异同

施工企业在投标阶段提交的工程量清单单价是根据招标文件要求,计算得出的企业完成清单子目工作所需要的全部费用,以及预计的利润和按规定应交纳的税金,也即该工程清单子目的价格。标后预算单价是在清单单价的基础上,由企业向项目经理部下达的项目施工预算(直接)成本,是项目经理部在施工过程中需要消耗的直接工程费和其他工程费,也即该工程清单子目的直接成本。

三、标后预算的形式

标后预算是施工企业对所承建的工程在实施前所做的施工费用预算。它包括为完成工程项目所需用的人工、材料和机械费、其他工程费和现场管理费。按照不同的分类标准,标后预算有以下几种形式。

1. 按工程内容分解程度分

标后预算的形式按工程内容分解程度可以分为:

(1)单项工程标后预算。以单项工程为对象编制标后预算,例如一座独立大桥、一段路线工程都是一个单项工程。这种形式的标后预算,有利于施工过程中对各项费用进行专业化管理,标后预算为各专业管理提供有力的控制依据。

(2)单位工程标后预算。以单位工程为对象编制标后预算,例如按桥梁、隧道、路基、路面各单位工程分设项目经理部(或称专业施工队),自负盈亏,统一在全线施工指挥部协调下进行流水作业施工的组织形式。这种形式的标后预算,为施工统一调配和分专业施工提供了生产、经营管理的依据。

2. 按项目管理模式分

标后预算的形式按项目管理模式可以分为:

(1)项目经理部自行组织施工模式。项目经理部自行组织施工的管理模式,是指由企业组建项目经理部,并投入项目施工所需的机械、人力、资金等各种生产要素和资源,由项目经理部直接组织项目施工。在这种管理模式中,标后预算也可以由现场管理费和标后预算清单单价两部分构成,但全部由项目经理部按零利润承包的形式承包,用于项目的组织、管理与工程实体的施工,但标后预算清单单价中仅包含直接工程费用以及其他工程费用,不包含利润和各种税费。在具体组织施工的过程中,可以采取内部作业班组承包的形式,项目经理部可以根据现场实际测算内部作业班组承包单价,由项目经理部对作业班组承包的工程质量、数量以及承包费用定期考核发放。

路面工程项目常采用的是项目经理部自行组织施工的管理模式。

(2)混合模式。即采用两层分离和自行组织施工的混合管理模式。在这种管理模式中,标后预算基本形式也是由现场管理费和标后预算清单单价两部分构成,只是在确定清单单价时,一部分采用企业内部市场定价,如桩基成孔、混凝土、钢筋等细目,该单价中一般包含操作层利润、管理费、直接工程费、其他工程费、各种税费等,企业成本合同部门对这部分单价的管理方法与两层分离模式相同;而其余部分,项目经理部可以根据现场实际,测算内部作业班组的承包单价，由项目经理部对作业班组承包的工程的质量、数量以及人工费进行考核发放。

对于独立大桥，特别是影响较大的高、新、特、难项目，常采用两层分离和自行组织施工的混合管理模式。

3. 按编制阶段和管理程序分

标后预算按编制阶段和管理程序可以分为：

(1)开工阶段标后预算。开工阶段标后预算是在中标后，在中标价的基础上，根据主合同工程量清单中的工程量和本工程编制的实施性施工组织设计和企业的经营管理目标所编制的施工预算。它是施工企业进行成本管理和考核项目经理部经营成果的依据。

(2)施工阶段标后预算。施工阶段标后预算根据管理需要可分为年度预算和年度决算。

标后年度预算是在施工过程中，企业合同管理部门根据年度生产计划中计划的工程量和开工阶段标后预算单价计算出的向项目经理部下达的年度预算成本(计划成本)，它是考核项目经理部成本管理成效的标准。

标后年度决算是在施工过程中，根据年度发包人批复的支付证书累计计量工程量和标后预算单价计算的实际预算成本，通常由企业在年终确认。年度决算与年度预算对比，可以发现工程项目实际进度和计划进度的差异，它是对项目经理部进行年度考核的依据。

(3)竣工阶段标后预算。竣工阶段的标后预算是在工程竣工后，由企业成本、合同部门组织的，以最后支付证书签署的实际完成的累计计量工程量为依据，综合考虑施工全过程实际的资源配置、材料调价、变更索赔等因素的影响，对开工阶段标后预算所进行的一次全面修正和计算。竣工阶段标后预算与开工阶段标后预算进行对比分析可以考核项目经理部最终的经营成果。

四、标后预算的编制

1. 标后预算的编制依据

编制标后预算是一项严肃、细致的工作，标后预算一经施工企业有关领导和管理部门的批准，它就成为衡量下属施工单位经营效果的标准，所以在企业内部它具有很强的权威性。预算工程师应当慎重地对待这一项工作。

在编制标后预算之前，编制人员应赴现场认真考查沿线地形地貌、材料来源情况(包括料场位置、距离、运输方式和运输道路状况等)、场地布置、当地实际普工、技工工资单价和材料供应价格，拆迁房屋、建筑物、电力电信线路等情况，生活设施方案，主副食运距等等，以便与主承包合同文件和中标报价资料进行比较，寻找出与它们的差异，做到心中有数。

为了保证标后预算的编制质量，预算工程师应认真按以下依据进行编制。

(1)主承包合同。包括：中标通知书、合同协议、投标书、合同条款、技术规范、设计图纸、标价的工程量清单等全部内容。

在编制标后预算时，主承包合同总价和工程量清单的单价，以及在投标过程中编制的中标的投标报价资料，是编制标后预算的重要参考。在编制投标报价过程中，预算工程师应首先透彻了解投标的全过程和标价的编制过程。为了某些需要或疏忽大意而存在编标不合理的地方，在编制标后预算时纠正其不合理的部分，采用其正确的，对于提高标后预算的质量是很重要的。

因此，在编制标后预算时，应进一步充分、全面地研究合同，特别是合同专用条件、合同谈判记录、招投标阶段的答疑和澄清文件，认真分析工程量清单中各支付细目所包含的工作内容、附属工程以及合同风险，对原报价清单做出合理的调整。

(2)项目经理部的组成。包括：项目经理部配备的管理人员数量，管理办公设施，如计算机及网络、电话、传真、复印、空调、指挥车辆数量和费用等，项目经理部的驻地建设、临时设施、试验设备、测量设备等，财务费用，宣传和会议费用，财产和人身保险费用支出等。

(3)实施性施工组织设计。在投标报价时制定的施工组织设计是在满足质量和工期要求下编制的纲领性文件，对施工中要采取的一些具体措施还不十分明确。而实施性施工组织设计则是在投标时制定的总体计划下，具体落实到项目经理部组织实施，为达到承包工程项目目标而制定的可行的施工组织设计。

(4)企业预算定额。包括企业内部颁发使用的《公路工程标后预算定额》、《内部机械台班费用定额》，以及企业积累和自行制定的成本价指标、分包单价、工资总额控制、折旧提取、各项费用上缴比例等。在诸多编制标后预算的依据中，企业预算定额不仅是承包工程建筑安装工程费中的人工、材料、机械台班消耗量的主要依据和标准，而且因为它规定了分项工程各自的工作内容和定额的一些换算方法，所以还是计算和摘取工程量的主要依据。

(5)人工工资标准，材料供应价格及运距、运价等。人工工资标准和材料的出厂价及运费等是市场调查取得的，包括工程所在地区工程造价管理单位发布的有关规定、物价调整指数等。

(6)各种费率标准。是指企业内部制定和实施的，一般纳入“标后预算编制办法”。

(7)标后预算编制办法。它除了包括企业内部对其他工程费、现场管理费、企业管理费、预算利润和税金取费标准外，还包括组成标后预算文件的各项内容及统一的表格形式、计算方法等。

(8)其他。企业下达的有关经营管理的文件和规定，以及在投标过程中，建设单位发布的有关工程造价的资料。

2. 标后预算总费用构成

标后预算的总费用与建筑安装工程费用组成相同。从项目管理的角度出发，标后预算的总费用可以划分为上缴企业费、项目预算总成本和税金三项，见图6-1。

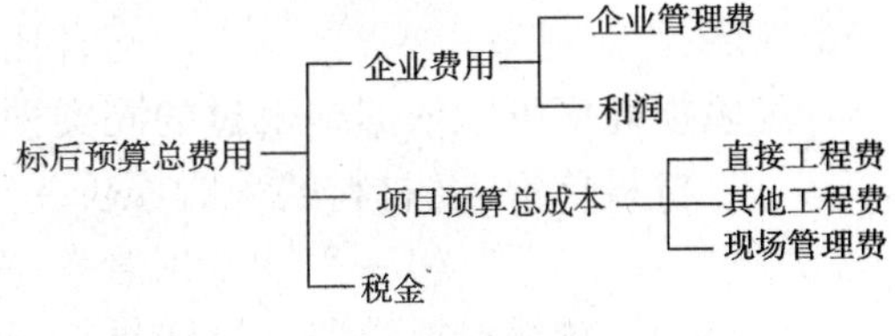

图6-1　标后预算总费用构成

为了便于成本管理以及与投标报价中主合同清单单价进行比较，项目预算总成本采用与主合同工程量清单完全相同的形式编制，其中直接成本的章节划分、工程细目名称、单位、工程数量和工作内容均与主合同工程量清单第200章～第700章相同。即：

$$项目预算总成本=\sum_{1}^{n}(标后预算清单单价\times清单工程量)+现场管理费 \tag{6-1}$$

$$标后预算清单单价=某工程细目(单位直接工程费+单位其他工程费) \tag{6-2}$$

3. 编制方法

标后预算的费用包括：直接工程费、其他工程费、现场管理费三项。

1)直接工程费

直接工程费指施工过程中耗费的构成工程实体和有助于工程形成的各项费用。影响直接工程费高低的因素有三个方面：一是工程量；二是单位实体工、料、机资源的消耗数量；三是各种资源的单价。工程量发包人在工程量清单中已列明，因此，标后预算清单细目的工程量与报价单同一细目的工程量相同；单位实体人工和机械的消耗数量一般采用企业定额或根据实施性施工组织设计中计划配置的人力资源、机械设备配套计算；材料消耗量可以根据设计数量和混合料目标配合比计算，并参考同地区同类项目的历史消耗量等分析测算得出；对于从未施工过、没有历史资料的细目，单位实体消耗量也可以部颁定额作为补充；对于新技术、新工艺、新结构的工程项目，既无定额可查，也无历史数据可供参考，可以暂估一个总额价。人工和机械台班的单价可以按照企业实际测算确定，材料的预算单价应按实际采购单价并考虑一定场外运输损耗计算。

(1)人工费的计算。人工费是指直接从事建筑安装的生产工人开支的各项费用。生产工人主要指钢筋工、混凝土工、辅助工、普工等。人工费的测算方法根据项目经理部的管理模式确定。

如果采取内部班组承包形式或者劳务分包形式的，可以根据市场行情和合同谈判情况，测算分包单价。

人工费 = 承包(分包)单价 × 承包(分包)工程量　　(6-3)

如果项目经理部自己组织施工的，可按施工组织设计配备的生产工人数量、辅助生产工人数量和计划工期，结合其月平均工资和工资附加费进行测算。

人工费 =(月平均工资 + 工资附加费) × 用工数量 × 计划工期(月)　　(6-4)

(2)材料费的计算。材料费是指施工过程中耗用的构成工程实体的各种原材料、辅助材料、构(配)件、零件、半成品、成品的用量以及周转材料摊销量，根据工程所在地的材料市场价格计算的费用。

工程实体材料费用 = ∑(工程实体各种材料消耗量 × 相应材料单价)　　(6-5)

钢筋、钢绞线、型钢、钢管等材料消耗量 = 设计图纸的设计工程量 ×(1 + 经验损耗率)　　(6-6)

混合料中各种原材料消耗量 = 设计图纸的设计工程量 × 工地试验室的生产配合比中该材料所占的比率 ×(1 + 经验损耗率)　　(6-7)

经验损耗率可以依据施工过的同类项目的历史经验数据确定。

材料单价 =(材料的采购原价 + 运杂费) ×(1 + 场外运输损耗率) ×(1 + 采购及保管费率) - 包装品回收价值　　(6-8)

周转材料摊销费 = 周转材料设计数量 × 单价 × 摊销率 × 计划使用时间　　(6-9)

周转材料设计数量按照实施性施工组织设计中某单项工程设计用量(如模板设计、平台设计、脚手架设计等)计算。

周转材料单价 =(材料的采购原价 + 运杂费) ×(1 + 采购及保管费率)　　(6-10)

周转材料摊销率按企业财务部门规定计算。

如周转材料为租赁的，则周转材料费按租赁合同的租金计算，一般计算式为：

租金 = 数量 × 租赁单价 × 租赁时间　　(6-11)

(3)机械费的计算。根据施工组织设计提供的机械设备配备情况，分租赁和自有两种情况计算机械费用。

①自有机械

$$自有机械总费用 = \sum 某种机械型号的不变费用 + 可变费用 \tag{6-12}$$

机械设备种类、数量和计划使用时间按实施性施工组织设计进行计算。

不变费用包括折旧费、维修费和安装拆卸及辅助设施费。

$$折旧费 = 设备原值 \times 年折旧率 \times 使用时间(年) \tag{6-13}$$

其中年折旧率按企业财务部门规定进行测算。维修费和安装拆卸及辅助设施费根据经验数据计算。

可变费用包括:燃、油料费,电费,机驾人员工资,车船使用税等。可按以下方法计算:

燃油费包括汽油、柴油和重油,根据各机械设备的吨·公里耗油量或小时耗油量测算总耗油量,或以经验数据测算总耗油量,再乘以各燃油料的市场单价计算。

电费根据机械设备铭牌标注的额定功率和预计使用时间计算用电量,再乘以电的单价得到。

$$机驾人员工资总额 = (月平均工资 + 工资附加费) \times 人数 \times 时间 \tag{6-14}$$

车船使用税按实际缴纳计算。

②租赁机械

根据租赁合同确定计算方法。如果租赁合同约定机驾人员工资、油料、维修等使用费由项目经理部承担,则:

$$机械租赁费 = \sum [(机械租赁单价 + 使用费) \times 租赁数量 \times 租赁时间] \tag{6-15}$$

如果租赁合同约定机驾人员工资、油料、维修等使用费由出租方承担,则:

$$机械租赁费 = \sum (租赁单价 \times 租赁数量 \times 租赁时间) \tag{6-16}$$

2)其他工程费

其他工程费是指直接工程费以外施工过程中发生的直接用于工程的费用。其内容包括冬季施工增加费、雨季施工增加费、夜间施工增加费、特殊地区施工增加费、临时设施费、行车干扰工程施工增加费、施工辅助费等。编制标后预算时,应根据项目可能遇到的实际情况,并结合实施性施工组织设计中的相关内容进行估算,也可以参考企业的相关费用定额进行计算。

3)现场管理费

(1)现场管理费的计算。现场管理费是指企业在现场为组织和管理工程施工所需的费用。

①保险费。承包人为了防范风险自行为施工生产用财产、机械设备以及职工人身安全等购买的保险所支出的费用,按实际发生计算。

②安全措施费。根据发包人要求和项目经理部实际情况进行测算。

③管理人员工资。根据企业有关定岗、定员及工资总额控制的规定及项目计划工期、项目规模进行测算。

④工资附加费。以管理人员工资总额为基数,按 67% 的比率进行测算,即工资附加费 = 管理人员工资总额 ×67%(工资附加费包括内容及提取比率为:职工福利费 14%,工会经费 2%,职工教育经费 1.5%,职工养老统筹 20%,失业保险 2.5%,住房补贴 20%,医疗保险 7%,提取比率合计 67%)。

⑤指挥车辆使用费。根据企业规定的项目应配备的指挥车辆数量和固定资产折旧率标准及其购买的原值、项目计划工期测算应计提的折旧费;保险费、审验费和购置税等根据实际发生的计列;维修费、燃油费和过路(桥)费,则根据车辆使用中的经验数据和计划工期预测或按

实际发生的计列;机驾人员工资总额根据企业核定的月平均工资和计划工期计算。如果为租赁的车辆,根据合同约定的租赁单价和租赁时间计算租赁费用总额。

⑥通信费、办公费、水电费、差旅交通费、取暖降温费等根据项目的规模、计划工期和经验数据计算。

(2)工地转移费。根据实际发生计列。

(3)财务费用。根据工程规模、企业投入的流动资金情况、项目经理部资金情况进行测算。

(4)不可预见费。根据工程规模、技术含量、施工难易度、市场环境等风险因素进行预测。

(5)税金。根据项目应缴纳的综合税率,以有效合同价为基数计算。

(6)其他费用

①业务招待费按企业和财政部有关规定进行测算。

②投标费按实际发生的计列。

③缺陷责任期费用根据工程规模、缺陷责任期时间和留守人员等情况,按经验数据测算。

(7)100 章费用总额

①保险费包括按合同条款要求办理的工程一切险、第三方责任险,按实际发生的计列。

②竣工文件费根据工程规模和发包人要求,按经验数据测算。

③施工环保费根据工程规模和施工特点及发包人的要求等,按实际发生或经验数据测算。在测算时,注意不要与"安全措施费"重项。

④临时道路修建、养护与拆除和临时工程用地、临时供电设施、电讯设施、供水与排污设施费。如有施工图纸的,根据图纸工程量进行统计测算,如没有图纸的,根据工程规模和工程特点及发包人的要求,按实际发生或按经验数据进行测算。

⑤承包人驻地建设。承包人驻地建设费用包括:经理部驻地建设费用、其他生产用固定资产使用费和工具用具使用费。

经理部驻地建设费用,根据企业有关规定和项目实际情况以及发包人要求进行经理部驻地建设的总体设计图纸计算。

其他生产用固定资产使用费,指项目管理所需属于固定资产的电脑、摄像机、复印机等办公用具的折旧费、维修费,折旧费根据财政、税务以及企业财务部门规定的固定资产折旧率标准进行测算,维修费按经验数据或实际发生的测算。

工具用具使用费,指项目管理使用的不属于固定资产的工具、器具、家具、交通工具、消防、医疗等的购置和维修费。对此类费用根据项目实际配置情况或根据经验进行测算。

五、标后预算的管理程序

1. 编制标后预算

企业预算人员在经过充分调查,掌握施工现场条件、项目经理部的具体配备、实施性施工组织设计以及各项资源价格的基础上,依据项目主合同文件、施工企业定额、标后预算编制办法和规定等,编制项目的标后预算。

2. 与项目经理部协商标后预算

标后预算编制完成后,应充分与项目经理部进行沟通和协商,以确保标后预算的合理性和项目经理部执行标后预算的积极性。与单纯靠行政命令向项目经理部下达标后预算的方式相比，采用标后预算协商的方式，充分体现了企业人性化管理的思想。与项目经理部协商标后预算的方式一般通过下发协商函、项目经理部反馈意见、与项目经理部沟通协商、最终统一意见达成共识的过程来完成。

标后预算协商函的主要内容包括：项目的有效合同价；初步确定的项目预算总成本；项目应上缴的费用以及项目经理部提出反馈意见的时间要求。

3. 下达标后预算

由于标后预算在下达前，与项目经理部进行了充分的协商，企业与项目经理部就项目预算成本已达成一致，因此，企业可以以文件的形式直接下达给项目经理部，也可以作为项目承包经营合同的组成部分，以合同的形式与项目经理部形成经济契约关系。

4. 考核标后预算

(1)考核内容

标后预算考核的内容包括项目经营目标和项目应上缴企业的其他各项费用。项目经营目标一般包括：项目预算总成本目标、企业费用目标、合同管理目标以及应缴纳的税费目标；项目应上缴企业的其他各项费用是指按照财务制度规定应上缴企业，但是在编制标后预算时已计入项目成本中的企业职工工资附加费、三金，以及施工机械折旧费和大修费、周转材料摊销费等，见图 6-2 ~ 图 6-3。

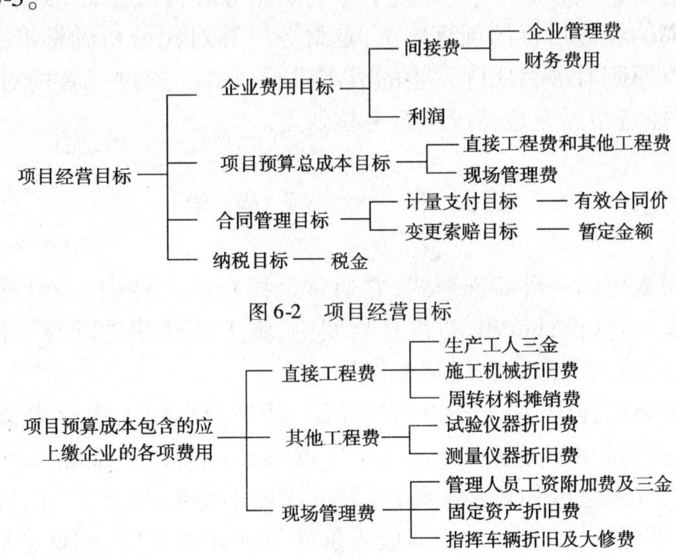

图 6-2　项目经营目标

图 6-3　项目预算成本包含的应上缴企业的其他各项费用

在项目经营目标中，企业费用目标、项目预算总成本目标和纳税目标均是以主合同清单预估工程量计算的。其中项目预算总成本是项目成本控制的最高限额，企业费用是项目应确保实现的最低目标。合同管理目标包括质量、进度、效益等多种目标，标后预算考核中只考虑有效合同价额度内的计量支付目标和暂定金额额度内的变更索赔目标。有效合同价是以预估工程数量和主合同清单单价为基数计算的，通过严格的中期计量支付审批程序得到的费用款项。因此，项目考核应以有效合同价作为计量支付的目标。暂定金额是由发包人掌控，通过严格的审批程序才能动用的金额。合同管理的目标就是尽可能多的完成暂定金额。

对标后预算经营目标和各项经济指标完成情况的考核认定、奖罚兑现构成了考核兑现体系。标后预算考核兑现体系由标后预算年度决算、年度预算指标与年度决算指标对比分析、标后预算竣工决算、标后预算指标与标后预算竣工决算指标对比分析、标后预算竣工决算指标与财务核算指标对比分析、超额利润确认、审计、年度考核、年度预兑现、竣工考核、竣工总兑现等组成。

(2)项目的年度考核

年度考核是将标后预算年度决算得出的各项经营目标和经济指标与年度预算的各项经营目标和经济指标进行对比分析,确认项目经理部年度的经营管理效果,并依据对比分析结果对项目经理部进行预兑现。年度考核工作由企业成本合同部门牵头,人力资源、财务、审计等部门参加,共同组成考核小组。考核小组应指导项目经理部对偏差形成的原因进行分析,制订纠正和改进措施,并在下一个年度进行改进。

(3)竣工考核

标后预算竣工考核是根据标后预算竣工决算结果与开工时下达的标后预算进行对比分析,以及与财务决算结果进行对比分析,经审计后,确认项目经理部的经营成果和各项经济指标是否完成,并对项目经理部进行考核总兑现。开工时下达的标后预算主要是以预估的工程量、计划投入的各项资源测算项目的标后预算单价,并据此计算项目预期的经营目标,是考核项目经理部经营成果是否完成的基础标准;标后预算竣工决算是根据项目竣工文件和实际投入的各项资源计算的项目预算成本、实际应上缴的费用等经营目标,按实际完成的计量工程量对开工时测算的预期的经营目标的预算修正,是财务决算对比分析的标准。财务决算主要是根据财务制度和核算原则对项目实际发生的成本进行决算。通过三者的对比分析,对项目经理部经营成果、各项经济指标完成情况进行考核认定。

第二节 工程变更

工程变更是合同变更的一种特殊形式,它通常是指合同文件中"设计图纸"、"技术规范"或工程量清单的改变,包括设计变更、进度计划变更、施工条件变更以及工程量清单中工作内容或数量的变更,如取消某工作或新增某工作等。

在工程项目的实施过程中,由于多方面的原因,经常会出现工程形式、数量、性质、进度等方面变化的问题,这些问题的产生,一方面是由于勘察设计工作不细致,以致在施工过程中发现许多招标文件中没有考虑或估算不准确的情况,因而不得不改变施工项目或增减工程量;另一方面,是由于发生不可预见的事件,比如地质条件与预计的不同,或社会原因引起的停工或工期拖延等。工程变更的目的是为了使工程更完善、合理或有利于工程的实施。因此,一旦发生工程变更,应遵循合同条款规定进行。

一、工程变更的范围和程序

1. 工程变更范围

《标准施工招标文件》(2007年)通用合同条款15.1规定工程变更的范围包括:

(1)取消合同中任何一项工作,但被取消的工作不能转由发包人或其他人实施。

(2)改变合同中任何一项工作的质量或其他特性。

(3)改变合同工程的基线、标高、位置或尺寸。

(4)改变合同中任何一项工作的施工时间或改变已批准的施工工艺或顺序。

(5)为完成工程需要追加的额外工作。

对于条款(1),公路工程专用合同条款又规定:由于承包人违约造成的情况除外。

在合同履行过程中,如果监理人、发包人和承包人发现出现上述约定情形的,均可提出变更建议,但变更指示只能由监理人发出。监理人发出的变更指示应说明变更的目的、范围、变更内容以及变更的工程量及其进度和技术要求,并附有关图纸和文件。承包人收到变更指示后,应按变更指示进行变更工作。没有监理人的变更指示,承包人不能进行任何变更。

2. 工程变更程序

根据通用合同条款 3.5、15.3、15.4 和 17.6.2 款的规定,工程变更的程序如图 6-4 所示。

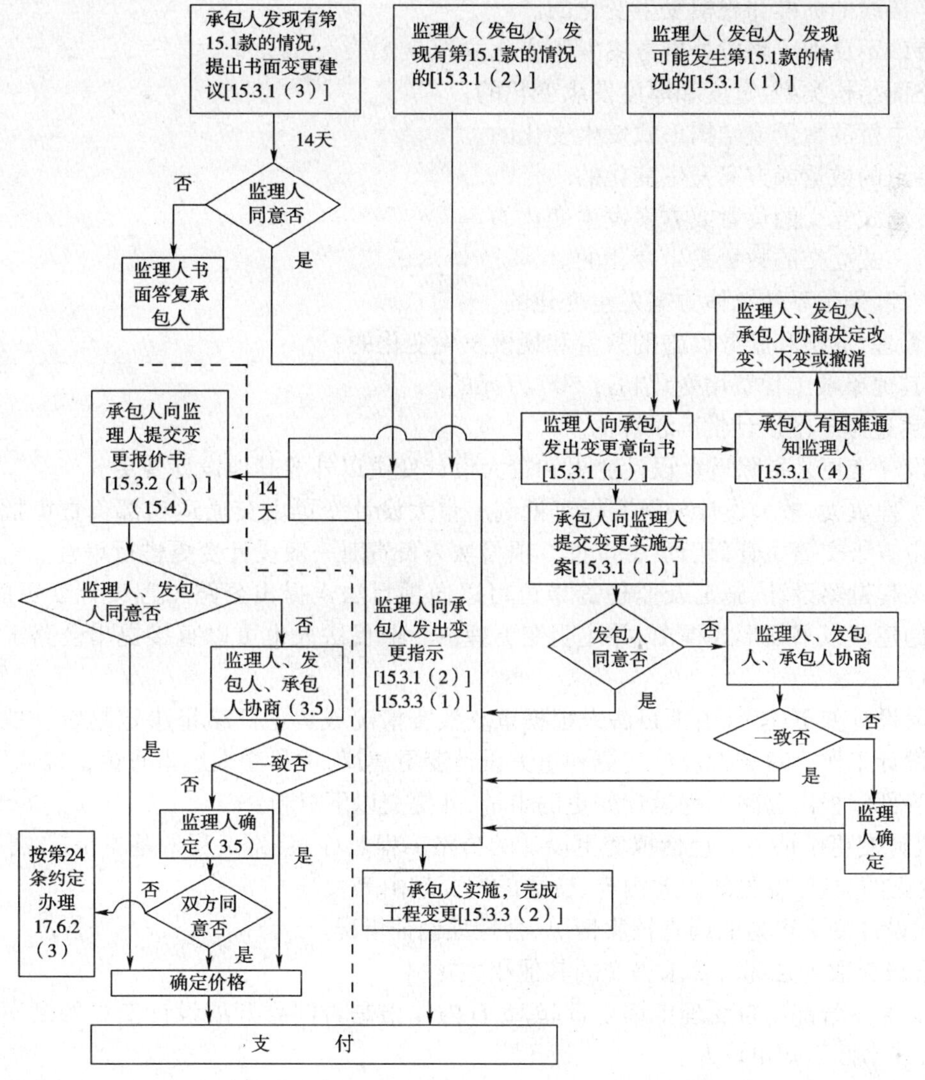

图 6-4　工程变更程序

按照交通运输部《公路工程设计变更管理办法》(原交通部令 2005 年第 5 号),公路工程设计变更分为重大设计变更、较大设计变更和一般设计变更。

有下列情形之一的属于重大设计变更:

(1)连续长度10km以上的路线方案调整的。

(2)特大桥的数量或结构形式发生变化的。

(3)特长隧道的数量或通风方案发生变化的。

(4)互通式立交的数量发生变化的。

(5)收费方式及站点位置、规模发生变化的。

(6)超过初步设计批准概算的。

有下列情形之一的属于较大设计变更。

(1)连续长度2km以上的路线方案调整的。

(2)连接线的标准和规模发生变化的。

(3)特殊不良地质路段处置方案发生变化的。

(4)路面结构类型、宽度和厚度发生变化的。

(5)大中桥的数量或结构形式发生变化的。

(6)隧道的数量或方案发生变化的。

(7)互通式立交的位置或方案发生变化的。

(8)分离式立交的数量发生变化的。

(9)监控、通信系统总体方案发生变化的。

(10)管理、养护和服务设施的数量和规模发生变化的。

(11)其他单项工程费用变化超过500万元的。

(12)超过施工图设计批准预算的。

一般设计变更是指除重大设计变更和较大设计变更以外的其他设计变更。

公路工程重大、较大设计变更实行审批制。重大设计变更由交通运输部负责审批。较大设计变更由省级交通主管部门负责审批。项目法人负责对一般设计变更进行审查。

公路工程勘察设计、施工及监理等单位可以向项目法人提出公路工程设计变更的建议。设计变更的建议以书面形式提出,并注明变更理由。项目法人也可以直接提出公路工程设计变更的建议。

对一般设计变更建议,由项目法人根据审查核实情况或者论证结果决定是否开展设计变更的勘察设计工作。对较大设计变更和重大设计变更建议,项目法人经审查论证确认后,向省级交通主管部门提出公路工程设计变更的申请,并提交以下材料:

(1)设计变更申请书。包括拟变更设计的公路工程名称、公路工程的基本情况、原设计单位、设计变更的类别、变更的主要内容、变更的主要理由等。

(2)对设计变更申请的调查核实情况、合理性论证情况。

(3)省级交通主管部门要求提交的其他相关材料。

省级交通主管部门自受理申请之日起15日内作出是否同意开展设计变更的勘察设计工作的决定,并书面通知申请人。

设计变更的勘察设计由公路工程的原勘察设计单位承担。经原勘察设计单位书面同意,项目法人也可以选择其他具有相应资质的勘察设计单位承担。设计变更勘察设计单位应及时完成勘察设计,形成设计变更文件,并对设计变更文件承担相应责任。

设计变更文件完成后,项目法人组织对设计变更文件进行审查。一般设计变更文件由项目法人审查确认后决定是否实施。项目法人应当在15日内完成审查确认工作。重大及较大设计变更文件经项目法人审查确认后报省级交通主管部门审查。其中,重大设计变更文件由省级交通主管部门审查后报交通运输部批准;较大设计变更文件由省级交通主管部门批准,并报交通运输部备案。若设计变更与可行性研究报告批复内容不一致,应征得原可行性研究报告批复部门的同意。

项目法人在报审设计变更文件时,应提交以下材料:

(1)设计变更说明。

(2)设计变更的勘察设计图纸及原设计相应图纸。

(3)工程量、投资变化对照清单和分项概、预算文件。

设计变更文件的审批应当在20日内完成。无正当理由,超过审批时间未对设计变更文件的审查予以答复的,视为同意。需要专家评审的,所需时间不计算在上述期限内。审批机关应当将所需时间书面告知申请人。

对需要进行紧急抢险的公路工程设计变更,项目法人可先进行紧急抢险处理,同时按照规定的程序办理设计变更审批手续,并附相关的影像资料说明紧急抢险的情形。

二、工程变更估价

1. 变更估价的原则

《公路工程标准施工招标文件》(2009年)专用合同条款15.4款给出了估价的原则,一般在变更估价时:

(1)如果取消某项工作,则该项工作的总额价不予以支付。

(2)已标价工程量清单中有适用于变更工作的子目的,采用该子目的单价。

(3)已标价工程量清单中无适用于变更工作的子目,但有类似子目的,可在合理范围内参照类似子目的单价,由监理人按合同规定商定或确定变更工作的单价。

(4)已标价工程量清单中无适用或类似子目的单价,可在综合考虑承包人在投标时所提供的单价分析表的基础上,由监理人按合同规定商定或确定变更工作的单价。

(5)如果本工程的变更指示是因承包人过错、承包人违反合同或承包人责任造成的,则这种违约引起的任何额外费用应由承包人承担。

2. 变更估价方法

对于变更工程单价的确定,在实践中有以下方法。

(1)以合同单价为基础定价

如某合同中沥青路面原设计厚度为4cm,其单价为36元/m^2,现设计变更为厚度5cm,则变更后路面的单价为:$5/4 \times 36 = 45$(元/m^2)。

这种方法的特点是简单且有合同依据。但不足是合同单价是由不变成本和可变成本构成,可变成本随着工程量的增加而增加,不变成本是相对固定的,当工程量增加时,分摊在合同单价中的不定成本下降,而不是随着工程量的增加而增加。

(2)以概预算方法为基础定价

按照概预算方法确定单价时,应首先确定施工方案和施工方法,其次确定资源的价格,之后按照定额和编制办法确定其预算单价。预算单价乘以投标报价的降幅后确定单价。

这种方法的优点是有法律依据,产生的价格相对合理,能真实地反映完成变更工程的成本和利润。其缺点是不同的施工方案和施工方法单价不同,概预算的方法反映的是社会平均水平，不能反映承包人的实际水平和市场竞争对价格的影响，特别是当承包人采用了不平衡报价时，以概预算方法确定的工程变更单价，可能会加剧总造价的不合理性。

(3)合理差价定价法

合理的定价方法是在考虑单价时，在保持原有报价不受实质影响的前提下，对新增工程量部分以合理定价的差价计算，变更工程的新单价是在承包人原有报价的基础上加上合理定价的差价。如某合同中沥青路面原设计厚度为4cm，其合理单价为40元/m^2。现设计变更为厚度5cm，其合理单价为49.5元/m^2。承包人的原报价是32元/m^2，则变更后的新单价为：32 + (49.6 - 40) = 41.6元/m^2。

这种方法体现了工程变更定价的一般原则，即工程变更不改变承包人在报价时的状态，承包人不因工程变更而额外受益，也不因工程变更而受损。

第三节 工程索赔

索赔是工程承包合同履行中，当事人一方因对方不履行或不完全履行既定的义务，或者由于对方的行为使权利人受到损失时，要求对方补偿损失的权利。所以从理论上讲，索赔是双方面的，不仅承包人可以向发包人索赔，发包人同样也可以向承包人索赔。索赔是工程承包中经常发生并随处可见的正常现象。由于施工现场条件、气候条件的变化，施工进度的变化以及合同条款、规范和施工图纸的变更、差异、延误等因素的影响，使得工程承包中不可避免地出现索赔，进而导致项目的工程造价发生变化。因此，索赔的控制将是建设工程施工阶段造价控制的重要手段。

一、工程索赔的起因和分类

1. 索赔的起因

引起索赔的原因是多种多样的，有的是因发包人违约或监理人的不当行为引起的，也有的是因现场条件、工程变更、有关政策和法令变更等引起的。

(1)发包人违约

发包人违约常常表现为发包人或监理人未能按合同规定为承包人提供得以顺利施工的条件。《标准施工招标文件》通用合同条款约定的有：

①发包人未能按合同约定支付预付款或合同价款，或拖延、拒绝批准付款申请和支付凭证，导致付款延误的。

②发包人原因造成停工的。

③监理人无正当理由没有在约定期限内发出复工指示，导致承包人无法复工的。

④发包人无法继续履行或明确表示不履行或实质上已停止履行合同的。

⑤发包人不履行合同约定其他义务的。

(2)合同缺陷

合同缺陷常常表现为合同文件规定不严谨甚至矛盾、合同中的遗漏或错误，这不仅包括商务条款中的缺陷，也包括技术规范和图纸中的缺陷。在这种情况下，监理人有权做出解释。但如果承包人执行监理人的解释后引起成本增加或工期延长，则承包人可以为此提出索赔，监理人应给予证明，发包人应给予补偿。一般情况下，发包人作为合同起草人，他要对合同中的缺陷负责，除非其中有非常明显的含糊或其他缺陷，根据法律可以推定承包人有义务在投标前发现并及时向发包人指出。

(3)不利物质条件

不利物质条件通常是指承包人在施工现场遇到的不可预见的自然物质条件、非自然的物质障碍和污染物，包括地下和水文条件，但不包括气候条件。合同中一般约定，承包人遇到不利物质条件时，应采取适应不利物质条件的合理措施继续施工，并通知监理人。监理人发出指示，指示构成变更的，按有关变更的约定处理。监理人没有发出指示的，承包人因采取合理措施而增加的费用和(或)工期延误，由发包人承担。监理人发出的指示不构成变更时，承包人因采取合理措施而增加的费用和(或)工期延误，也应由发包人承担。

(4)工程变更

工程变更常常表现为设计变更、施工方法变更、追加或取消某些工作、合同规定的其他变更等。变更可以由发包人、工程师或承包人提出。这种变更是指在原合同范围内的变更，即有经验的承包人意料之中的变更，否则承包人可以拒绝，其判断标准是，变更是否与原工程有关，其目的是不是为了实现工程合同的总目标。工程变更与索赔有密切的关系。在实际工作中、可以把工程变更分为变更及相应的索赔两个部分，即把事先可以确定费用、双方签订了变更令的变更归入"工程变更"办理。把变更当时无法预知的费用或双方没有达成一致的变更价格，事后再由承包人以索赔形式提出补偿要求的变更归入"索赔"办理。事实上，合同中也作出规定，如果对于一项变更，监理人和承包人之间无法对其估价取得一致意见，则将监理人决定的价格值列入"工程变更"，剩余差额待承包人以索赔的形式提出后再按"索赔"进行处理。

(5)国家政策及法律、法令变更

国家政策及法律、法令变更，通常是指直接影响到工程造价的某些法律、法令的变更，比如限制进口、外汇管制或税收及其他收费标准的提高。国家的政策和法律、法令是承包人投标时编制报价的重要依据之一。通常合同都规定：投标截止日期之前的第 28 天以后，如果工程所在国法律或政策的变更导致承包人施工费用增加，则发包人应向承包人补偿该增加值；相反，如果导致费用减少，则也应由发包人受益。

(6)其他承包人干扰

其他承包人干扰通常是指因其他承包人未能按时按质按量进行并完成某工作，各承包人之间配合协调不好等而给承包人工作带来的干扰。大中型土建工程，往往会有多个承包人同时在现场施工。特别是高等级公路建设，一般分为几个标段，每个标段由不同的承包人承担，由于各承包人之间没有合同关系，他们只各自与发包人存在合同关系，监理人作为发包人代理人有责任组织协调好各承包人之间的工作，否则，就会给整个工程和各承包人的工作带来严重影响引起承包人索赔。

2. 索赔的类型

由于索赔贯穿于工程项目全过程，可能发生的范围比较广泛，其分类随标准、方法不同而不同，主要有以下几种分类方法。

(1)按索赔的依据分类

按索赔的依据，索赔可分为：

①合同内索赔。合同内索赔是指索赔所涉及的内容可以在合同条款中找到依据，并可根

据合同规定明确划分责任。一般情况下,合同内索赔的处理和解决要顺利一些。

②合同外索赔。合同外索赔是指索赔的内容和权利难以在合同条款中找到依据,但可从合同引申含义和合同适用法律或政府颁发的有关法规中找到索赔的依据。

(2)按索赔目标分类

按索赔目标或要求,索赔可分为:

①工期索赔。即由于非承包人自身原因造成拖期的,承包人要求发包人延长工期,推迟竣工日期,避免违约误期罚款等。

②费用索赔。即要求发包人补偿费用损失,调整合同价格,弥补经济损失。

(3)按索赔事件的性质分类

按索赔事件的性质,索赔又可分为:

①工程延误索赔。因发包人未按合同要求提供施工条件,如未及时交付设计图纸、施工现场、道路等,或因发包人指令工程暂停或不可抗力事件等原因造成工期拖延的,承包人对此提出索赔。这是工程中常见的一类索赔。

②工程变更索赔。由于发包人或监理人指令增加或减少工程量或增加附加工程、修改设计、变更工程顺序等,造成工期延长和费用增加,承包人对此提出索赔。

③工程终止索赔。由于发包人违约或发生了不可抗力事件等造成工程非正常终止,承包人因蒙受经济损失而提出索赔。

④施工加速索赔。由于发包人或监理人指令承包人加快施工速度,缩短工期,引起承包人人、财、物的额外开支而提出的索赔。

⑤意外风险和不可预见因素索赔。在工程实施过程中,因人力不可抗拒的自然灾害、特殊风险以及一个有经验的承包人通常不能合理预见的不利施工条件或外界障碍,如地下水、地质断层、溶洞、地下障碍物等引起的索赔。

⑥其他索赔。如因货币贬值、汇率变化、物价上涨、政策法令变化等原因引起的索赔。

(4)按索赔处理方式分类

按索赔处理方式,索赔可分为:

①单项索赔。单项索赔是针对某一干扰事件提出的,在影响原合同正常运行的干扰事件发生时或发生后,由合同管理人员立即处理,并在合同规定的索赔有效期内向责任方提交索赔要求和报告。单项索赔通常原因单一,责任单一,分析起来相对容易,由于涉及的金额一般较小,双方容易达成协议,处理起来也比较简单。因此,合同双方应尽可能地用此种方式来处理索赔。

②综合索赔。综合索赔又称一揽子索赔,一般在工程竣工前和工程移交前,承包人将工程实施过程中因各种原因未能及时解决的单项索赔集中起来进行综合考虑,提出一份综合索赔报告,由合同双方在工程交付前后进行最终谈判,以一揽子方案解决索赔问题。在合同实施过程中,有些单项索赔问题比较复杂,不能立即解决,为不影响工程进度,经双方协商同意后留待以后解决。有的是发包人或监理人对索赔采用拖延办法,迟迟不作答复,使索赔谈判旷日持久。还有的是承包人因自身原因,未能及时采用单项索赔方式等,都有可能出现一揽子索赔。由于在一揽子索赔中许多干扰事件交织在一起,影响因素比较复杂而且相互交叉,责任分析和索赔值计算都很困难,索赔涉及的金额往往又很大,双方都不愿或不容易做出让步,使索赔的谈判和处理都很困难。因此,综合索赔的成功率比单项索赔要低得多。

二、索赔处理原则

1. 索赔必须以合同为依据

不论是风险事件的发生，还是当事人不完成合同工作，都必须在合同中找到相应的依据，这些依据可以是明示的，也可以是隐含的。监理人依据合同和事实对索赔进行处理是其公平性的重要体现。在不同的合同条件下，这些依据很可能是不同的。如因为不可抗力导致的索赔，在国内《标准施工招标文件》的合同条款中，承包人机械设备损坏的损失，是由承包人承担的，不能向发包人索赔；但在 FIDIC 合同条件下，不可抗力事件一般都列为发包人承担的风险，损失都应当由发包人承担。如果到了具体的合同中，各个合同的协议条款不同，其依据的差别就更大了。《标准施工招标文件》中规定的可以索赔条款见表 6-1。

可以合理补偿承包人索赔的条款　　表 6-1

序号	条款号	主要内容	可补偿内容		
			工期	费用	利润
1	1.10.1	施工过程发现文物、古迹以及其他遗迹、化石、钱币或物品	√	√	
2	4.11.2	承包人遇到不利物质条件	√	√	
3	5.2.4	发包人要求向承包人提前交付材料和工程设备		√	
4	5.2.6	发包人提供的材料和工程设备不符合合同要求	√	√	√
5	8.3	发包人提供基准资料错误导致承包人的返工或造成工程损失	√	√	√
6	11.3	发包人的原因造成工期延误	√	√	√
7	11.4	异常恶劣的气候条件	√		
8	11.6	发包人要求承包人提前竣工		√	
9	12.2	发包人原因引起的暂停施工	√	√	√
10	12.4.2	发包人原因造成暂停施工后无法按时复工	√	√	√
11	13.1.3	发包人原因造成工程质量达不到合同约定验收标准的	√	√	√
12	13.5.3	监理人对隐蔽工程重新检查，经检验证明工程质量符合合同要求的	√	√	√
13	16.2	法律变化引起的价格调整		√	
14	18.4.2	发包人在全部工程竣工前，使用已接收的单位工程导致承包人费用增加	√	√	√
15	18.6.2	发包人的原因导致试运行失败的		√	√
16	19.2	发包人原因导致的工程缺陷和损失		√	√
17	21.3.1	不可抗力	√		

2. 及时、合理地处理索赔

索赔事件发生后，索赔的提出应当及时，索赔的处理也应当及时。索赔处理不及时，对双方都会产生不利的影响，如承包人的索赔长期得不到合理解决，索赔积累的结果会导致其资金困难，同时会影响工程进度，给双方都带来不利影响。处理索赔还必须坚持合理性原则，既考虑到国家的有关规定，也应当考虑到工程的实际情况。如：承包人提出索赔要求，机械停工按照机械台班单价计算损失显然是不合理的，因为机械停工不发生运行费用。

3. 加强主动控制,减少工程索赔

对于工程索赔应当加强主动控制,尽量减少索赔。这就要求在工程管理过程中,应当尽量将工作做在前面,减少索赔事件的发生。这样能够使工程更顺利地进行,降低工程投资、减少施工工期。

三、费用索赔

1. 承包人向发包人的费用索赔

承包人向发包人的费用索赔是指承包人在非自身因素影响下而遭受经济损失时向发包人提出补偿其额外费用损失的要求,是承包人根据合同条款的有关规定,向发包人索取的合同价款以外的费用。

1)可索赔的费用

施工费用一般由可变费用和不变费用构成,引起可变费用增加的可能:一是停工损失和生产效率下降,二是增加工作,三是物价因素。

(1)工、料、机费

$$\text{人工费索赔值} = \text{人工工时增加费} + \text{停工损失和劳动生产率降低损失费} \tag{6-17}$$

$$\text{材料费索赔值} = \text{材料单价上涨费} + \text{材料用量增加费} \tag{6-18}$$

$$\begin{aligned}\text{机械费索赔值} = &\text{自有施工机械增加费} + \text{租赁机械增加费(包括必要的机械进出场费)} + \\ &\text{机械设备闲置损失费}\end{aligned} \tag{6-19}$$

其中增加工作内容的人工费应按照计日工费计算,而停工损失费和工作效率降低的损失费按窝工费计算,窝工费的标准双方应在合同中约定。当工作内容增加引起机械费索赔时,可以按照机械台班费计算;因窝工引起的机械费索赔,如果施工机械属于施工企业自有时,按照机械折旧费计算索赔费用;当施工机械是施工企业从外部租赁时,索赔费用可以按照设备租赁费计算。

(2)管理费

施工管理费一般由两部分组成:现场管理费和企业管理费。按照成本管理的费用划分标准,现场管理费构成直接费,是直接用于本工程的管理费用,一般是在直接费的基础上计算的;企业管理费构成间接费,是企业间接用于本工程的管理费用,是按照一定的比例由本工程分摊的。

①现场管理费

现场管理费是某单个合同发生的、用于现场管理的总费用,一般包括现场管理人员的工资、办公费、差旅费、固定资产使用费、工具用具使用费、保险费、工程排污费等。它一般约占工程总成本的5%~10%。现场管理费的索赔计算方法一般有以下两种情况。

a. 直接成本的现场管理费索赔

对于发生直接成本的索赔事件,其现场管理费索赔额一般可按下式计算:

$$\text{直接成本的现场管理费索赔} = \text{索赔事件直接费} \times \text{现场管理费费率} \tag{6-20}$$

$$\text{现场管理费费率} = \frac{\text{本合同工程的现场管理费总额}}{\text{本合同工程直接成本总额}} \times 100\% \tag{6-21}$$

b. 工程延期的现场管理费索赔

如果某项工程延误索赔不涉及直接费的增加,或由于工期延误时间较长,按直接成本的现场管理费索赔方法计算的金额不足以补偿工期延误所造成的实际现场管理费支出，则可按如下方法计算：

$$工程延期的现场管理费索赔 = 单位时间现场管理费费率 \times 可索赔的延期时间 \tag{6-22}$$

$$单位时间现场管理费费率 = \frac{实际(或合同)现场管理费总额}{实际(或合同)工期} \times 100\% \tag{6-23}$$

②企业管理费

企业管理费是承包人企业总部发生的，为整个企业的经营运作提供支持和服务所发生的管理费用，一般包括企业管理人员工资、差旅交通费、办公费、企业经营活动费用、固定资产折旧、职工教育培训费用、保险费、税金等。它一般约占企业总营业额的3%～10%。

企业管理费分摊的方法主要有以下两种。

a. 总直接费分摊法

总直接费分摊法是将工程直接费作为比较基础来分摊企业管理费。其计算公式为：

$$企业管理费索赔额 = 单位直接费的企业管理费费率 \times 争议合同直接费 \tag{6-24}$$

$$单位直接费的企业管理费费率 = \frac{企业管理费总额}{合同期承包人完成的总直接费} \times 100\% \tag{6-25}$$

b. 日费率分摊法

日费率分摊法其基本思路是按合同额分配企业管理费，再用日费率法计算应分摊的总部管理费索赔值。其计算公式为：

$$企业管理费索赔值 = 本工程每日企业管理费费率 \times 工程延期天数 \tag{6-26}$$

$$本工程每日企业管理费费率 = \frac{本工程应分摊的企业管理费}{合同工期} \tag{6-27}$$

$$本工程应分摊的企业管理费 = 同期内企业的总管理费 \times \frac{本工程的合同额}{合同期内企业的总合同额} \tag{6-28}$$

2）费用索赔的计算

计算方法有实际费用法、修正总费用法等。

（1）实际费用法。该方法是按照各索赔事件所引起损失的费用项目分别分析计算索赔值，然后将各费用项目的索赔值汇总，即可得到总索赔费用值。这种方法以承包商为某项索赔工作所支付的实际开支为依据，但仅限于由于索赔事项引起的、超过原计划的费用，故也称额外成本法。在这种计算方法中，需要注意的是不要遗漏费用项目。

（2）修正的总费用法。这种方法是对总费用法的改进，即在总费用计算的原则上，去掉一些不确定的可能因素，对总费用法进行相应的修改和调整，使其更加合理。

2. 发包人向承包人的索赔

按照通用条款中的责任规定，发包人因承包人责任原因而受到损害时，提出的索赔有以下三种情况。

（1）由于承包人原因导致工程延期

承包人没有合法的理由展延工期，而又不能按时竣工，他就要承担延期违约赔偿责任。合同条件内规定的延期违约赔偿费并不是“罚款”，只是要求承包人补偿由于发包人不能将合同工程按期投入使用蒙受的经济损失。

延期违约赔偿费的计算办法是，按照合同内约定的每延误一天的损失赔偿费乘以拖延的天数。但延期违约赔偿费最高不得超过合同内约定的最高限额。

如果在整个合同约定的竣工日期以前，已对分阶段移交的部分工程颁发了工程移交证书，且证书中注明的该部分工程竣工日期并未超过约定的分阶段竣工时间，则全部工程剩余部分的延期违约日赔偿额，在合同中没有另外规定时，应相应折减。折减的原则应为，将未颁发证书部分的工程金额除以整个工程的总金额所得比例来折算，但不影响约定的最高赔偿限额。这个原则，同样适用于合同内约定竣工日期的分阶段移交的单位工程。折减的方法为：

$$\text{折减的误期损害赔偿金/天} = \text{合同约定赔偿金/天} \times \frac{\text{未颁发移交证书部分工程金额}}{\text{全部工程总金额}} \tag{6-29}$$

$$\text{拖期赔偿费总金额} = \text{折减的误期损害赔偿金/天} \times \text{延误天数}(\leqslant \text{最高赔偿限额}) \tag{6-30}$$

(2)承包人原因导致施工缺陷的索赔

承包人的原因导致施工质量不符合技术规范的要求，或使用的材料、设备质量不满足要求，以及在缺陷责任期满前未完成应进行的缺陷工程修复工作时，发包人有权追究承包人的责任。在承包人没能于监理人规定时间内完成质量缺陷的补救工作，发包人有权向承包人进行索赔。这部分索赔内容可以是直接损失，也可以包括与违约行为有因果关系的间接损失。

(3)承包人原因导致其他损失的索赔

①承包人在运输材料设备过程中，因承包人应承担的责任，如损坏了公路和桥梁等设施，因而发包人受到交通管理部门的罚款后，向承包人的索赔。

②对承包人不合格材料或设备进行的重复检验费。

③承包人应以双方共同名义投保失效，给发包人带来的损失。

④因承包人原因工程延期，需加班赶工时，所增加的监理服务费。

四、工期索赔

1. 工程延误的分类和识别

(1)按工程延误责任分

①发包人及监理人的责任。发包人和监理人的责任引起的延误一般可分为两种情况：第一种是由发包人和监理人主观原因引起的延误，如拖延交付施工场地、拖延交付图纸、拖延审批施工方案、拖延支付工程款、未能按合同规定及时提供材料或设备、发布错误的指令等；第二种情况是由工程变更引起的延误，如设计变更引起的工程量增加、额外工作等。

②承包人的责任。由承包人责任引起的延误一般是由于承包人施工管理不善、组织协调不力、指挥不当、财务困难、工作失误等原因引起的。

③不可控制因素导致的延误。主要有不可抗拒的自然灾害、不利现场条件等。

(2)按延误原因分

①可原谅延误。指不是由承包人的过失和违约所造成的延误。如发包人责任和不可控制因素导致的延误都是可原谅延误。

②不可原谅延误。指承包人可以预见或可以控制的情况，但由于过失而造成的延误，也即承包人责任的延误。

实际中什么是可原谅延误，什么是不可原谅延误，各合同的规定可能不尽相同，遇到具体情况时，应查阅合同规定。

(3)按延误是否可补偿经济损失分

①可补偿延误(又称可原谅可补偿延误)。可原谅延误根据是否可以补偿经济损失又进一步划分为可补偿延误和不可补偿延误。可补偿延误是指承包人有权同时要求延长工期和经济损失的延误。

②不可补偿延误(又称可原谅不可补偿延误)。是指可以给予工期延长,但不能对相应的经济损失给予补偿的可原谅延误。判断延误是否可以补偿经济损失的决定因素是:是不是发包人或代理人应对造成该延误的情况负责或合同规定的不由承包人承担的风险,如果是,则是可补偿的,否则则是不可补偿的。

(4)按延误出现的活动类型分

①关键延误。是指发生在网络计划中关键活动上的延误。

②非关键延误。指发生在非关键活动上的延误。由于非关键活动上都有一定的时差可以利用,具有一定的灵活性,因此,只要延误时间不超过该活动可以利用的时差,就不会导致整个工期的延误,而关键活动一旦延误,整个工期就会延误。

显然,只有当延误发生在关键活动或者延误导致非关键活动成为关键活动时,监理人才会考虑承包人的延期要求。实际中,当发包人责任的延误发生在非关键活动上时,承包人虽不能得到时间补偿,但有可能得到经济补偿。

(5)按延误出现的形式分

①单独延误。是指单一的只发生一项延误而没有其他延误同时发生。

②共同延误。是指两项或两项以上的单独延误同时发生。如某工作面上承包人的施工设备出了故障,而在此期间又下了一场特大雨,进度因此延误。共同延误可能是在同一工作上同时发生两项或两项以上的延误,也可能是在不同的工作上同时发生两项或两项以上的延误。

2. 延误的一般处理原则

(1)单一延误的处理

综上所述,在单一延误的索赔中,承包人能否得到补偿,如何补偿,关键在于延误是否影响了工期以及延误的责任应由谁负责。一般原则如下:

①延误发生在关键活动上。

②发包人责任的延误,同时给予时间和经济补偿。

③承包人责任的延误不能得到任何补偿。

④不可控制因素导致的延误,可以得到时间补偿,能否得到经济补偿取决于合同规定。

(2)共同延误的处理

当共同延误同时出现在一项关键活动中时,可以按照出现延误的责任顺序进行处理。处理的原则是:追究首先出现延误责任的第一方,当第一责任方的延误已经结束,第二责任方的延误仍在继续时,追究第二责任方,若第三责任方的延误一直持续到第二责任方之后,则之后的延误追究第三责任方。出现不同延误责任顺序的情况及处理见图6-5。

图6-5中的类型1表明延误的第一责任方是承包人,第二、第三责任方分别是发包人和不可控制因素的不同组合情况。在这些情况中,只有当第二、第三责任方的延误超过第一责任方的延误时,承包人才能得到时间或经济补偿(如图6-5中类型1,b、c、d)。类型2表明延误的第一责任方是发包人。因此,只要其他延误同时出现在发包人延误期间,承包人都有权得到时间和经济补偿(类型2,a);如果第二责任方是不可控制因素时,发包人之后的不可控制因素导

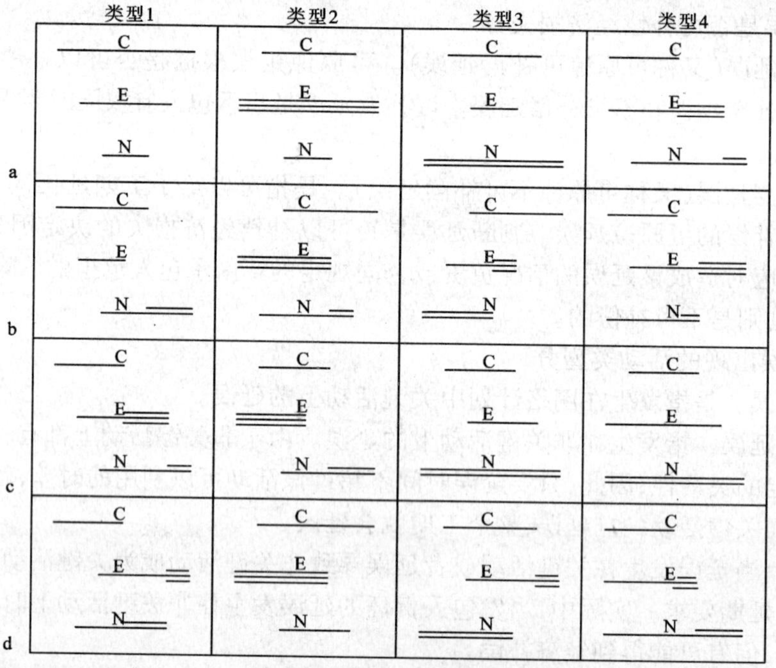

图 6-5　共同延误的补偿分析和处理

注：C 为承包人的延误；E 为发包人责任的延误；N 为不可控制因素导致的延误；

一不能得到任何补偿；═可以得到时间补偿；≡同时得到时间和费用补偿。

致的延误，承包人仅能得到时间的补偿（类型 2，b）；若承包人为第二责任方，且延误超出其他两方时，发包人之后的延误不能得到任何补偿（类型 2，d）。类型 3 表明延误的第一责任为不可控制因素。根据不同的情况，承包人可以得到时间和经济的补偿。由此看出，不论何种组合情况，只要承包人责任的延误首先出现，在其延误期间就不能得到任何补偿。

【例 6-1】　某高速公路施工过程中，监理工程师没有按时提交设计图纸，延误时间从 9 月 1 日 ~30 日，同时，承包人从 9 月 1 日 ~9 月 25 日遇到了异常恶劣的气候，承包人由此可以得到的补偿分析如下：

施工延误一：设计延误

开始日期：9 月 1 日

结束日期：9 月 30 日

总的延误：30 天

施工延误二：异常恶劣气候

开始日期：9 月 1 日

结束日期：9 月 25 日

总的施工延误：25 天

结果：承包人有权获得 30 天的工期延长和 5 天施工延误的额外费用补偿。

当共同延误同时出现在两条平行关键线路上时，可能有三种情况：

(1) 发包人责任的延误与不可控制因素导致的延误同时出现。

(2) 承包人责任的延误与不可控制因素导致的延误同时出现。

(3) 发包人与承包人责任的延误同时出现。

对(1)、(2)两种情况,可以给予时间补偿,但不能给予经济补偿。因为在这种情况下,即使没有发包人和承包人责任的延误,不可控制因素导致的延误也已经造成了工程拖延,两条平行关键线路,只要一条延误,工期就会拖延。第(3)种情况可以有两种处理方式。方式一仅给予时间补偿;方式二依据双方过失的大小及造成影响的大小,分担责任,这种处理方式需根据具体问题分析决定。

3. 工期索赔的分析方法

1)网络分析法

承包人提出工期索赔,必须确定干扰事件对工期的影响值,即工期索赔值。网络分析法的一般思路是:假定工程一直按基准网络计划确定的施工顺序和时间施工,当一个或一些干扰事件发生后,使网络中的某个或某些活动受到干扰而延长施工持续时间,将这些活动受干扰后的新的持续时间代入网络中,重新进行网络分析和计算,以此计算延误对工期的影响。网络分析是一种科学、合理的计算方法,它是通过分析干扰事件发生前、后网络计划之差异而计算工期索赔值的,通常可适用于各种干扰事件引起的工期索赔。

根据分析侧重点的不同,可以采用以下两种分析方法。

(1)动态更新分析法

对于比较复杂一点的工程项目,由于活动数量较多而且逻辑关系比较复杂,在施工过程中,受各种因素的影响出现施工延误时,关键线路可能会转移,活动间的逻辑关系也可能会发生变化,同时也可能会出现承包人加速的情况,这时如果仍然以整个合同期作为分析对象,不仅会使分析过程变得非常复杂,而且也可能会使施工延误分析结果出现较大误差,因为作为分析比较基础的基准进度计划的逻辑关系、关键线路,可能已经随着工程的进展而发生了变化。

为解决这类比较复杂的施工延误分析,动态更新分析法就应运而生了。所谓动态更新分析法,就是根据工程的时间跨度将整个合同期分解为若干个时间段,通常根据不同情况可分为周、旬或月,然后逐步分析单个时间段内的各种影响工程进展的延误事件及其对整个合同工期的影响。在前一个时段内,更新后的施工进度计划将成为后一时段分析的假定基准进度计划。随着分析时段的推移,施工进度计划也逐渐被更新。动态更新分析法主要以分析某时段内的关键线路上的活动为主,因此,最适合 CPM 施工进度计划被定期动态更新的工程项目。

由于 CPM 施工进度计划已经被定期更新,所以该方法所采用的分析数据是从实际、实录信息中提取的,分析结果比较客观。同时,由于所分析时间段的跨度不超过一个月,延误事件相对较少,使得分析逻辑关系、关键线路的变化及分析同期延误相对简单。

动态更新分析法的步骤如下:

①选定用于分析用的合适的基准进度计划及其定期更新计划,以及工程合同完工日期和实际完工日期。

②根据基准进度计划的更新时段确定施工延误分析时段。

③列出基准进度计划在第一个分析时段内所有开始(或正在施工)的活动。

④使用同期记录及更新基准进度计划验证③各活动的实际开工时间和完工时间,计算每个活动延期或提前的时间,并列出使各活动发生改变的影响事件。

⑤分析是否有新的活动增加或老的活动减少,以及逻辑关系是否有变化。

⑥根据工程同期文件分析使活动延期或提前的原因,并界定各方应承担的相应责任。

⑦验证第一个分析时段结束时,更新后的施工进度计划是否与下一个分析时段开始时的

状况一样。

⑧重复③～⑦直到所有时段完成分析。

⑨通过计算每个分析时段内延期或提前的时段来计算整个工程的延误。

⑩确定分析结果及各方的责任比例。

(2)影响事件插入法

影响事件插入法是以基准计划进度作为分析基础，并逐一对所有延误事件所造成的施工延误进行客观分析和计算，然后将这些量化后的客观估计值插入到基准进度计划中，用以计算和论证这些延误事件对工程完工时间的影响。使用这种方法可以用于计算责任延误事件对整个计划进度完工时间的影响，并通过与基准进度计划的比较得出承包人可获得的工期延长时间。

与动态更新分析法相比，这种方法不需要对延误事件发生时工程的实际状态和同期文件进行分析(如每个活动的实际开始及结束时间)，同时，该方法研究时段为整个施工期，因而不需要定期对基准进度计划进行更新和分析，所以分析相对简单和方便。影响事件插入法，是将每个延误事件作为一个新增活动来考虑的，并根据合同文件和按照正常施工条件下对延误事件所需投入的资源及持续时间进行客观估算，所以计算结果也比较准确。因此，这种方法常常用于初步估算延误事件对工程完工时间造成的影响。

需要特别指出的是，使用影响事件插入法时必须满足四个方面的假设条件：

①原始基准进度计划是非常完善的且承包人总是按照基准进度计划进行工作的，当出现延误事件后，原基准进度计划中的活动依然能够被很好地执行。

②基准进度计划与插入影响事件后形成的进度计划之间的时间差值作为可获得的时间延长。

③作为分析比较的基础——基准进度计划是正确的、被及时更新的，而且在分析过程中活动间逻辑关系及关键线路没有改变。

④不考虑承包人加速的情况。

以上四个假设条件使影响事件插入法的使用范围受到了较大限制。因此，该方法主要适用于影响时段不长或影响事件不多的工程项目中，无论是大型工程还是小型工程均能够采用。

基准进度影响事件插入法的计算步骤如下：

①选定或建立一个合适的基准进度计划。

②将发包人延误事件的估算时间值分别插入到基准进度计划中，形成发包人影响事件进度计划。

③将承包人延误事件的估算时间值分别插入到基准进度计划中，形成承包人影响事件进度计划。

④将发包人和承包人延误事件的时间估算值同时插入到基准进度计划中，形成混合影响事件进度计划。

⑤计算出可补偿延误和工期损失。

由于影响事件插入法没有用真实的实录信息对基准进度计划逐步更新，也就没有真实的实录信息与计划进度的逐一比较分析，这是其主要缺陷。

2)比例类推法

在实际工程中，若干扰事件仅影响某些单项工程、单位工程或分部分项工程的工期，要分析它们对总工期的影响，可采用较简单的比例类推法。比例类推法可根据工程量进行类推，也可根据工程造价进行类推。

(1)按工程量进行比例类推

$$工期索赔值 = 原合同工期 \times \frac{额外增加的工程量}{原合同工程量} \tag{6-31}$$

(2)按造价进行比例类推

$$工期索赔值 = 原合同工期 \times \frac{额外增加的工程量的价格}{原合同总价} \tag{6-32}$$

比例类推法简单、方便，易于被人们理解和接受，但不尽科学、合理，有时不符合工程实际情况。实际中变更可能会使合同价增加，但却不一定会影响工期；有时变更的价值可能很小，却会显著地延长工期。因此，在采用比例类推法时应与进度计划结合起来分析。

(3)直接法

有时干扰事件直接发生在关键线路上或一次性地发生在一个项目上，造成总工期的延误。这时可通过查看施工日志、变更指令等资料，直接将这些资料中记载的延误时间作为工期索赔值。

五、索赔工作程序

索赔工作程序是指从索赔事件产生到最终处理全过程所包括的工作内容和工作步骤。由于索赔工作实质上是承包人和发包人在分担工程风险方面的重新分配过程，涉及双方的众多经济利益，因而是一项繁琐、细致、耗费精力和时间的过程。因此，合同双方必须严格按照合同规定办事，按合同规定的索赔程序工作，才能获得成功的索赔。

具体工程的索赔工作程序，应根据双方签订的施工合同产生。在工程实践中，比较详细的索赔工作程序一般可分为如下主要步骤。

1. 索赔意向的提出

在工程实施过程中，一旦出现索赔事件，承包人应在合同规定的时间内，及时向发包人或监理人书面提出索赔意向通知，亦即向发包人或监理人就某一个或若干个索赔事件表示索赔愿望、要求或声明保留索赔的权利。

合同通用条款要求：承包人应在知道或应当知道索赔事件发生后28天内，向监理人递交索赔意向通知书，并说明发生索赔事件的事由。承包人未在前述28天内发出索赔意向通知书的，丧失要求追加付款和(或)延长工期的权利。

施工合同要求承包人在规定期限内首先提出索赔意向，是基于以下考虑：

(1)提醒发包人或监理人及时关注索赔事件的发生、发展等全过程。

(2)为发包人或监理人的索赔管理作准备，如可进行合同分析、收集证据等。

(3)如属发包人责任引起索赔，发包人有机会采取必要的改进措施，防止损失的进一步扩大。

(4)对于承包人来讲，意向通知也可以起到保护作用。

索赔意向通知一般应包括以下内容：

(1)事件发生的时间、地点或工程部位。

(2)事件发生的双方当事人或其他有关人员。

(3)事件发生的原因及性质,应特别说明并非承包人的责任。

(4)承包人对发生事件的态度。应说明承包人为控制事件的发展、减少损失所采取的措施。

(5)说明事件的发生将会使承包人产生额外经济支出或其他不利影响。

(6)提出索赔意向,注明合同条款依据。

2. 索赔资料的准备

从提出索赔意向到提交索赔报告,是属于承包人索赔的内部处理阶段和索赔资料准备阶段。此阶段的主要工作有:

(1)跟踪和调查干扰事件,掌握事件产生的详细经过和前因后果。

(2)分析干扰事件产生原因,划清各方责任,确定由谁承担,并分析这些干扰事件是否违反了合同规定,是否在合同规定的赔偿或补偿范围内。

(3)损失或损害调查或计算,通过对比实际和计划的施工进度和工程成本,分析经济损失或权利损害的范围和大小,并由此计算出工期索赔和费用索赔值。

(4)收集证据,从干扰事件产生、持续直至结束的全过程,都必须保留完整的当时记录,这是索赔能否成功的重要条件。

工程实施中,合同双方应注意以下资料的积累和准备:

①发包人指令书、确认书。

②承包人要求、请求、通知书。

③发包人提供的水文地质、地下管网资料,施工所需的证件、批件、临时用地占地证明手续、坐标控制点资料、图纸等。

④承包人的年、季、月施工计划,施工方案,施工组织设计及监理人批准、认可的记录等。

⑤施工规范、质量验收单、隐蔽工程验收单、验收记录。

⑥承包人要求预付通知,工程量核实确认单。

⑦发包人对承包人的材料供应清单、合格证书。

⑧竣工验收资料、竣工图。

⑨工程结算书、保修单等。

(5)起草索赔文件。按照索赔文件的格式和要求,将上述各项内容系统反映在索赔文件中。

3. 索赔报告的提交

承包人必须在合同规定的索赔时限内向发包人或监理人提交正式的书面索赔报告。合同通用条款规定,承包人应在发出索赔意向通知书后 28 天内,向监理人正式递交索赔通知书。索赔通知书应详细说明索赔理由以及要求追加的付款金额和(或)延长的工期,并附必要的记录和证明材料;索赔事件具有连续影响的,承包人应按合理时间间隔继续递交延续索赔通知,说明连续影响的实际情况和记录,列出累计的追加付款金额和(或)工期延长天数;在索赔事件影响结束后的 28 天内,承包人应向监理人递交最终索赔通知书,说明最终要求索赔的追加付款金额和延长的工期,并附必要的记录和证明材料。

(1)索赔报告

索赔报告是承包人向监理人提交的,要求发包人给予一定经济补偿或延长工期的正式报告。索赔报告通常是在干扰事件结束后,承包人在收集整理相关资料的基础上编写的。

索赔报告必须注意满足三个基本要求：首先，必须证明索赔资格以及基于何种理论有这种资格。一般有两种补偿理论：一种是根据合同条款规定，承包人有资格为合同变更或追加工作取得额外费用补偿或延长工期；另一种是发包人违约理论，即对发包人或发包人代理人违约而引起的损失，承包人有权索取补偿。其次，索赔报告中必须有详细准确的损失金额及时间计算。再次，索赔报告应证明客观事实与损失之间的因果关系，这种因果关系必须是内在的、本质的、必然的，只有当某行为或事件与损失后果之间有内在的、本质的、必然的联系时，才具有法律上的因果关系。如果只有外在的、偶然的联系，则不能认定两者之间有因果关系。

索赔报告一般包括三部分内容：

第一部分是致监理人的索赔说明信。信中简明扼要的说明索赔的事项、理由和金额（工期）。第二部分为索赔报告正文，包括标题、事实与理由、损失计算。标题应该简要地概括出索赔的中心内容；事实与理由部分则是准确叙述客观事实，合理引用合同规定，通过正确的论证推理，建立事实与损失结果之间的因果关系，说明索赔的合法合理性；损失部分则是主要计算过程和计算结果的汇总。第三部分为详细的计算结果和证明材料，作为对正文的补充。

编写索赔报告是一项比较复杂的工作，需要多方面的知识、经验和能力，如合同、法律、计划、组织、工程技术、成本核算、财务管理等。对于较大、较复杂的索赔，有必要向法律专家或索赔专家进行咨询或鉴定。

（2）监理人对索赔文件的审核

监理人是受发包人的委托和聘请，对工程项目的实施进行组织、监督和控制工作。监理人根据发包人的委托或授权，对承包人索赔的审核工作主要分为判定索赔事件是否成立和核查承包人的索赔计算是否正确、合理两个方面，并可在发包人授权的范围内做出自己独立的判断。

索赔要求的成立必须同时具备以下四个条件：

①与合同相比较已经造成了实际的额外费用增加或工期损失。

②造成费用增加或工期损失的原因不是由于承包人自身的过失所造成。

③这种经济损失或权利损害也不是应由承包人应承担的风险所造成。

④承包人在合同规定的期限内提交了书面的索赔意向通知和索赔文件。

上述四个条件没有先后主次之分，并且必须同时具备，承包人的索赔才能成立。其后监理人对索赔文件的审查重点主要有两步：

第一步，重点审查承包人的申请是否有理有据，即承包人的索赔要求是否有合同依据，所受损失确属不应由承包人负责的原因造成，提供的证据是否足以证明索赔要求成立，是否需要提交其他补充材料等。

第二步，监理人以公正的立场、科学的态度，审查并核算承包人的索赔值计算，分清责任，剔除承包人索赔值计算中的不合理部分，确定索赔金额和工期延长天数。

公路工程专用合同条款要求：监理人应按合同条款商定或确定追加的付款和（或）延长的工期，并在收到索赔通知书或有关索赔的进一步证明材料后的42天内，将索赔处理结果报发包人批准后答复承包人。如果承包人提出的索赔要求未能遵守合同的规定，则承包人只限于索赔由监理人按当时记录予以核实的那部分款额外负担和（或）工期延长天数。

4. 索赔的处理与解决

从递交索赔报告到索赔结束是索赔的处理与解决过程。经过监理人对索赔文件的评审，与承包人进行了较充分的讨论后，监理人应提出对索赔处理决定的初步意见，并参加发包人和承包人之间的索赔谈判，根据谈判达成索赔最后处理的一致意见。如果发包人和承包人通过谈判达不成一致，则可根据合同规定，将索赔争议提交争议评审组或仲裁或诉讼，使索赔问题得到最终解决。

工程项目实施中会发生各种各样、大大小小的索赔、争议等问题，应该强调，合同各方应该争取尽量在最早的时间、最低的层次，尽最大可能以友好协商的方式解决索赔问题，不要轻易提交仲裁。因为对工程争议的仲裁往往是非常复杂的，要花费大量的人力、物力、财力和精力，对工程建设也会带来不利，有时甚至是严重的影响。

第四节　工程价款结算与价格调整

一、公路工程价款结算

1. 工程价款结算的依据

工程施工结算的主要依据有国家和地方有关主管部门颁发的有关工程造价编制、管理方面的文件、工程承包合同、合同条款、技术规范、工程量清单、设计图纸、计量的工程量、日常施工记录等。

(1)国家和地方有关主管部门颁发的有关工程造价编制、管理方面的文件

国家和地方有关主管部门颁发的有关工程造价管理方面的文件包括：各种概、预算定额、基本建设工程概算、预算编制办法等文件；建设工程价款结算的有关规定，以及地方有关主管部门颁发的一些补充规定，它们既是设计阶段、招投标阶段工程造价编制的依据，也是在一定条件下的工程施工结算的依据。

(2)工程承包合同

工程承包合同文件中明确规定了合同双方应承担的责任、可以行使的权力、应获得的利益，也明确载明了该工程的合同总价、合同清单单价等。在施工结算中，必须按合同文件的规定进行。

(3)合同条款

公路工程合同条款包括：通用合同条款、公路工程专用合同条款和发包人根据项目实际情况编制的项目专用合同条款。合同条款涉及施工结算中的一些特定支付项目，如开工预付款、材料预付款、质量保证金、工程变更费用、价格调整费用、索赔费用、拖期违约损失偿金、提前竣工奖金、迟付款利息等的具体处理方式。因此，合同条款是施工结算的依据。

(4)技术规范

技术规范除详细列有对工程的技术要求外，还列有直接用于施工结算的计量细则和支付细则。因此，技术规范既是承包人报价时的指导文件和根据，也是施工结算的依据。

(5)工程量清单

作为合同文件重要组成部分的工程量清单，其中列有支付细目编号、项目名称、计量单位、数量和承包人所报的单价。在施工结算中，细目编号、项目名称、计量单位特别是单价是计算工程价款和进行施工结算的重要依据。

(6)计量的工程量

根据通用条款的规定，工程量清单中开列的工程量是根据本工程的设计提供的预计工程量，不能作为承包人在履行合同义务中应予完成工程的实际和准确数量。除合同另有规定外，监理人应根据工程计量的要求和合同文件规定，对承包人提出的已完工程量通过计量来核实工程量和确定其价值。计量的工程量是确定承包人已完成工程价值的基础，是施工结算的基本依据。

(7)日常施工记录

对于一些特定的费用支付项目，如索赔费用、工程变更费用等的核定，常常要根据承包人的现场施工记录、监理人的监理日志等来确认，并分析对承包人造成的实际影响程度和责任的分担，据此核定应向承包人支付的费用。因此，日常施工记录是施工结算的依据。

2. 工程价款结算的分类

工程价款结算按照不同的分类方法，可以划分为：

(1)按时间分类

按时间分类，可以分为预结算(支付)、期中结算(支付)、交工结算(支付)和最后结算(支付)四种。

①预结算(支付)。即施工前的预付款，有开工预付款和材料预付款两类。在开工前，承包人履行了合同规定的义务后，由监理人签发支付证书，发包人付款。施工中按规定扣回。

②期中结算(支付)。即施工中进行的结算，一般按月进度支付，是根据每月完成的工程量按清单价格计算的工程价款及合同规定应结算(支付)的其他款项。

③交工结算(支付)。即在本合同段完工或基本完工，监理人签发交工证书后办理的结算(支付)工作。

④最后结算(支付)。即在缺陷责任期结束，监理人签发缺陷责任证书后，办理的最后一次结算(支付)工作。

(2)按结算(支付)的内容分类

按结算(支付)的内容可分为工程量清单内的结算(支付)和工程量清单外、合同内的结算(支付)。

工程量清单内的结算(支付)是按合同条件和技术规范，通过监理人的质量检查、计量，确认已完的工程量，然后按确认的工程数量与报价单中的单价，结算和支付工程量清单中的各项工程费用，简称清单支付。清单支付是期中支付中的主要项目，占有很大的比重。

工程量清单外、合同内的结算(支付)是按合同规定，并且监理人根据工程实际情况和现场证实资料，确认清单以外的各项工程费用，如索赔费用、工程变更费用、价格调整等，简称附加支付。附加支付在期中支付中虽然占的比重较小，却是比较难以控制和掌握的，它一方面取决于合同规定，另一方面取决于工程施工中实际遇到的客观条件和各种干扰。

(3)按合同执行情况分类

根据合同执行是否顺利，可分为正常结算(支付)和合同终止后的结算(支付)两类。

正常结算是指发包人与承包人双方共同遵守合同约定，使工程按照合同规定内容顺利实施并结算。

合同终止后的结算是指发包人或承包人违约或发生了双方无法控制的不可抗力，使合同不可能继续履行而终止时，发包人向承包人所作的结算(支付)。

3. 工程量清单内结算的费用项目

(1)月进度付款

月进度付款是根据承包人每月实际完成的符合质量要求并经监理人计量确认的工程数量乘以相应的单价计算确定。即：

$$月进度付款 = \sum_{1}^{n} 本月实际完成的合格工程数量 \times 相应的单价 \tag{6-33}$$

(2)计日工

合同中通常含有计日工明细表,表中列有不同劳务、材料、施工设备的估计数量,计日工单价由承包人报价,然后将汇总的计日工价合计在投标总价中。工程实施中,按监理人的指令进行。

在工程实施过程中,发包人认为有必要时,由监理人通知承包人以计日工方式实施变更的零星工作。其价款按列入已标价工程量清单中的计日工计价子目及其单价进行计算。

采用计日工计价的任何一项变更工作,应从暂列金额中支付,承包人应在变更的实施过程中,每天提交以下报表和有关凭证报送监理人审批：

①工作名称、内容和数量。

②投入该工作所有人员的姓名、工种、级别和耗用工时。

③投入该工作的材料类别和数量。

④投入该工作的施工设备型号、台数和耗用台时。

⑤监理人要求提交的其他资料和凭证。

计日工由承包人汇总后,按合同的约定列入进度付款申请单,由监理人复核并经发包人同意后列入进度付款。

(3)暂列金额

暂列金额在已标价工程量清单中列出,用于在签订协议书时尚未确定或不可预见变更的施工及其所需材料、工程设备、服务等的金额,包括以计日工方式支付的金额。

对于经发包人批准的每一笔暂列金额,监理人有权向承包人发出实施工程或提供材料、工程设备或服务的指令。这些指令应由承包人完成,监理人应根据合同条款约定的变更估价原则和规定,对合同价格进行相应调整。

当监理人提出要求时,承包人应提供有关暂列金额支出的所有报价单、发票、凭证和账单或收据,除非该工作是根据已标价工程量清单列明的单价或总额价进行的估价。

(4)暂估价

在工程招标阶段已经确定的材料、工程设备或工程项目,但又无法在当时确定准确价格,而可能影响招标效果时,发包人在工程量清单中给定一个暂估价。因此,暂估价是用于支付必然发生但暂时不能确定价格的材料、设备以及专业工程的金额。

暂估价在工程实施过程中,对于不同类型的材料与专业工程采用不同的计价方法。

发包人在工程量清单中给定暂估价的材料、工程设备和专业工程属于依法必须招标的范围并达到规定的规模标准的,由发包人和承包人以招标的方式选择供应商或分包人。发包人和承包人的权利义务关系在专用合同条款中约定。中标金额与工程量清单中所列的暂估价的金额差以及相应的税金等其他费用列入合同价格。

发包人在工程量清单中给定暂估价的材料和工程设备不属于依法必须招标的范围或未达

到规定的规模标准的，应由承包人按合同的约定提供。经监理人确认的材料、工程设备的价格与工程量清单中所列的暂估价的金额差以及相应的税金等其他费用列入合同价格。

发包人在工程量清单中给定暂估价的专业工程不属于依法必须招标的范围或未达到规定的规模标准的，由监理人按照合同规定进行估价，但专用合同条款另有约定的除外。经估价的专业工程与工程量清单中所列的暂估价的金额差以及相应的税金等其他费用列入合同价格。

4. 工程量清单外、合同内结算的费用项目

工程量清单以外、合同以内的费用项目，是指那些没有包括在工程量清单以内、但根据合同条款规定应该结算的费用项目。包括：开工预付款、材料预付款、质量保证金、工程变更费用、价格调整费用、索赔费用、拖期违约损失偿金、提前竣工奖金、迟付款利息等费用项目。

1）开工预付款

根据合同规定，承包人有权得到发包人提供的一笔相当于合同价值一定比例（通常规定为合同价的10%）的无息开工预付款，用于支付开工初期各项准备工作的款项。开工预付款的金额在项目专用条款数据表中约定，并且在施工期间按合同规定分批扣回。

（1）开工预付款的支付条件

①签订了合同协议书。

②提交了履约担保。

③提交了开工预付款担保。

在承包人完成上述工作后，监理人在当期进度付款证书中向承包人支付开工预付款的70%的价款；在承包人承诺的主要设备进场后，再支付预付款30%。

（2）开工预付款的扣回

开工预付款属于发包人的预付，因此，要在中期结算（支付）中由发包人逐次扣回。扣回时间是在进度付款证书的累计金额达到签约合同价的30%之后开始，按工程进度以固定比例（即每完成签约合同价的1%，扣回开工预付款的2%）分期从各月的进度付款证书中扣回，全部金额在进度付款证书的累计支付金额达到签约合同价的80%时扣完。

2）材料、设备预付款

材料、设备预付款是由发包人预先支付给承包人的一定比例的材料、设备款项，以供购进将用于和安装在永久工程中的各种材料、设备。材料、设备预付款按项目专用合同条款数据表中所列主要材料、设备单据费用（进口的材料、设备为到岸价，国内采购的为出厂价或销售价，地方材料为堆场价）的百分比支付。该费用支付和扣回应严格按合同文件的规定进行。

（1）材料、设备预付款的支付条件

①材料、设备符合规范要求并经监理人认可。

②承包人已出具材料、设备费用凭证或支付单据。

③材料设备已在现场交货，且存储良好，监理人认为材料、设备的质量及其存储方法符合要求。

符合支付条件后，监理人将应支付的金额计入到下一次的进度付款证书中进行支付，在预计竣工前3个月，将不再支付材料、设备预付款。

（2）材料、设备预付款扣回

当材料、设备已用于或安装在永久工程之中时，材料、设备预付款应从进度付款证书中扣回，扣回时间不超过3个月。已经支付材料、设备预付款的材料、设备的所有权属于发包人。

3)质量保证金

质量保证金(以下简称保证金)是指发包人与承包人在工程承包合同中约定,从应付的工程款中预留,用以保证承包人在缺陷责任期内对工程出现的缺陷进行维修的资金。质量保证金的计算额度不包括预付款的支付、扣回以及价格调整的金额。

(1)保证金的扣留

保证金的金额是按项目专用合同条款数据表规定的百分比扣留。扣留时间从第一个付款周期开始,在应支付给承包人的工程结算款额中扣留,直至金额达到项目专用合同条款数据表规定的限额为止。质量保证金的计算额度不包括预付款的支付以及扣回的金额。

(2)保证金的缺陷修复责任

缺陷责任期内,由承包人原因造成的缺陷,承包人应负责维修,并承担鉴定及维修费用。如承包人不维修也不承担费用,发包人可按合同约定扣除保证金,并由承包人承担违约责任。承包人维修并承担相应费用后,不免除对工程的一般损失赔偿责任。由他人原因造成的缺陷,发包人负责组织维修,承包人不承担费用,且发包人不得从保证金中扣除费用。

缺陷责任期满时,承包人没有完成缺陷责任的,发包人有权扣留与未履行责任剩余工作所需金额相应的质量保证金余额,并有权根据约定要求延长缺陷责任期,直至完成剩余工作为止。

(3)保证金的退还

缺陷责任期内,承包人认真履行合同约定的责任。约定的缺陷责任期满,承包人向发包人申请返还保证金。发包人在接到承包人返还保证金申请后,应于 14 日内会同承包人按照合同约定的内容进行核实。如无异议,发包人应当在核实后 14 日内将保证金返还给承包人,逾期支付的,从逾期之日起,按照同期银行贷款利率计付利息,并承担违约责任。发包人在接到承包人返还保证金申请后 14 日内不予答复,经催告后 14 日内仍不予答复,视同认可承包人的返还保证金申请。

4)工程变更费用

工程变更是指在工程实施中,对某些工作内容做出修改或者追加或取消某一工作内容。显然,由于勘测、设计、试验与实际的差异,在合同执行过程中,工程变更是不可避免的,为了更加合理的完成工程,工程变更也是很有必要的。当工程发生变更时,监理人应根据合同文件和工程实际情况对工程变更费用进行合理的估价。

5)价格调整费用

工程建设的周期往往都较长,在这样一个比较长的建设周期中,无论是发包人还是承包人都必须考虑到与工程有关的各种价格变化。为了避免双方的风险损失,降低投标报价及合理确定工程造价,合同通用条款 16 条对价格调整做出了专门的规定,应按规定进行调整。

6)逾期交工违约金

逾期交工违约金是指承包人未能按合同工期完成工程施工,或在监理人批准的延期内完成工程的施工而给予发包人的补偿。为此,合同通用条款 11.5 款作了专门的规定:由于承包人原因造成工期延误,承包人应支付逾期交工违约金。逾期交工违约金的计算方法在项目专用合同条款数据表中约定,时间自预定的交工日期起到交工验收证书中写明的实际交工日期止(扣除已批准的延长工期),按天计算。逾期交工违约金累计金额最高不超过项目专用合同条款数据表中写明的限额。发包人可以从应付或到期应付给承包人的任何款项中或采用其他方法扣除此违约金。

7)提前竣工奖金

发包人要求承包人提前竣工,或承包人提出提前竣工的建议能够给发包人带来效益的,应由监理人与承包人共同协商采取加快工程进度的措施和修订合同进度计划。发包人应承担承包人由此增加的费用,并向承包人支付专用合同条款约定的相应奖金。

8)迟付款利息

这是合同中赋予承包人的权利,即承包人有权在合同规定的时间期限内从发包人处得到支付。如果发包人不按合同规定时间付款,则应支付承包人迟付款额的利息。

通用条款17.3.3规定:发包人应在监理人收到进度付款申请单后的28天内,将进度应付款支付给承包人。发包人不按期支付的,按项目专用条款数据表中约定的利率向承包人支付逾期付款违约金。违约金计算基数为发包人的全部未付款额,时间从应付而未付该款额之日算起(不计复利)。

9)索赔费用

索赔是在施工合同履行过程中,当事人一方因并非自己的过错,而是由于对方没有按照合同约定正确地履行合同或合同规定由对方承担的风险出现时,造成当事人一方损害,当事人一方通过一定的合法程序向对方提出经济或时间补偿的一种要求。因此,从理论上讲,索赔是双向的,既可以是承包人向发包人的索赔,也可以是发包人向承包人的索赔。在施工结算时,承包人向发包人的索赔金额,经监理人确认后计入支付证书,发包人向承包人的索赔金额,则从支付证书中扣除。

5.工程价款结算程序

1)期中结算

期中结算是合同在履行过程中对每月所发生的付款申请、审查和支付的工作。通用合同条款规定的期中结算程序见图6-6。

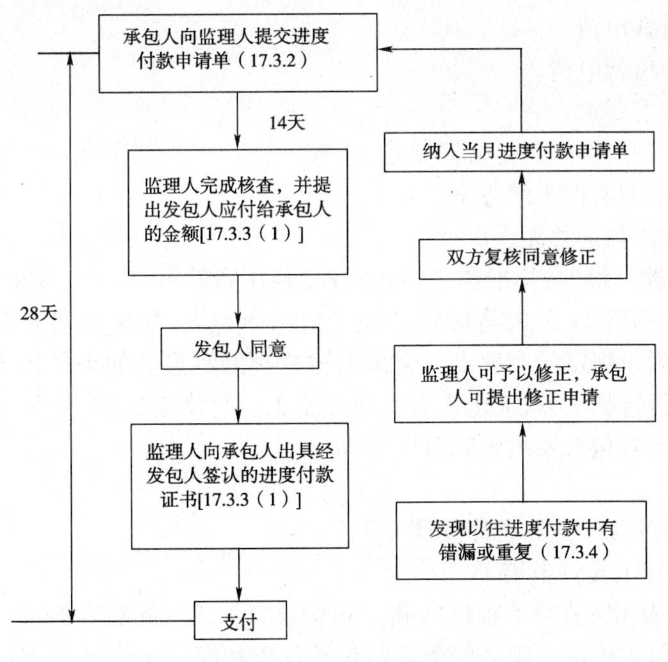

图6-6　期中结算程序

(1)承包人提交付款申请。根据合同规定,承包人应在每月末向监理人提交由其项目经理签署的按监理人格式要求填写的月结账单(付款申请书)一式6份,该月结账单包括以下栏目:

①自开工截至本月末止已完成的工程价款。

②自开工截至上月末止已完成的工程价款。

③本月完成的(应结算的)工程价款,即① - ②。

④本月完成的应结算的计日工价款。

⑤本月应支付的暂列金额价款。

⑥本月应支付的材料设备预付款。

⑦根据合同规定本月应结算的其他款项。

⑧价格调整及法规变更引起的费用。

⑨本月应扣留的保留金、材料设备预付款及开工预付款。

⑩根据合同规定,本月应扣除的其他款项。

(2)监理人审查与签证。监理人在收到承包人进度付款申请单以及相应的支持性证明文件后的14天内完成核查,提出发包人到期应支付给承包人的金额以及相应的支持性材料,经发包人审查同意后,由监理人向承包人出具经发包人签认的进度付款证书。监理人有权扣发承包人未能按照合同要求履行任何工作或义务的相应金额。

监理人审查的主要工作有:

①承包人所完成的工程价款。

②计日工付款申请。

③材料设备预付款付款申请。

④变更工程付款申请。

⑤价格调整付款申请。

⑥其他款项的付款申请。

期中支付申请书要求:

①申请的格式和内容应满足合同要求。

②各项资料、证明文件手续齐全。

③所有款项计算与汇总无误。

(3)发包人付款。根据《标准施工招标文件》通用条款第17.3.3款的有关规定,发包人应在收到期中支付证书后28天内将应付款项支付给承包人,如果发包人未能在规定期限内付款,则应按投标书附录规定的利率支付全部未付款额的利息。如果发包人收到承包人通知后的28天内仍不履行付款义务,承包人有权暂停施工。暂停施工28天后,发包人仍不纠正违约行为的,承包人可向发包人发出解除合同通知。

2)交工结算

通用条款给出的交工结算程序见图6-7。

(1)承包人的交工支付申请

称交工结算。根据《公路工程标准施工招标文件》专用条款第17.5.1款的规定,工程接收证书颁发后,承包人应按专用合同条款约定的份数和期限向监理人提交交工付款申请单,并提供相关证明材料。除专用合同条款另有约定外,交工付款申请单应包括下列内容:

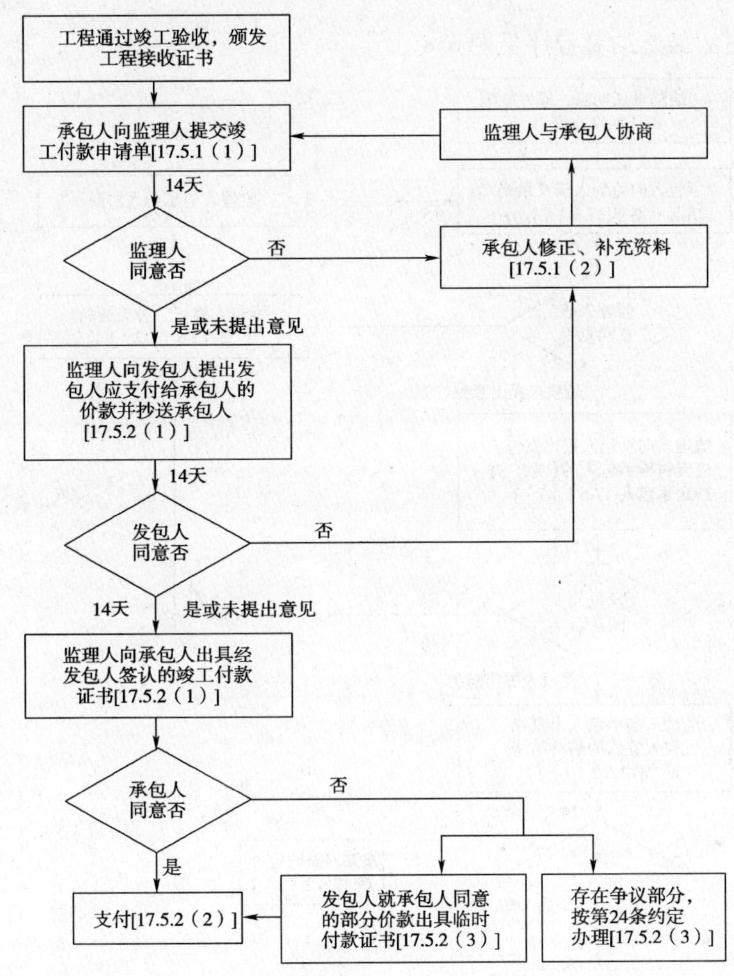

注：通用合同条款中“竣工”等同公路工程“交工”。

图 6-7　交工结算程序

①交工结算合同总价。

②发包人已支付承包人的工程价款。

③应扣留的质量保证金。

④应支付的竣工付款金额。

(2)交工支付申请的审定与支付

监理人在收到承包人提交的竣工付款申请单后的 14 天内完成核查，提出发包人到期应支付给承包人的价款送发包人审核并抄送承包人。发包人应在收到后 14 天内审核完毕，由监理人向承包人出具经发包人签认的竣工付款证书。监理人未在约定时间内核查，又未提出具体意见的，视为承包人提交的竣工付款申请单已经监理人核查同意。发包人未在约定时间内审核又未提出具体意见的，监理人提出发包人到期应支付给承包人的价款视为已经发包人同意。

3)最终结算

通用条款给出的最终结算程序见图6-8。

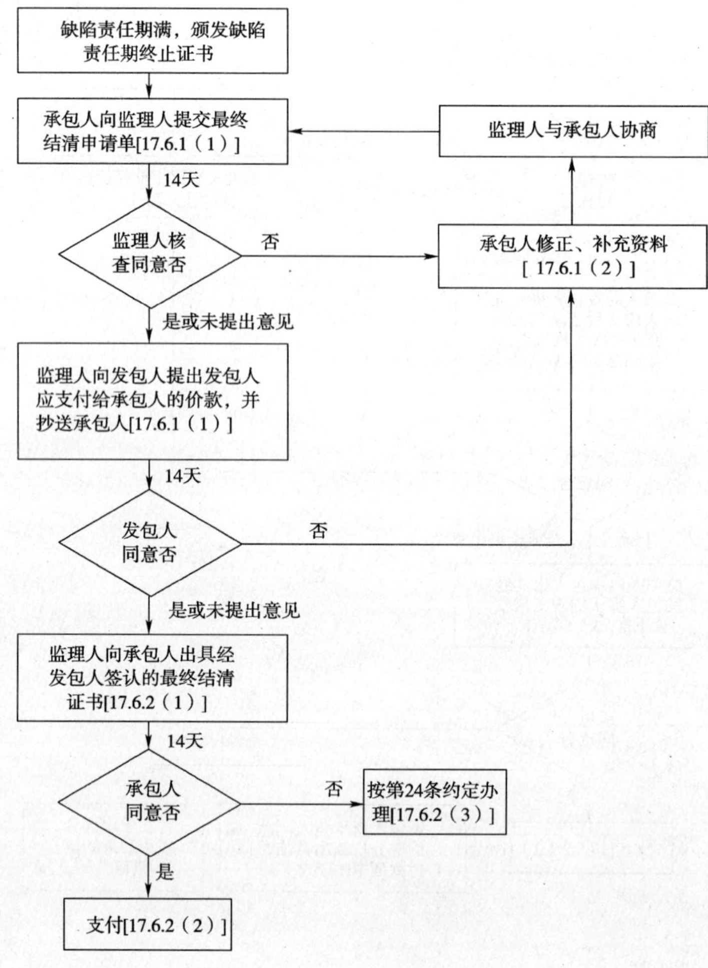

图6-8 最终结算程序

(1)最终支付申请

根据《标准施工招标文件》通用条款第17.6.1款的规定：

①缺陷责任期终止证书签发后,承包人可按专用合同条款约定的份数和期限向监理人提交最终结清申请单,并提供相关证明材料。

②发包人对最终结清申请单内容有异议的,有权要求承包人进行修正和提供补充资料,由承包人向监理人提交修正后的最终结清申请单。

(2)结清证书和支付时间

①监理人收到承包人提交的最终结清申请单后的14天内,提出发包人应支付给承包人的价款,送发包人审核并抄送承包人。发包人应在收到后14天内审核完毕,由监理人向承包人出具经发包人签认的最终结清证书。监理人未在约定时间内核查,又未提出具体意见的,视为承包人提交的最终结清申请已经监理人核查同意;发包人未在约定时间内审核又未提出具体意见的,监理人提出应支付给承包人的价款视为已经发包人同意。

②发包人应在监理人出具最终结清证书后的14天内,将应支付款支付给承包人。发包人不按期支付的,按合同的约定,将逾期付款违约金支付给承包人。

③承包人对发包人签认的最终结清证书有异议的,按第24条的约定办理。

④最终结清付款涉及政府投资资金的,按合同的约定办理。

4)合同终止后的结算

合同终止后的结算,是指由于某种情况的发生导致合同无法履行而终止合同后的结算。通常,合同终止可能由于承包人违约、发包人违约和特殊风险的发生而产生。

(1)承包人违约导致合同终止后的结算

①合同解除后,监理人按合同要求商定或确定承包人实际完成工作的价值,以及承包人已提供的材料、施工设备、工程设备和临时工程等的价值。

②合同解除后,发包人应暂停对承包人的一切付款,查清各项付款和已扣款金额,包括承包人应支付的违约金。

③合同解除后,发包人应按合同的约定向承包人索赔由于解除合同给发包人造成的损失。

④合同双方确认上述往来款项后,出具最终结清付款证书,结清全部合同款项。

⑤发包人和承包人未能就解除合同后的结清达成一致而形成争议的,按合同的约定办理。

(2)发包人违约导致合同终止后的结算

因发包人违约解除合同的,发包人应在解除合同后28天内向承包人支付下列金额,承包人应在此期限内及时向发包人提交要求支付下列金额的有关资料和凭证:

①合同解除日以前所完成工作的价款。

②承包人为该工程施工订购并已付款的材料、工程设备和其他物品的金额。发包人付还后,该材料、工程设备和其他物品归发包人所有。

③承包人为完成工程所发生的而发包人未支付的金额。

④承包人撤离施工场地以及遣散承包人人员的金额。

⑤由于解除合同应赔偿的承包人损失。

⑥按合同约定在合同解除日前应支付给承包人的其他金额。

发包人应按本项约定支付上述金额并退还质量保证金和履约担保,但有权要求承包人支付应偿还给发包人的各项金额。

(3)因不可抗力而终止合同后的结算

合同一方当事人因不可抗力不能履行合同的,应当及时通知对方解除合同。合同解除后,承包人应按照合同的约定撤离施工场地。已经订货的材料、设备由订货方负责退货或解除订货合同,不能退还的货款和因退货、解除订货合同发生的费用,由发包人承担,因未及时退货造成的损失由责任方承担。合同解除后的付款,参照合同约定,由监理人商定或确定。

二、价格调整

公路建设项目规模大、工期长、技术复杂,施工中具有较大的风险性。其中由价格变动带来的经济风险常常是难以避免的,工程中可能造成价格变动的原因主要有两种:一是物价变动引起的,如人工、材料、运输费用上涨;二是在标价做出后,由于国家政策、法律、法规的变更引起的,如增加了某项税收,这种变更会增加施工成本,同时又是承包人在编标时无法准确预料的。如果合同规定不允许调价,承包人必然会将此风险计入报价中,承包人考虑的费用未必是合理费用,结果导致发包人得到一种较高的不合理报价。为了避免这种情况的出现,公路工程多采用可调价的单价合同,合同条款中专门做出了相关规定。

1. 价格调整的种类和方法

1)物价变动引起的价格调整

一般情况下,因物价波动引起的价格调整,可采用以下两种方法中的某一种计算。

(1)采用价格指数调整价格差额。因人工、材料和设备等价格波动影响合同价格时,根据投标函附录中的价格指数和权重表约定的数据,按公式(6-32)计算差额并调整合同价格。

这种方式主要适用于使用的材料品种较少,但每种材料使用量较大的土木工程,如公路、水坝等。因人工、材料和设备等价格波动影响合同价格时,根据投标函附录中的价格指数和权重表约定的数据,按以下价格调整公式计算差额并调整合同价格。

$$\Delta P = P_0\left[A + \left(B_1 \times \frac{F_{t1}}{F_{01}} + B_2 \times \frac{F_{t2}}{F_{02}} + B_3 \times \frac{F_{t3}}{F_{03}} + \cdots + B_n \times \frac{F_{tn}}{F_{0n}}\right) - 1\right] \tag{6-34}$$

式中: ΔP——需调整的价格差额;

P_0——根据进度付款、竣工付款和最终结清等付款证书中承包人应得到的已完成工程量的金额。此项金额应不包括价格调整、不计质量保证金的扣留和支付、预付款的支付和扣回。变更及其他金额已按现行价格计价的,也不计在内;

A——定值权重(即不调部分的权重),$A = 1 - (B_1 + B_2 + B_3 + \cdots + B_n)$;

$B_1, B_2, \cdots, B_n$——各可调因子的变值权重(即可调部分的权重)为各可调因子在投标函投标总报价中所占的比例;

$F_{t1}, F_{t2}, \cdots, F_{tn}$——各可调因子的现行价格指数,指根据进度付款、竣工付款和最终结清等付款证书相关周期最后一天的前42天的各可调因子的价格指数;

$F_{01}, F_{02}, \cdots, F_{0n}$——各可调因子的基本价格指数,指基准日期的各可调因子的价格指数。

以上价格调整公式中的各可调因子、定值和变值权重,以及基本价格指数及其来源在投标函附录价格指数和权重表中约定。价格指数应首先采用有关部门提供的价格指数,缺乏上述价格指数时,可采用有关部门提供的价格代替。

在运用价格调整公式进行工程价格调整时,应注意以下几点:

①暂时确定调整差额。在计算调整差额时得不到现行价格指数的,可暂用上一次价格指数计算,并在以后的付款中再按实际价格指数进行调整。

②权重的调整。以上价格调整公式中的各可调因子、定值权重,以及基本价格指数及其来源,由发包人在投标函附录价格指数和权重表中约定。价格指数应首先采用国家或省、自治区、直辖市价格部门或统计部门提供的价格指数,缺乏上述价格指数时,可采用上述部门提供的价格代替。

价格调整公式中的变值权重,由发包人根据项目实际情况测算确定范围,并在投标函附录价格指数和权重表中约定范围;承包人在投标时在此范围内填写各可调因子的权重,合同实施期间将按此权重进行调价。

③承包人工期延误后的价格调整。由于承包人原因未在约定的工期内竣工的,则对原约定竣工日期后继续施工的工程,在使用价格调整公式时,应采用原约定竣工日期与实际竣工日

期的两个价格指数中较低的一个作为现行价格指数。

(2)采用造价信息调整价格差额。施工期内,因人工、材料、设备和机械台班价格波动影响合同价格时,人工、机械使用费按照国家或省、自治区、直辖市建设行政管理部门、行业建设管理部门或其授权的工程造价管理机构发布的人工成本信息、机械台班单价或机械使用费系数进行调整;需要进行价格调整的材料,其单价和采购数应由监理人复核,监理人确认需调整的材料单价及数量,作为调整工程合同价格差额的依据。

这种方式适用于使用的材料品种较多,相对而言每种材料使用量较小的房屋建筑与装饰工程。

在采用造价信息调整价格差额时,应注意以下几点:

①人工单价发生变化时,发、承包双方应按省级或行业建设主管部门或其授权的工程造价管理机构发布的人工成本文件调整工程价款。

②材料价格变化超过省级或行业建设主管部门或其授权的工程造价管理机构规定的幅度时应当调整,承包人应在采购材料前就采购数量和新的材料单价报发包人核对,确认用于本合同工程时,发包人应确认采购材料的数量和单价。发包人在收到承包人报送的确认资料后3个工作日内不予答复的视为已经认可,作为调整工程价款的依据。如果承包人未报经发包人核对即自行采购材料,再报发包人确认调整工程价款的,如发包人不同意,则不做调整。

③施工机械台班单价或施工机械使用费发生变化超过省级或行业建设主管部门或其授权的工程造价管理机构规定的范围时,按其规定进行调整。

2)后继法律、法规变动引起的价格调整

在基准日后,因法律、政策变化导致承包人在合同履行中所需要的工程费用发生增减时,监理人应根据法律、国家或省、自治区、直辖市有关部门的规定,商定或确定需调整的合同价款。

2. 价格调整的程序

在施工费用结算中经常遇到是因物价上涨引起的价格调整,公路工程价格调整时一般是依据合同中约定的调价公式进行。调整的程序如下:

1)选择调价的资源种类

施工中使用的资源种类很多,就工程材料而言,建设一条高速公路需要投入水泥、木材、钢材、预应力钢材、沥青、普通碎石、中砂、粗砂、石灰、粉煤灰、汽油、砖、料石、片石以及各种预制件等。如果全部考虑调价,一方面使调价的计算工作难度增加,另一方面也没有必要。实际中一般选择对工程投资、工程成本影响较大且投入数量较多的主要材料作为代表。一般来说,品种不宜太多,参与调价的资源种类取5~10种为宜,如设备、水泥、钢材、木材、沥青和人工单价等,这样便于计算。

2)确定物价指数

物价指数包括基期价格指数和现价指数。合同条款规定,投标截止日期前第28天原产地国家统计局公布流通使用的基础物价指数为参与调价品种的基价指数;工程开工后原产地国家统计局公布流通使用的现行物价指数为参与调价品种的现行指数。

现价指数按指数选择基期的不同分为定基物价指数和环比物价指数。定基物价指数以某一固定期为基期所计算的相对价格指数,而环比物价指数是以计算期的前一时期为基期所计算的相对价格指数,如规定以一个年度期限编制的环比指数为年度环比指数。国际上习惯使用定基物价指数，如香港统计局每月公布的钢材价格指数都是以 1975 年 12 月为基期，1989 年 12 月钢材价格指数为 573，是指相对于 1975 年 12 月钢材价格指数为 100 而推测的。而我国的统计方法一般是采用环比指数即今年/去年，每年公布一次本年度相对于上年度的各种物价指数，公布时间一般为次年 3 月，所以采用时要进行换算。

如基期年为 2006 年，钢材物价指数为 100，2007 年钢材价格指数相对于 2006 年上涨 10%，2008 年相对于 2007 年上涨 12%，2009 年相对于 2008 年上涨 11%，则 2009 年相对于 2006 年的钢材价格指数为：

$$100\times(1+10\%)\times(1+12\%)\times(1+11\%)=136.75$$

3）确定资源的权重系数

资源的权重系数反映各种资源在工程施工中所占的比重，其测算方法一般是由发包人根据标底资料或投标人根据投标资料中的有效合同价中所包含的劳力、材料、设备、运输费用等进行。

【例 6-2】 某高速公路 E 标段有效合同价为（CP）24 187 万元，参与调价的指标有 8 个，经分析合同价格构成中人工费用（W_1）占 1 208.4 万元，钢材费用（W_2）占 3 036.2 万元，试测算人工（C_1）、钢材（C_2）的权重系数和不调价系数（C_0）。

解：（1）确定人工、钢材的权重系数：

$C_1=W_1/\mathrm{CP}=1\ 208.4/24\ 187=0.05$

$C_2=W_2/\mathrm{CP}=3\ 036.2/24\ 187=0.13$

（2）确定不调价系数

经全面测算，包括其他 6 个指标在内的汇总权重系数为 0.84，则固定不调价系数为：

$$C_0=1-\sum C_i=1-0.84=0.16$$

【例 6-3】 ××高速公路全长 318km，合同工期为 36 个月，1989 年获得世行贷款 1.1 亿美元，并于当年 8 月 30 日开标，9 月 28 日监理下达开工令。发包人在招标文件的《投标须知》中声明本工程投资随物价变化而进行合同价格调整，投标人报价时以 1989 年市场物价为基础不考虑物价风险，并在合同专用条件中规定了人民币调价公式：

$$\mathrm{ADJ}=\mathrm{LCP}\times\Big(0.20+0.15\frac{\mathrm{LL_1}}{\mathrm{LL_0}}+0.10\frac{\mathrm{PL_1}}{\mathrm{PL_0}}+0.12\frac{\mathrm{CE_1}}{\mathrm{CE_0}}+0.05\frac{\mathrm{TI_1}}{\mathrm{TI_0}}$$

$$+0.12\frac{\mathrm{ST_1}}{\mathrm{ST_0}}+0.10\frac{\mathrm{BI_1}}{\mathrm{BI_0}}+0.06\frac{\mathrm{LT_1}}{\mathrm{LT_2}}+0.10\frac{\mathrm{LM_1}}{\mathrm{LM_0}}-1\Big)$$

已知，该高速公路第 5 合同段合同价为 20 337.6 万元，外汇比例为 27.19%，1989 年完成工作量 818 万元，1990 年完成 6 471 万元，1991 年完成 9 345 万元，1992 年完成 3 665 万元。工程所在地统计局公布的 8 个指标各年度相对于上年度环比指数如表 6-2 所示。试计算各年度应调整金额的人民币部分的净值。

各指标现价环比指数 表 6-2

序号	指标名称	1990 年	1991 年	1992 年
1	劳力 LL	112	126	128
2	设备 PL	135	127	128
3	水泥 CE	106	114	123

续上表

序　号	指标名称	1990 年	1991 年	1992 年
4	木材 TI	101	108	110
5	钢材 ST	123	141	129
6	沥青 BI	105	115	120
7	运输 LT	111	124	129
8	地材 LM	107	113	122

解：根据招标文件规定，招标当年完成的工作量不予调价，所以 1989 年完成的 818 万元不参与调价。根据给定的人民币调价公式及现价指数、定基指数计算公式就可计算人民币净调整额。

(1) 1990 年度净调价金额：

$$ADJ_{1990}=6\,471\times(1-27.19\%)\times\left(0.20+0.15\times\frac{112}{100}+0.10\times\frac{135}{100}+0.12\times\frac{106}{100}+0.05\times\frac{101}{100}+0.12\times\frac{123}{100}+0.10\times\frac{105}{100}+0.06\times\frac{111}{100}+0.10\times\frac{107}{100}-1\right)$$

$$=6\,471\times72.81\%\times0.106\,9=503.663\,1(\text{万元人民币})$$

(2) 1991 年度净调价金额：

$$ADJ_{1991}=9\,343\times(1-27.19\%)\times\left(0.20+0.15\times\frac{112}{100}\times\frac{126}{100}+0.10\times\frac{135}{100}\times\frac{127}{100}+0.12\times\frac{106}{100}\times\frac{114}{100}+0.05\times\frac{101}{100}\times\frac{108}{100}+0.12\times\frac{123}{100}\times\frac{141}{100}+0.10\times\frac{105}{100}\times\frac{115}{100}+0.06\times\frac{111}{100}\times\frac{124}{100}+0.10\times\frac{107}{100}\times\frac{113}{100}-1\right)$$

$$=9\,345\times72.81\%\times0.135=918.552\,8(\text{万元人民币})$$

(3) 1992 年度净调价金额：

$$ADJ_{1992}=3\,665\times(1-27.19\%)\times\left(0.20+0.15\times\frac{112}{100}\times\frac{126}{100}\times\frac{128}{100}+0.10\times\frac{135}{100}\times\frac{127}{100}\times\frac{128}{100}+0.12\times\frac{106}{100}\times\frac{114}{100}\times\frac{123}{100}+0.05\times\frac{101}{100}\times\frac{108}{100}\times\frac{110}{100}+0.12\times\frac{123}{100}\times\frac{141}{100}\times\frac{129}{100}+0.10\times\frac{105}{100}\times\frac{115}{100}\times\frac{120}{100}+0.06\times\frac{111}{100}\times\frac{124}{100}\times\frac{129}{100}+0.10\times\frac{107}{100}\times\frac{113}{100}\times\frac{122}{100}-1\right)$$

$$=3\,665\times72.81\%\times0.593\,3=1\,583.213(\text{万元人民币})$$

(4) 总调价金额

本合同工程自开工至竣工承包人共获得物价调整金额为：

$$ADJ_{总}=ADJ_{1990}+ADJ_{1991}+ADJ_{1992}=503.663\,131+2\,142.831\,1+1\,583.213\,0=4\,229.707\,2(\text{万元人民币})$$

【例 6-4】　××项目 2008 年 9 月完成工程价款为 100 万元。其组成为：土方工程费 10 万元，占 10%；砌体工程费 40 万元，占 40%；钢筋混凝土工程费 50 万元，占 50%。这三个组成部分的人工费和材料费占工程价款 85%，人工材料费中各项费用比例如下：

(1) 土方工程：人工费 50%，机具折旧费 26%，柴油 24%；

(2)砌体工程:人工费 53%,钢材 5%,水泥 20%,集料 5%,片石 12%,柴油 5%;

(3)钢筋混凝土工程:人工费 53%,钢材 22%,水泥 10%,集料 7%,木材 4%,柴油 4%。

根据合同规定,该工程的其他费用不调整(即不调值的费用)占工程价款的 15%,计算出各项参与调值的费用占工程价款的比例如下:

人工费:(50% ×10% +53% ×40% +53% ×50%) ×85% ≈45%;

钢材:(5% ×40% +22% ×50%) ×85% ≈11%;

水泥:(20% ×40% +10% ×50%) ×85% ≈11%;

集料:(5% ×40% +7% ×50%) ×85% ≈5%;

柴油:(24% ×10% +5% ×40% +4% ×50%) ×85% ≈5%;

机具折旧:26% ×10% ×85% ≈2%;

片石:12% ×40% ×85% ≈4%;

木材:4% ×50% ×85% ≈2%。

根据价格调整计算公式,其具体的人工费及材料费的调值公式为:

$$\mathrm{ADJ}=\mathrm{LCP}\times\left(0.15+0.45\frac{A_1}{A_0}+0.11\frac{B_1}{B_0}+0.11\frac{C_1}{C_0}+0.05\frac{D_1}{D_0}+0.05\frac{E_1}{E_0}+0.02\frac{F_1}{F_0}+0.04\frac{G_1}{G_2}+0.02\frac{H_1}{H_0}-1\right)$$

假定该合同的原始报价日期为 2007 年 1 月 5 日,2008 年 9 月完成的工程价款为 100 万元,有关月报的工资、材料物价指数如表 6-3 所示。

则 2008 年 9 月的工程款经过调价后其调增金额为:

$$\begin{aligned}\mathrm{ADJ}&=100\times\left(0.15+0.45\times\frac{116}{100}+0.11\times\frac{187.6}{153.4}+0.11\times\frac{175.0}{154.8}+0.05\times\frac{162.3}{132.6}\right.\\&\left.+0.05\times\frac{192.8}{178.3}+0.02\times\frac{162.5}{154.4}+0.04\times\frac{162.0}{160.1}+0.02\times\frac{159.5}{142.7}-1\right)\\&=13.3(\text{万元})\end{aligned}$$

由此可见,通过调整,2008 年 9 月实得工程款比原工程价款多 13.3 万元。

工资、材料物价指数表

表 6-3

费用名称	代　号	2007 年 1 月 5 日指数	2008 年 9 月指数
人工费	A	100.0	116.0
钢材	B	153.4	187.6
水泥	C	154.8	175.0
集料	D	132.6	169.3
柴油	E	178.3	192.8
机具折旧	F	154.4	162.5
片石	G	160.1	162.0
木材	H	142.7	159.5

三、FIDIC 合同条件下工程价款的结算

1. 结算内容

FIDIC 合同条件下的结算同样可以分为清单内项目和清单外项目,见图 6-9。

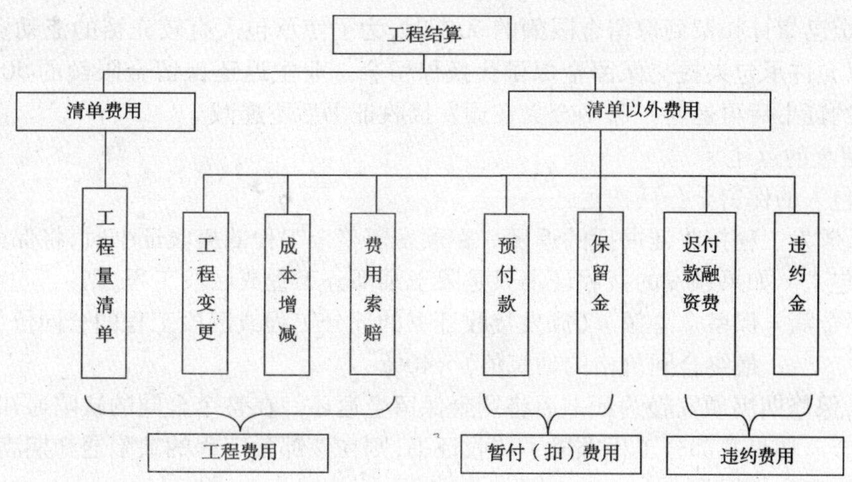

图 6-9　FIDIC 合同条件下结算项目

1)预付款

当承包人根据合同要求提交了银行预付款保函时,业主向承包人支付一笔预付款,作为对承包人动员工作的无息贷款。预付款总额,分期预付的次数与时间(一次以上时),以及适用的货币与比例应符合投标函附录中的规定。

(1)预付款支付条件。承包人需首先将银行出具的履约保函和预付款保函交给业主并通知工程师,工程师在 21 天内签发"预付款支付证书",业主按合同约定的数额和外币比例支付预付款。在预付款完全偿还之前,承包人应保证该银行预付款保函一直有效。预付款保函金额始终保持与预付款等额,即随着承包人对预付款的偿还逐渐递减保函金额。如果银行保函的条款中规定了截止日期,并且在此截止日期前 28 天预付款还未完全偿还,则承包商应该相应的延长银行保函的期限,直到预付款完全偿还。

(2)预付款的扣回。预付款在分期支付工程进度款的支付中按百分比扣减的方式偿还。自承包人获得工程进度款累计总额(不包括预付款的支付和保留金的扣减)达到合同总价(减去暂定金额)10% 的那个月起扣。本月证书中承包人应获得的合同款额(不包括预付款及保留金的扣减)中扣除其 25% 作为预付款的偿还,直至还清全部预付款。

2)保留金

合同内以履约保函和保留金两种手段作为约束承包人忠实履行合同义务的措施,当承包人严重违约而使合同不能继续顺利履行时,业主可以凭履约保函向银行获取损害赔偿;而因承包人的一般违约行为令业主蒙受损失时,通常利用保留金补偿损失。履约保函和保留金的约束期均是承包人负有施工义务的责任期限(包括施工期和保修期)。

(1)保留金的约定和扣除

保留金是按合同约定从承包人应得的工程进度款中相应扣减的一笔金额,承包人在投标书附录中按招标文件提供的信息和要求确认了每次扣留保留金的百分比和保留金限额。从首次支付工程进度款开始,用该月承包人完成合格工程应得款加上因后续法规政策变化的调整和市场价格浮动变化的调价款为基数,乘以合同约定保留金的百分比作为本次支付时应扣留的保留金,逐月累计扣到合同约定的保留金最高限额为止。每次月进度款支付时扣留的百分比一般为 5% ~10% ,累计扣留的最高限额一般为合同价的 2.5% ~5% 。

当保留金已累计扣留到保留金限额的60%时,为了使承包人有较充裕的流动资金用于工程施工,可以允许承包人提交保留金保函代换保留金。业主返还保留金限额的50%,剩余部分待颁发履约证书后再返还。保函金额在颁发接收证书后不递减。

(2)保留金的返还

扣留承包人的保留金分两次返还:

第一次,颁发工程接收证书后的返还。在颁发了整个工程的接收证书时,将保留金的前一半支付给承包人。如果颁发的接收证书只是限于某部分工程或区段工程,则:

返还金额 = 保留金总额 ×(颁发接收证书的部分工程或区段工程的合同价值/最终合同价格的估算值)×40% (6-35)

第二次,保修期满颁发履约证书后将剩余保留金返还。在整个合同的缺陷通知期满,返还剩余的保留金。如果某部分工程颁发了接收证书,则在该部分工程的缺陷通知期满后,并不全部返还该部分剩余的保留金:

返还金额 = 保留金总额 ×(颁发接收证书的部分工程的合同价值/最终合同价格的估算值)×40% (6-36)

在计算上述的各项百分比时,不考虑根据合同规定法规变化引起的调整和费用变化所进行的任何调整。

第二次支付后剩余的保留金应在各缺陷通知期限的最末一个期满日期后一次性返还。

3)延迟支付融资费

如果承包人没有收到根据合同规定时间应获得的任何款额,承包人应有权就未付款额按月所计复利收取延误期的融资费。延误期应认为是从合同规定的支付日期开始计算的,而不考虑期中支付证书颁发的日期。除非在专用条件中另有规定,此融资费应以年利率为支付货币所在国中央银行的贴现率加上三个百分点进行计算,并用这种货币进行支付。

承包人有权得到此类付款而无需正式通知或证明,并且不损害任何其他权利或补偿。

4)业主违约

FIDIC合同条件规定了业主违约时,承包人的权利及因违约致使合同终止时的支付。

(1)承包人有权暂停工作。如果工程师未能按照合同规定的"期中支付证书的颁发"开具支付证书,或者业主未能按照合同要求"业主的资金安排"提供合理的证明或未按"支付"的规定执行,则承包人可在提前21天以上通知业主,暂停工作(或降低工作速度),除非到承包人收到了支付证书,合理的证明或支付(视情况而定并且遵守通知的指示)。

此行为不应影响承包人根据合同"延误的支付"规定得到融资费和根据合同条款"承包人提出终止"行使终止合同的权利。

如果在发出终止通知之前,承包人随即收到了此类支付证书、证明或支付,则承包人应尽快恢复正常工作。

如果承包人根据合同规定暂停工作或降低工作速度而造成拖期和(或)导致发生费用,则承包人应通知工程师,承包人有权根据合同条款"竣工时间的延长"的规定,就任何此类延误获得延长的工期,如果竣工时间已经(或将要)被延误,以及获得任何此类费用加上合理的利润,并将之加入在合同价格。在收到此类通知后,工程师应根据合同规定对上述事宜表示同意或作出决定。

(2)承包人提出终止。如果发生下述情况,承包人应有权终止合同:

①在根据合同条款“承包人有权暂停工作”发出通知（有关于业主未能按照合同条款“业主的资金安排”的规定执行）后42天内，承包人没有收到合理的证明。

②在收到报表和证明文件后56天内，工程师未能颁发相应的支付证书。

③在合同条款“支付”规定的支付时间期满后42天内，承包人没有收到按开具的期中支付证书应向其支付的应付款额（根据合同条款“业主的索赔”进行扣除的金额除外）。

④业主基本上没有执行合同规定的义务。

⑤业主未能按照合同条款“合同协议书”或合同条款“转让”的规定执行。

⑥合同条款“持续的暂停”所述的持续的暂时停工影响到整个工程。

⑦业主破产或无力偿还债务，或停业清理，或已由法院委派其破产案财产管理人或遗产管理人，或为其债权人的利益与债权人达成有关协议，或在财产管理人，财产委托人或财务管理人的监督下营业，或承包人所采取的任何行动或发生的任何事件（根据有关适用的法律）具有与前述行动或事件相似的效果。

如果发生上述事件或情况，则承包人可在向业主发出通知14天后，终止本合同。此外，如果发生⑥或⑦的情况，承包人可通知业主立即终止合同。

承包人选择终止合同不应影响他根据合同或其他规定享有的承包人的任何其他权利。

（3）终止时的支付。在根据合同条款“承包人提出终止”发出的终止通知生效后，业主应尽快：

①将履约保证金退还承包人。

②根据合同条款“可选择的终止、支付和返回”向承包人进行支付。

③向承包人支付因终止合同承包人遭受的任何利润的损失或其他损失或损害的款额。

2. 结算程序

1）期中结算

（1）承包人提出付款请求。承包人应按工程师批准的格式在每个月末之后向工程师提交一式六份报表，详细说明承包人认为自己有权得到的款额，同时提交各证明文件。

（2）工程师签证。工程师接到报表后，对承包人完成的工程形象、项目、质量、数量以及各项价款的计算进行核查。若有疑问时，可要求承包人共同复核工程量。在收到承包人的支付报表的28天内，按核查结果以及总价承包分解表中核实的实际完成情况签发支付证书。

工程师可以不签发证书或扣减承包人报表中部分金额的情况包括：

①合同内约定有工程师签证的最小金额时，本月应签发的金额小于签证的最小金额，工程师不出具月进度款的支付证书。本月应付款接转下月，超过最小签证金额后一并支付。

②承包人提供的货物或施工的工程不符合合同要求，可扣发修整或重置相应的费用，直至修整或重置工作完成后再支付。

③承包人未能按合同规定进行工作或履行义务，并且工程师已经通知了承包人，则可以扣留该工作或义务的价值，直至工作或义务履行为止。

工程进度款支付证书属于临时支付证书，工程师有权对以前签发过的证书中发现的错、漏或重复进行修正，承包人也有权提出更改或修正，经双方复核同意后，将增加或扣减的金额纳入本次签证中。

（3）业主支付。承包人的报表经过工程师认可并签发工程进度款的支付证书后，业主应在接到证书后及时给承包人付款。业主的付款时间不应超过工程师收到承包人的月进度付款申请单后的56天。如果支付被延迟,则承包人有权对未支付部分按合同约定的利率计算方式收取利息,若延迟时间超过合同规定的期限,承包人有权提出暂时停工。

2)竣工结算

(1)承包人提交竣工报表。在收到工程接收证书后的84天内,承包人应向工程师提交按其批准的格式编制的竣工报表一式六份。

竣工报表内容包括:

①到工程接收证书中指明的竣工日期,根据合同完成全部工作的最终价值。

②承包人认为应该获得的其他款项,如要求的索赔款、应退还的部分保留金等。

③承包人认为根据合同应支付给他的估算总额。

(2)工程师开具支付证书。工程师接到竣工报表后,应对照竣工图进行工程量详细核算,对其他支付要求进行审查,然后再依据检查结果签署竣工结算的支付证书。此项签证工作,工程师也应在收到竣工报表后28天内完成。

(3)业主支付。业主依据工程师的签证予以支付。

3)最终结算

最终结算是指颁发履约证书后,对承包人完成全部工作价值的详细结算,以及根据合同条件对应付给承包人的其他费用进行核实,确定合同的最终价格。

(1)承包人报送最终报表及结清单。在颁发履约证书56天内,承包人应向工程师提交按其批准的格式编制的最终报表草案一式六份,并附证明文件,详细说明以下内容:

①根据合同所完成的所有工作的价值。

②承包人认为根据合同或其他规定应进一步支付给他的任何款项。

如果工程师不同意或不能证实该最终报表草案中的某一部分,承包人应根据工程师的合理要求提交进一步的资料,并就双方所达成的一致意见对草案进行修改。随后,承包人应编制并向工程师提交双方同意的最终报表。但是如果工程师和承包人讨论并对最终报表草案进行了双方同意的修改后,仍明显存在争议,工程师应向业主送交一份最终报表中双方协商一致的期中支付证书,同时将一副本送交承包人。此后,如果存在的争议最终得到解决,承包人随后应根据争议解决的结果编制一份最终报表提交给业主(同时将一副本送交工程师)。

在提交最终报表时,承包人应提交一份书面结清单,确认最终报表的总额为根据或参照合同应支付给他的所有款项的全部和最终的结算额。该结清单可注明,只有在全部未支付的余额得到支付且履约保证退还给承包人当日起,该结清单才能生效。

(2)颁发最终支付证书。在收到最终报表及书面结清单后28天内,工程师应向业主发出一份最终支付证书,说明:

①最终应支付的款额。

②在对业主以前支付过的款额与业主有权得到的全部金额加以核算后,业主还应支付给承包人,或承包人还应支付给业主(视情况而定)的余额(如有时)。

如果承包人未根据合同要求,申请最终支付证书,工程师应要求承包人提出申请。如果承包人未能在28天期限内提交此类申请,工程师应对其公正决定的应支付的此类款额颁发最终支付证书。

(3)业主支付。业主应在收到证书后的56天内支付。只有当业主按照最终支付证书的金额予以支付并退还履约保函后,结清单才生效,承包人的索赔权也即行终止。

第五节　施工阶段工程造价控制

一、项目资金计划的编制

为了确保施工阶段工程造价目标的实现，必须编制资金使用计划，合理地确定和分解工程造价控制目标值。如果没有明确的造价控制目标，就无法进行工程项目造价实际支出值与目标值的比较，不能进行比较也就不能找出偏差，不知道偏差程度，就会使控制措施缺乏针对性。在确定造价控制目标时，应与本工程的工程量、人工单价、材料预算价、机械使用费等各项有关费用及取费标准相一致，使确定的目标值切实可行。资金使用计划的编制步骤和方法如下。

1. 工程造价控制目标的分解

编制资金使用计划过程中最重要的步骤，就是工程造价目标的分解。工程项目的施工过程也是工程实体的形成过程，因此，施工阶段工程造价控制的主要费用是建筑安装工程费用。控制目标的分解可以将建筑安装工程费用按照项目的构成和时间进度的形式进行。

(1)按项目构成分解

工程项目通常是由若干单项工程构成的，而每个单项工程包括了多个单位工程，每个单位工程又是由若干个分部分项工程构成的，因此，造价控制目标的分解，实质上是将控制目标值按照工程的分部分项和预算构成进行分解。即把目标总额按其组成顺序分解成一个个有数量、有单价、有合价的细部小块，以便于将来分析与控制。分块细化的程度，应结合项目规模、控制手段和控制业务水平综合考虑确定。总的原则是便于分析比较，利于控制实施，分解后的准确程度要高，误差要小，同时要突出重点，抓住主要。

按项目构成分解目标如图6-10所示。

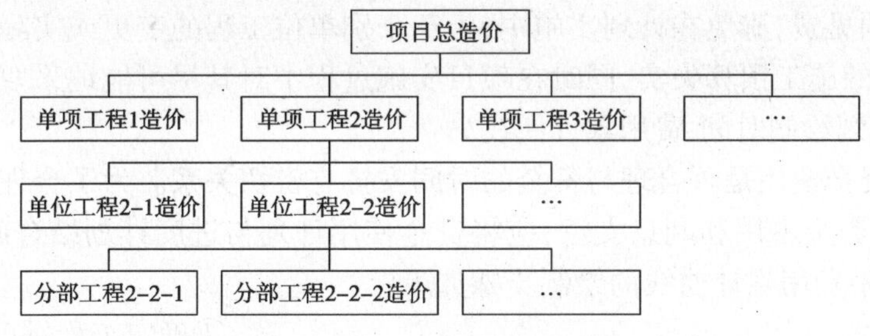

图6-10　按项目构成分解目标

工程造价控制目标分解之后，再对影响每项造价的各种干扰因素进行排队分析，析解出各种可变部分和固定不变部分。重点对可变部分做深入细致的分析调查。以便制定可行措施，实行有效控制。同时在分析各种因素的基础上，用动态可变的观点，对可引起造价变化的幅度，做出初步估算，并相应对分解后的目标值进行适当的调整补充。如果在控制实施过程中，突出了重点，抓住了影响造价的主要方面，就可以把可变因素的影响减弱，甚至可以消失，造价增加的幅度也将随之减少或消除。

(2)按时间进度分解

工程项目的投资总是分阶段、分期支出的，资金应用是否合理与资金的时间安排有密切关系。为了编制项目资金使用计划，并据此筹措资金，尽可能减少资金占用和利息支出，有必要将建筑安装工程费用按其使用时间进行分解。

编制按时间进度的资金使用计划，通常可利用控制项目进度的网络图进一步扩充而得。即在建立网络图时，一方面确定完成各项工作所需花费的时间；另一方面同时确定完成这一工作的合适的施工支出预算。在实践中，将工程项目分解为既能方便地表示时间，又能方便地表示施工支出预算的工作是不容易的，如果项目分解程度对时间控制合适的话，则对支出预算可能分配过细，以至于不可能对每项工作确定其支出预算，反之亦然。因此，在编制网络计划时应在充分考虑进度控制对项目划分要求的同时，还要考虑确定支出预算对项目划分的要求，做到两者兼顾。

实践中，可以将两种方法结合起来使用，在按项目构成分解的同时，进一步按分部分项工程的时间进度分解。这样可以在明确分部分项工程造价控制目标的同时，明确不同施工阶段的造价控制目标。

2. 资金使用计划的编制

(1)按项目构成分解资金使用计划

在完成工程项目造价目标分解之后，就要具体地进行分配，编制单项工程、单位工程、分部分项工程的资金计划，从而得到详细的资金使用计划表。其内容一般包括：

①工程分项编码。

②工程内容。

③计量单位。

④工程数量。

⑤计划综合单价。

⑥本分项总计。

在编制项目资金计划时，要对项目的总支出考虑一定的预备费，也要在主要的分项工程上考虑适当的不可预见费，避免在计划实施中，由于个别单位工程的变更或实际工程量与计划有较大出入，使原来的施工预算失实，同时在项目实施过程中对其尽可能地采取一些措施。

(2)按进度计划绘制时间-费用累计曲线

工程项目的资金使用是否合理与资金的时间安排有密切关系。为了合理的编制资金使用计划，尽可能减少资金占用和利息支付，应将资金使用计划与进度计划结合起来绘制时间-费用累计曲线。时间-费用累计曲线的绘制步骤如下：

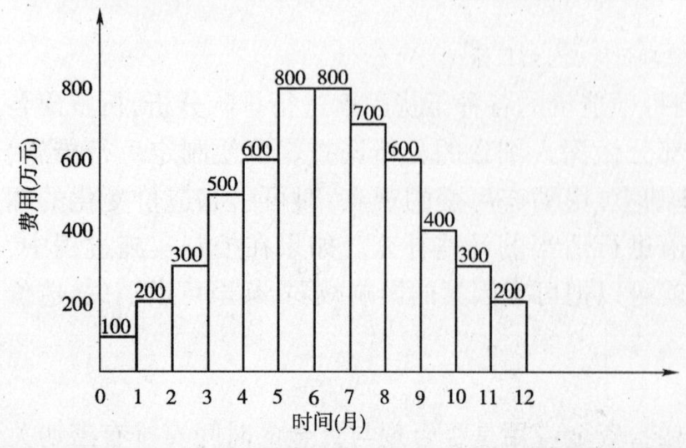

图6-11　在时标网络图上绘制的单位时间资金使用计划

①确定工程进度计划，绘制时标网络图。

②计算单位时间（月或旬）资金使用计划。

根据每单位时间内完成的实物工程量或投入的人力、物力和财力，计算单位时间（月或旬）的费用支出，在时标网络图上绘制单位时间资金使用计划，如图6-11所示。

③计算规定时间 t 计划累计完成的资金额。其计算方法为：各单位

时间计划完成的资金额累加求和，可按下式计算：

$$Q_{\mathrm{t}} = \sum_{n=1}^{t} q_{\mathrm{n}} \tag{6-37}$$

式中：Q_{t}——某时间 t 计划累计完成资金额；

q_{n}——单位时间 n 的计划完成资金额；

t——某规定计划时刻。

④绘制 S 形曲线。按各规定时间的 Q 值，绘制 S 形曲线，如图 6-12 所示。

按某一时间开始的施工项目的进度计划与累计费用的关系都可以用一条 S 形曲线表示。由于施工项目的网络计划，在理论上总是分为最早和最迟两种开始与完成时间的。因此，一般情况下，任何一个施工项目的网络计划，都可以绘制出两条曲线。其一是计划以各项工作的最早开始时间安排进度而绘制的 S 形曲线，称为 ES 曲线。其二是计划以各项工作的最迟开始时间安排进度，而绘制的 S 形曲线，称为 LS 曲线。两条 S 形曲线都是从计划的开始时刻开始和完成时刻结束，因此两条曲线是闭合的。一般情况，ES 曲线上的各点均落在 LS 曲线相应点的左侧，形成一个形如香蕉的曲线，故此称为香蕉形曲线（图 6-13）。

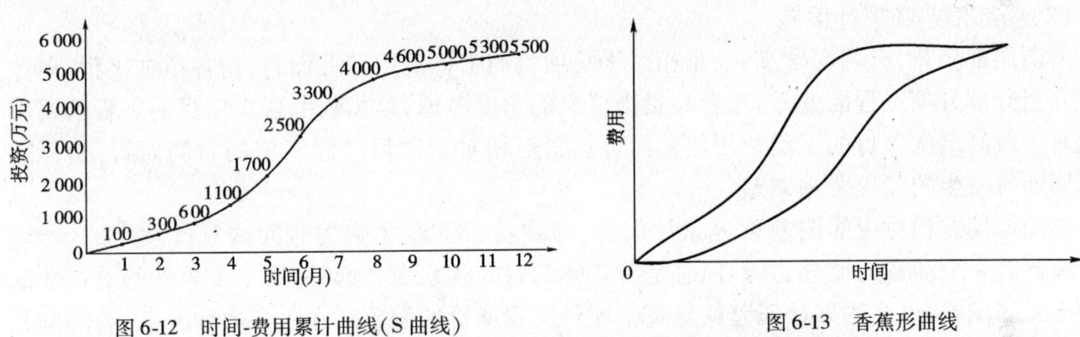

图 6-12　时间-费用累计曲线（S 曲线）

图 6-13　香蕉形曲线

在项目的实施中资金控制的理想状况是任一时刻按实际进度描绘的点，均应落在香蕉曲线的区域内。

一般而言，在编制资金使用计划时，所有工作都按最迟开始时间开始，对节约建设资金贷款利息是有利的，但同时，也增加了项目按期竣工的风险。因为施工中如果有意外情况发生，就不能再利用时差。因此，造价控制与进度控制二者密切相关，在编制资金使用计划时，要合理地确定资金支出的预算，达到既节约资金支出，又能控制项目工期的双重目的。

二、投资偏差分析的方法及纠正措施

1. 偏差概念

费用比较的结果总会显示出计划值与实际值之间存在差异，在工程造价控制中把这种差异称为费用偏差，在特定的情况下可简称为偏差。为了对工程费用偏差进行全面、客观的分析，涉及一些关于偏差的概念，需要加以明确地定义。

（1）工程费用参数和偏差变量

由于偏差是费用比较的结果，因而某一偏差的出现必然同时与两个费用变量有关。在费用分析中，一般涉及以下三个与工程费用有关的参数：

①拟完工程计划费用。

②已完工程计划费用。

③已完工程实际费用。

相应地，就有三种工程费用偏差变量：

$$费用偏差1 = 已完工程实际费用 - 拟完工程计划费用 \tag{6-38}$$

$$费用偏差2 = 已完工程实际费用 - 已完工程计划费用 \tag{6-39}$$

$$费用偏差3 = 已完工程计划费用 - 拟完工程计划费用 \tag{6-40}$$

所谓拟完工程计划费用，是指根据计划安排在某一确定时间内所应完成的工程数量的计划费用，即拟完工程量与计划单价的乘积。故费用偏差1包含了实际完成工程数量与计划完成工程数量以及实际单价与计划单价两方面的偏差。已完工程计划费用，是指按照计划单价计算的实际完成工程数量的费用。因而费用偏差2只包含实际单价与计划单价的偏差，费用偏差3则只包含实际完成工程数量与计划完成工程数量的偏差，反映的是进度的偏差。由于实际的工程进度不可能完全按计划进度实现，因而从费用比较的要求来看，前两类费用偏差是我们分析的重点。

在偏差分析时，上述工程费用参数和偏差变量可用于项目分解的各个层次。

(2)局部偏差和累计偏差

所谓局部偏差，有两层含义：一是相对于总项目的工程费用偏差而言，指各单项工程、单位工程乃至分部分项工程的偏差，或者从更为广义的角度考虑，是指较低层次项目的工程费用偏差相对于较高层次项目的工程费用偏差而言。二是相对于项目已经实施的时间而言，指每一控制周期所发生的工程费用偏差。

与局部偏差相对应的偏差称为累计偏差，即在项目已经实施的时间内累计发生的偏差。累计偏差是一个动态的概念，其数值总是与具体的时间联系在一起的，第一个累计偏差在数值上等于局部偏差，最终的累计偏差就是整个项目工程造价的偏差。在大多数情况下，局部偏差和累计偏差的符号相同，但也有可能相反。

在进行工程费用偏差分析时，对局部偏差和累计偏差都要进行分析。在每一控制周期内，局部偏差发生所在的工程内容及其原因一般都比较明确，分析结果也就比较可靠；而累计偏差所涉及的工程内容较多、范围较大，原因也较复杂，因而累计偏差分析必须以局部偏差分析为基础。否则，累计偏差分析的结果就会流于空泛而缺乏可靠性。从这个意义上讲，局部偏差分析比累计偏差分析更为重要。从另一方面来看，累计偏差分析并不是局部偏差分析的简单汇总，而需要对局部偏差分析的结果进行综合分析，其结果更能显示出代表性、规律性，对工程造价控制工作在较大范围内具有指导作用。

(3)绝对偏差和相对偏差

所谓绝对偏差，是指工程费用计划值与实际值比较所得到的差额，如工程费用偏差1、工程费用偏差2和工程费用偏差3都是绝对偏差。而所谓相对偏差：则是指工程费用偏差的相对数或比例数，通常是用绝对偏差与工程费用计划值的比值来表示，即：

$$相对偏差 = \frac{绝对偏差}{费用计划值} = \frac{费用实际值 - 费用计划值}{费用计划值} \tag{6-41}$$

在进行工程费用偏差分析时，对绝对偏差和相对偏差都要进行计算。绝对偏差的结果比较直观，其作用主要在于了解项目工程费用偏差的绝对数额，指导资金支出计划和资金筹措计划的制定或调整。由于项目规模、性质、内容不同，其工程造价总额会有很大差异，同一数额的绝对偏差在不同的项目上就表现出不同的重要性。同样，在同一项目的不同层次和内容或不同控制周期，也都有类似的问题。因此，绝对偏差就显得有一定的局限性，而相对偏差就能较客观地反映工程费用偏差的严重程度和合理程度，并且可以与项目不同层次工程造价控制人员的偏差控制范围结合起来。从对工程造价控制工作的要求来看，相对偏差比绝对偏差更有意义，应当予以更高的重视。

绝对偏差和相对偏差是对工程费用偏差的两种具体表达方法，任何工程费用偏差都会同时表现出绝对偏差和相对偏差。在对局部偏差和累计偏差进行分析时，绝对偏差和相对偏差的数值不会影响分析的结果，但其数值的大小可以对分析工作起一定的指导作用，即对偏差数值大者进行较深入细致的分析，反之则分析可以相对简单一些。

(4)偏差程度

所谓偏差程度，是指工程费用实际值对计划值的偏离程度，通常以工程费用实际值与计划值的比值来表示，即：

$$费用偏差程度=\frac{费用实际值}{费用计划值} \tag{6-42}$$

偏差程度与相对偏差既有联系又有区别，其联系表现在两者都是反映偏差相对性的尺度，都与计划值和实际值有关。两者的区别表现在：其一，相对偏差是与绝对偏差相对应的，没有绝对偏差，也就无所谓相对偏差；而偏差程度则是一个独立的概念，与绝对偏差无关。其二，相对偏差的数值可正可负，而偏差程度的数值总是正值，大于 1 为正偏差，表示工程费用增加；等于 1 表示无偏差；小于 1 为负偏差，表示工程费用节约。

与局部偏差和累计偏差相对应，可分为工程费用局部偏差程度和工程费用累计偏差程度。显然，累计偏差程度在数值上不等于局部偏差程度之和，两者要分别计算：

$$局部偏差程度=\frac{当月实际费用值}{当月计划费用值} \tag{6-43}$$

$$累计偏差程度=\frac{累计实际费用值}{累计计划费用值} \tag{6-44}$$

上述局部偏差和累计偏差、绝对偏差和相对偏差、偏差程度等概念都是偏差分析的基本内容，可以应用于项目的各个层次。偏差分析所达到的项目层次越深，分析结果就越可靠，对工程造价控制工作就越有指导意义。在工程造价控制的实践中，应当要求项目各层次工程造价控制人员所作的偏差分析至少达到该项目层次的下一层次。

2. 偏差分析的方法

偏差分析可以采用不同的方法，常用的有横道图法、表格法和挣值法。在工程造价控制的实际工作中，可以根据具体情况选择其中 1 ~ 2 种方法；必要时，也可以把这三种方法综合起来应用。

1)横道图法

这种方法的基本特点是用不同的横道标识不同的工程费用参数，而各工程费用参数横道的长度与其数额成正比，但整个项目的横道与分部分项工程横道的单位长度所表示的工程费用数额不同。工程费用偏差和进度偏差数额可以用数字或横道表示，如表 6-4 所示。

××项目偏差分析横道图　　表6-4

项目名称	各费用数额(万元)	费用偏差(万元)	进度偏差(万元)
土方开挖	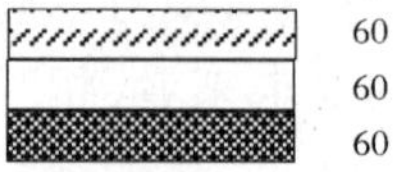 60 60 60	0	0
土方外运	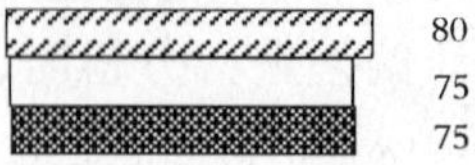 80 75 75	5	0
桩制作	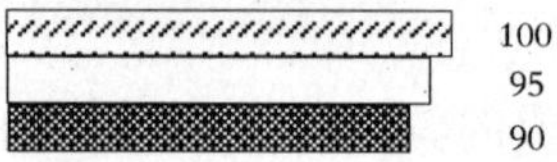 100 95 90	10	5
打桩	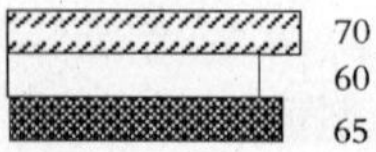 70 60 65	5	-5
基础	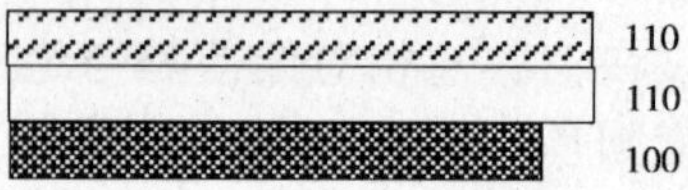 110 110 100	10	10
……	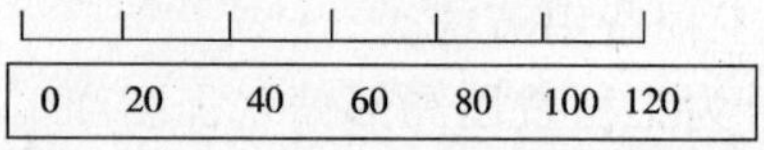 0　20　40　60　80　100　120		
合计	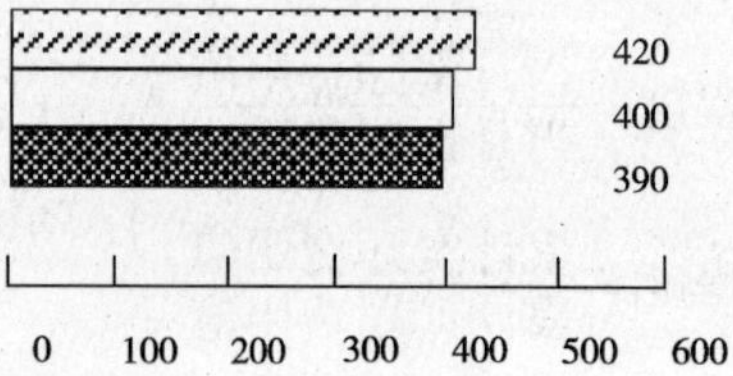 420 400 390 0　100　200　300　400　500　600	30	10

图例　已完成工程实际费用　拟完成工程计划费用　已完成工程计划费用

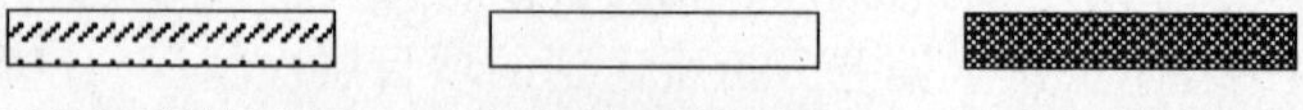

在采用横道图法时,一般以分部分项工程为基础,按项目分解的层次逐层汇总,对各单位工程和分项工程以及整个项目分别制表。对于同一层次的不同项目,单位长度横道所表示的工程费用参数数额应当相同。这种方法不适宜同时表示局部偏差和累计偏差,因而对这两种偏差要分别制表。

横道图的突出优点是较为形象和直观,便于了解项目工程费用的概貌。但是,由于这种方法所反映的信息量较少,主要反映累计偏差和绝对偏差,一般不反映相对偏差和偏差程度。因而其应用有一定的局限性。

2)表格法

表格法(表6-5)是进行偏差分析最常采用的一种方法,它具有许多突出的优点。

(1)灵活、适用性强,可以根据项目的具体情况、数据来源、工程造价控制工作的要求等条件来设计表格。当然,在同一个项目中,不同项目内容和层次的表格应当保持一致;在项目实施的不同阶段,可以采用不同的表格,而施工阶段表格的内容是最全面的。

(2)信息量大,可以反映各种偏差变量和指标。只要需要,工程费用偏差和进度偏差,局部偏差和累计偏差、绝对偏差和相对偏差、偏差程度和偏差原因等都可以在表格中得到反映。这对全面、深入地了解项目工程费用的实际情况和动态是非常有益的,有利于工程造价控制人员及时采取针对性措施,加强对项目工程费用的控制。

(3)便于用计算机辅助工程造价控制,减少工程造价控制人员在处理费用数据方面所消耗的时间和精力。

××项目费用偏差分析表　　表 6-5

项目名称		(1)	土方开挖	2.0m 盖板涵	浆砌片石挡土墙	C40 预应力混凝土箱梁	基础挖方
单位		(2)	m^3	m	m^3	m^3	m^3
计划单价		(3)	5.50	3 415.00	153.75	599.25	16.8
拟完工程量		(4)	15 197	18	25	150	294
拟完计划费用		(5)=(3)×(4)	83 583.5	61 470	3 843.75	89 887.5	4 939.2
已完工程量		(6)	14 000	20	25	145	340
已完计划费用		(7)=(3)×(6)	77 000	68 300	3 843.75	86 891.25	5 712.00
实际单价		(8)	5.50	3 865.00	153.75	599.25	16.5
其他款项		(9)	0	0	0	0	0
已完实际费用		(10)=(6)×(8)	77 000	77 300	3 843.75	86 891.25	5 610.00
局部偏差							
费用	绝对偏差	(11)=(10)-(7)	0	9 000	0	0	-102.00
	相对偏差	(12)=(11)÷(7)	0	13.18%	0	0	-1.79%
	偏差程度	(13)=(10)÷(7)	1	1.13	1	1	0.982
进度	绝对偏差	(14)=(7)-(5)	-6 583.5	6 830	0	-2 996.25	772.8
	相对偏差	(15)=(14)÷(5)	-7.88%	11.11%	0	-3.33%	15.65%
	偏差程度	(16)=(7)÷(5)	0.92	1.11	1	0.967	1.16
累计偏差							
费用	绝对偏差	(17)=∑(11)					
	相对偏差	(18)=∑(11)/∑(7)					
	偏差程度	(19)=∑(10)/∑(7)					
进度	绝对偏差	(20)=∑(14)					
	相对偏差	(21)=∑(14)/∑(5)					
	偏差程度	(22)=∑(16)/∑(5)					

3)挣值法

挣值法是一种分析目标实施与目标期望之间差异的方法。在工程项目造价控制中,应用挣值法来分析建设项目实际费用与工程项目预算(计划)费用之间存在的偏差,故而又称偏差分析法。挣值法是通过测量和计算已完工作量的预算(计划)费用与已完工作量的实际费用和计划工作量的预算(计划)费用,得到有关计划实施进度和费用偏差情况,从而达到分析工程项目预算(计划)费用和进度计划执行情况的目的。

"挣值法"是因为这种分析方法应用了一个关键数值——"挣得值"而命名的。所谓挣得值就是已完成工作量的预算(计划)费用,是指项目实施某阶段实际完成工程量按预算(计划)价格计算出来的费用。

(1)挣值法的三个基本参数

①计划工作量的预算(计划)费用(BCWS),即(Budgeted Cost for Work Scheduled)。BCWS是指项目实施过程中某阶段计划要求完成的工作量所需的预算(计划)工时(或费用)。计算公式为:

$$BCWS = 计划工作量 \times 预算(计划)定额 \tag{6-45}$$

BCWS 主要是反映进度计划应当完成的工作量,而不是反映应消耗的工时或费用。

②已完成工作量的实际费用(ACWP),即(Actud Costfor Work Per formed)。ACWP 是指项目实施过程中某阶段实际完成的工作量所消耗的工时(或费用)。ACWP 主要反映项目执行的实际消耗指标。

③已完工作量的预算(计划)费用(BCWP),即(Budgeted Cost for Work Performed)。BCWP是指项目实施过程中某阶段实际完成工作量及按预算(计划)定额计算出来的工时(或费用),即挣得值(Eamed Value)。BCWP 的计算公式为:

$$BCWP = 已完成工作量 \times 预算(计划)定额 \tag{6-46}$$

(2)挣值法的四个评价指标

①费用偏差 CV(Cost Variance)。CV 是指检查期间 BCWP 与 ACWP 之间的差异,计算公式为:

$$CV = 已完工作量的预算费用 - 已完工作量的实际费用 \tag{6-47}$$

当 CV 为负值时,表示执行效果不佳,即实际消耗人工(或费用)超过预算(计划)值,即超支。[图 6-14a)]。

当 CV 为正值时,表示实际消耗人工(或费用)低于预算(计划)值,即有节余或效率高。[图 6-14b)]。

当 CV 等于零时,表示实际消耗人工(或费用)等于预算(计划)值。

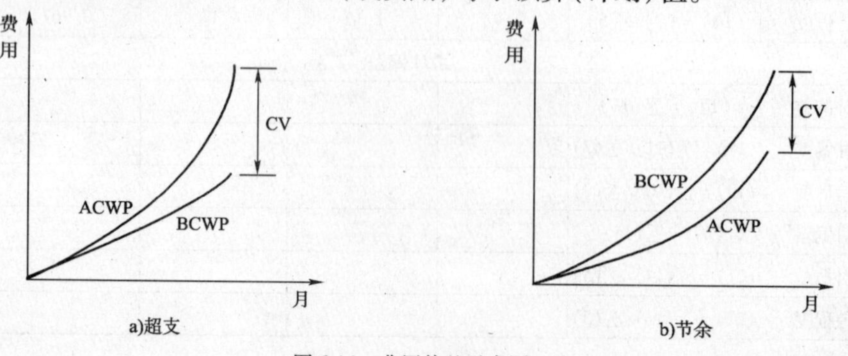

图 6-14　费用偏差示意图

②进度偏差 SV(Schedule Variance)。SV 是指检查日期 BCWP 与 BCWS 之间的差异。其计算公式为:

$$SV = 已完工作量的预算费用 - 计划工作量的预算费用 \tag{6-48}$$

当 SV 为正值时，表示进度提前［图 6-15a)］；

当 SV 为负值时，表示进度延误［图 6-15b)］；

当 SV 为零时，表示实际进度与计划进度一致。

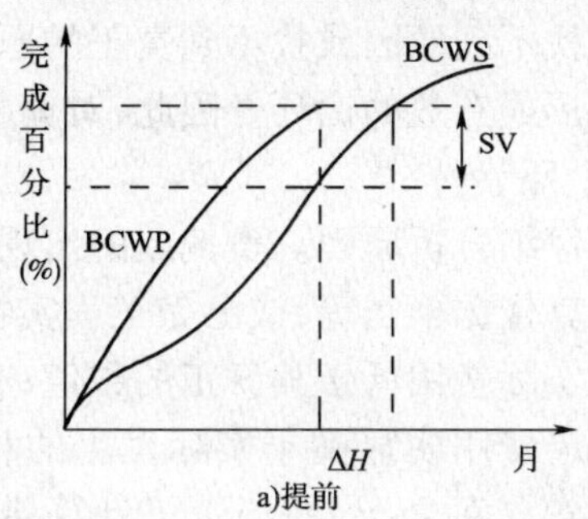

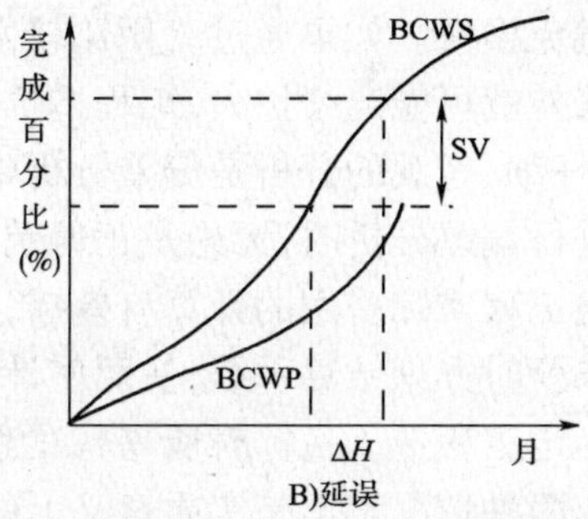

图 6-15　进度偏差示意图

③费用执行指标 CPI(Cost Performed Index)。CPI 是指预算(计划)费用与实际费用值之比(或工时值之比)。计算公式为：

$$CPI = \frac{已完工作量的预算费用}{已完工作量的实际费用} \tag{6-49}$$

当 CPI > 1 时，表示低于预算(计划)，即实际费用低于预算(计划)费用；

当 CPI < 1 时，表示超出预算(计划)，即实际费用高于预算(计划)费用；

当 CPI = 1 时，表示实际费用与预算(计划)费用吻合。

④进度执行指标 SPI(Schedul Performed Index)。SPI 是指项目挣得值与计划之比，即：

$$SPI = \frac{已完工作量的预算费用}{计划工作量的预算费用} \tag{6-50}$$

当 SPI > 1 时，表示进度提前，即实际进度比计划进度快；

当 SPI < 1 时，表示进度延误，即实际进度比计划进度慢；

当 SPI = 1 时，表示实际进度等于计划进度。

(3)挣值法评价曲线

挣值法评价曲线如图 6-16 所示。图的横坐标表示时间，纵坐标则表示费用(以实物工程量、工时或金额表示)。图中 BCWS 按 S 形曲线路径不断增加，直至项目结束达到它的最大值。可见 BCWS 是一种 S 曲线。ACWP 同样是进度的时间参数，随项目推进而不断增加的，也是 S 形曲线。利用挣值法评价曲线可进行费用进度评价，如图 6-16 所示。CV < 0，SV < 0，表示项目执行效果不佳，即费用超支，进度延误，应采取相应的补救措施。

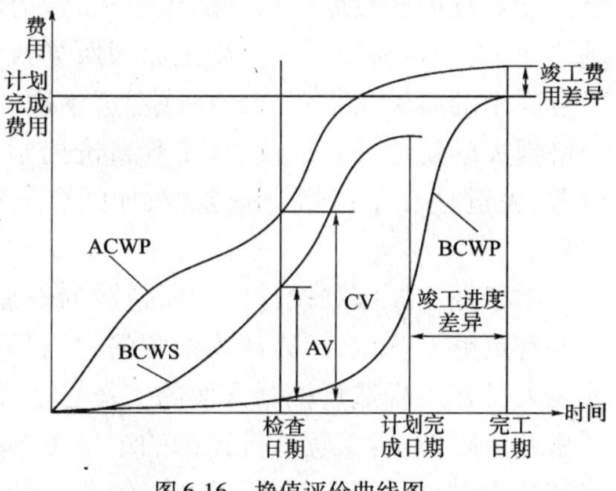

图 6-16　挣值评价曲线图

在实际执行过程中，最理想的状态是 ACWP、BCWS、BCWP 三条曲线靠得很近、平稳上升，表示项目按预定计划目标前进。如果三条曲线离散度不断增加，则预示可能发生关系到项目成败的重大问题。如果经过对比分析，发现某一方面已经出现费用超支,或预计最终将会出现费用超支,则应将它提出,作进一步的原因分析。原因分析是费用责任分析和提出费用控制措施的基础。

3. 偏差原因分析

偏差分析的一个重要目的,就是要找出引起偏差的具体原因,从而采取有针对性的措施,减少或避免损失。如果通过费用比较发现了偏差,但却找不到原因或找不到真正的原因,已经出现的偏差就可能继续扩大,工程造价控制工作就不能形成有效的循环。因此,对偏差原因进行认真、仔细、客观的分析是偏差分析中非常重要的一个环节。

在进行偏差分析时,无论是正偏差还是负偏差都应仔细分析原因。负偏差的出现,有时是因为已完工程实际费用的计算有差错,如漏项、缺项、计算依据不当等,或已完工程实物量已经统计却未及时办理结算手续,从而使计算出的已完工程实际费用低于其真正的数值;有时则是因为在确定工程造价目标时所考虑的各种风险和不确定费用明显高于实际发生的相应的费用。以上两种情况都不是实质意义上的负偏差,尤其是第二种情况,在纠正了计算错误之后,仍然有可能出现正偏差。当然,负偏差的出现,也可能是工程造价控制措施和方法积极而有效的结果。在这种情况下,正确分析负偏差的具体原因就是总结对工程造价进行有效控制的经验,从而有可能广泛采用,扩大工程造价控制工作的效果。

要进行偏差原因分析,首先应当将已经导致和可能导致偏差的各种原因一一列举出来,并加以适当的归纳或分类。导致不同工程项目出现工程费用偏差的原因具有一定的共性,因而通过对已经建成的工程项目、特别是与拟建项目相类似的工程项目的费用偏差原因的分析,可以在拟建项目施工之前就预先充分考虑到可能导致工程费用偏差的各种原因。对偏差原因的归纳和分类,不能过于笼统,否则就不能正确、客观地分析各种原因导致工程费用偏差的结果,也不宜过于具体,增加执行的难度。有些实际发生的偏差原因可能找不到适当的“归宿”,而不得不临时补充或调整,何况,原因太具体,会使分析结果缺乏综合性和一般性,未必是一种好的选择。当然,在偏差原因分类时,也需要尽可能考虑拟建项目的“个性”。对于预先未考虑到而实际发生的偏差原因,应当留有临时补充的余地。

从“共性”出发:可以把工程费用偏差原因先分为四个方面,即客观原因,业主原因、设计原因和施工原因,再对每一类原因进行细分(图 6-17)。这样,既可以对每一个具体原因进行个别分析,又可以将每一类原因汇总进行综合分析。

在图 6-17 所列举的四类工程费用偏差原因中,客观原因一般是无法避免和控制的,充其量只能对其中少数原因做到防患于未然,力求减少该原因所产生的经济损失,如自然因素、地基原因、交通运输原因等。施工原因所导致的经济损失通常是由施工单位自己承担,但是,如果合同中的有关条款不够严格或考虑不周,有时所增加的费用也可能由业主承担,如对第三方经济损失的赔偿等。因此,从工程造价控制的角度来看,对于由于施工原因所造成的工程费用偏差,关键还在于严格合同条款、加强合同管理。实际中这两类偏差原因都不是纠偏的主要对象。

由于业主原因和设计原因所造成的偏差,是纠偏的主要对象。对于业主原因,首先在思想上要有足够的认识,不能认为业主的失误是不可避免的,更不能认为是理所当然的。实际上,业主人员在工程造价控制方面的工作是主动还是被动、是积极还是消极、是认真还是敷衍、是严格还是随意,对工程造价控制的结果影响极大。因此,必须使项目管理人员中的每个人都了解其行为对项目工程造价的影响,创造一种人人关心项目工程造价的氛围。

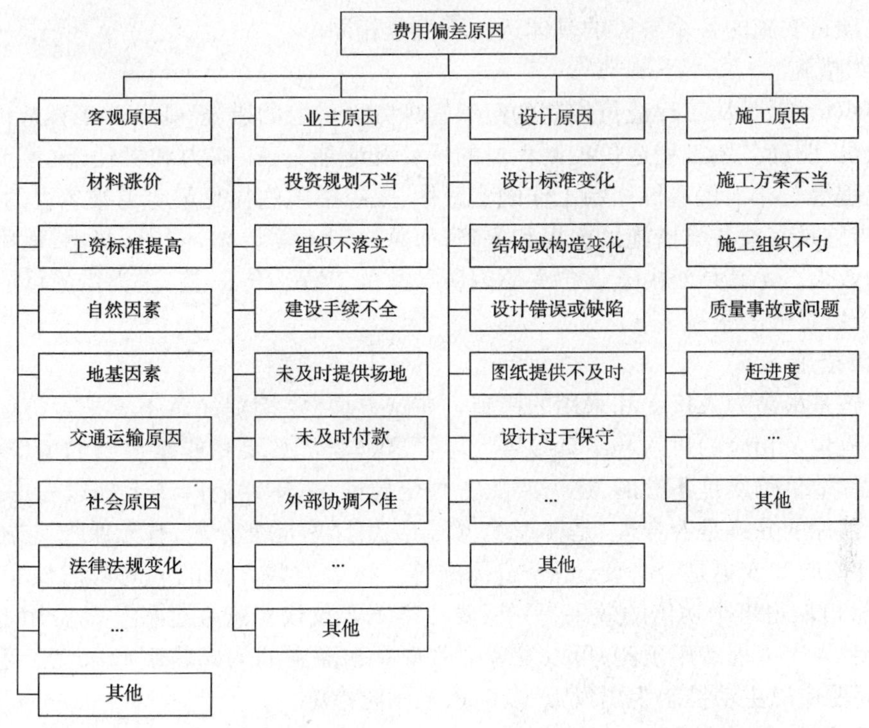

图6-17　偏差原因分析

对于设计原因所造成的偏差,应作进一步分析,在设计深化过程中(包括施工过程),设计变更总是时有发生。设计变更的原因可分为以下五类:功能性、装饰性(设计标准)、技术性、经济性和不可控制性的变更。其中前两类变更往往是由于发包人的意愿,若如此,应归入业主原因;不可控制性变更则可归入客观原因。把设计原因作为纠偏的主要对象,是设计对项目经济性起决定性作用的体现。这里要注意纠正一种片面的观念,不能认为设计变更总是导致工程造价增加。设计变更也可以节约工程造价,这就属于经济性的设计变更。从工程造价控制的要求出发,大多数设计变更应属于经济性变更。这意味着,对于设计变更所造成的工程造价偏差,需要采取设计变更(当然是经济性变更)来纠偏。这也是发挥设计对工程造价控制作用极其重要而有效的工作。

除了分析费用偏差的原因外,还应分析每种原因今后可能发生的频率(概率)及其影响程度(平均绝对偏差或相对偏差)。对于那些发生频率和影响程度均很小的原因,可以不必采取纠偏措施,而采取被动控制的策略,即问题发生后再作处理,因为任何纠偏措施都是需要付出代价的,有时被动控制比主动控制要更经济。

4. 纠偏措施

在确定了纠偏的主要对象之后,就需要采取针对性的纠偏措施。所谓纠偏,是对系统实际运行状态偏离标准状态的纠正,以使实际运行状态恢复到或保持在标准状态。与一般工业控制系统不同的是,工程费用偏差的纠偏措施主要取决于项目本身的具体情况以及控制人员的知识结构、分析问题和解决问题的能力和经验。因此,工程费用的纠偏措施更主要地表现为实践问题。当然,纠偏措施也具有一定的规律性和普遍性,可以从总体上加以把握。

为此,可以将纠偏措施归纳为组织措施、经济措施、技术措施和合同措施四个方面。这四方面措施在项目实施的各个阶段的具体运用不完全相同。

(1)组织措施

所谓组织措施,是从工程造价控制的组织管理方面采取的措施,如落实工程造价控制的组织机构和人员,明确各级工程造价控制人员的任务和职能分工、权力和责任、改善工程造价控制的工作流程等。在工程造价控制工作的实践中,组织措施往往是最容易被忽视的一类措施。其实,组织措施是其他各类措施的前提和保障,而且一般不需要增加什么费用,运用得当可以收到良好的效果。尤其是对由于发包人原因所导致的工程造价偏差,这类措施可能成为首选措施,故应予以足够的重视。

(2)经济措施

经济措施是最易为人接受和采用的措施。在这方面,要特别注意不要把经济措施仅仅理解为审核工程量及相应的付款和结算报告。尽管这是非常必要和非常重要的工作,但这对有效地控制工程造价仍然是不够的,还需要从一些全局性、总体性的问题上加以考虑。例如,检查工程造价目标的分解是否合理、是否正确,资金支出计划是否合理、有无保障、与施工进度是否协调,设计修改和变更是否必要、是否超标准等。解决这些方面的问题有时属于"治本"或"标本兼治",可取得事半功倍的效果,另外,要注意不要仅仅局限在已发生的费用上。通过偏差原因分析和未完工程费用预测,可以发现一些现有和潜在的问题将引起未完工程的费用增加,对这些问题应以主动控制为出发点,及时采取预防措施。

(3)技术措施

技术措施不仅对于解决项目实施过程中的技术问题是不可缺少的,而且对于纠正工程费用偏差亦有相当重要的作用。但在实践中,人们往往注意到技术措施的前一类作用,而忽视了它的后一类作用。从工程造价控制的要求来看,技术措施并不一定是因为发生了技术问题才加以考虑,也可以完全是因为出现了经济问题(如工程费用偏差较大)而加以运用。任何一个技术方案都有基本确定的经济效果,不同的技术方案就有着不同的经济效果。因此,运用技术措施纠偏的关键,一是要能提出多个不同的技术方案,二是要对不同的技术方案进行技术经济分析。技术措施的具体内容很多,如主体结构和基础形式、设备选型、结构材料和装饰材料选用、施工方案选择等,在这些方面都存在多种可能性,需要经过技术经济分析慎重地加以选择。在实践中,要避免仅从技术角度选定技术方案而忽视对其经济效果的分析论证。

(4)合同措施

合同措施在纠偏方面主要是索赔管理。在施工过程中,承包人有时会提出索赔要求。工程造价控制人员或合同管理人员要审查承包人的索赔依据是否符合合同有关条款的规定,索赔事件是否属实、是否确实是非承包人的责任,索赔的计算方法是否合理等。在必要和可能的情况下,可对已签订并执行的合同作一些补充或修改。从主动控制的要求出发,应做好日常的合同管理,着重根据偏差原因分析的结果研究合同的有关内容而采取针对性的措施,特别要注意合同中所规定的发包人和监理人的责任,并切实予以履行。

需要强调指出,在出现工程费用偏差之后,总是有可能采取纠偏措施来减少工程造价目标的超出,例如,极端的纠偏措施就是取消部分项目乃至全部项目。但是,应当认识到,工程造价控制的目标是为整个项目建设的目标服务的。在已经出现超工程造价的情况下,有时坚决保证工程造价不超的方案未必是最佳的选择,某些纠偏措施所带来的结果可能比超工程造价更糟糕,如取消部分项目可能导致预定的项目整体功能和收益不能实现,实际上是得不偿失。在这种情况下,超工程造价是可以接受的,并将其考虑到未完工程费用预测之中。采取纠偏措施的任务就是要选择一个超工程造价尽可能小的方案,也就是说,在绝大多数情况下,应以保证整个项目建设目标,项目功能和内容基本不变为前提来选择适当的纠偏措施。对于那些极端的纠偏措施所产生的工程造价控制结果,要作具体的分析。例如,如果取消部分项目总工程造价控制在工程造价目标之内,应当根据所实现的项目内容对应的计划工程造价(即以"新项目"的工程造价目标)来评价其工程造价控制的结果。

三、工程项目管理软件

1. 项目管理软件的发展

(1)项目管理软件在国内的发展

信息技术的快速发展,促进了工程项目管理的应用水平,伴随交通运输基础设施投资建设热潮,项目管理软件在国内得到了快速的发展,从最初的单一造价软件、到招投标软件、再到项目管理核心业务比如计量支付、质量评定、进度管理等软件的应用,到现在的全生命周期、全业务的协同化应用,项目管理软件现在已经深入工程建设者的人心,成为项目管理工作的有机组成部分。

项目管理软件在国内的发展经历了以下几个阶段:

①工具软件应用阶段(20 世纪 90 年代)。项目管理软件应用是从工具软件开始的,由于项目管理模式尚处于摸索阶段,信息技术也不发达,PC 使用 X86,操作系统还在用 DOC、UC-DOC、WIN32、WIN95 等,人们对项目管理的要求集中在手工替代、解决复杂的运算,于是以 XJ-TU、WCOST 为代表的造价软件逐渐被人们接受、使用甚至喜爱,之后为了解决标书编制的问题,又使用了标书制作软件、网络图编制软件,解决招投标阶段的问题,少数大型项目开始使用计量支付软件、质量评定软件,比如陕西的榆林—靖边高速公路、北京的八达岭高速等项目一开工之初就使用了计量支付软件,使用项目管理软件工具解决造价控制的问题,并取得良好的效果。

②集成系统应用阶段(2000 ~2004 年)。自从工具软件应用的建设项目管理过程中,合同管理、计量支付、进度管理、质量管理、竣工资料等软件都得到了大量的应用,但工程建设者不满足于各软件各自为政的应用模式,在这期间,就开始有项目思考如何将项目管理的三控两管一协调整合起来、贯穿起来使用,通过集成,项目管理者可以在计量时,同时查看质量评定的情况、进度统计情况,可以更有效地实现管理项目的整体目标,这期间以湖北的襄樊—十堰高速公路、广东的开平—阳江高速公路、湖南的衡阳—枣木铺高速公路为代表的一大批项目使用了集成化项目管理系统,取得了良好的管理效益、得到了行业主管部门的肯定。

③精细化管理应用阶段(2005 ~2009 年)。集成系统应用过程中,已经使用了标准化的编码,比如合同和计量支付中使用《公路工程招标文件范本》中的标准工程量清单、质量评定中使用《公路工程质量评定标准》中的标准单位工程、分部工程、分项工程划分标准,而进度管理中又使用各厅局的形象清单,各项标准如何统一、如何使用项目管理软件将精细化的管理思路落到实处,成了困扰建设者的难题。

以分解的工程实体(WBS)为管理对象,管理到每一个分项工程的施工工艺、质量、结算清单、范围变更,开始在一些项目上探索使用,并逐渐成为新的项目管理应用模式。

这期间,网络技术已经得到快速发展、PC 电脑也日新月异,使得精细化管理成为可能,使用 B/S(浏览器/服务器)是这个阶段的先进模式,人们只要一台电脑、一根网线或者一个无线上网卡,就可以使用项目管理软件,就可以处理项目管理业务,项目管理软件的应用普及到项目的各个层次、各个业务。

湖南常德—吉首高速公路、湘潭—衡阳西线高速公路、福建高速在建的各个项目都整体使用了项目管理软件,使用先进的 B/S 模式对工程进行精细化管理,推动了项目管理软件应用向更高层次的发展。

④行业整体应用阶段(2010 至今)。精细化项目管理软件应用后,为行业整体应用创造了条件,很多政府主管部门统一使用项目管理软件,推动整个行业应用发展。交通运输部制定了《关于推行项目管理信息化工作的指导意见》(简称“《意见》”),指导行业项目管理信息化,在《意见》中,充分肯定了项目管理信息化的作用,明确提出项目管理信息化有利于提高项目管理水平、有利于保证工程质量和安全、促进公路行业科学发展、促进公路行业规范发展。得到了各省交通主管部门的积极响应,比如江苏省交通运输厅,科学制定规划,在全省交通系统推行项目管理软件,涉及交通运输厅、厅属部门、高建局、公路局、港务局、航道局,各省属项目、各地市交通运输局、公路局,范围大、业务全,应用后势必发挥整体效益,促进行业又好又快发展。

(2)项目管理软件在国外的发展

国外的项目管理软件应用起步较早,比较出名的 Expedition、P3、MS Project 等主要专注进度控制、投资控制、合同管理、招投标管理、文档管理和信息沟通等方面的业务管理,同时提供服务器版与 Office XP 集成,实现项目的信息共享和沟通。

由于国外大规模建设的阶段,计算机与网络技术相对不发达,并没有像国内项目软件大量集成化的应用,比如 P3 在三峡项目中,国内还另外开发了三峡工程管理信息系统(TGPMS),实现整体应用。

P3 和 MSProject 的特点都是应用比较单一,但系统的灵活度、开放性比国内厂商要好,缺点就是不太全面,而且按照国外承包管理模式应用较多,在国内的应用只是应用其计划功能,因此目前在公路系统很少使用 P3 等软件实现全面的项目管理。

国外项目管理软件的特点是 BIM(建筑信息模型),在日本的大成公司,有 20% 的人在从事 BIM 设计,通过 BIM 实现工程各专业的集成,实现全生命周期的应用。

(3)项目管理软件的发展趋势

①平台化。项目管理软件是服务于项目管理模式,而国内的项目管理模式在发展中处于多元混合态,BOT、BT、BOO、指挥部模式、项目法人模式等,各项目管控的重点、精细程度、管控力度、管控流程都千差万别,因此,需要平台化的项目管理软件,来快速适应项目管理的可变性。

②集成化。项目管理是系统工程,项目目标的实现依赖各业务之间、各领域之间的流程协作、数据互通,需要集成化的项目管理支撑系统的项目管理。

③可视化。随着三维设计在国内的发展、BIM 技术的兴起、视频监控的应用,三维图形与工程部位空间信息、时间信息、进展信息、费用信息等相互结合,并利用视频监控及时掌握工程实际进展,必然成为未来的趋势。

④智能化。3G、4G 通信技术、RFID 无线射频技术、BI(商业智能)的发展,必然带动项目管理软件的智能化发展。

2. 项目管理软件简介

1）项目管理软件的应用价值

（1）为工程建设各方（主管单位、监督单位、建设单位、设计单位、监理单位、施工单位）及其他相关单位或个人建立一个高度统一、全面共享的建设项目信息交流和管理平台。

（2）结合了建设项目管理要求、管理思路与管理模式，并以工程管理"三控两管"为切入点，通过融入先进的国际项目管理知识体系的思想和经验，建立项目参建各方的多项目建设管理服务平台。

（3）通过系统应用加强项目的在建过程管理、工程监督管理、项目预警管理、建设承包管理、建设服务管理、工程在线汇报管理等各方面的信息化辅助管理工作。从而促进项目管理的业务办公一体化、项目管理信息化、流程管理规范化、决策支持科学化的"四化管理"。

（4）通过现代信息技术在项目管理中的有效运用，大幅度降低项目管理成本，提高项目管理水平与管理效率。

2）项目管理软件的设计依据

（1）系统科学理论。

（2）项目管理知识体系（PMBCK）。

（3）FIDIC 合同条款。

（4）有关法律法规。

（5）《公路工程标准施工招标文件》、《公路工程施工监理规范》、《公路建设项目概预算编制办法》、《公路工程决算编制办法》、《公路工程质量评定办法》等有关规范。

（6）各省的补充定额以及编制办法。

（7）国内各公路建设项目的管理制度。

3）项目管理软件的主要功能

项目管理软件的主要功能见图 6-18。

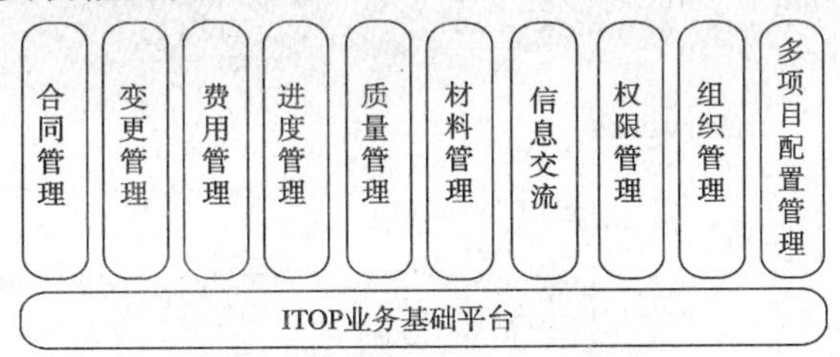

图 6-18　项目管理软件主要功能

（1）多项目并行管理。系统预置多项目管理特性，使得一二级平台无缝集合。提供多项目列表以方便用户进入每个具体项目进行业务操作，实现资源、时间、效率最优化（图 6-19）。

（2）自定义业务设置。系统预置了多套能满足国内流行的各型项目管理办法的管理方式，通过用户自定义配置的操作，灵活满足不同工程项目管理需求（图 6-20）。

（3）合同管理。该系统可根据实际需要，及时、规范地帮助管理单位记录各类合同管理活动资料，使得项目的所有经济活动置于合同的约束之下，做到实时监控，如图 6-21 所示。通过与项目组织机构进行关联，可配置形成流程化的审批管理。

通过与计量支付紧密结合，合同的清单数据直接成为计量支付的基础数据，计量支付的结果自动提供给合同管理系统进行结算控制。

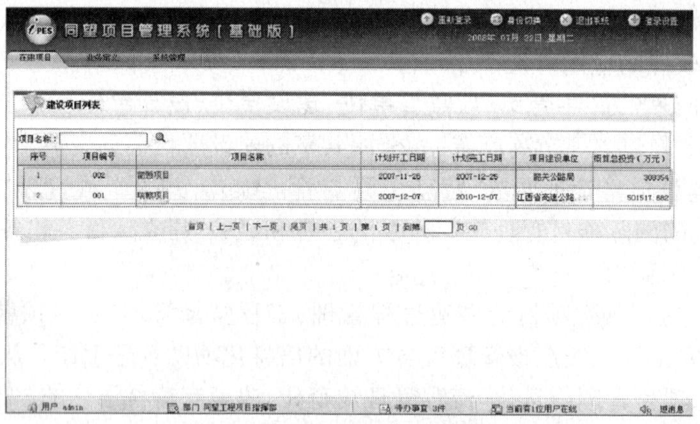

图6-19　多项目列表示例

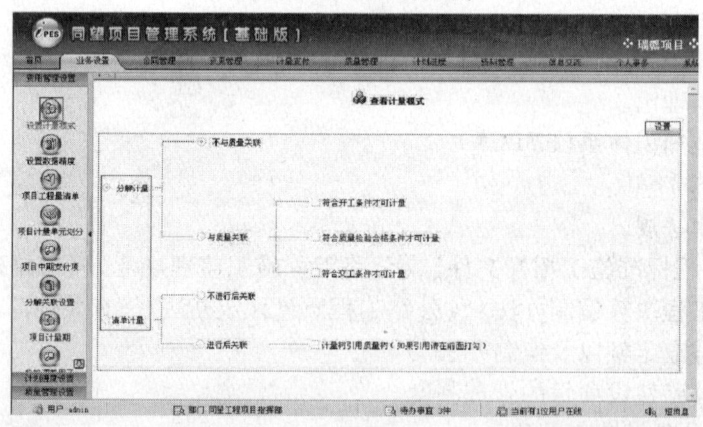

图6-20　自定义业务设置示例

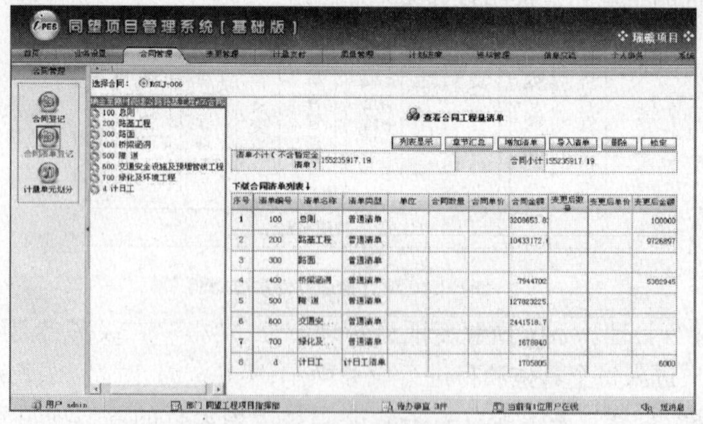

图6-21　合同管理

(4)费用控制。费用管理有效地减少了大量的人工劳动，避免了繁琐复杂的重复计算，大大提高了工作效率，提高了项目管理的水平。主要包括计量支付和变更管理。

①计量支付

在建设单位、承包人、监理组、总监办之间实现计量支付流程的网络化、电子化。通过严密的权限控制，使不同用户分别在自己权限范围内进行操作。

根据 FIDIC 合同条款，建立各类计量申请、审批的标准工作流程，以及涵盖各类工程计量规则、工程量清单和各种费用类型的证书、表格。

流程控制层层把关，防止工作人员的徇私舞弊，确保计量工作的严肃性。

按设计量、变更量等指标，对工程计量进行分组，跟踪、监控各工程的计量情况。

对超计项目进行预警。

自动形成各类计量报表、台账和财务支付报表，如图 6-22 所示。

支持各类汇总、查询，提供计量支付图表，全面反映计量情况，满足不同管理层次的需要。

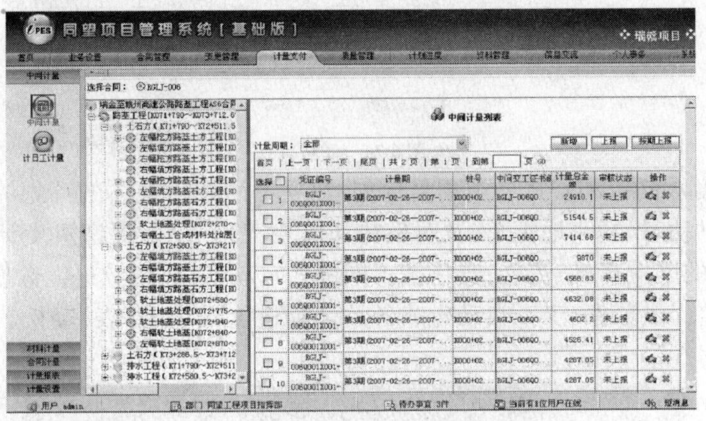

图 6-22　××项目中间计量表

②变更管理

通过变更意向、申请到变更令，实现了变更审批流程的信息化。

零号变更模块，有效监控投标工程量与施工图数量。

变更令台账模块，充分地解决了用户手工汇总的困境，如图 6-23 所示。

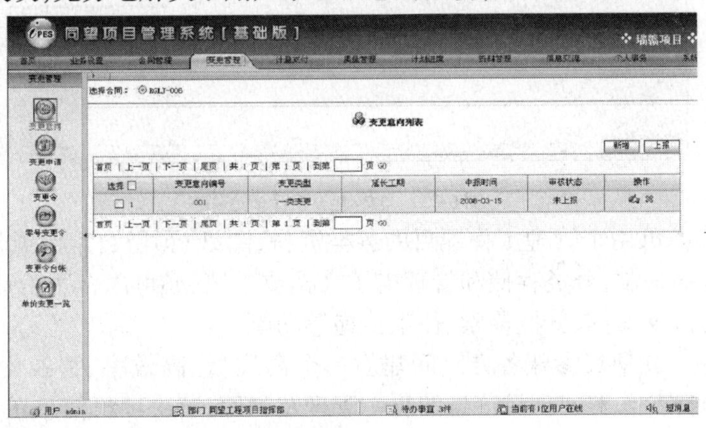

图 6-23　变更管理

(5)质量控制。动态、真实地反应工程质量状况，提供预警机制以及解决措施，实现建设单位、监理单位、承包人对工程质量的过程控制，及时分析质量问题、发现质量波动状况，确保工程质量目标的实现；协助用户建立质量保证体系、项目的质量检验评定标准和质量资料库，提供各类查询视图，如图 6-24 所示；对所有工程部位生成质量追溯档案；系统自动从项目数据库抽取工程参数，进行汇总和分析，以直观的图表方式显示质量分析结果，为质量控制提供可靠的理论依据。

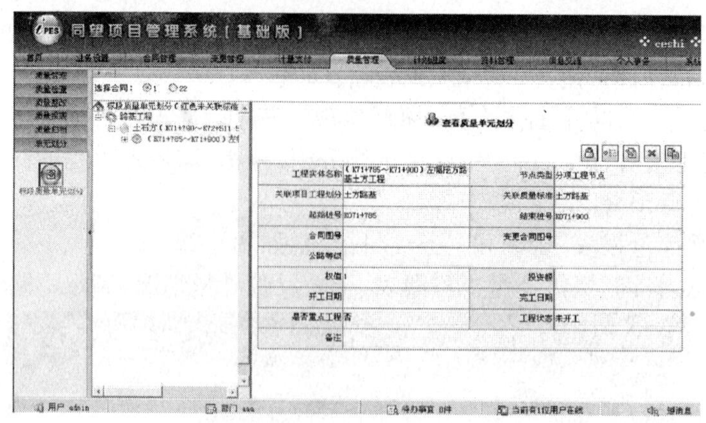

图 6-24 质量管理

(6)计划进度。制定和安排各类项目计划,建立不同项目主体的计划的相应关系,用于指导工程施工;通过动态、真实地汇总,及时反映和监控工程进度,保证进度计划的执行;实现计划进度业务处理的网上审批、流转;支持按不同模式自动汇总、统计进度数据,与计划数据动态对比,为计划调整提供数据支持;自动生成各类计划进度报表、图表,轻松、直观掌握工程计划的执行情况,如图 6-25 所示。

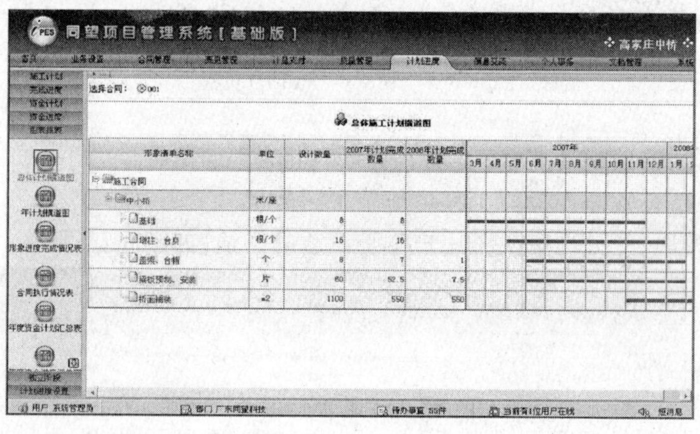

图 6-25 总体施工设计横道图

(7)资料管理。可用于管理工程项目的各类资料、图纸;预留自定义或快速定制管理资料的方法;既可以直接编制、分类存储和管理电子文档或图档,亦可配合手工管理模式,基于网络技术,提供资料的目录编排、分类检索、往来传递等功能。

(8)信息管理。在项目参建各方之间建立一个高质量、高效率、智能化的信息平台;实现不同用户间的实时沟通;实现项目信息的统一管理及利用,解决项目信息在参建单位中往来时常存在的明显的不及时、不真实、不统一等问题;支持对工程基本概况情况及参建单位的基本信息进行综合查询,全面反映项目的真实状况,为领导提供决策支持。

3. 项目管理软件的使用

(1)操作流程

项目管理软件操作流程见图 6-26。

(2)应用项目管理软件的措施

①组织保障。项目应成立信息化领导小组,领导重视、亲自抓、亲自用、作好协调工作,其

次要成立信息化执行小组，各部门领导和业务骨干实际参与，将信息化与实际工作相融合，再次，要成立信息化的日常组织部门或岗位，日常推进项目管理软件应用，并进行专业的支持。

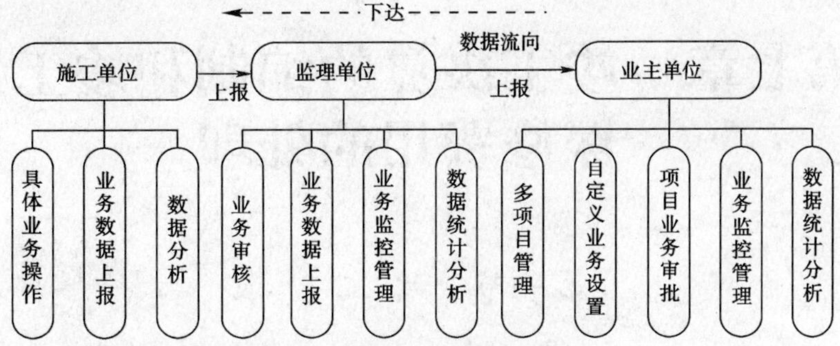

图6-26　项目管理软件操作流程

②资金保障。项目管理软件的应用，需要项目投入资金，用于软件、硬件的购买、培训及服务工作，项目建设单位专门列出项目管理软件费用专款专用。交通运输部组织编制的《公路工程标准文件》中，标准清单第100章已经专门增加了项目管理软件费用一项。

③制度保障。项目管理软件的应用长期的过程，而且涉众很广，没有配套的信息化管理制度用于采购、建设、维护，是很难落实责任、将项目管理软件长期的下去。

④技术保障。应用先进的通信技术、软件开发与架构技术、数据库技术等，建设或采购易学、易用、支持可变性需求的项目管理软件，是重要的保障手段。

第七章　竣工决算的编制和竣工后保修费用的处理

第一节　竣 工 验 收

一、竣工验收概述

1. 竣工验收的概念

建设项目竣工验收是指由发包人、承包人和项目验收委员会，以项目批准的设计任务书和设计文件，以及国家或部门颁发的施工验收规范和质量检验标准为依据，按照一定的程序和手续，在项目建成后，对工程项目的总体进行检验和认证、综合评价和鉴定的活动。按照我国建设程序的规定，竣工验收是建设工程的最后阶段，是建设项目施工阶段和保修阶段的中间过程，是全面检验建设项目是否符合设计要求和工程质量检验标准的重要环节，是审查投资使用是否合理的重要环节，是投资成果转入使用的标志。只有经过竣工验收，建设项目才能实现由承包人管理向发包人管理的过渡，它标志着建设投资成果投入使用，对促进建设项目及时交付使用、发挥投资效果、总结建设经验有着重要的作用。

2. 竣工验收的作用

(1)全面考核建设成果，检查设计、工程质量是否符合要求，确保建设项目按设计要求的各项技术经济指标正常使用。

(2)通过竣工验收办理固定资产使用手续，可以总结工程建设经验，为提高建设项目的经济效益和管理水平提供重要依据。

(3)建设项目竣工验收是项目施工阶段的最后一个程序，是建设成果转入生产使用的标志，是审查投资使用是否合理的重要环节。

(4)建设项目建成投产交付使用后，能否取得良好的宏观效益，需要经过国家权威管理部门按照技术规范、技术标准组织验收确认。通过建设项目验收，国家可以全面考核项目的建设成果，检验建设项目决策、设计、设备制造和管理水平，以及总结建设经验。因此，竣工验收是建设项目转入投产使用的必要环节。

3. 竣工验收的任务

建设项目通过竣工验收后，由承包人移交发包人使用，并办理各种移交手续，这时标志着建设项目全部结束，即建设资金转化为使用价值。建设项目竣工验收的主要任务有：

(1)发包人、勘察和设计单位、监理人、承包人分别对建设项目的决策和论证、勘察和设计以及施工的全过程进行最后的评价，对各自在建设项目进展过程中的经验和教训进行客观的评价，以保证建设项目按设计要求的各项技术经济指标正常使用。

(2)办理建设项目的验收和移交手续，并办理建设项目竣工结算和竣工决算，以及建设项目档案资料的移交和保修手续等，总结建设经验、提高建设项目的经济效益和管理水平。

(3)承包人通过竣工验收应采取措施将该项目的收尾工作和遗留问题尽快处理好，确保建设项目尽快发挥效益。

二、公路工程竣工验收

1. 公路工程竣工验收依据

为规范公路工程竣(交)工验收工作，保障公路安全有效运营，根据《中华人民共和国公路法》，交通部制定了《公路工程竣(交)工验收办法》(交通部令2004年第3号)。为进一步规范和完善公路工程竣(交)工验收工作，又制定了《公路工程竣(交)工验收办法实施细则》(交公路发〔2010〕65号)。

对于新建和改建的公路工程，未经验收或者验收不合格的，不得交付使用。

(1)公路工程验收阶段划分

公路工程验收分为交工验收和竣工验收两个阶段。

①交工验收阶段，其主要工作是：检查施工合同的执行情况，评价工程质量，对各参建单位工作进行初步评价。

②竣工验收阶段，其主要工作是：对工程质量、参建单位和建设项目进行综合评价，并对工程建设项目作出整体性综合评价。

(2)公路工程竣(交)工验收的依据

①批准的项目建议书、工程可行性研究报告。

②批准的工程初步设计、施工图设计及设计变更文件。

③施工许可。

④招标文件及合同文本。

⑤行政主管部门的有关批复、批示文件。

⑥公路工程技术标准、规范、规程及国家有关部门的相关规定。

2. 交工验收

(1)公路工程交工验收条件

公路工程交工验收工作一般按合同段进行，并应具备以下条件：

①合同约定的各项内容已全部完成。各方就合同变更的内容达成书面一致意见。

②施工单位按《公路工程质量检验评定标准》(JTG F80-1—2004)及相关规定对工程质量自检合格。

③监理单位对工程质量评定合格。

④质量监督机构按“公路工程质量鉴定办法”对工程质量进行检测，并出具检测意见。检测意见中需整改的问题已经处理完毕。

⑤竣工文件按公路工程档案管理的有关要求，完成“公路工程项目文件归档范围”有关部分(不含缺陷责任期资料)内容的收集、整理及归档工作。

⑥施工单位、监理单位完成本合同段的工作总结报告。

(2)交工验收程序

①施工单位完成合同约定的全部工程内容，且经施工自检和监理检验评定均合格后，提出合同段交工验收申请报监理单位审查。交工验收申请应附自检评定资料和施工总结报告。

②监理单位根据工程实际情况、抽检资料以及对合同段工程质量评定结果，对施工单位交工验收申请及其所附资料进行审查并签署意见。监理单位审查同意后，应同时向项目法人提交独立抽检资料、质量评定资料和监理工作报告。

③项目法人对施工单位的交工验收申请、监理单位的质量评定资料进行核查，必要时可委托有相应资质的检测机构进行重点抽查检测，认为合同段满足交工验收条件时应及时组织交工验收。

④对若干合同段完工时间相近的，项目法人可合并组织交工验收。对分段通车的项目，项目法人可按合同约定分段组织交工验收。

⑤通过交工验收的合同段，项目法人应及时颁发“公路工程交工验收证书”。

⑥各合同段全部验收合格后，项目法人应及时完成“公路工程交工验收报告”。

(3)交工验收的主要工作内容

①检查合同执行情况。

②检查施工自检报告、施工总结报告及施工资料。

③检查监理单位独立抽检资料、监理工作报告及质量评定资料。

④检查工程实体，审查有关资料，包括主要产品的质量抽(检)测报告。

⑤核查工程完工数量是否与批准的设计文件相符，是否与工程计量数量一致。

⑥对合同是否全面执行、工程质量是否合格做出结论。

⑦按合同段分别对设计、监理、施工等单位进行初步评价。

(4)交工验收参加单位

各合同段的设计、施工、监理等单位参加交工验收工作，由项目法人负责组织。路基工程作为单独合同段进行交工验收时，应邀请路面施工单位参加。拟交付使用的工程，应邀请运营、养护管理等相关单位参加。交通运输主管部门、公路管理机构、质量监督机构视情况参加交工验收。

(5)交工验收工程质量等级评定

合同段工程质量评分采用所含各单位工程质量评分的加权平均值。工程各合同段交工验收结束后，由项目法人对整个工程项目进行工程质量评定，工程质量评分采用各合同段工程质量评分的加权平均值。投资额原则使用结算价，当结算价暂时未确定时，可使用招标合同价，但在评分计算时应统一。

交工验收工程质量等级评定分为合格和不合格，工程质量评分值大于等于75分的为合格，小于75分的为不合格。

交工验收不合格的工程应返工整改，直至合格。交工验收提出的工程质量缺陷等遗留问题，由项目法人责成施工单位限期完成整改。

对通过交工验收工程，应及时安排养护管理。

3. 竣工验收

按照公路工程管理权限，各级交通运输主管部门应于年初制定年度竣工验收计划，并按计划组织竣工验收工作。列入竣工验收计划的项目，项目法人应提前完成竣工验收前的准备工作。

1)公路工程竣工验收条件

公路工程竣工验收应具备以下条件：

(1)通车试运营2年以上。

(2)交工验收提出的工程质量缺陷等遗留问题已全部处理完毕,并经项目法人验收合格。

(3)工程决算编制完成,竣工决算已经审计,并经交通运输主管部门或其授权单位认定。

(4)竣工文件已完成"公路工程项目文件归档范围"的全部内容。

(5)档案、环保等单项验收合格,土地使用手续已办理。

(6)各参建单位完成工作总结报告。

(7)质量监督机构对工程质量检测鉴定合格,并形成工程质量鉴定报告。

2)竣工验收准备工作程序

(1)公路工程符合竣工验收条件后,项目法人应按照公路工程管理权限及时向相关交通运输主管部门提出验收申请,其主要内容包括:

①交工验收报告。

②项目执行报告、设计工作报告、施工总结报告和监理工作报告。

③项目基本建设程序的有关批复文件。

④档案、环保等单项验收意见。

⑤土地使用证或建设用地批复文件。

⑥竣工决算的核备意见、审计报告及认定意见。

(2)相关交通运输主管部门对验收申请进行审查,必要时可组织现场核查。审查同意后报负责竣工验收的交通运输主管部门。

(3)以上文件齐全且符合条件的项目,由负责竣工验收的交通运输主管部门通知所属的质量监督机构开展质量鉴定工作。

(4)质量监督机构按要求完成质量鉴定工作,出具工程质量鉴定报告,并审核交工验收对设计、施工、监理初步评价结果,报送交通运输主管部门。

(5)工程质量鉴定等级为合格及以上的项目,负责竣工验收的交通运输主管部门及时组织竣工验收。

3)竣工验收主要工作内容

(1)成立竣工验收委员会

竣工验收委员会由交通运输主管部门、公路管理机构、质量监督机构、造价管理机构等单位代表组成。国防公路应邀请军队代表参加。大中型项目及技术复杂工程,应邀请有关专家参加。

项目法人、设计、施工、监理、接管养护等单位代表参加竣工验收工作,但不作为竣工验收委员会成员。

(2)听取公路工程项目执行报告、设计工作报告、施工总结报告、监理工作报告及接管养护单位项目使用情况报告。

(3)听取公路工程质量监督报告及工程质量鉴定报告。

(4)竣工验收委员会成立专业检查组检查工程实体质量,审阅有关资料,形成书面检查意见。

(5)对项目法人建设管理工作进行综合评价。审定交工验收对设计单位、施工单位、监理单位的初步评价。

(6)对工程质量进行评分,确定工程质量等级,并综合评价建设项目。

(7)形成并通过《公路工程竣工验收鉴定书》。

(8)负责竣工验收的交通运输主管部门印发《公路工程竣工验收鉴定书》。

(9)质量监督机构依据竣工验收结论,对各参建单位签发“公路工程参建单位工作综合评价等级证书”。

4)参加竣工验收工作各方的主要职责

竣工验收委员会负责对工程实体质量及建设情况进行全面检查。对工程质量进行评分,对各参建单位及建设项目进行综合评价,确定工程质量和建设项目等级,形成工程竣工验收鉴定书。

项目法人负责提交项目执行报告及验收工作所需资料,协助竣工验收委员会开展工作。

设计单位负责提交设计工作报告,配合竣工验收检查工作。

施工单位负责提交施工总结报告,提供各种资料,配合竣工验收检查工作。

监理单位负责提交监理工作报告,提供工程监理资料,配合竣工验收检查工作。

接管养护单位负责提交项目使用情况报告,配合竣工验收检查工作。

公路建设项目设计、施工、监理、接管养护等有多家单位的,项目法人应组织汇总设计工作报告、施工总结报告、监理工作报告、项目使用情况报告。竣工验收时选派代表向竣工验收委员会汇报。

5)竣工验收工程质量评定等级

(1)一般规定

竣工验收工程质量评分采取加权平均法计算,其中交工验收工程质量得分权值为0.2,质量监督机构工程质量鉴定得分权值为0.6,竣工验收委员会对工程质量的评分权值为0.2。

对于交工验收和竣工验收合并进行的小型项目,质量监督机构工程质量鉴定得分权值为0.6,监理单位对工程质量评定得分权值为0.1,竣工验收委员会对工程质量的评分权值为0.3。

工程质量评分大于等于90分为优良,小于90分且大于等于75分为合格,小于75分为不合格。

(2)工程质量出现特别严重问题的合同段

对建设项目出现以下特别严重问题的合同段,整改合格后,合同段工程质量不得评为优良,质量鉴定得分按照整改前的鉴定得分,超出75分的按75分,不足75分的按原得分;建设项目竣工验收工程质量等级和综合评定等级直接确定为合格。

①路基工程的大段路基沉陷、大面积高边坡失稳。

②路面工程车辙深度大于10mm的路段累计长度超过该合同段车道总长度的5%。

③特大桥梁主要受力结构需要或进行过加固、补强。

④隧道工程渗漏水经处治效果不明显,衬砌出现影响结构安全裂缝,衬砌厚度合格率小于90%或有小于设计厚度1/2的部位,空洞累计长度超过隧道长度的3%或单个空洞面积大于$3m^2$。

⑤重大质量事故或严重质量缺陷,造成历史性缺陷的工程。

(3)工程质量出现严重问题的合同段

对建设项目出现以下严重问题的合同段,整改合格后,合同段工程质量不得评为优良,质量鉴定得分按75分计算;并视对建设项目的影响,由竣工验收委员会决定建设项目工程质量是否评为优良。

①路基工程的重要支挡工程严重变形。

②路面工程出现修补、唧浆、推移、网裂等病害路段累计长度超过路线的3%或累计面积大于总面积的1.5%；竣工验收复测路面弯沉合格率小于90%。

③大桥、中桥主要受力结构需要或进行过加固、补强。

6)参建单位工作综合评价等级

竣工验收委员会对项目法人及设计、施工、监理单位工作进行综合评价。评定得分大于等于90分且工程质量等级优良的为好，小于90分且大于等于75分为中，小于75分为差。

7)建设项目综合评价等级

竣工验收建设项目综合评分采取加权平均法计算，其中竣工验收工程质量得分权值为0.7，参建单位工作评价得分权值为0.3（项目法人占0.15，设计、施工、监理各占0.05）。

评定得分大于等于90分且工程质量等级优良的为优良，小于90分且大于等于75分为合格，小于75分为不合格。

发生过重大及以上生产安全事故的建设项目综合评定等级不得评为优良。

此外，根据《国务院关于促进节约用地的通知》（国发〔2008〕3号）要求，竣工验收时需要核验建设项目依法用地和履行土地出让合同、划拨等情况。

第二节　竣工决算

一、建设项目竣工决算的概念及作用

1.建设项目竣工决算的概念

竣工决算是以实物数量和货币指标为计量单位，综合反映竣工项目从筹建开始到项目竣工交付使用为止的全部建设费用、投资效果和财务情况的总结性文件，是竣工验收报告的重要组成部分。竣工决算是正确核定新增固定资产价值，考核分析投资效果，建立健全经济责任制的依据，是反映建设项目实际造价和投资效果的文件。通过竣工决算，既能够正确反映建设工程的实际造价和投资结果；又可以通过竣工决算与概算、预算的对比分析，考核投资控制的工作成效，为工程建设提供重要的技术经济方面的基础资料，提高未来工程建设的投资效益。

为了严格执行基本建设项目竣工验收制度，正确核定新增固定资产价值，考核投资效果，建立健全项目法人责任制，按照国家关于基本建设项目竣工验收的规定，所有的新建、扩建、改建和恢复项目竣工后都要编制竣工决算。根据建设项目规模的大小，可分为大、中型建设项目竣工决算和小型建设项目竣工决算两大类。必须指出，施工企业为了总结经验，提高自身经营管理水平，在单位工程（或单项工程）竣工后，往往也编制单位工程（或单项工程）竣工成本决算，用以核算工程实际成本、预算成本和成本降低额，作为实际成本分析，反映经营成果，总结经验和提高管理水平的手段。它与建设工程竣工决算在概念和内容方面都不一样。

竣工决算的编制，是以建设单位为主，在监理工程师和施工单位的配合下，共同完成的，它是建设工程所特有的多次性计价环节中的最后一次计价。根据《交通基本建设项目竣工决算报告编制办法》、《公路建设项目工程决算编制办法》等有关规定编制竣工决算，其编制原则、程序和方法，既不同于估算、概算和预算，也不同于招标控制价和投标报价。因为从估算到报

价的多次造价的编制，都是在工程开工之前进行的，要按照一定的编制程序和方法，通过各种计算表格进行大量的分析和累计计算，并经过一定的审批程序，才能成立；而竣工决算则是在工程竣工之后，根据实际发生的工程量和大量的施工统计原始资料，以工程承包合同价为依据来编制的，其主要表现形式，是要进行大量的统计分析而不是计算来重新确定工程造价文件。为了做好竣工决算报告的编制，建设单位从项目筹建开始，即应明确专人负责，做好有关资料的收集、整理、积累、分析工作。项目完成时，应组织工程技术、计划、财务、物资、统计等有关人员共同完成竣工决算报告的编制工作。

2. *竣工决算的作用*

竣工决算是从财务管理的角度出发，侧重于对资金的流向、大小和在时间上分布的分析，以现行的财税制度为依据，通过对资金的流动情况为重点进行分析，形成符合基本建设财务管理办法的科目体系，来反映竣工工程从开始建设起至竣工为止的全部资金来源和运用情况，达成核定使用资产价值的目的。由于它侧重于对财务制度执行情况的反映，能够确定资金流动的真实性和合法性，竣工决算是建设各方考核工程经济活动成果的主要依据。它有以下几个方面的作用。

(1)竣工决算是国家对基本建设投资实行计划管理的重要手段

按照国家基本建设投资的规定，在批准基本建设项目计划任务书时，根据投资估算估计基本建设计划投资额。在确定基本建设项目设计方案时，按设计概算决定基本建设项目计划总投资最高数额。为了保证投资计划的实施，在施工图设计时编制施工图预算，确定单项工程或单位工程的计划价格，并且规定它不能超过相应的设计概算。施工企业要在施工图预算指标控制之下编制施工预算，确定施工计划成本。然而，在基本建设项目从筹建到竣工投产或交付使用的全过程中，各项费用的实际发生额，基本建设投资计划的实际执行情况，只能从建设单位编制的建设工程竣工决算中全面地反映出来。通过把竣工决算的各项费用数额与设计概算中的相应费用指标相比，可得出节约或超支的情况，通过分析节约或超支的原因，总结经验教训，加强投资计划管理以提高基本建设投资效果。

(2)竣工决算是竣工验收的主要依据

按照公路工程基本建设程序规定，当批准的设计文件规定的公路项目经负荷运转能够正常使用时，应该及时组织竣工验收工作，对建设项目进行全面考核。按工程的不同情况，由负责验收委员会或小组进行验收。

在竣工验收之前，建设单位向主管部门提出验收报告，其中主要组成部分是建设单位编制的竣工决算文件，作为验收委员会(或小组)的验收依据。验收人员要检查建设项目的实际建筑物、构筑物与设施的使用情况，同时审查竣工决算文件中的有关内容和指标，确定建设项目的验收结果。

(3)竣工决算是确定建设单位新增固定资产价值的依据

在竣工决算中详细地计算了建设项目所有的建筑工程费、安装工程费、设备费和其他费用等。新增资产包括新增固定资产、流动资产、无形资产、递延资产、其他资产等。要根据竣工决算编制要求编制交付使用财产总表和交付使用财产明细表，详细计算全部交付使用财产，要向管理或使用单位提交交付使用财产的具体名称、规格型号、数量、价值等的明细表办理交付使用资产交接手续的依据。

(4)竣工决算是基本建设成果和财务的综合反映

公路工程竣工决算包括了基本项目从筹建到建成投产(或使用)的全部费用。它除了用货币形式表示基本建设的实际成本和有关指标外,还包括建设工期、工程量和资产的实物量、技术经济指标以及是否遵守国家的财经纪律和投资计划的执行情况。它综合了工程的年度财务决算,全面地反映了基本建设的主要情况。

(5)竣工决算为建立交通基本建设工程技术经济档案、为工程定额修订提供资料

竣工决算反映了主要工程的全部数量和实际成本、工程造价以及从开始筹建至竣工为止全部资金的运用情况和工程建成后新增资产价值。大中型项目的竣工决算报告要报交通运输部,它是国家基本建设的技术经济档案,并为以后基本建设规划和项目投资安排提供参考。

工程决算是建设项目竣工验收工作的重要组成部分,《公路建设项目工程决算编制办法》,明确规定未编制工程决算的建设项目,不得组织竣工验收。

二、竣工决算的编制

1.竣工决算的编制依据

根据财政部、国家计委联合发布的《基本建设项目竣工决算编制办法》和国家计委发布的《建设项目(工程)竣工验收办法》的要求,交通部制定了《交通基本建设项目竣工决算报告编制办法》(交财发[2000]207号)、《关于发布公路建设项目工程决算编制办法的通知》(交公路发[2004]507号),规定要求:公路建设项目工程决算是建设项目竣工验收工作的重要组成部分,各级交通主管部门要加强对公路建设项目工程决算编制工作的指导,项目法人要做好项目建设过程中有关资料的收集、整理和分析工作,按照《公路建设项目工程决算编制办法》要求,组织编制工程决算文件。编制竣工决算根据下列资料进行编制。

(1)经交通主管部门批准的设计文件,以及批准的概(预)算或调整概(预)算文件。

(2)招标文件、标底(如果有)及与各有关单位签订的合同文件。

(3)建设过程中的有关支付凭证。

(4)竣工图纸。

(5)批复的设计变更相关资料。

(6)其他有关文件、资料、凭证等。

2.竣工决算编制的程序和方法

公路工程建设单位应当按照交通部规定的《交通基本建设项目竣工决算报告编制办法》(交财发[2000]207号),对已完工的建设项目及时办理交工验收手续,编好交工验收报告和竣工决算。竣工决算报告分为大中型公路建设项目、独立的公路桥梁建设项目和其他小型建设项目三种。建设单位在编制竣工决算报告时要认真做好各项财务、物资、资产、债权债务、投资资金到位情况和报废工程清理工作,做到工完账清。对于列入竣工决算报告的基建投资包干节余、基本建设收入、基建节余资金等财务问题,建设单位应提出意见,妥善处理。建设项目完建时的收尾工程,可根据收尾工程的实际测算投资支出列入竣工决算报告。

建设单位编制的竣工决算报告须提交竣工验收委员会审查。未经竣工验收委员会审查的竣工决算报告不能作为正式的竣工决算报告,不得上报。经竣工验收委员会审查并根据审查意见修改后的竣工决算报告作为资产移交、财务处理并结束有关待处理事宜的依据。

1)竣工决算的编制步骤

(1)收集、整理和分析有关依据资料

在编制公路工程竣工决算文件前,必须准备一套完整齐全的资料。这是准确、迅速编制竣工决算的必要条件。在工程的竣工验收阶段,应注意收集资料,系统地整理所有的技术资料、工程结算的经济文件、施工图纸,审查施工过程中各项工程变更、索赔、价格调整、暂定金额等支付项目是否符合合同件规定,签证手续是否完备;审查各中期支付和最终支付是否与竣工图表资料、合同文件相符。

(2)清理各项账务、债务和结余物资

在收集、整理和分析有关资料中,要特别注意建设工程从筹建到竣工投产(或使用)的全部费用的各项账务、债权和债务的清理,做到工完账清。既要核对账目,又要查点库存实物的数量,做到账与物相等,账与账相符,对结余的各种材料、工器具和设备要逐项清点核实,妥善管理,并按规定及时处理,收回资金。对各种往来款项要及时进行全面清理,为编制竣工决算提供准确的数据和结果。

(3)填写竣工决算报表

按照公路工程决算表格中的内容,根据编制依据中的有关资料进行统计或计算各个项目的数量,并将其结果填到相应表格的栏目,完成所有报表的填写。它是编制建设工程竣工决算的主要工作。

(4)编写建设工程竣工决算说明书

按照公路工程竣工决算说明的要求,根据编制依据材料和填写在报表中的结果编写说明。

(5)上报主管部门审查编制竣工决算的程序

上述编写的文字说明和填写的表格经核对无误,装订成册,即为建设工程竣工决算文件,将其上报主管部门审查,并把其中财务成本部分送交开户银行签证。竣工决算在上报主管部门的同时,抄送有关设计单位。大中型建设项目的竣工决算还应抄送财政部、建设银行总行和省、市、自治区财政局和建设银行分行各一份。

2)公路工程竣工决算报告的内容

竣工决算报告由以下四个部分组成:

(1)交通基本建设项目竣工决算报告封面

①“主管部门”填写需上报竣工决算报告的主管部门或单位。

②“建设项目名称”填写批准前的项目初步设计文件中注明的项目名称。

③“建设项目类别”是指“大中型”或“小型”。

④“建设性质”是指建设项目属于新建、改建、扩建、续建等内容。

⑤“级别”是指中央级或地方级的建设项目。

(2)竣工工程平面示意图

竣工工程平面示意图可根据初步设计文件“路线地理位置图”、独立的公路桥梁桥位平面图绘制。

(3)竣工决算报告说明书

竣工决算报告说明书是竣工决算报告的重要组成部分,主要内容包括:工程项目概况及组织管理情况;工程建设过程和工程管理工作中的重大事件、经验教训;工程投资支出和财务管理工作的基本情况(包括主要会计事项处理原则,财产物资清理及债权债务清偿情况;基建结余资金、基建收入等的上交分配情况;主要技术经济指标的分析、计算情况等);工程遗留问题等。

(4)竣工决算表格

竣工决算报告表式分为决算审批表、工程概况专用表和财务通用表。竣工决算报告按照建设项目类型分公路建设项目、桥梁隧道建设项目、内河航运建设项目、港口(码头)建设项目和不能归入上述四类的其他建设项目等分别编报。编制竣工决算报告时,必须填制本类项目工程概况专用表和全套财务通用表。竣工决算表格包括:

①竣工决算审批表。

②工程概况专用表,分为:

公路建设项目工程概况表;

桥梁隧道建设项目工程概况表;

内河航运建设项目工程概况表;

港口(码头)建设项目工程概况表;

其他建设项目工程概况表。

③财务通用表,包括:

建设项目竣工财务决算总表;

资金来源情况表;

待核销基建支出及转出投资明细表;

工程造价和概算执行情况表;

外资使用情况表;

基本建设项目交付使用资产总表;

基本建设项目交付使用资产明细表。

3)竣工决算报告表的编制方法

竣工图表的编制方法,不像编制概预算那样,要进行各种资料的分析计算,主要是对建设工程的各种原始资料进行全面的审查与统计汇总,然后按照竣工决算表的内容与要求,将各种数据资料摘录填入;同时做好决算与概预算的对比分析,编制技术经济指标比较表。

(1)竣工决算审批表

中央级大中型基本建设项目,其项目竣工决算报告经省级交通主管部门或部属一级单位签署意见后报部备案。

(2)工程概况专用表

本表集中反映了已完工的建设项目的建设周期、完成的主要工程数量、主要材料消耗、占地拆迁面积、工程投资、新增资产和新增生产能力。编制本表时应根据可行性报告的批复、初步设计概算等文件确定的主要指标和实际完成情况进行填列。

表中各项内容的填列方法如下:

①建设时间开工和竣工日期按照实际开工和办理竣工验收的日期填列。如实际开工日期与批准的开工日期不符应作出说明。

②表中初步设计、调整概算的批准机关、日期、文号应按历次审批文件填列。

③表中有关项目的设计、概算、决算等指标,根据批准的设计文件和概算、决算等确定的数字填写。

④表中“总投资”按批准的概算和调整概算数及累计实际投资数填列。

⑤表中“基建支出合计”是指建设项目从开工起至竣工止发生的全部基本建设支出,根据

财政部门或主管部门历年批准的“基建投资表”中有关数字填列。

⑥表中所列工程主要特征、完成主要工程量、主要材料消耗量、主要技术经济指标等，根据主管部门批准的概算、建设单位统计资料和施工企业提供的有关成本核算资料等分别填列。

⑦“主要收尾工程”填写工程内容和名称、预计投资额及完成时间等。如果收尾工程内容较多，可增设“收尾工程项目明细表”。这部分工程的实际成本，可根据具体情况进行估算，并作说明，完工以后不再调整竣工决算，但应将收尾工程执行结果按规定程序补报有关资料。

⑧“工程质量评定”填列经工程质量监督部门检测评定的单项工程质量评定及工程综合评价结果。

(3)财务通用表

财务通用表反映竣工工程从开始建设起至竣工时为止资金来源、支出、节余等全部资金的运用情况，作为考核和分析基本建设拨款和投资效果的依据。

表中各项内容的填列方法如下：

①基本建设项目竣工财务决算总表。表中有关“交付使用资产”、“基建拨款”、“项目资本”、“基建借款”等项目，填列自开工建设至竣工止的累计数，上述指标根据历年批复的年度基本建设财务决算和竣工年度的基本建设财务决算中资金平衡表相应项目的数字进行汇总填列(包括收尾工程的估列数)；表中其余各项目反映办理竣工验收时的结余数，根据竣工年度财务决算中资金平衡表的有关项目期末数填表；资金占用总额应等于资金来源总额；补充资料的“基建投资借款期末余额”反映竣工时尚未偿还的基建投资借款数，应根据竣工年度资金平衡表内的“基建投资借款”项目期末数填列、“应收生产单位投资借款期末数”，应根据竣工年度资金平衡表内的“应收生产单位投资借款”项目的期末数填列、“基建结余资金”反映竣工时的结余资金，应根据竣工财务决算总表中有关项目计算填列；基建结余资金的计算。基建结余资金 = 基建拨款 + 项目资本 + 项目资本公积 + 基建投资借款 + 企业债券资金 + 待冲基建支出 - 基本建设支出 - 应收生产单位投资借款。

②资金来源情况表。本表反映建设项目分年度的投资计划与资金拨付到位情况，表中有关基建拨款、项目资本、基建投资借款等资金来源内容，根据历年批复的年度基本建设财务决算和竣工年度的基本建设财务决算中资金平衡表相应项目的数字填列(包括收尾工程的估列数)。

③待核销基建支出及转出投资明细表。“待核销基建支出”反映非经营性项目发生的江河清障、航道清淤、补助群众造林、水土保持、取消项目的可行性研究费以及项目报废等不能形成资产部分的投资支出；“转出投资”反映非经营性项目为项目配套而建成的、产权不归属本单位的专用设施的实际成本，按照规定的内容分项逐笔填列。

④工程造价和概算执行情况表。本表反映工程实际建设成本和总造价，以及概算投资节余和概算投资包干部分节余的情况，应按照概算项目或单项工程(费用项目)填列；待摊投资按照某一单项工程投资额占全部投资的比例分摊到单项工程上去。不计入固定资产价值的支出不分摊待摊投资。

⑤外资使用情况表。本表反映建设项目外资使用情况，按照使用外资支出费用项目填列。应说明批准初步设计时的汇率、记账汇率、竣工时的汇率以及外资贷款的转贷金额和转贷单位等情况。各有关表格中，外币折合人民币时，应以项目竣工时的汇率为准。

⑥交付使用资产总表和交付使用资产明细表。交付使用资产总表中各栏数字应根据交付

使用资产明细表中相应项目的数字汇总填列。交付使用资产明细表作为单位管理项目资产使用，可不纳入上报的竣工决算报告，其具体格式各单位可根据情况进行修改；交付使用资产总表中固定资产、流动资产、无形资产和递延资产各栏的合计数，应分别与竣工财务决算表交付使用资产的相应数字相符。

三、公路建设项目工程决算

1. 公路建设项目工程决算的目的和作用

公路建设项目工程决算，作为建设项目完成后从工程投资控制角度形成的成果，是工程估、概、预、决算管理环节中的重要一环，同时满足不同管理部门对工程造价管理信息的需求。政府主管部门，作为投资宏观控制的主体，需从中得到的是造价管理的最终结果，即控制目标的实现程度；审计监督部门的工作重点是对资金的流向及使用的合法性的判断，但需以其使用的必要性及形成的实物工程量为基础；造价管理部门，作为多次计价的最后一次确定造价，需要了解的重点是项目过程管理计价的必要性、合理性，并为造价资料的积累提取信息；建设单位则需从中总结管理经验，提高管理水平。通过工程决算的编制，能够真实地反映项目费用形成，考核各项费用支出的必要性和合理性，与批准的概（预）算对比反映概（预）算执行情况，从而达到规范管理，堵塞漏洞的目的；使竣工财务决算的编制有一个良好的基础；同时为进一步修订计价依据和建立造价数据库积累造价资料。

2. 工程决算与竣工决算（财务决算）的关系

工程决算和竣工决算是从不同的侧面对建设单位在项目管理过程中费用支出情况的反映，是对项目建设成果的反映。但两者之间存在着一定的差异。

工程决算是从工程管理的角度出发，侧重于工程实体形成过程中“量”、“价”、“费”的分析，以建安工程费用为重点，以签订的合同为基础，以实施工程量、合同单价及合同相关条款为核算依据，同时反映工程管理过程中量的变化引起的费用变化和非量变化引起的费用变化，最终形成以建设项目的费用构成为表现形式并反映项目分部、分项工程的工程量大小以及综合单价的高低。在编制过程中侧重于对计价依据执行情况的考核，能够确定费用支出的必要性和合理性，因此它不仅是对项目实际造价的反映，同时也是规范工程管理过程、提高管理水平的一个重要手段，并且完善了以“量”、“价”、“费”为主线的估、概、预、决算体系。

竣工决算则是从财务管理的角度出发，侧重于对资金的流向、大小和在时间上分布的分析，以现行的财税制度为依据，通过对资金的流动情况为重点进行分析，形成符合基本建设财务管理办法的科目体系，来反映竣工工程从开始建设起至竣工为止的全部资金来源和运用情况，达到核定使用资产价值的目的。由于它侧重于对财务制度执行情况的反映，能够确定资金流动的真实性和合法性，是办理资产交付使用手续的依据。

作为工程建设过程中缺一不可的两个管理体系——工程管理和财务管理，是紧密联系、相互制约的，那么同为对管理成果的直接反映，工程决算和竣工决算也是相辅相成的。工程决算是在基础数据表所反映的内容的基础上对工程管理过程的监督，在一定程度上满足了工程管理人员对有关造价信息的需求，也是编制竣工决算的基础和依据；而竣工决算是通过对财务管理过程中日常费用支出的监督检查，达到规范管理的目的，同时也是对工程决算的归纳和总结。

3. 公路建设项目工程决算编制办法

为加强公路建设项目投资管理,严格控制建设成本,提高投资效益,根据国家有关法律、法规,结合公路建设实际,交通部制定了《公路建设项目工程决算编制办法》(交公路发[2004]507 号)。根据资金来源和建设项目分类,其适用范围是“政府或国有经济组织投资的公路工程新建和改建项目”。

公路建设项目工程决算(以下简称工程决算)是指项目实际完成的工程量、采用的单价和费用支出,以及与批准的概(预)算对比情况。

工程决算是建设项目竣工验收工作的重要组成部分。未编制工程决算的建设项目,不得组织竣工验收。

建设项目法人应加强建设项目投资管理工作,配备具有相应资格的公路工程造价人员,做好工程决算资料的收集、整理和分析工作,工程决算文件的编制应真实、准确和完整。

1)工程决算编制依据

(1)经交通主管部门批准的设计文件,以及批准的概(预)算或调整概(预)算文件。

(2)招标文件、标底(如果有)及与各有关单位签订的合同文件。

(3)建设过程中的文件及有关支付凭证。

(4)竣工图纸。

(5)其他有关文件、资料、凭证等。

2)工程决算编制要求

(1)工程决算总费用由建筑安装工程费,设备、工具及器具购置费,工程建设其他费用三部分构成。对于概(预)算编制办法规定的项目及批准概(预)算文件中未列明且不能列入第一、二部分的费用列入第三部分。

(2)工程决算通过工程决算表进行计算。

(3)工程决算文件由项目法人在交工验收后负责组织编制,竣工验收前编制完成,并将工程决算文件及工程决算数据软盘各 1 份上报交通主管部门,同时抄送工程造价管理部门。

(4)工程决算文件应简明扼要、字迹清晰、数据真实、计算正确、符合规定。

3)工程决算文件

工程决算文件包括工程决算编制说明和工程决算表。

(1)工程决算编制说明应包括以下内容:

①工程决算概况。

②工程概(预)算执行情况说明,其中应说明招标方式、结果及重大设计变更情况。

③设备、工具、器具购置情况的说明。

④工程建设其他费用使用情况的说明(包括征地拆迁费、建设单位管理费、监理费等)。

⑤预留费用使用情况的说明。

⑥工程决算编制中有关问题处理的说明。

⑦造价控制的经验与教训总结。

⑧工程遗留问题。

⑨其他需要说明的事项。

(2)工程决算表包括:

①建设项目概况表(01 表)。

②投资控制情况比较表(02 表)。

③工程数量情况比较表(03 表)。

④概(预)算分析表(04 表)。

⑤标底及合同费用分析表(05 表)。

⑥项目总决算(分析)表(06 表)。

⑦建安工程决算汇总表(07 表)。

⑧设备、工具及器具购置费用支出汇总表(08 表)。

⑨工程建设其他费用支出汇总表(09 表)。

4)工程决算数据软盘

工程决算数据软盘包括工程决算文件和基础数据表。基础数据表包括以下内容:

(1)合同段工程决算表(10 表)。

(2)工程合同登记表(11 表)。

(3)变更设计登记表(12 表)。

(4)变更引起调整金额登记表(13 表)。

(5)工程项目调价登记表(14 表)。

(6)工程项目索赔登记表(15 表)。

(7)计日工支出金额登记表(16 表)。

(8)收尾工程登记表(17 表)。

(9)报废工程登记表(18 表)。

(10)工程支付情况登记表(19 表)。

四、新增资产价值的确定

1. 新增资产价值的分类

按照新的财务制度和企业会计准则,新增资产按资产性质可分为固定资产、流动资产、无形资产、递延资产和其他资产等五大类。

(1)固定资产

固定资产是指使用期限超过一年,单位价值在 1 000 元、1 500 元或 2 000 元以上,并且在使用过程中保持原有实物形态的资产。

(2)流动资产

流动资产是指可以在一年或者超过一年的营业周期内变现或者耗用的资产。流动资产按资产的占用形态可分为现金、存货、银行存款、短期投资、应收账款及预付账款。

(3)无形资产

无形资产是指特定主体所控制的,不具有实物形态,对生产经营长期发挥作用且能带来经济利益的资源。主要有专利权、非专利技术、商标权、商誉。

(4)递延资产

递延资产是指不能全部计入当年损益,应当在以后年度分期摊销的各种费用,包括开办费、租入固定资产改良支出等。

(5)其他资产

其他资产是指具有专门用途,但不参加生产经营的经国家批准的特种物资,银行冻结存款和冻结物资、涉及诉讼的财产等。

2. 新增资产价值的确定方法

1)新增固定资产价值的确定

新增固定资产价值是以独立发挥生产能力的单项工程为对象的。单项工程建成经有关部门验收鉴定合格,正式移交生产或使用,即应计算新增固定资产价值。一次交付生产或使用的工程一次计算新增固定资产价值,分期分批交付生产或使用的工程,应分期分批计算新增固定资产价值。在计算时应注意以下几种情况。

(1)对于为了提高产品质量、改善劳动条件、节约材料消耗、保护环境而建设的附属辅助工程,只要全部建成,正式验收交付使用后就要计入新增固定资产价值。

(2)对于单项工程中不构成生产系统,但能独立发挥效益的非生产性项目,如住宅、食堂、医务所、托儿所、生活服务网点等,在建成并交付使用后,也要计算新增固定资产价值。

(3)凡购置达到固定资产标准不需安装的设备、工具、器具,应在交付使用后计入新增固定资产价值。

(4)属于新增固定资产价值的其他投资,应随同受益工程交付使用的同时一并计入。

(5)交付使用财产的成本,应按下列内容计算:

①房屋、建筑物、管道、线路等固定资产的成本包括建筑工程成本和应分摊的待摊投资。

②动力设备和生产设备等固定资产的成本包括需要安装设备的采购成本、安装工程成本、设备基础支柱等建筑工程成本或砌筑锅炉及各种特殊炉的建筑工程成本、应分摊的待摊投资。

③运输设备及其他不需要安装的设备、工具、器具、家具等固定资产一般仅计算采购成本,不计分摊的“待摊投资”。

(6)共同费用的分摊方法。新增固定资产的其他费用,如果是属于整个建设项目或两个以上单项工程的,在计算新增固定资产价值时,应在各单项工程中按比例分摊。分摊时,什么费用应由什么工程负担应按具体规定进行。一般情况下,建设项目管理费按建筑工程、安装工程、需安装设备价值总额按比例分摊,而土地征用费、勘察设计费等费用则按建筑工程造价分摊。

【例7-1】 某公路建设项目建筑安装工程投资中,桥梁工程投资4 258万元,路线及其防护、排水工程等投资为19 288万元,需要安装设备价值为1 565万元,待摊投资为征地、迁移补偿等费用为3 250万元,建设单位管理费895万元,试计算路线工程、桥梁工程、需要安装设备各自应分摊的待摊投资

解:(1)计算分摊率

对建设单位管理费分摊的分摊率 = [895 ÷ (4 258 + 19 288 + 1 565)] × 100% = 3.564 2%

对征地、迁移补偿等费用分摊的分摊率 = [3 250 ÷ (4 258 + 19 288)] × 100% = 13.802 8%

(2)分摊额的计算

①桥梁工程分摊额 = 4 258 × (3.564 2% + 13.802 8%) = 739.48 万元

②路线工程分摊额 = 19 288 × (3.5642 % + 13.802 8%) = 3 349.74 万元

③需要安装设备分摊额 = 1 565 × 3.564 2% = 55.78 万元

2)新增流动资产价值的确定

流动资产是指可以在一年内或者超过一年的一个营业周期内变现或者运用的资产。新增

流动资产是指新增加的在一年内或者超过一年的一个营业周期内变现或者运用的资产，包括现金及各种存款、存货、应收及预付款等。在确定流动资产价值时，按以下原则处理。

(1)货币性资金。货币性资金是指现金、各种银行存款及其他货币资金。

(2)应收及预付款项。应收账款是指企业因销售商品、提供劳务等应向购货单位或受益单位收取的款项；预付款项是指企业按照购货合同预付给供货单位的购货定金或部分货款。应收及预付款项包括应收票据、应收款项、其他应收款、预付货款和待摊费用。一般情况下，应收及预付款项按企业销售商品、产品或提供劳务时的成交金额入账核算。

(3)短期投资包括股票、债券、基金。股票和债券根据是否可以上市流通分别采用市场法和收益法确定其价值。

(4)存货。存货是指企业的库存材料、在产品、产成品等。各种存货应当按照取得时的实际成本计价。存货的形成，主要有外购和自制两个途径。外购的存货，按照买价加运输费、装卸费、保险费、途中合理损耗、入库前加工、整理及挑选费用以及缴纳的税金等计价；自制的存货，按照制造过程中的各项实际支出计价。

3)新增无形资产价值的确定

无形资产是指特定主体所控制的，不具有实物形态，对生产经营长期发挥作用且能够带来经济利益的资源。新增无形资产是指企业长期使用但没有实物形态的资产，包括专利权、商标权、著作权、土地使用权、非专利技术、商誉等。无形资产的计价，原则上应按取得时的实际成本费用计价；企业取得无形资产的途径不同，所发生的支出也不一样，无形资产的计价也不相同。按现行财务制度，无形资产价值的计价原则和计价方式如下。

(1)无形资产的计价原则。投资者按无形资产作为资本金或者合作条件投入时，按评估确认或合同协议约定的金额计价。

①购入的无形资产，按照实际支付的价款计价。

②企业自创并依法申请取得的，按开发过程中的实际支出计价。

③企业接受捐赠的无形资产，按照发票账单所持金额或者同类无形资产市价作价。

④无形资产计价入账后，应在其有效使用期内分期摊销。

(2)无形资产的计价方法。

①专利权的计价。

②非专利技术的计价。

③商标权的计价。

④土地使用权的计价。

4)递延资产和其他资产价值的确定

(1)递延资产价值的确定。

①开办费是指在筹集期间发生的费用，不能计入固定资产或无形资产价值的费用，主要包括筹建期间人员工资、办公费、员工培训费、差旅费、印刷费、注册登记费以及不计入固定资产和无形资产购建成本的汇兑损益、利息支出等。根据现行财务制度规定，企业筹建期间发生的费用，应于开始生产经营起一次计入开始生产经营当期的损益。企业筹建期间开办费的价值可按其账面价值确定。

②以经营租赁方式租入的固定资产改良工程支出的计价，应在租赁有限期限内摊入制造费用或管理费用。

(2)其他资产。其他资产包括特准储备物资等,按实际入账价值核算。

第三节　保修费用的处理

一、建设项目保修的范围及年限

1. 建设项目保修及其意义

(1)保修的含义

2000年1月国务院发布的第279号令《建设工程质量管理条例》中规定,建设工程实行保修制度。建设工程承包人在向发包人提交工程竣工验收报告时,应当向发包人出具质量保修书。质量保修书应当明确建设工程的保修范围、保修期限和责任等。建设项目在保险期内和保修范围内发生的质量问题,承包人应履行保修义务,并对造成的损失承担赔偿责任。《中华人民共和国建筑法》第六十二条规定:“建筑工程实行质量保修制度。”《中华人民共和国合同法》规定:“建设工程的施工合同内容包括对工程质量保修的范围和保证期。”建设工程质量保修制度是国家所确定的重要法律制度,它是指建设工程在办理交工验收手续后,在规定的保修期限内(按合同有关保修期的规定),因勘察设计、施工、材料等原因造成的质量缺陷,应由责任单位负责维修。项目保修是项目竣工验收交付使用后,在一定期限内由承包人对发包人或用户进行回访,按照国家或行业现行的有关技术标准、设计文件以及合同中对质量的要求,对于工程发生的确实是由于承包人施工责任造成的建筑物使用功能不良或无法使用的问题,由承包人负责修理,直到达到正常使用的标准。保修回访制度属于建筑工程竣工后的管理范畴。

(2)保修的意义

工程质量保修是一种售后服务方式,是《中华人民共和国建筑法》和《建设工程质量管理条例》规定的承包人的质量责任,建设工程质量保修制度是国家所确定的重要法律制度,对于完善建设工程保修制度、促进承包人加强质量管理、改进工程质量,保护用户及消费者的合法权益能够起到重要的作用。

2. 保修的范围和最低保修期限

根据《中华人民共和国建筑法》、《建设工程质量管理条例》、《建设工程质量保证金管理暂行办法》的有关规定:承包人在向业主提交工程竣工报告时,应向业主出具质量保修书。质量保修书中应明确建设工程的保修范围、保修期限和保修责任等。建设工程在保修范围和保修期限内如果发生质量问题,承包人应当履行保修义务,并对相应造成的损失承担赔偿责任。

(1)保修的范围

在正常使用条件下,公路工程的保修范围应包括路基、路面、涵洞、桥梁、隧道、砌筑工程等项目。一般包括以下问题。

①路基:压实度、弯沉。

②路面:压实度、弯沉、平整度、抗滑性、是否损坏。

③涵洞:承载力、强度、几何尺寸、是否淤塞。

④桥梁:承载力、强度、几何尺寸、中线偏差。

⑤隧道:防排水、有无渗水或淤积、堵塞。

⑥砌筑工程:强度、中线偏差、平面尺寸、高程。

(2)保修的期限

保修的期限应当按照保证建筑物合理寿命内正常使用,维护使用者合法权益的原则确定。

质量保修期从工程实际竣工验收合格之日起算起。根据《建筑工程质量管理条例》规定,公路工程质量保修期限一般为1~2年。

二、建设项目保修的经济责任及费用处理

1. 保修的经济责任

(1)因承包人未按施工质量验收规范、设计文件要求和施工合同约定组织施工而造成的质量缺陷所产生的工程质量保修,应当由承包人负责修理并承担经济责任;由承包人采购的建筑材料、建筑构配件、设备等不符合质量要求,或承包人应进行而没有进行试验检验,进入现场使用造成质量问题的,应由承包人负责修理并承担经济责任。

(2)由于勘察、设计方面的原因造成的质量缺陷,由勘察、设计单位负责并承担经济责任,由施工单位负责维修或处理。新合同法规定,勘察、设计人应当继续完成勘察、设计,减收或免收勘察、设计费并赔偿损失。当由承包人进行维修或处理时,费用数额应按合同约定,通过发包人向勘察、设计单位索赔,不足部分由发包人补偿。

(3)由于发包人供应的材料、构配件或设备不合格造成的质量缺陷,或发包人竣工验收后未经许可自行改建造成的质量问题,应由发包人或使用人自行承担经济责任;由发包人指定的分包人或不能肢解而肢解发包的工程,致使施工接口不好造成质量缺陷的,或发包人或使用人竣工验收后使用不当造成的损坏,应由发包人或使用人自行承担经济责任。承包人、发包人与设备、材料、构配件供应部门之间的经济责任,应按其设备、材料、构配件的采购供应合同处理。

(4)原建设部第60号令《房屋建筑工程质量保修办法》规定,不可抗力造成的质量缺陷不属于规定的保修范围。所以由于地震、洪水、台风等不可抗力原因造成损坏,或非施工原因造成的事故,承包人不承担经济责任;当使用人需要责任以外的修理、维护服务时,承包人应提供相应的服务,但应签订协议,约定服务的内容和质量要求。所发生的费用,应由使用人按协议约定的方式支付。

(5)有的项目经发包人和承包人协商,根据工程的合理使用年限,采用保修保险方式。这种方式不需扣保留金,保险费由发包人支付,承包人应按约定的保修承诺,履行其保修职责和义务。建设工程在保修范围和保修期限内发生质量问题的,承包人应当履行保修义务,并对造成的损失承担赔偿责任。凡是由于用户使用不当而造成建筑功能不良或损坏,不属于保修范围;凡属工业产品项目发生问题,也不属保修范围,以上两种情况应由发包人自行组织修理。

2. 保修的操作方法

(1)发送保修证书

在工程竣工验收的同时(最迟不应超过三天到一周),由承包人向发包人发送《工程保修证书》。保修证书的主要内容包括:

①工程简况。

②保修范围和内容。

③保修时间。

④保修说明。

⑤保修情况记录。

⑥保修单位(即承包人)的名称、详细地址等。

(2)填写“工程质量修理通知书”

在保修期内项目出现质量问题影响使用,使用人应填写“工程质量修理通知书”告知承包人,注明质量问题及部位、维修联系方式,要求承包人指派人前往检查修理。修理通知书发出日期为约定起始日期,承包人应在7天内派出人员执行保修任务。

(3)实施保修服务

承包人接到“工程质量修理通知书”后,必须尽快派人检查,并会同发包人共同做出鉴定,提出修理方案,明确经济责任,尽快组织人力物力进行修理,履行工程质量保修的承诺。房屋建筑工程在保修期间出现质量缺陷,发包人或房屋建筑所有人应当向承包人发出保修通知,承包人接到保修通知后,应到现场检查情况,在保修书约定的时间内予以保修,发生涉及结构安全或者严重影响使用功能的紧急抢修事故,承包人接到保修通知后,应当立即到达现场抢修。发生涉及结构安全的质量缺陷,发包人或者房屋建筑产权人应当立即向当地建设主管部门报告,采取安全防范措施;由原设计单位或者具有相应资质等级的设计单位提出保修方案;承包人实施保修,原工程质量监督机构负责监督。

(4)验收

在发生问题的部位或项目修理完毕后,要在保修证书的“保修记录”栏内做好记录,并经发包人验收签认,此时修理工作完毕。

3.保修费用及其处理

(1)保修费用的含义

保修费用是指对保修期间和保修范围内所发生的维修、返工等各项费用支出。保修费用应按合同和有关规定合理确定和控制。保修费用一般可参照建筑安装工程造价的确定程序和方法计算,也可以按照建筑安装工程造价或承包工程合同价的一定比例计算。一般工程竣工后,承包人保留工程款的5%作为保修费用,保留金的性质和目的是一种现金保证金,目的是保证承包人在工程执行过程中恰当履行合同的约定。

(2)保修费用的处理

根据《中华人民共和国建筑法》的规定,在保修费用的处理问题上,必须根据修理项目的性质、内容以及检查修理等多种因素的实际情况,区别保修责任。保修的经济责任的应当由有关责任方承担,由发包人和承包人共同商定经济处理办法。根据《中华人民共和国建筑法》第七十五条的规定,建筑施工企业违反该法规定,不履行保修义务的,责令改正,可以处以罚款。在保修期间因路基沉陷、路面松散与坑槽等质量缺陷,有关责任企业应依据实际损失给予实物或价值补偿。因勘察设计原因、监理原因或者建筑材料、建筑构配件和设备等原因造成的质量缺陷,根据民法规定,施工企业可以在保修和赔偿损失之后,向有关责任者追偿。因建设工程质量不合格而造成损害的,受损害人有权向责任者要求赔偿。因发包人或者勘察设计的原因、施工的原因、监理的原因产生的建设质量问题,造成他人损失的,以上单位应当承担相应的赔偿责任。受损害人可以向任何一方要求赔偿,也可以向以上各方提出共同赔偿要求。有关各方之间在赔偿后,可以在查明原因后向真正责任人追偿。涉外工程的保修问题,除参照有关经济责任的划分进行处理外,还应依照原合同条款的有关规定执行。

第四节　公路建设项目后评价

世界银行于1970年成立了后评价机构,1975年设立了负责后评价的总督察,从此后评价纳入了世行重要的正规管理和实施轨道。领导世行业务评价工作的总督察由银行执行董事会任命,对执行董事会专门负责业务评价的联合审核委员会负责,同时代表行长管理业务评价的工作。总督察领导着世行的业务评价局和国际金融公司的业务评价办公室两个后评价机构。总督察的主要任务包括:评价世行业务评价系统的作用和功能,并向银行和成员国报告;对业务评价计划和工作提出独立的指导意见,提高评价机构对业务评价目的的认识,确定工作中根据变化所提出的对策,使之更富有成效,同时满足各成员国对业务评价方面的需要,鼓励和支持各成员国发展各自的后评价体系。很多国家和国际机构同样也建立了相对独立的项目后评价机构,这些国家和国际机构设置的项目后评价机构形式上尽管存在某些差异,但它们都有一个共同之点:即组织相对独立,并且每个组织机构只负责自己投资项目的后评价工作。

一、投资项目评价

1. 项目评价的分类

项目管理是在项目活动中运用知识、技能、工具和技术,以便达到或超过项目关系人对项目的要求和期望。科学的投资项目管理是对项目周期的管理。而项目周期管理分为六个阶段:即投资规划,投资立项,项目评估,项目融资,项目实施和项目后评价,最后项目后评价又反馈到投资规划和投资立项,形成一个周期并不断提高。

项目经济评价是指在一定的社会经济制度下,采用现代分析方法,对投资项目从工程、技术、市场、社会、经济和环境等各方面进行调查、预测、计算、分析和论证,以考察项目投资行为的经济合理性和可行性。这是对微观项目的宏观经济分析评价。

投资项目的评价依项目周期管理分为项目前期准备阶段的评估、项目中期阶段的评价和项目建成之后的后评价。

项目前评估,一般也称投资项目的可行性研究,它是从投资项目决策的角度出发,目的是确定投资项目是否可以立项,并站在投资项目的起点,应用技术经济分析的方法来分析、预测和评价投资项目未来的效益,以确定项目的投资是否值得,是否可行。

项目中期评价是指在项目执行到中期阶段(一般是项目开始后第三年或第四年),由项目执行单位或委托单位对项目进度的评价。中期评价是借款国政府和世界银行对项目的第一次综合评价。中期评价除了全面检查总结阶段性项目执行情况外,其另一个重要意义在于,能根据这次评价的结果对正在进行的项目采取纠正措施,即所谓的中期调整,使项目重新回到规定的轨道上来。因此,中期评价不管是对项目的总结还是对问题的揭露,都对项目下一阶段的项目执行具有重要指导作用,同时也为项目的竣工总结(完成评价)打下良好的基础。根据中期评价进行的中期调整,必须在项目主管部门和世界银行同意或认可的范围内进行。

项目后评价是指对已经完成项目的项目目的、执行过程、效益、作用和影响所进行的系统的、客观的分析。施工部门根据项目需要,以项目建设实施过程中的监测、监督资料和施工管理信息为基础,以技术、管理、财务、技术经济等各专业人员为依托,积极协助项目业主全面完成项目后评价工作。通过对项目活动实践的检验总结,确定项目预期的目标是否达到;项目是否合理有效；项目的主要效益指标是否实现；通过分析评价找出成败原因，总结经验教训；并通过及时有效的信息反馈，为未来新项目的决策和提高完善投资决策管理水平提出合理建议，同时也为后评价项目实施运营中出现的问题提出改进意见，从而达到提高投资效益的目的。

2. 项目后评价与项目前、中评价的区别

项目后评价与项目前评估、项目中期评价，在评价原则和方法上没有太大的区别，采用定量和定性相结合的方法。但是，由于三者的评价时点不同，目的也完全不同，因此也存在一些区别。

项目前评估的目的是确定项目是否可以立项，它是站在项目的起点，主要是应用预测技术来分析评价项目未来的效益，以确定项目投资是否值得并可行。

项目中期评价是站在项目的实施中点，其目的是检查、纠偏和指导，即全面检查和总结阶段性项目执行情况和根据这次评价的结果对正在进行的项目采取纠正措施，即所谓的中期调整，使项目重新回到规定的轨道上来，以达到对项目下一阶段的项目执行具有重要指导作用，同时也为项目的竣工总结(完成评价)打下良好的基础。

项目后评价则是在项目建成后，总结的准备、实施、完工和运营，并通过预测对项目的未来进行新的分析评价，其目的是为了总结经验教训，为改进决策和管理服务。所以，后评价要同时进行项目的回顾总结和前景预测。项目后评价是站在项目完工的时点上，一方面检查总结项目的实施过程，找出问题，分析原因；另一方面，要以后评价时点为基点，预测项目未来的发展。

简而言之，项目前评估的重要判别标准是投资者要求获得的收益率或基准收益率，而中期评价与后评价的判别标准则重点是前评估的结论，主要采用对比的方法，这就是三者的主要区别。

二、项目后评价的方法

1. 项目后评价的原则与方法

项目后评价的原则是坚持评价的客观性、公正性和科学性。项目后评价对事不对人，目的是吸取经验教训，以便提高项目决策水平和管理水平。项目后评价的方法一般采取比较法，即通过项目产生的实际效果与决策时预期的目标比较，从差异中发现问题，总结经验和教训，提高认识。

项目后评价的方法基本上可概括为四种：

(1)影响评价法。项目建成后测定和调研在各阶段所产生的各种现时影响和效果，以判断决策目标是否正确。

(2)效益评价法。把项目产生的实际效果或项目的产出，与项目的计划成本或项目投入相比较，进行盈利性分析，以判断项目当初决定投资是否值得。

(3)过程评价法。把项目从立项决策、设计、采购直至建设实施各程序的实际进程与原订计划、目标相比较，分析项目效果好坏的原因，找出项目成败的经验和教训，使以后项目的实施计划和目标的制定更加切合实际。

(4)系统评价方法。将上面三种评价方法有机地结合起来，进行综合评价，才能取得最佳评价结果。

2. 后评价的基本内容

1）项目目标评价

评定项目立项是原来预定的目的和目标的实现程度，是项目后评估所需要完成的主要任务之一。因此，项目后评估要对照原定目标完成的主要指标，检查项目实际实现的情况和变化，分析实际发生改变的原因，以判断目标的实现程度。判别项目目标的指标应在项目立项时就确定了，一般包括目标、即对地区、行业或国家经济、社会发展的总体影响和作用。建设项目的直接目的可能是解决特地的供需平衡。向社会提供某种产品或服务，指标一般可以量化。目标评价的另一项任务是要对项目原定决策目标的正确性、合理性和实践性进行分析评价。有些项目原定的目标不明确，或不符合实际情况。项目实施过程中可能会发生重大变化，如政策性变化或市场变化等，项目后评估要给予重新分析和评价。

2）项目实施过程评价

项目的过程评价应对照立项评估或可行性研究报告时所预计的情况和实际执行的过程进行比较和分析，找出差别，分析原因。它包括：项目的立项、准备和评估；内容和建设规模；工程进度和实施情况；配套实施和服务条件；受益者范围及其反映；项目的管理和机制；财务执行情况。

3）项目效益评价

项目的效益评价即财务评价和经济评价，其评价的主要内容与项目前评估无大的差别，主要分析指标还是内部收益率、净现值和贷款偿还期等项目盈利能力和清偿能力的指标。但项目后评价时有以下几点需加以说明：目前评估采用的是预期值，项目后评价则对已发生的财务现金流量和经济流量采用实际值，并按统计学原理加以处理；对后评价时点以后的流量做出新的预测。当财务现金流量来自财务报表时，对应收而未实际收到的债权和非货币资金都不可以记入现金流入，只有当实际收到时才记入现金流入；同理，应付而实际未付的债务资金不能记为现金流出，只有当实际支付时才作为现金流出。必要时，要对实际财务数据做出调整。

实际发生的财务会计数据都含有物价通货膨胀的因素，而通常采用的赢利能力指标是不含通货膨胀水分的。因此项目评价采用的财务数据要剔除物价上涨的因素，以实现前后的一致性和可比性。

4）项目影响评价

项目的影响评价内容包括经济影响、环境影响和社会影响，具体有以下几个方面：

（1）经济影响评价

主要分析评价项目对所在地区、所属行业和国家所产生的经济方面的影响。经济影响评价要注意把项目效益评价中的经济分析区别开来，避免重复计算。评价的内容主要包括分配、就业、国内资源成本、技术进步等。由于经济影响评价的部分因素难以量化，一般只能做定性分析，一些国家和组织把这部分内容并入社会影响评价的范畴。

（2）环境影响评价

由于各国的环保法的规定细则不尽相同，评价的内容也有所区别。项目的环境影响评价一般包括项目的污染控制、地区环境质量、自然资源利用和保护、区域生态平衡和环境管理等几个方面。

（3）社会影响评价

项目的社会影响评价是对项目在社会的经济、发展方面的有形和无形的效益和结果的一种分析，重点评价项目对所在地区和社区的影响。社会影响评价一般包括贫困、平等、参与性和持续性等内容。

(4)项目持续性评价

项目的持续性是指在项目的建设资金投入完成之后，项目的既定目标是否还能继续，项目是否可以持续的发展下去，接受投资的项目业主是否愿意并可能依靠自己的力量继续去实现既定目标，项目是否具有可重复性，即是否可在未来以同样的方式建设同类项目。持续性评价一般可作为项目影响评价的一部分，但是世界银行和亚洲开发银行等组织把项目的可持续性视为其援助项目成败的关键之一，因此要求援助项目在评估和评价中进行单独的持续性分析和评价。项目持续性的影响因素一般包括：本国政府的政策，管理、组织和地方参与，财务因素，技术因素，社会文化因素，环境和生态因素，外部因素等。

3. 项目后评价的范围

项目后评价是以项目前期所确定的目标和各方面指标与项目实际实施的结果之间的对比为基础的。因此，项目后评价的内容范围大体上与前评估的范围和分类相同。

在20世纪60年代以前，国际上项目评估和评估的重点是财务分析，因财务分析的好坏作为评价项目成败的主要指标。到60年代，西方国家为本国的长远发展，对能源、交通、通信等基础设施以及社会福利事业投入了大量资金，这些项目的直接财务效益远不如工业类生产项目。同时，世界银行等国际金融组织对不发达国家的投资也有类似情况。为此，经济评价(国内称国民经济评价)的概念引入了项目效益评价的范围。

20世纪70年代前后，世界经济发展带来的严重污染范围问题，引起人们广泛的重视。首先在发达国家，而后在全球各国几乎都颁布了环保法。根据立法的要求，项目评价增加了“环境评价”的内容。此后，随着经济的发展，项目的社会作用和影响日益受到投资者的关注，即谁是投资项目的真正收益者。特别是80年代，世行等组织十分关心其援助项目对受援地区的贫困、妇女、社会文化和持续发展所产生的影响，因此，社会影响评价成为投资活动评估和评价的重要内容之一。此外，近几年国外援助组织通过多年实践的经验认识到，机构设置和管理机制是项目成败的重要条件，对项目的机构分析已经成为项目评价的重要组成部分。

4. 项目后评价的重要性

项目后评价的最终目的是为了总结经验教训，为改进投资决策和项目管理服务。项目后评价既是对已完成(竣工)项目项目管理的评价与总结，又是对未来项目的预测和指导。它为项目管理而服务。项目的良好管理是项目后评价所追求的目标。它与项目管理是一因一果、相辅相成的关系，如果在项目的进行中应用实施科学的项目管理方法和理论，那么在后评价工作中我们就能得到较为满意的结果；反之，如果项目后评价做得好，那么我们就能对未来项目的发展作出科学的预测。项目后评价在项目周期管理里承前启后，具有极其重要的地位。

三、我国对经济后评价的规定

为了学习推广世界银行的经验，建立一套系统的总结建设项目经验，吸取教训的经济后评价制度，原国家计委(现已更名为国家发展和改革委员会)1988年曾发出通知，“为了对利用国外贷款项目的效果进行检查和系统总结，决定在已完工的项目中，先选择几个项目进行后评价，待取得经验后再推广，以便逐步形成一项制度”，对不断改进建设项目的决策和经营管理，有着极其重要的现实意义。

(1)国家计委对项目经济后评价的主要内容的规定,包括以下各项:

①与批准的可行性研究报告比较,本项目实际在规划设计上有何大的变化及变化的原因。

②项目的经济效益与社会效益如何?能否达到设计效益?对本项目决策的正确性进行评价。

③项目的国际招标、国内招标和合同谈判的情况与经验教训,各种合同的执行情况与合同管理经验。

④国外先进设备、技术和管理经验的引进情况和效果如何?引进技术和设备水平是否符合我国国情?

⑤国内外咨询单位的作用与问题。

⑥项目的经济和财务情况分析,包括项目的总投资,实际国外贷款额度,项目投产后的经济效益,国内外贷款偿还能力与期限等。对分析后与批准的设计文件进行对照。

⑦利用外资项目的国内配套合作。

⑧其他认为需要进行后评价的内容。

国家计委提出的项目经济后评价的主要内容是有针对性的,并是针对全国各行各业的,故应结合公路建设项目的实际情况,很好地理解并参照执行。

(2)项目后评价程序

国内项目后评价的过程分为四个阶段:

①项目自评价。由项目业主会同执行管理机构按照国家计委或国家开发银行的要求编写项目的自我评价报告,报行业主管部门和计委或银行。

②行业或地方初审阶段。由行业或省级主管部门对项目自评报告进行初步审查,提出意见,一并上报。

③正式后评价阶段。由相对独立的后评价机构组织专家对项目进行后评价,通过资料的收集、现场的调查和分析讨论。提出项目后评价报告。

④成果反馈阶段。在项目后评价报告的编写过程中要广泛征求各方面的意见,在报告完成之后要以召开座谈会等形式进行发布成果报告。

四、我国公路建设项目经济后评价

1.公路建设项目经济后评价的必备条件

根据预定目标已全部建成并通过竣工验收;至少经过2~3年的通车运营实践。公路建设项目经济后评价工作的重点是国家重点公路建设项目或符合下列条件之一的公路建设项目:

(1)40km以上的国道主干线项目或100km以上的国道及省道高等级公路项目。

(2)利用外资的公路项目。

(3)特大型独立公路桥隧项目。

(4)上级主管部门指定的项目。

2.交通运输部对公路建设项目经济后评价报告的规定

编制建设项目后评价报告必须以项目各阶段的正式文件和项目建成通车2~3年内进行的各种调查及重要运行参数的测试数据为依据。项目通车后需要进行的调查主要有:交通量调查、车辆运行特征调查、车辆运输费用调查、工程质量调查、项目财务状况调查、社会经济效果调查、环境调查等。项目各阶段的正式文件主要包括:项目建议书、可行性研究报告、初步设计、施工图设计及其审查意见、批复文件；施工阶段重大问题的请示及批复；工程竣工报告；工程验收报告和审计后的工程竣工决算及主要图纸等。按照经济评价的原理和方法，以数字为基础，通过分析、对比、检查项目的决策、设计、施工及通车营运各阶段的主要指标的变化关系，判断其变化是否科学合理。编制公路建设项目后评价报告的目的是通过全面总结，为不断提高决策、设计、施工、管理水平，合理利用资金，提高投资效益，改进管理，制定相关政策等提供科学依据。

公路建设项目后评价报告的主要内容包括：

(1)建设项目的过程评价：依据国家现行的有关法令、制度和规定，分析和评价项目前期工作、建设实施、投资执行、运营管理以及管理、配套及服务设施情况等执行过程，从中找出变化原因，总结经验教训。

(2)建设项目的效益评价：根据实际发生的数据和后评价时国家颁布的参数进行国民经济评价和财务评价，并与前期工作阶段按预测数据进行的评价相比较，分析其差别和成因。其中，国民经济效益评价参照《公路建设项目经济评价方法》，根据通车运营的实际车速、经济成本等各项数据，评价项目的国民经济效益，并与决策阶段预测的结论比较，分析其差别及原因；财务效益评价，对于收费公路(包括独立大桥、隧道)，根据实际财务成本和实际收费收入，进行项目的财务效益分析，并与决策阶段预测的结论比较，分析其差别和原因，同时进一步做出收费分析，明确贷款偿还能力。并分析物价上涨、汇率变化及收费标准变化对财务效益产生的影响。最后，根据建设资金来源、投资执行情况及财务效益分析，对项目的资金筹措方式进行评价。

(3)建设项目的影响评价：分析、评价对影响区域的经济、社会、文化以及自然环境等方面所产生的影响，评价一般可分为社会经济影响评价和环境影响评价。其中，社会经济影响评价分析项目对所在地区社会经济发展所产生的影响，包括土地利用、就业、地方社区发展、生产力布局、扶贫、技术进步等方面的影响和评价；环境影响评价对照项目前评估时批准的《环境影响报告书》，重点从项目建设所引起的区域生态平衡、环境质量变化及自然资源的利用和文物保护等方面评价项目环境影响的实际效果。

(4)建设项目目标持续性评价：根据对建设项目的公路网状况、配套设施建设、管理体制、方针政策等外部条件和运行机制、内部管理、运营状况、公路收费、服务情况等的内部条件分析，评价项目目标(服务交通量、社会经济效益、财务效益、环境保护等)的持续性，并提出相应的解决措施和建议。

此外，公路建设项目后评价报告由主报告及附件两部分组成。主报告应按1996年12月发布的《公路建设项目后评价报告编制办法》的附件一《公路建设项目后评价报告文本格式及内容要求》编制；附件的内容应包括各种专题报告及建设项目管理卡。建设项目管理卡应按《公路建设项目后评价报告编制办法》附件二《公路建设项目管理卡内容要求及填表说明》编制。

《公路工程造价人员资格考试大纲》(第二科目)

本考试大纲对公路工程造价相关知识的要求分为了解、熟悉、掌握三个层次,“了解”即考生应知道的公路工程造价相关知识;“熟悉”即要求考生深刻理解的公路工程造价相关知识;“掌握”即考生能运用所要求的公路工程相关知识解决实际工作问题。

公路工程造价人员资格考试分为甲、乙两个等级,考试大纲中凡不加区分的要求是对甲、乙级均适用的要求;凡有所区分的要求,则括号外的是对甲级的要求,括号内的是对乙级的要求,如掌握(熟悉)即要求甲级“掌握”、乙级“熟悉”。

第二科目　公路工程造价的计价与控制

一、公路工程造价构成

(一)掌握公路工程造价文件的组成;

(二)掌握建筑安装工程费、设备及工器具购置费和工程建设其他费用的构成与计算;

(三)掌握预备费、建设期贷款利息的计算;

(四)了解世界银行建设项目费用构成和国外建筑安装工程费的构成。

二、公路工程造价计价依据

(一)掌握施工定额的构成及其编制方法;

(二)掌握公路工程估算、概算、预算编制办法的基本内容;

(三)掌握概算定额、预算定额、施工机械台班费用定额的基本内容,掌握(熟悉)估算指标的基本内容;

(四)掌握人工、材料、机械台班预算单价的编制;

(五)熟悉公路工程造价计价依据的分类,了解工程建设定额体系的分类;

(六)熟悉(了解)预算定额的编制,了解概算定额和估算指标的编制;

(七)了解工程造价信息管理的基本内容。

三、公路建设项目决策阶段工程造价的计价与控制

(一)掌握(熟悉)投资估算的编制;

(二)熟悉(了解)决策阶段影响工程造价的主要因素;

(三)熟悉(了解)各类财务基础数据的测算;

(四)熟悉(了解)建设项目经济评价的内容;

(五)熟悉(了解)建设项目财务分析报表的编制;

（六）熟悉（了解）建设项目财务评价方法。

四、公路建设项目设计阶段工程造价的计价与控制

（一）掌握与公路工程造价编制相关的外业资料的内容与收集渠道、方法；
（二）掌握初步设计概算、施工图预算的编制；
（三）掌握（了解）初步设计概算、施工图预算的审查；
（四）熟悉（了解）设计阶段影响工程造价的主要因素；
（五）熟悉（了解）设计方案的技术经济比选。

五、公路建设项目招投标与合同管理

（一）掌握公路工程标准施工招标文件的主要条款及合同价款的确定；
（二）掌握工程量清单、招标控制价（或清单预算）及投标报价的编制；
（三）熟悉（了解）公路建设项目施工招标的程序和招标文件的构成；
（四）熟悉公路建设项目施工投标程序及投标策略；
（五）熟悉（了解）公路建设项目施工评标定标；
（六）了解公路建设项目招标的分类及内容；
（七）了解国际上有关建设工程招投标和国际咨询工程师联合会编写的土木工程施工合同条件（简称 FIDIC 合同条件）的主要内容。

六、公路建设项目施工阶段工程造价的计价与控制

（一）掌握工程变更和合同价款的调整、新增支付项目单价的确定；
（二）掌握工程索赔的处理原则和索赔费用的计算；
（三）掌握（熟悉）工程价款的结算；
（四）熟悉（了解）投资偏差分析的方法及纠正措施，了解项目资金计划的编制；
（五）了解国际咨询工程师联合会编写的土木工程施工合同条件（简称 FIDIC 合同条件）下工程价款的结算；
（六）了解工程项目管理软件的使用。

七、竣工决算的编制和竣工后保修费用的处理

（一）掌握（熟悉）公路建设项目工程决算的编制；
（二）掌握（熟悉）新增资产价值的确定；
（三）熟悉公路建设项目竣工决算的内容和编制；
（四）熟悉（了解）保修费用的处理；
（五）了解公路建设项目竣工验收的范围、依据、标准和工作程序；
（六）了解公路建设项目后评价的方法及主要评价指标的计算。
总收入的编制。

参考文献

[1] 中华人民共和国行业标准. JTG B06—2007 公路工程基本建设项目概算预算编制办法[S]. 北京:人民交通出版社,2007.

[2] 中华人民共和国行业标准. JTG/T B06-01—2007 公路工程概算定额[S]. 北京:人民交通出版社,2007.

[3] 中华人民共和国行业标准. JTG/T B06-02—2007 公路工程预算定额[S]. 北京:人民交通出版社,2007.

[4] 中华人民共和国行业标准. JTG/T B06-03—2007 公路工程机械台班费用定额[S]. 北京:人民交通出版社,2007.

[5] 全国造价工程师执业资格考试培训教材编审组. 工程造价计价与控制[M]. 北京:中国计划出版社,2009.

[6] 交通运输部交通公路工程定额站. 公路工程施工定额[M]. 北京:人民交通出版社,2009.

[7] 交通运输部交通公路工程定额站. 公路工程定额编制与管理[M]. 北京:人民交通出版社,2010.

[8] 交通运输部交通公路工程定额站. 公路工程造价编制与项目经济评价[M]. 北京:人民交通出版社,2010.

[9] 国家发展和改革委员会,等. 建设项目经济评价方法与参数(第3版)[M]. 北京:中国计划出版社,2006.

[10] 中华人民共和国住房和城乡建设部,中华人民共和国交通运输部. 公路建设项目经济评价方法与参数[M]. 北京:中国计划出版社,2010.

[11] 过秀成. 公路建设项目可行性研究[M]. 北京:人民交通出版社,2007.

[12] 石勇民. 工程经济学[M]. 北京:人民交通出版社,2008.

[13]《标准文件》编制组. 中华人民共和国标准施工招标文件(2007年版)[M]. 北京:中国计划出版社,2007.

[14] 中华人民共和国交通运输部. 公路工程标准施工招标文件(2009年版)(上、下册)[M]. 北京:人民交通出版社,2009.

[15] 中华人民共和国交通运输部. 公路工程标准施工招标资格预审文件(2009年版)[M]. 北京:人民交通出版社,2009.

[16] 本书编写组. 中华人民共和国2007年版标准施工招标文件使用指南[M]. 北京:中国计划出版社,2007.

[17] 薛随云. 公路施工企业标后预算管理理论与实务[M]. 北京:人民交通出版社,2006.

[18] 石勇民. 土木工程造价控制[M]. 北京:人民交通出版社,2008.

[19] 交通部公路工程定额站、湖南省交通厅. 公路工程工程量清单计量规则[M]. 北京:人民交通出版社,2005.

[20] 四川二滩国际工程咨询有限责任公司. 施工延误及其损害[M]. 北京:中国水利水电出版社,2004.